O PODER DAS DAKINIS

Doze mulheres extraordinárias moldando a transmissão do budismo tibetano no Ocidente

Michaela Haas, Ph.D.

O PODER DAS DAKINIS

Doze mulheres extraordinárias moldando a transmissão do budismo tibetano no Ocidente

Tradução de
Jeanne Pilli e *Marcelo Nicolodi*

Copyright © 2013 Michaela Haas

Todos os direitos desta edição são reservados.
© 2022 Editora Lúcida Letra

Publicado originalmente por Snow Lion (um selo editorial da Shambhala Publications)
Título original: *Dakini power: twelve extraordinary women shaping the transmission of Tibetan Buddhism in the West*

Coordenação editorial: Vítor Barreto
Tradução: Jeanne Pilli e Marcelo Nicolodi
Revisão: Joice Costa e Nádia Ferreira
Projeto gráfico, capa e diagramação: Aline Paiva

1ª edição, 08/2022

Dados Internacionais de Catalogação na Publicação (CIP)

H112p   Haas, Michaela.
       O poder das Dakinis : doze mulheres extraordinárias moldando a transmissão do budismo tibetano no Ocidente / Michaela Haas ; tradução de Jeanne Pilli e Marcelo Nicolodi. – Teresópolis, RJ : Lúcida Letra, 2021.
       384 p. : il. ; 23 cm.

       Inclui bibliografia.
       ISBN 978-65-86133-43-1

       1. Mulheres budistas – Biografia. 2. Professoras budistas – Biografia. 3. Budismo tibetano. I. Pilli, Jeanne. II. Nicolodi, Marcelo. III. Título.

CDU 294.3-055.2:929

Índice para catálogo sistemático:
1. Mulheres budistas : Biografia   294.3-055.2:929
(Bibliotecária responsável: Sabrina Leal Araujo – CRB 8/10213)

SUMÁRIO

PREFÁCIO		
O 17º Gyalwang Karmapa, Orgyen Trinley Dordje		7
AGRADECIMENTOS ESPECIAIS		9
PREFÁCIO À EDIÇÃO BRASILEIRA		13
PREFÁCIO		15
INTRODUÇÃO: O PRINCÍPIO DA DAKINI		23
1:	**JETSUN KHANDRO RINPOCHE** UMA AGULHA COMPASSIVA NA ALMOFADA	38
2:	**DAGMOLA KUSHO SAKYA** DO PALÁCIO AO BANCO DE SANGUE	66
3:	**JETSUNMA TENZIN PALMO** (DIANE PERRY) LIXA PARA O EGO	98
4:	**SANGYE KHANDRO** (NANCI GAY GUSTAFSON) ILUMINAÇÃO É UM TRABALHO DE TEMPO INTEGRAL	124
5:	**PEMA CHÖDRÖN** (DEIRDRE BLOMFIELD-BROWN) RELAXANDO NA AUSÊNCIA DE BASE	152
6:	**ELIZABETH MATTIS-NAMGYEL** UMA MULHER-MARAVILHA EREMITA	178

7: CHAGDUD KHADRO (JANE DEDMAN) — 202
COMO LIMALHAS DE FERRO ATRAÍDAS POR UM ÍMÃ

8: KARMA LEKSHE TSOMO (PATRICIA ZENN) — 220
SURFANDO PARA A REALIZAÇÃO

9: THUBTEN CHODRON (CHERRY GREENE) — 242
UMA REBELDE EM VESTES DE MONJA

10: ROSHI JOAN HALIFAX — 268
DESTEMIDA, FEROZ E FRÁGIL

11: TSULTRIM ALLIONE (JOAN ROUSMANIÈRE EWING) — 294
A FEMINISTA ILUMINADA

12: KHANDRO TSERING CHÖDRON — 318
A RAINHA DAS DAKINIS

EPÍLOGO — 345

DEDICAÇÃO — 349

AGRADECIMENTOS — 351

NOTAS — 353

GLOSSÁRIO — 367

BIBLIOGRAFIA SELECIONADA — 373

PREFÁCIO

O Karmapa

O caminho para a iluminação e a liberação que o Buddha ensinou destina-se a todos os seres sencientes, tanto mulheres quanto homens.

No passado, houve muitas grandes praticantes mulheres, como Mahāprajābatī Gautamī, a mãe adotiva do Buddha Sakyamuni e também a primeira mulher a ser ordenada na Sangha que ele estabeleceu. Os textos budistas também se referem a mulheres arhats. Eram dadas oportunidades iguais de prática a homens e mulheres, e os quatro pilares da edificação do budismo incluem monjas ordenadas e mulheres leigas.

Sinto-me encorajado ao ler os relatos sobre as realizações de professoras de diferentes escolas do budismo neste livro: é uma celebração da contribuição que as mulheres praticantes deram ao longo da história budista e que continuam a dar.

Infelizmente, influenciados pelos pontos de vista e costumes da época, muitas sociedades colocaram ênfase demasiada nas diferenças entre homens e mulheres, e isso levou à discriminação e ao tratamento desigual de mulheres em muitas religiões, incluindo o budismo.

Minha prece sincera é para que mulheres como essas sejam as desbravadoras; seus esforços levarão a um novo reconhecimento dos insights e das qualidades únicas da espiritualidade feminina e a um reconhecimento mais amplo das mulheres praticantes e professoras.

17º Karmapa Orgyen Trinle Dordje
Dharamsala, Himachal Pradesh, Índia
3 de novembro de 2012

AGRADECIMENTOS ESPECIAIS

À minha alma gêmea que me ama incondicionalmente e continua a acreditar em mim quando eu não o faço. Sem seu apoio emocional e prático, eu não poderia ter escrito este livro. Este livro é para você e para todos os amantes que permanecem ao lado de seus parceiros, não importa o que aconteça.

Para minha mãe e meu pai que nunca entenderam por que sua única filha deixou a carreira na TV cinco estrelas para se sentar em cavernas nos Himalaias e procurar sabe-se lá o quê por toda a Ásia. Este livro é para vocês e para todos os pais que continuam amando seus filhos, mesmo quando eles procuram aventuras fora do comum.

Aos meus professores, homens e mulheres, irados e brincalhões, que continuam a me desafiar de maneiras inesperadas. Este livro é para vocês, todos os professores e alunos, todos os que continuam encontrando e buscando com a mente aberta.

Dakini (Sânscrito)

Mensageira da Sabedoria

PREFÁCIO À EDIÇÃO BRASILEIRA

Nessas entrevistas lindamente escritas e histórias de vida de doze mulheres praticantes budistas, Michaela Haas expôs questões e percepções que são contundentes e relevantes, independentemente de gênero ou formação espiritual.

Representando um amplo espectro de experiências, de donas de casa a monjas, de estudiosas a meditadoras solitárias, mulheres tibetanas e ocidentais demonstram imensa coragem e resiliência ao seguir sua intuição profunda no caminho para a sabedoria ancestral e a iluminação. Por meio de seus exemplos pessoais, em meio a triunfos e adversidades, elas nos dão um vislumbre do poder indefinível que é o princípio da dakini.

Suas histórias não são fáceis. Preconceitos de todos os tipos, políticos, culturais e religiosos, junto com expectativas familiares complicadas, muitas vezes parecem instransponíveis. Apesar disso, elas demonstraram que o caminho espiritual autêntico não é limitado por essas preocupações mundanas.

Com uma reverência inata para a verdade profunda do Dharma, elas nos mostram que desafios e restrições podem, muitas vezes, nos impulsionar para uma realização e liberdade ainda maiores.

Quão afortunados somos no Brasil por termos *O Poder das Dakinis* agora disponível para nós em português.

Empoderados por essas histórias, nós também nos tornamos capazes de nos aplicar ao caminho da compaixão e da sabedoria. Seguindo os passos dos grandes mestres, essas poderosas, porém humildes, bodhisattvas "mensageiras da sabedoria" trazem à vida o princípio da Dakini de Sabedoria e mostram como o caminho do transcender a mente comum está disponível para todos nós! Sua bondade e coragem nos asseguram: isso pode ser alcançado!

Pelas bençãos dos Buddhas, dos bodhisattvas e dos grandes mestres, possa este reservatório de sabedoria e compaixão das dakinis preencher corações e mentes de todos os seres conectados a ele, e possa ele inspirar a iluminação última a todos.

Eu sempre me curvo à grande Linhagem da Sabedoria!

Lama Tsering Everest
Chagdud Gonpa Odsal Ling
São Paulo, Brasil, 2021

PREFÁCIO

Muitos de nós sonham em trocar as responsabilidades do dia a dia por uma vida genuína e plena de propósito, mas poucos conseguem fazer algo a respeito. As mulheres deste livro são exceções.

O que leva uma jovem bibliotecária de Londres a embarcar em um navio para a Índia, meditar sozinha em uma caverna remota por doze anos e depois construir um próspero monastério nos Himalaias? Como uma surfista de Malibu se torna a líder da principal organização internacional para mulheres budistas? Por que a filha de um executivo da música, em Santa Monica, sonha tão intensamente com pavões em uma noite que persegue essas imagens até o Nepal, onde encontra o amor de sua vida? Essas são algumas das biografias fascinantes deste livro: doze histórias de coragem, determinação e sabedoria.

As mulheres apresentadas em *O poder das Dakinis* são universalmente reconhecidas como praticantes realizadas e professoras brilhantes, e trazem novos insights sobre o budismo no Ocidente. Esta obra concentra-se especificamente em professoras contemporâneas do budismo tibetano, tanto ocidentais quanto asiáticas, que ensinam no Ocidente.

Todas as doze mulheres seguiram sua intuição, contra tudo e contra todos, tomaram decisões radicais e algumas vezes tiveram que lutar por sua sobrevivência para terem a vida que imaginaram. Todas foram criticadas em um momento ou outro — por serem muito conservadoras ou muito rebeldes, muito feministas ou não feministas o suficiente —, mas todas sobreviveram com imensa bravura. Que inspiração as histórias dessas mulheres oferecem aos buscadores espirituais modernos!

Algumas dessas professoras, como Dagmola Sakya, Tsultrim Allione e Elizabeth Mattis-Namgyel, são mães e lutaram para criar seus filhos enquanto trabalhavam e encontravam tempo para seu caminho espiritual. Outras, como Tenzin Palmo, Pema Chödrön e Karma Lekshe Tsomo, nasceram em centros movimentados do Ocidente, mas decidiram se tornar monjas e trocaram seus nomes ingleses de nascimento por nomes de ordenação tibetanos. Algumas como, por exemplo, Dagmola Sakya e Khandro Tsering Chödron, revelam vislumbres fascinantes do Tibete pré-comunista anterior à invasão chinesa que as catapultou para o exílio. Chagdud Khadro[1], Thubten Chodron e Sangye Khandro foram criadas no Ocidente, e uma necessidade inexplicável as levou a atravessarem o Afeganistão e o Paquistão para chegarem à Índia em frágeis ônibus internacionais. Por outro lado, Khandro Rinpoche, uma das poucas mestras tibetanas encarnadas, nasceu e foi treinada na Índia, mas depois mudou-se para os Estados Unidos para investigar a louca mente ocidental. Roshi Joan Halifax juntou-se ao movimento pelos direitos civis e esteve envolvida na contracultura dos anos 60 antes de encontrar sua vocação para ajudar os moribundos. Ela é uma professora do Zen, incluída neste livro devido aos seus fortes laços com professores tibetanos e práticas tibetanas básicas.

Originalmente, a história da vida de Khandro Tsering Chödron deveria ser o capítulo de abertura deste livro, mas infelizmente ela morreu durante minha pesquisa. O último capítulo deste volume, agora, é uma homenagem de despedida a ela, destacando sua herança como as lições que podemos aprender da vida e da morte de uma praticante altamente realizada.

MODELOS, REFORMADORAS, RADICAIS

Raramente encontramos alguém que nos toca profundamente até o âmago e que incorpora uma sabedoria profunda que realmente nos transforma. Para mim, as mulheres incluídas neste livro são mestras extraordinárias. Todas são mulheres altamente instruídas e experientes. Algumas delas publicaram livros que recomendo que você leia. Mas o que acho mais inspirador é como elas vivem a sabedoria budista no dia a dia como se comportam não apenas no trono em que dão ensinamentos, mas em situações pessoalmente desafiadoras, como lidam com coisas complicadas como morte, divórcio, traição e perda.

O que podemos aprender com essas mulheres? Como elas lidam com as diferenças culturais? Como elas lidam com os aspectos mais controversos do budismo? As ocidentais entre elas arriscaram se afastar de suas famílias e amigos mais próximos ao mergulharem suas vidas em uma cultura estrangeira. Com frequência, isso exigiu mudanças de vida radicais e, muitas vezes, elas arriscaram suas próprias vidas. O que encontraram em suas jornadas? Será que o preço que pagaram valeu a pena para elas?

Embora eu seja formada e tenha doutorado em jornalismo, também sou uma estudante do Dharma.* Minha intenção é homenagear as vidas e as realizações dessas mulheres pioneiras do budismo no Ocidente, sobretudo porque elas parecem ter superado obstáculos com que muitos se debatem, inclusive eu. Encontrei força e coragem em sua amizade e ensinamentos.

Tanto como acadêmica quanto como jornalista, fui treinada para fazer reportagens "neutras", mas este não é um livro neutro e "objetivo". Nas duas décadas em que trabalhei como escritora, também aprendi que a objetividade é, de qualquer maneira, uma meta impossivelmente distante porque nossas biografias inevita-

---

* Dharma (sânscrito; tib. chö) aqui se refere aos ensinamentos do Buddha. A palavra tem uma ampla gama de significados que incluem verdade, caminho e fenômenos.

velmente colorem nossa experiência. É simplesmente mais honesto afirmar de saída que meu interesse é pessoal e que toca o meu coração. Cada capítulo é baseado em encontros pessoais com as professoras, e algumas delas conheço há muitos anos. Às vezes, elas me indicaram ensinamentos que haviam dado em outros lugares, e demonstrei respeito pelo tempo delas tentando não prolongar as entrevistas com perguntas que haviam respondido em outros lugares. Aceitei os pedidos de exclusão de alguns materiais pessoais e adaptei algumas seções para proteger a identidade de fontes cuja situação política poderia ser precária. Minhas notas ao fim de cada capítulo fornecem detalhes mais completos.

Este livro é um trabalho de amor. Embora sua verdadeira essência não possa ser capturada com meras palavras, aspiro homenagear essas mulheres notáveis e oferecer-lhes o respeito que merecem por seguirem seus sonhos até o fim. Peço desculpas sinceras caso tenha cometido algum erro ou deturpado o seu trabalho de alguma maneira.

UMA JORNADA QUE TRANSFORMA A VIDA

Fui introduzida ao budismo no outono de 1996 quando, após uma grave crise de saúde aos 26 anos, tirei três meses de minha vida agitada como repórter e reservei uma passagem para dar a volta ao mundo, incluindo Índia, Sri Lanka, Maldivas e Butão. As Maldivas eram para mergulhar com tubarões, a Índia para ioga e mercados, o Sri Lanka para massagens com óleo, e o Butão — bem, aquele minúsculo reino do Himalaia apareceu aleatoriamente porque um amigo o elogiou como um "destino realmente exótico", mas difícil de entrar. Isso foi o suficiente para despertar minha curiosidade. Eu sabia muito pouco sobre o budismo na época, mas acatei o conselho do amigo de que os butaneses não gostavam de hordas de turistas ignorantes. Eles exigem que sua religião oficial fosse levada a sério. Apenas os budistas teriam permissão para entrar nos templos mais "legais" e sagrados, disse ele. Antes de embarcar no minúsculo avião para voar pelos Himalaias, obedientemente me sentei nas praias das Maldivas para estudar um árido guia de arte budista. O alegre meditante dourado na postura de pernas cruzadas em lótus era o Buddha, fácil de entender. O aventureiro com o tridente e o chapéu engraçado chamava-se Padmasambhava, venerado como o pioneiro do budismo tibetano. Memorizei o nome da pacífica senhora branca nua com o lótus em sua mão esquerda como Tara, a Buddha da Compaixão.

Embora eu sempre tenha sido fascinada pelas ideias budistas, não estava muito interessada em um significado mais profundo. Apenas colecionava memórias exóticas. Inesperadamente, no Butão, os desenhos das deidades dançantes ganharam vida. As pinturas vibrantes nos templos em locais isolados tocaram um lugar mais profundo em meu coração. Algo dentro de mim se conectou às explosões de cores e mantras que encontrei durante a caminhada. Minha mente mudou para uma consciência aguda que eu nunca tinha conhecido, um vislumbre em primeira mão do que os tibetanos chamam de "natureza da mente" — a simplicidade nua da consciência além dos conceitos. Com rachaduras irreparáveis nas paredes sólidas da minha antiga percepção, eu não poderia ter voltado à minha vida antiga, mesmo se quisesse. Vim como turista, saí como peregrina.

Incapaz de descobrir o que exatamente causou essa transformação, fiquei cativada demais para descartá-la como uma miragem de turista. Minha mente foi tocada com profundidade suficiente para indagar do que se tratava aquela cultura de sabedoria tão única. Por que havia tantas deidades, que insights aquelas enormes bibliotecas guardavam? Fiquei intrigada com os professores tibetanos que conheci. Eles eram duros, mas brincalhões. Não aceitavam coisas sem sentido, mas seus rostos mostravam sorrisos suaves. Irradiavam um destemor alegre por meio de sua presença poderosa que era radicalmente diferente do nervosismo da minha redação. Eles sabiam de algo que eu precisava saber. A mente é a criadora da felicidade e do sofrimento, eles diziam, e podemos aprender a nos emancipar da mudança incontrolável dos eventos externos, conhecendo a nossa mente e a sua natureza. Eu, de fato, voltei ao jornal, mas, durante minha missão seguinte na Ásia, enviei minha demissão por fax, de uma cabana de correio nepalesa precária, para meu chefe estupefato: "Obrigado por todo o seu apoio. Eu não vou voltar."

Fiquei profundamente interessada na exclusiva ciência tibetana da mente. Em uma sessão simples de meditação sentada, por

20 minutos, logo percebi que minha noção de ter controle sobre minha própria mente estava mascarando uma inabilidade mais profunda — emoções e pensamentos se infiltram continuamente, agitando a mente, que não obedece a nenhum comando. Os ensinamentos do Buddha trazem uma promessa incrível: todos nós podemos reconquistar o assento do motorista se apenas prestarmos atenção — e se entendermos que nunca houve um motorista. O insight até hoje revolucionário do Buddha é que somos o que pensamos — a realidade é aquilo que criamos em nossa mente, e realmente não há limite para a profundidade do potencial da mente. Logo nas primeiras semanas, me inscrevi em um curso de filosofia budista em Katmandu, capital do Nepal, para estudar tibetano e sânscrito. Em meu tempo livre, caminhava pelas montanhas, tentava me sentar de pernas cruzadas em mosteiros remotos com vista para o Himalaia e me sentia mais feliz do que nunca.

Antes da experiência no Butão que transformou minha vida, quando ainda morava na Europa, pensava estar no topo do mundo. Na superfície, tudo estava indo muito bem e eu achava que tinha tudo. Ainda assim, um fato desagradável continuava me incomodando como uma pequena pedra no sapato, por mais que eu tentasse ignorá-lo: eu não estava feliz. Na verdade, estava deprimida. Como isso era possível? Eu sabia com certeza que um emprego de maior prestígio, um namorado mais bonito ou um salário mais alto não proporcionariam mais felicidade. A primeira Nobre Verdade que o Buddha ensinou ressoou com aquela profunda insatisfação que sentia na minha vida muito afortunada: "A vida é sofrimento", disse ele 2.500 anos atrás, e agora eu reconhecia que a primeira Nobre Verdade não se referia apenas à fome na Somália ou a diagnósticos de câncer, mas descrevia com compaixão um fato fundamental da vida.

E ainda mais importante: o budismo oferece um caminho completo para realizar o que meu trabalho como jornalista não conseguiu: reduzir o sofrimento. Sempre foi bem claro para mim por que eu queria me tornar uma jornalista política. O meu objetivo era mudar o mundo. Tendo sido criada por pais amorosos em uma vila idílica na Baviera, com apenas 250 habitantes, três fazendas, uma igreja e um bar, eu estava intensamente ciente de como o início da minha existência havia sido privilegiado, e jurei usar meus textos para dar voz àqueles que não tiveram isso. No entanto, certamente meu projeto de mudar o mundo estava progredindo mais lentamente do que eu esperava. A mudança social não acontecia tão rápido quanto eu a descrevia nos meus textos. Meu entusiasmo juvenil por tornar o mundo um lugar melhor, palavra por palavra, estava diminuindo.

O budismo, então, ofereceu uma alternativa revolucionária: o ideal do bodhisattva no budismo tibetano fala de um guerreiro ou guerreira que busca compassivamente a liberação não para si mesmo, mas para o bem de todos os seres sencientes. E a liberação do sofrimento, uma promessa do caminho budista, era principalmente um assunto da mente, uma revolução interna. Então, meu imperativo mudou de expor governos corruptos para expor a corrupção da minha própria mente.

Assim, há dezessete anos, troquei abruptamente meu primeiro imóvel em Munique por um pequeno quarto em um terraço em Katmandu. Fui morar com uma família tibetana que acabara de escapar do terror chinês e mergulhava de coração neste novo mundo estrangeiro. Continuei trabalhando como repórter de TV e mídia impressa, mas meu foco havia mudado. Mandava reportagens para as revistas de luxo da Índia, Nepal e Butão suficientes para financiar meus estudos e retiros. Surpreendendo até a mim mesma, não fui desencorajada pelos ensinamentos pouco familiares sobre reencarnação e a natureza da mente; pelo contrário, finalmente eles deram respostas às perguntas que eu nutria desde criança: como chegamos aqui? Qual é o propósito da vida?

Quando o líder espiritual dos tibetanos, Sua Santidade o Décimo Quarto Dalai Lama, oferece palestras públicas no Ocidente, muitas vezes a primeira coisa que ele enfatiza é que os participantes não devem abandonar prontamente suas próprias religiões. Como uma budista recém-chegada que cresceu como católica, aquele conselho me intrigava. Porém, uma década adiante no caminho, depois de voltar para a Europa, as diferenças entre a cultura ocidental e a asiática tornaram-se mais óbvias para mim, e pude sentir em primeira mão como era desafiador ter um pé em cada um dos dois mundos. Inesperadamente, minha pesquisa acadêmica trouxe nitidamente o atrito entre a análise racional e a fé religiosa para o primeiro plano, mesmo em uma tradição que se orgulha de se basear na lógica.

Quanto mais me aprofundava no estudo, mais rapidamente me aproximava de um ponto de ruptura predeterminado, uma colisão inevitável entre a minha educação ocidental e a cultura asiática tradicional. Como uma mulher em meio a uma tradição patriarcal, uma acadêmica em meio a uma religião que exige devoção, eu me sentia esbarrando em muitas questões, desafios e exigências que achava difícil conciliar.

Certamente outras mulheres encontraram desafios semelhantes, pensei, e ainda assim elas seguiram em frente, não desistiram. Busquei suas histórias em um momento difícil de minha vida, quando estava em uma batalha contra uma doença crônica e lutando contra alguns dos aspectos mais ultrajantes do budismo tibetano. Transplantar uma tradição antiga de cavernas remotas na Ásia para a megalópole de Los Angeles, onde moro agora, vem acompanhado das dores do crescimento. É um teste de tração que sonda a flexibilidade de nossas mentes e a força de uma tradição. As respostas que recebi dessas professoras abrangem todo o espectro de soluções possíveis, desde a afirmação conservadora sincera de que a tradição de sabedoria, de fato, funciona exatamente como funcionava há mil anos, se praticada de forma correta, até os apelos progressivos por reforma.

Conhecer essas mulheres me deu coragem e inspiração, novos insights e entusiasmo. Espero que, ao conhecê-las neste livro, vocês se sintam inspirados da mesma forma a abandonar velhos medos, explorar novos caminhos e ouvir o sussurro de sua voz interna com confiança.

INTRODUÇÃO: O PRINCÍPIO DA DAKINI

> "Seja homem ou mulher, não há grande diferença. Mas se uma mulher desenvolve a mente da iluminação, seu potencial é supremo."[1]
>
> *Padmasambhava*, pioneiro do Budismo Vajrayana no Tibete.

O budismo tibetano oferece uma premissa única: ser mulher pode efetivamente ser favorável no caminho para a realização espiritual. As mulheres, conforme argumentou o pioneiro do budismo no Tibete no século VIII, estão mais bem equipadas para compreender a sabedoria dos ensinamentos. Os professores modernos têm reverberado esse sentimento. Como comenta a monja ocidental Tenzin Palmo: "Muitos lamas* dizem que as mulheres se tornam praticantes superiores porque são capazes de mergulhar na meditação com muito mais facilidade do que os homens. Isso se dá porque muitos homens têm medo de largar o intelecto, especialmente monges que estudaram por muito tempo. Largar de repente o intelecto e ficar despido na experiência meditativa é amedrontador

---

* Lama (tib.; sâns. guru) é o termo tibetano para um mestre budista. Pode ser traduzido literalmente como "grande mãe" ou "insuperável".

para eles, ao passo que as mulheres parecem ter condições de lidar com isso de forma natural."[2]

Uma personificação feminina da iluminação é chamada de dakini no antigo idioma indiano sânscrito. Mas o que exatamente é uma dakini? Dakinis são elusivas e lúdicas por natureza; tentar fixá-las em uma definição clara significa perdê-las, uma vez que desafiar conceitos intelectuais estreitos está no cerne de seu jogo de sabedoria. Eu ouvi as professoras deste livro compartilhando seu entendimento.

"Para mim, a qualidade feminina especial (que muitos homens também têm, claro) é, antes de tudo, a perspicácia, a clareza", diz Tenzin Palmo, que fez o voto de atingir a iluminação em um corpo feminino. "Ela transpassa — especialmente a rigidez intelectual. É muito sagaz e chega direto ao ponto. Para mim, o princípio da dakini representa a força intuitiva. As mulheres captam num relance e não têm interesse em discussão intelectual, que normalmente consideram árida e fria, com um mínimo de apelo."[3]

Como Khandro Rinpoche, cujo próprio nome significa literalmente "dakini preciosa", aponta: "Tradicionalmente, o termo dakini tem sido usado para mulheres praticantes notáveis, consortes de grandes mestres, e para denotar o princípio feminino iluminado da não dualidade que transcende o gênero." Khandro Rinpoche define o princípio autêntico da dakini como "uma mente perspicaz e brilhante que é intransigente, honesta, levemente irada". Essa, para mim, é uma descrição muito exata das qualidades das professoras apresentadas neste livro. Apesar de sua gentileza e humor, considero muitas dessas professoras como diretas, extremamente inteligentes, radicais e corajosas.

O princípio da dakini não deve ser simplificado demais, pois carrega muitos níveis de significado. Em uma dimensão externa, as praticantes realizadas eram chamadas dakinis, e é nesse sentido que o termo é usado no título deste livro. Mas, na dimensão última, embora apareça em forma feminina, uma dakini desafia as definições de gênero. "Para realmente encontrar a dakini, você precisa ir além da dualidade", ensina Khandro Rinpoche, referindo-se a uma compreensão essencial no Vajrayana de que a realidade absoluta não pode ser apreendida intelectualmente. A palavra tibetana para dakini, "khandro", significa "aquela que se move pelo céu" ou "dançarina do espaço", o que indica que esses seres despertos etéreos deixaram os confinamentos da terra sólida e têm a vastidão do espaço aberto para brincar.

A erudita e praticante Judith Simmer-Brown diferencia quatro níveis de significado:

> Em um nível secreto, ela é vista como a manifestação de aspectos fundamentais dos fenômenos e da mente e, portanto, seu poder está intimamente associado aos insights mais profundos da meditação Vajrayana. Nesse aspecto mais essencial, ela é chamada de natureza de sabedoria sem forma da própria mente. Em um nível ritual interno, ela é uma deidade meditativa, visualizada como a personificação das qualidades do estado búdico. Em um nível de corpo sutil externo, ela é a rede energética da mente corporificada nos canais sutis e na respiração vital da ioga tântrica. Ela também pode se referir a uma mulher viva: ela pode ser uma guru em um trono de brocado ou uma ioguine meditando em uma caverna remota, uma poderosa professora de meditação ou uma consorte de um guru ensinando diretamente através de seu exemplo de vida. Por fim, todas as mulheres são vistas como algum tipo de manifestação da dakini.[4]

Portanto, as dakinis surgem sob muitas formas. "As dakinis são os elementos mais importantes do feminino iluminado no budismo tibetano", diz a professora americana Tsultrim Allione.[5] "Elas são a energia luminosa, sutil e espiritual, a chave, a protetora, a guardiã do estado não condicionado. Se não estivermos dispostos a convidar a dakini para nossa vida, não poderemos acessar esses estados mentais sutis. Às vezes, as dakinis aparecem como mensageiras, às vezes como guias e, às vezes, como protetoras."

LÚDICA, SEDUTORA E SELVAGEM

Você poderia entrar em um templo budista tibetano, como a Mandala de Tara de Tsultrim Allione no Colorado, e encontrar uma abundância de figuras femininas: Prajnaparamita, a personificação da "sabedoria transcendente", sentada na postura de meditação perfeita em lótus, tendo nas mãos uma folha solta de um texto dos sutras* da sabedoria. Tara, a buddha feminina conhecida como "Aquela que Libera", senta-se com uma perna esticada, indicando que está pronta para saltar e ajudar os seres, sempre que necessário. Seus sete olhos observam os visitantes com um olhar sereno, mas penetrante. "Os olhos adicionais de misericórdia permitem que ela veja e salve os seres que sofrem de angústia"[6], diz Dagmola Sakya, que relata ter tido visões dela. "Tara... é a mãe de todos os seres, que cuida deles como se cada um fosse seu próprio filho."[7] Tara e Prajnaparamita são ambas chamadas de mães de todos os buddhas, uma vez que os "Seres Despertos" nascem da sabedoria.

Por falta de uma palavra melhor, em inglês ou português, esses buddhas são geralmente chamados de "deidades". No entanto, literalmente, a palavra tibetana *yidam* significa "contendo a mente". Ao contrário de outras religiões, como o cristianismo ou o hinduísmo, esses arquétipos da iluminação não são entidades com uma existência externa cujas bênçãos são invocadas. Em vez disso, as deidades no Budismo Vajrayana são manifestações da mente que os praticantes evocam para purificar neuroses e para se conectar com um nível mais profundo de consciência. Algumas delas são descritas como serenas e pacíficas, como Tara e Prajnaparamita. Outras, como Vajraioguini, se manifestam como iradas e ferozes, exibindo suas presas, com seus seios e vaginas à mostra em uma dança selvagem, destruindo a ignorância sem hesitação. Como as dakinis são capazes de romper bloqueios e obstáculos, elas costumam ser associadas a um comportamento feroz e incômodo. "Existe o aspecto da compaixão, corporificado por Tara; depois, há a figura materna e seus aspectos de amor. Mas então, na tradição tântrica, há o aspecto selvagem da dakini, indomada e livre, que não pertence a homem nenhum", explica Tsultrim Allione.[8] "As dakinis têm uma qualidade lúdica, expressando a vacuidade e puxando o tapete sob vocês. Essa qualidade feminina de sedução e de jogo faz você se sentir insegura e, ainda assim, aberta."

Os budistas tibetanos não foram os primeiros a encontrar as dakinis. Como muitos elementos do Vajrayana, as dakinis surgi-

---

* Discursos atribuídos ao Buddha.

ram primeiro nos tantras* indianos e esses, por sua vez, se basearam em parte em antigas tradições pré-arianas das deusas. Quando o tantra se originou na Índia, a dakini era vista como irada e frequentemente descrita como uma devoradora de carne que bebia sangue e vivia em terrenos de cremação ou cemitérios, desafiando os iogues a explodir seus medos. Depois que os budistas adotaram as ideias tântricas e o budismo tântrico migrou para o Tibete no século VIII, essa imagem foi um pouco suavizada. Surgiu uma imagem feminina mais gentil, sensual e acolhedora, que nutria e sustentava os praticantes, embora aquela figura atraente ainda pudesse recorrer instantaneamente a meios mais dramáticos e irados quando a abordagem pacífica da sedução não funcionasse. Esse enigma está corporificado em Vajraioguini, que costuma ser chamada de chefe das dakinis. Normalmente retratada como uma adolescente atraente, nua, coberta apenas por alguns enfeites de osso, ela olha convidativamente enquanto balança uma faca curvada, pronta para cortar o apego ao ego sem aviso.

"SERES INFERIORES" NO TIBETE

O Himalaia sempre foi uma espécie de incubadora para praticantes altamente realizadas e, até certo ponto, ainda é. As ioguines** podem viver em eremitérios ou monastérios remotos como praticantes devotadas ou como esposas, mães ou filhas de professores famosos. Os alunos muitas vezes procuravam seus conselhos informalmente, mas as mulheres raramente escreviam livros, nem se sentavam em tronos elevados ou assumiam títulos elevados próprios. "Com certeza existiram muitas grandes praticantes mulheres no Tibete", diz Tenzin Palmo. "Mas, como não possuíam uma

---

* Tantra (sâns.; tib. gyü) significa literalmente "fio" ou "tear". Aqui, refere-se à classe de literatura e práticas esotéricas que se originaram na Índia nos primeiros séculos da nossa era. Em relação ao budismo tibetano, o termo "tantra" é usado para os textos esotéricos posteriores, distinguindo-os dos textos dos sutras que são atribuídos ao Buddha histórico Shakyamuni.

** Derivado da palavra sânscrita ioga, literalmente "união", ioguine é um termo sânscrito para uma praticante dedicada ao caminho espiritual, principalmente nas tradições hinduísta e budista.

base de treinamento filosófico, não podiam aspirar a escrever livros, reunir discípulos, sair para turnês do Dharma e dar palestras. Quando lemos as histórias, notamos que as monjas se destacam pela ausência. Mas não significa que não estivessem lá."[9]

Homens jovens promissores no Himalaia geralmente ficavam isolados das distrações da sociedade diária para se submeterem a um rigoroso curso de estudos e retiros, mas dava-se menos atenção às mulheres. Embora arquétipos icônicos da iluminação feminina fossem erguidos nos altares, poucas mulheres no Tibete foram realmente encorajadas a seguir seus passos. Apesar da citação encorajadora do pioneiro do budismo tibetano de que o potencial das mulheres para alcançar a liberação é supremo, a maioria das culturas budistas ao longo dos séculos olhou para as mulheres como seres inferiores. Algumas poucas declarações de incentivo são numericamente superadas por muitas passagens nos escritos atribuídos a Padmasambhava e outros mestres que lamentam as dificuldades do gênero feminino. Palavras tibetanas comumente usadas para mulheres, *lümen* ou *kyemen*, significam literalmente "ser inferior" ou "nascimento inferior". Alguns mestres ortodoxos duvidam até hoje que as mulheres possam atingir a realização de alguma forma, e as liturgias antigas fazem as mulheres orarem por um renascimento superior em um corpo masculino. Como ilustra a biografia de Dagmola Sakya, mesmo as mulheres contemporâneas muitas vezes não tiveram acesso à educação básica, pois não era preciso ter essas habilidades para ter filhos e pastorear vacas. Uma de minhas amigas tibetanas, a única irmã de quatro renomados professores tibetanos, nem mesmo sabe sua data de aniversário porque seus pais não acharam importante anotar o dia de seu nascimento como fizeram com seus irmãos. Khandro Rinpoche fala sobre os preconceitos que encontrou quando tentou estudar textos filosóficos avançados.

Na Ásia, quase sempre os homens eram aqueles que se sentavam em tronos, tomavam decisões importantes e eram reconhecidos como encarnações, enquanto a maioria das mulheres lavava a roupa e cozinhava. Como a abadessa britânica Tenzin Palmo aponta: "De certo modo, considero intrigante que um terço da população masculina do Tibete tenha se tornado monge... e, mesmo assim, haja poucas monjas."[10] Quando questionados sobre os motivos, alguns professores tradicionais respondem que os homens estavam simplesmente mais interessados em estudos religiosos, mas isso omite os fatos econômicos: os monastérios eram frequentemente bem mantidos pelo governo, bem como pela população local, equipados com excelentes escolas e faculdades. No entanto, os poucos monastérios femininos ficavam em geral em locais extremamente remotos e, portanto, sem o apoio dos moradores, sem financiamento por governos ou por patrocinadores importantes e sem professores adequados. Até hoje, os monastérios femininos na Ásia geralmente não têm os recursos que os mosteiros masculinos obtêm, e algumas das monjas que escapam do Tibete não sabem nem mesmo ler ou escrever.

MONJAS DE SEGUNDA CATEGORIA

Uma das razões para a diferença de apoio é que a tradição tibetana não possui a ordenação completa para mulheres. Quando o budismo viajou da Índia para o Tibete, aparentemente o quórum de doze monjas completamente ordenadas necessário para conceder a ordenação plena nunca chegou ao Tibete.[11] Existem relatos singulares de mulheres tibetanas completamente ordenadas, como o de Samding Dorje Phagmo (1422-1455), que foi outrora considerada como a mestra mais elevada do Tibete, mas sabemos muito pouco sobre as circunstâncias exatas de sua ordenação[12]. Portanto, atualmente, a ordenação plena não é uma opção para as mulheres na tradição tibetana, o que as torna inferiores. Na verdade, a palavra tibetana para monja, *ani*, com a qual as monjas são comumente tratadas, não significa realmente "monja", mas simplesmente "tia", enquanto os tibetanos conhecem uma série de termos honoríficos para monges. Para receber a ordenação completa, as monjas budistas tibetanas precisam viajar para países onde a linhagem de ordenação chinesa está disponível. "Mas a maioria das monjas tibetanas não tem dinheiro para viajar para Hong Kong, Taiwan ou Coreia", diz Tenzin Palmo. "E mesmo que o fizessem, de sua parte elas gostariam de ser ordenadas dentro da sua própria tradição, em suas próprias vestes, por seus próprios professores ou pelo Dalai Lama!"

Portanto, até mesmo a eminente Khandro Rinpoche, cuja vida e realizações como uma das poucas rinpoches* mulheres são apresentadas no primeiro capítulo, é tecnicamente uma noviça.

Sua Santidade, o Décimo Quarto Dalai Lama declarou publicamente que apoia a ordenação completa das monjas tibetanas, mas que não pode tomar a decisão sozinho; a comunidade de monges teria que endossar esse movimento. Para enfatizar sua posição, o Dalai Lama deu a um grupo de bhikshunis** ocidentais experientes 50.000 francos suíços para pesquisarem a complexa tarefa de trazer a ordenação plena às monjas tibetanas. O Comitê para a Ordenação de Bhikshunis, com Tenzin Palmo e suas amigas Pema Chödrön, Karma Lekshe Tsomo e Thubten Chodron, continua a apresentar suas descobertas e sugerir soluções.

A PRIMEIRA PROFESSORA

O Dalai Lama falou muitas vezes sobre a necessidade de resolver o problema. "Dois mil e quinhentos anos atrás, (...) o Buddha pregava em (...) uma sociedade dominada por homens", declarou em uma entrevista.[13] "Se ele tivesse enfatizado pontos de vista feministas, ninguém o teria ouvido... O importante é que agora, nos últimos trinta anos, temos trabalhado para mudar isso." O Dalai Lama reconhece que muitas monjas são muito genuínas, mas não tiveram a chance de ascender ao nível de ordenação mais elevado. "Isso faz com que me sinta um pouco desconfortável, especialmente porque o Buddha deu oportunidades iguais às mulheres. Mas nós, mesmo sendo seguidores do Buddha, negligenciamos isso. Nos últimos séculos, negligenciamos completamente a qualidade dos estudos religiosos nos monastérios femininos." O líder tibetano enfatizou que as condições estão melhorando e estudos de mesmo nível estão agora disponíveis para mulheres. Até muito recentemente, as monjas não podiam obter o título de *khenpo* ou *geshe* — os equivalentes tibetanos de doutores e professores. Por quê?

---

* Rinpoche (tib.), pronunciado "rin-po-chei", literalmente significa "precioso(a)". O título é dado a professores(as) eminentes como forma de reverência.
** Monjas com ordenação completa.

Porque a ausência de ordenação completa na linhagem tibetana não permite que elas estudem todo o currículo dos geshes, que inclui todo o código monástico (sâns. vinaya).

O Dalai Lama pessoalmente fundou e apoiou o Instituto de Dialética Budista, próximo de sua sede no exílio em Dharamsala, no norte da Índia, dispensando alguns dos requisitos tradicionais para as estudantes do sexo feminino. Em abril de 2011, ele concedeu o título de geshe a uma monja ocidental. Foi um acontecimento histórico em muitos aspectos: os títulos de geshe são tradicionalmente conferidos nos principais mosteiros aos monges após doze ou mais anos de estudo rigoroso da filosofia budista. Apesar de não ter sido totalmente ordenada, a noviça alemã Kelsang Wangmo (anteriormente Kerstin Brummenbaum) foi finalmente recompensada por completar dezesseis anos de estudo árduo na mais elevada filosofia budista. "Era difícil ser a única mulher", diz Kelsang Wangmo. "Era muito solitário, porque os monges não queriam ficar por perto de uma monja." O Dalai Lama a aconselhou a estudar um currículo ligeiramente modificado em vez do Vinaya completo, mas seus colegas de classe, todos homens, achavam a situação absurda. Embora ela não pudesse assistir às aulas sobre o Vinaya pessoalmente, seus colegas faziam gravações sorrateiramente para que ela pudesse ouvi-las. "Além disso, meus colegas se revezavam para ensinar as classes menos adiantadas, mas como monja eu não podia ensinar oficialmente os monges mais novos", disse Kelsang Wangmo, referindo-se a uma passagem do código monástico que não permite que monjas ensinem monges, mas acrescenta, decididamente otimista: "Tudo isso está mudando agora, e meus professores têm me apoiado muito. Não devemos desistir. Se eu posso, qualquer uma pode."

SAINDO DA SOMBRA

Enquanto muitos professores tibetanos do sexo masculino conquistaram reconhecimento internacional, pode-se contar em uma mão as mulheres isoladas que se destacam e que foram treinadas completamente para dar iniciações e ensinamentos no Ocidente hoje. Portanto, não é por acaso que apenas três professoras de origem tibetana são apresentadas neste livro. As biografias de Khandro Rinpoche, Dagmola Sakya e Khandro Tsering Chödron atestam o quanto era incrivelmente raro que as mulheres tivessem acesso à mesma educação e ao mesmo treinamento que seus colegas homens devido ao cenário patriarcal. Embora muitas das mulheres tenham ficado na sombra de seus colegas do sexo masculino (geralmente seus maridos, pais ou professores), e embora seja um pouco incomum para elas sair dessa obscuridade colocando sua própria biografia em destaque, esse é o próximo passo lógico para que as mulheres ocupem seus lugares como professoras budistas. A intenção deste livro é tornar conhecidas as qualidades luminosas dessas mulheres, incluindo seus desafios e dúvidas, que na tradição tibetana geralmente não são discutidos com franqueza.

RAINHAS, MONJAS E IOGUINES

Tradicionalmente, as histórias das vidas das mestras budistas raramente eram contadas. Além das biografias de algumas exceções dignas de nota, sabemos pouco sobre as grandes praticantes do Tibete. Veja, por exemplo, o maravilhoso livro *Masters of Meditation and Miracles* (Mestres de meditação e milagres), de Tulku Thondup. Podemos ler mais de três dúzias de narrativas impressionantes dos mais importantes mestres da linhagem na Tradição Antiga (Nyingma) do budismo tibetano, mas além das cinco consortes de Padmasambhava, apenas uma mestra está entre os homenageados: Jetsun Shugseb Lochen Rinpoche (1852–1953). Notável praticante e fundadora de um monastério feminino vibrante no Tibete, ela é uma das poucas mestras que iniciaram sua própria linhagem de reencarnação. Como muitas de suas colegas monjas, até mesmo essa mestra excepcional fez preces para renascer em um corpo masculino a fim de encontrar melhores circunstâncias para seguir o caminho no futuro. (Ironicamente, sua reencarnação masculina abandonou a vida religiosa para estudar em Pequim.)[14]

É claro que deve ter havido um número incontavelmente maior de praticantes realizadas meditando de forma inabalável, apesar da pobreza e da discriminação. Como Tenzin Palmo aponta, "Só se pode admirá-las, elas eram intrépidas. Foram para lugares remotos, cavernas no alto das montanhas, e praticaram, praticaram. Eram maravilhosas. Mas claro que não se ouve falar delas, pois ninguém escreveu suas biografias. Ninguém considerou importante escrever a biografia de uma mulher. Pelos textos não fica evidente se havia muitas, mas se sabe que elas existiam."[15] Tsultrim Allione achou a falta de biografias tão urgente que pesquisou as histórias de ioguines tibetanas para seu livro *Women of Wisdom* (Mulheres sábias): "Precisamos ter modelos de iluminação para mulheres. Precisamos ser capazes de ver o corpo feminino como um veículo para a iluminação. Na ausência desses modelos, as mulheres muitas vezes sentem que não têm a capacidade de atingir um despertar completo nesta vida."[16]

MÉTODOS ANTIGOS PARA O MUNDO MODERNO

Como o budismo é a religião de crescimento mais rápido em muitas nações do Ocidente, um número cada vez maior de ocidentais se fascina profundamente com os ensinamentos do Buddha e seus métodos muito práticos e aplicáveis. A pesquisa científica provou que a meditação budista ajuda a reduzir o estresse e a ansiedade significativamente, aumentando o bem-estar e a felicidade. Tenho visto intensa transformação em altos executivos de várias origens religiosas que vieram aos meus seminários para aprender a arte de sentar-se em silêncio, junto com a profunda ciência da compaixão que o Buddha descobriu. Esta é uma das perguntas que guiaram meu interesse por este livro: o que os antigos ensinamentos do Buddha têm a oferecer às mulheres e aos homens em nosso mundo moderno?

Na maioria dos países budistas da Ásia, a tarefa da realização espiritual é realizada por "profissionais", como Tenzin Palmo os chama[17]. Monges e monjas se dedicam em tempo integral ao estudo e à prática, sem as "distrações" da família, do trabalho e da hipoteca. Em alguns países, é considerado obrigatório que pelo menos um dos filhos de uma família opte pela vida monástica. Ainda assim, no Ocidente, onde o budismo está agora criando raízes, comparativamente poucos desejam ser ordenados. Em vez de se isolarem em montanhas remotas, mães que trabalham, contadores e diretores de empresas estão procurando maneiras de transformar sua vida cotidiana em um caminho significativo. Tenzin Palmo observou que os professores tradicionais às vezes fazem uma distinção entre "prática espiritual de um lado e vida cotidiana do outro"[18]. Ela se lembra de como certa vez uma mãe que trabalhava reclamou, frustrada, que não tinha muito tempo para a prática espiritual e pediu o conselho de um professor tibetano tradicional, "O que devo fazer?". O lama respondeu: "Não se preocupe, quando seus filhos estiverem crescidos você pode antecipar a aposentadoria e, então, começar a praticar"[19].

Não ouvi nenhuma declaração como essa das professoras neste livro. Várias delas são mães; muitas trabalhavam em empregos "comuns" como faxineiras, professoras de escolas ou tradutoras antes de serem reconhecidas como excelentes professoras budistas. Todas elas têm o cuidado de reconhecer que prática significa consciência a cada momento, seja sentada em uma almofada de meditação, usando uma máquina de lavar ou coordenando uma reunião executiva. "A prática espiritual é a vida cotidiana, não é apenas sentar na almofada e meditar", diz Dagmola Sakya, mãe de cinco meninos. "Cada movimento, cada palavra, cada pensamento é prática. O Dharma está na vida diária." E a professora Zen Roshi Joan Halifax enfatizou, em uma recente conferência do TED: "As mulheres têm manifestado, por milhares de anos, a força que surge da compaixão, de uma forma não filtrada, não mediada, de perceber o sofrimento como ele é. Elas infundiram bondade nas sociedades. Elas manifestaram a compaixão por meio da ação direta."[20]

UMA MUDANÇA PROFUNDA NO OCIDENTE

Todas as vezes que o budismo migrou de seu local de origem, na Índia, para outros países, como Sri Lanka, Mianmar, Japão, China ou Tibete, a filosofia, os costumes e os rituais também se transformaram. Não é de surpreender que a realocação do budismo para o Ocidente acarrete uma mudança radical de ênfase e cultura.

No Tibete, os praticantes se refugiavam em cavernas, às vezes por décadas. No Ocidente, os professores alcançam milhares de pessoas instantaneamente, transmitindo sua sabedoria em podcasts. No Himalaia, as mulheres raramente tinham acesso equivalente à educação. No Ocidente, as mulheres exigem ser reconhecidas nas muitas funções de liderança que assumem. Em muitas comunidades budistas asiáticas, a dissidência aberta é impensável, enquanto que, na academia, o discurso crítico é crucial. Nos mosteiros tradicionais, ninguém ousaria desafiar um professor que apresentasse uma interpretação literal da tradição mística. No Ocidente, a verificação dos fatos é considerada fundamental. "O padrão oriental é mais voltado para a busca de harmonia", observou Roshi Joan Halifax. "O padrão ocidental é buscar transparência".

No entanto, de todas essas mudanças pelas quais estamos observando o budismo passar no Ocidente, talvez a mais importante seja o fato de as mulheres estarem insistindo em desempenhar um papel igual. Um número crescente de mulheres está surgindo como mestra por direito próprio e entendendo sua responsabilidade: revigorar e fortalecer as mulheres para sustentarem metade do céu como buscadoras espirituais e mestras. Como a estudiosa budista feminista Rita Gross aponta: "A maior diferença entre a prática do budismo na Ásia e a prática do budismo no Ocidente é a participação plena e completa das mulheres no budismo ocidental."[21] O Dalai Lama reconheceu isso quando afirmou que sua próxima encarnação poderia ser uma mulher. Por que não? Qual é o problema?

"Os lamas não podem mais ignorar isso", diz a monja ocidental Karma Lekshe Tsomo, cuja história de vida é apresentada neste livro. "Na maioria dos centros de Dharma, olhe para a cozinha — só mulheres. Olhe para os escritórios, quem faz a administração? Principalmente mulheres. Quem dirige e organiza a limpeza e a correspondência, as compras e a gerência? Principalmente mulheres." As mulheres também se tornarem professoras e abadessas é apenas uma evolução natural.

Como espelhos, suas biografias refletem nitidamente questões mais amplas, como a atual transformação do budismo no século XXI e o papel que as mulheres desempenham nesse esforço como agentes principais. Essa perspectiva estava de acordo com o conselho que meu professor, Dzigar Kongtrul Rinpoche, me deu para o livro: "Biografias são coisas boas", disse ele, "mas não terão muito impacto, a menos que você não encubra os problemas." Quais problemas? "Você tem que perguntar às mulheres quais são os problemas", ele respondeu, e foi isso o que eu fiz. Uma monja me surpreendeu ao resumir abertamente os problemas com duas palavras: "sexo e sexismo". Então, acabamos falando não apenas sobre meditação e compaixão, mas também sobre poder e abuso, isolamento e sedução, lógica e fé, devoção e rebelião.

Jetsun Khandro Rinpoche em Amsterdã
Foto de Diana Blok ©Diana Block

1: Jetsun Khandro Rinpoche

UMA AGULHA COMPASSIVA NA ALMOFADA

Uma jovem tibetana usa seu status único para empoderar mulheres no Oriente e no Ocidente.[1]

Condensar mais energia em um metro e meio é impossível. Como um carro compacto, ágil e de alta potência, Khandro Rinpoche desliza pelo Verizon Center em Washington, DC em alta velocidade. Com gestos resolutos de uma maestrina experiente, coordena o trabalho de 175 voluntários, conduzindo-os em um exército sorridente de assistentes. Por quase uma semana, eles trabalharam sem parar para tornar a visita inédita do Dalai Lama à capital um sucesso sem percalços. A falta de sono nunca desacelera Khandro Rinpoche. "Estar disponível, ajudar a todos, a qualquer momento, em qualquer lugar" é como ela define o budismo em ação. Sem nenhum sinal de hesitação, a robusta monja salta para aliviar um voluntário cansado, tirando uma caixa de biscoitos de suas mãos e distribuindo rapidamente os wafers abençoados. "Vocês podem servir quinze mil pessoas em onze minutos", ela garante ao seu grupo, dando um tapinha nas costas de um ajudante com os olhos cansados e acariciando de modo acolhedor a bochecha de um aluno em pânico.

Por que Khandro Rinpoche se sentou, então, na parte de trás do auditório, cercada por um grande grupo de monjas, e não se posicionou no palco brilhantemente iluminado ao lado de Sua Santidade e das dezenas de outros mestres tibetanos graduados em suas melhores vestes? "O palco é onde todas as pessoas bem-comportadas se sentam", explica ela com uma piscadela. "Gosto de observar as pessoas e interagir. Na parte de trás, você ouve e aprende muito sobre o que realmente está acontecendo." Além disso, ela pode precisar usar seu iPhone e sair correndo para ajudar na complexa manobra de distribuir quinze mil cordões de identificação vermelhos. Seus olhos escuros e alertas monitoram a cena com uma consciência focada como um laser, porém espaçosa.

Os bancos mais recuados do Verizon Center oferecem um retrato adequado de como é Khandro Rinpoche: fazer a diferença sem fazer barulho, servir a todos fugindo dos holofotes. "Servir" pode ser a palavra que mais usa, ela não apenas ensina sobre essa palavra — ela a vive. "Ela costumava ser como um AK47, simplesmente bum bum bum, fazendo as coisas", brinca sua irmã Jetsun* Dechen Paldron. "Ela acha que se tornou mais suave, mas embora possa ter se tornado mais focada, ainda tem tanta energia que uma pessoa apenas quase não consegue conter."

Khandro Rinpoche viaja incansavelmente entre o monastério de seu falecido pai e seus dois monastérios na Índia, sua sede americana nas montanhas Shenandoah, na Virgínia, e um número cada vez maior de comunidades budistas que desejam se beneficiar de sua perspicácia afiada. Como se isso não bastasse, ela também lidera um grande número de projetos sociais — desde cuidar de leprosos, idosos e cães de rua abandonados na Índia até o plantio de árvores na Virgínia. "Você não consegue beneficiar os seres se for como uma ilha isolada", disse ela em uma entrevista de rádio.[2] "É uma tarefa árdua sair de uma sociedade tão preocupada com o benefício próprio."

---

* Um título tibetano altamente honorífico de reverência para uma praticante realizada ou para uma mulher nobre de status elevado.

UMA DESBRAVADORA SOB VIGILÂNCIA

Jetsun Khandro Rinpoche é uma das poucas mulheres rinpoches completamente treinadas na tradição tibetana. Esta posição única lhe traz mais liberdade e poder de impacto do que alguns dos professores do sexo masculino. As mulheres, em especial, são atraídas por sua forte presença de guerreira. "É incomum ver uma mulher tão à vontade com o poder", observa uma monja americana, "e que o usa com gentileza, nunca caindo nas armadilhas de uma viagem de poder".

No entanto, a estatura incomparável de Khandro Rinpoche vem com um senso de vigilância ainda mais intenso. Ciente de que era observada de perto desde a infância, ela decidiu desde cedo não fugir do papel de desbravadora, mas marchar em frente com ousadia. "Se eu errar, pode ser que eu atrapalhe muitas mulheres", ela admite francamente, ecoando os sentimentos de muitas dirigentes de empresas. "Como mulher, você pode realizar cem coisas com perfeição, e então comete um erro e todo mundo diz: 'Viu? Ela não consegue fazer isso.' Isso pode afetar não apenas o *meu* caminho, mas também a confiança nas mulheres tibetanas". Não há necessidade de se preocupar, pois o oposto é verdadeiro. Seu trabalho pioneiro destemido garantiu um efeito cascata para as mulheres, especialmente as monjas, em toda a Ásia e no Ocidente.

Khandro Rinpoche aprendeu a arte de desenvolver e compartilhar a sabedoria budista quase desde o berço. Ela nasceu em 1968 como Tsering Paldron (A Lâmpada da Glória e Longa Vida), filha de Sangyum* Kusho Sonam Paldron e do Décimo Primeiro Kyabjé Mindrolling Trichen, que era o líder da Escola Antiga** do budismo tibetano. Aos 29 anos, seu pai escapou do domínio chinês em 1959 fugindo para Kalimpong, uma antiga estação montanhosa britânica no Baixo Himalaia indiano. Quando sua primeira filha nasceu, ele estava imerso na imensa tarefa de restabelecer o eminente monastério de Mindrolling no exílio. A educação de Khandro Rinpoche exemplifica o destino da segunda geração de refu-

---

* "Consorte sagrada": termo tibetano honorífico para a esposa de um grande lama.
** A Escola Nyingma (tib.) teve seus primórdios no fim do século VII.

giados tibetanos: ela nunca foi ao Tibete, nunca viu o elegante monastério de pedra marrom que costumava ser o antigo lar de sua linhagem. "Eu solicitei autorização muitas vezes, e muitas vezes me foi negada", diz com naturalidade.

Todos, exceto oito dos seis mil templos e monastérios tibetanos que estavam em pleno florescimento, foram reduzidos a escombros durante a chamada Revolução Cultural, nos anos sessenta. Embora alguns tenham sido reconstruídos desde então, a China comunista restringe fortemente o número de monges e monjas que antes constituíam um sexto de toda a população. O simples fato de possuir uma foto do Dalai Lama pode resultar na prisão em um dos campos de trabalhos forçados. Com a realocação maciça de milhões de chineses han para as áreas tibetanas, os restantes cinco a seis milhões de tibetanos são agora uma minoria em seu próprio território. Enquanto as práticas tradicionais de circum-ambular santuários sagrados e recitar mantras poderosos estão sendo amplamente suprimidas em sua terra de origem, esses ritos antigos estão sendo revitalizados e ensinados novamente a uma geração ansiosa de jovens alunos no Ocidente. Inadvertidamente, os chineses instigaram a difusão do budismo tibetano por todo o mundo, garantindo um renascimento global muito mais vigoroso do que os tibetanos jamais imaginaram.

EXATAMENTE AQUI E AGORA

Além de assumir responsabilidades no monastério de Mindrolling na Índia, Khandro Rinpoche também está desenvolvendo esse ramo do budismo no Ocidente. Naquela tarde, depois que o Dalai Lama terminou sua programação em Washington, os voluntários pegaram rapidamente um pouco de salada e correram para ouvi-la ensinar. A sala de conferências no Hilton, que havia sido originalmente reservada para sua palestra, rapidamente se tornou muito pequena para os mais de dois mil participantes que queriam conhecê-la pessoalmente. Os organizadores tiveram que realocá-la para o fundo do enorme Verizon Center. Ela chegou com uma impressionante comitiva feminina, incluindo sua irmã mais nova, várias de suas monjas e uma nuvem de voluntárias.

Khandro Rinpoche é a mais baixa, mas ela é claramente a força motriz, o centro do furacão.

"Não é maravilhoso ver uma mulher rinpoche, para variar?", pergunta um dos organizadores, a monja americana Tenzin Lhamo. Em resposta, todo o público irrompeu em gritos e aplausos. O tema dos ensinamentos de Khandro Rinpoche é a bodhichitta. Bodhichitta é um termo sânscrito que significa "coração desperto", o desejo altruísta de atingir a iluminação para o bem de todos os seres sencientes. Khandro Rinpoche imediatamente traz a ideia do reino da teoria para o coração. "Não estamos trabalhando com um termo sânscrito ou tibetano aqui, estamos trabalhando com nós mesmos, e não no futuro, mas agora mesmo! Pergunte a si mesmo", ela pede, "como ser humano, estou vivendo uma vida dedicada a aumentar a felicidade para mim e para os outros?"[3]

Por uma hora e meia, Khandro Rinpoche demonstra seu conhecimento brilhante, com um inglês eloquente e impecável. Ela nunca olha para nenhuma anotação. O que o Buddha histórico ensinou não poderia ter sido mais direto, ela diz: "Se você quer algo, simplesmente crie as causas. Se você não quer algo, não crie a base para isso." Mesmo assim, ela brinca, levou apenas 2.500 anos para transformar essa receita fácil de felicidade na "filosofia mais complicada do mundo". Por quê? Porque, em nome da nossa própria vida, não queremos desistir do nosso autocentramento. Nossas constantes tentativas de nos livrarmos dessa lógica simples de altruísmo demandaram a explosão posterior de práticas, mantras, um panteão colorido de deidades, filosofias e textos. Cada um foi planejado para nos convencer de que nosso estilo particular de autocentramento não trará felicidade nem para nós mesmos e nem para os outros.

UM FLASH MOB "ESPIRITUAL"

Khandro Rinpoche destila a rica filosofia intelectual em um apelo realista à ação. Começando com bondade amorosa por si mesmo, a pessoa expande seu coração com a visão muito vasta de promover a felicidade última para todos os seres sencientes. Ela dá gargalhadas altas e faz piadas para tornar a tarefa fenomenal de iluminar todos os seres sencientes mais apetitosa. "Você nunca entenderá a compaixão genuína se não estiver alegre", ela adverte o público. "Algumas pessoas confundem bondade amorosa com parecer um capacho. Alegria é a capacidade de valorizar algo de bom no dia, em si mesmo, nos outros, em sua casa, no seu trabalho. Isso o torna mais aberto."

O que Khandro Rinpoche observou de seu local privilegiado nos bastidores é o combustível para sua palestra sobre o Dharma. Na noite anterior, a multidão serena de repente se transformou em uma multidão que pisoteava uns aos outros em um esforço frenético para agarrar o resto das substâncias que restaram da iniciação*. "É muito bom que você goste da ideia da bondade amorosa", suavizando o golpe que se aproxima, "mas eu adoraria que a sua paixão pela bondade amorosa não se restringisse apenas a ler sobre ela."

As pessoas poderiam esperar uma conversa mais religiosa e gentil de uma jovem monja, mas Khandro Rinpoche não faz rodeios. "Vamos deixar de lado a realização da iluminação para o bem de todos os seres sencientes por um momento", ela brinca. "Vamos direto ao assunto: podemos, pelo menos por uma semana, nos comportar como pessoas que estão recebendo os ensinamentos mais profundos de Sua Santidade, o Dalai Lama?"

Silêncio. As pessoas agora se mexem em desconforto. Foram desmascaradas.

Tenzin Lhamo, que praticou a psicoterapia por quase trinta anos, compara Khandro Rinpoche a um médico habilidoso que intuitivamente encontra a ferida, "pressiona o ponto onde dói até sentir a cura e depois solta. Ela acerta em cheio."

UM VIVEIRO PARA MESTRAS

Khandro Rinpoche costuma dar risada, mas raramente sorri. Seu olhar não é rude, mas é determinado. Sua voz não é cortante, mas não convida a objeções. O que ela exige de seus alunos não é impossível, mas é certamente desafiador: atenção plena em ação, o tempo todo. "Ela observa com uma atenção a laser", diz um de

---

* No budismo tibetano, as iniciações (sâns. abhisheka; tib. wang) são cerimônias vitais que transmitem as bênçãos da linhagem e autorizam os alunos a realizarem as práticas de deidades e textos específicos.

seus alunos, "e se perceber que você está sendo grosseiro, ela não vai deixar passar". Ela pode apontar um descuido provocando o aluno na frente do grupo. "Eu sou rígida", ela admite. "Se você quiser romper as camadas e mais camadas de teimosia dos alunos, o antídoto tem que ser muito mais poderoso." No entanto, uma profunda compaixão brilha em sua vivacidade. "Muitas pessoas se sentem intimidadas por mim", ela admite. "Existe um decoro, uma hierarquia." Ela também mantém um pouco de distância. Ao contrário de outros professores, ela nunca socializa com os alunos. "A relação professor-aluno exige um manejo muito delicado. Como professor, você precisa sustentar a confiança e a fé." Ela se compara a "uma agulha na almofada, alguém que sempre deixa as coisas desconfortáveis para que a complacência não se estabeleça sorrateiramente".[4]

Em um ensinamento recente em Pittsburgh, alguém perguntou por que sua tradição era chamada de "girando a mente"[*]. Khandro Rinpoche pegou uma caixa de incenso produzida pelos monges de seu monastério. De fato, o rótulo exibia uma lacuna entre "mind" (mente) e "rolling" (girando). Ela deu uma boa risada com aquele mal-entendido. "São três palavras diferentes, onde 'min' significa 'amadurecer', 'drol' significa 'liberar' e 'ling' significa 'lugar'", ela esclareceu sobre o termo em tibetano. "A tradução literal seria 'o jardim do amadurecimento e da liberação'".

Esse jardim espiritual provou ser um verdadeiro viveiro para mestras. A linhagem Mindrolling, uma das seis grandes tradições da Escola Antiga, é uma das raras tradições tibetanas que não fazem distinção entre sucessores masculinos e femininos. Desde o início, no século XVI, Terdak Lingpa[**], o fundador da linhagem, enfatizou a necessidade de as mulheres treinarem como praticantes e professoras, sobretudo porque ele admirava sua própria mãe como uma meditante excepcionalmente realizada. Por conta disso,

---

[*] Pronunciado "min-drol-ling".
[**] Rigdzin Terdak Lingpa (1646–1714), professor e aluno do Quinto Dalai Lama, era renomado como um grande revelador de tesouros e estabeleceu o Monastério de Mindrolling no Tibete Central em 1676.

ele nomeou sua filha, Jetsun Mingyur Paldron*, junto com seus dois filhos, como detentores da linhagem. Sua filha acabou reconstruindo o monastério de Mindrolling após a invasão dos mongóis Dzungar, salvando assim os textos e tesouros de sua linhagem da extinção precoce. Sua inspiração continuou encorajando muitas mulheres a praticarem e ensinarem dentro dessa linhagem. Assim, Khandro Rinpoche chegou a esta vida com um convite aberto para seguir o exemplo delas.

"Como primogênita, houve certa pressão", admite Khandro Rinpoche. "Você sempre tem aquele pensamento de pertencer àquela linha ininterrupta de grandes professores. No templo, olho para os murais e não apenas vejo os buddhas e os bodhisattvas, mas minha tia, minha tia-avó, meu avô e assim por diante, todos olhando para mim."[5]

CORPORIFICANDO MIL E TREZENTOS ANOS DE SABEDORIA

Quando ela tinha dez meses, seu pai a levou para visitar um amigo muito próximo, o Décimo Sexto Karmapa**, no Sikkim. O Karmapa reconheceu a bebê como uma encarnação de Khandro Urgyen Tsomo, mais conhecida como a Grande Dakini de Tsurphu. Apesar de sua fama bastante difundida, restaram apenas fragmentos de sua biografia. Ela foi consorte do Décimo Quinto Karmapa, Khakyab Dorje (1871–1922), e é conhecida por ter estendido sua vida em vários anos por meio de seu domínio da prática. Após a morte do Karmapa, ela permaneceu no Monastério de Tsurphu em retiro, amplamente reverenciada como uma eremita inspiradora. "Ela era amorosa e compassiva, com grande devoção e uma pro-

---

* Diz-se que Jetsunma Mingyur Paldron (1699–1769) havia realizado muitas das práticas mais avançadas aos quatorze anos. Ela se tornou uma lama realizada na tradição Kagyü do budismo tibetano. Para um relato detalhado de sua vida, consulte o site de Khandro Rinpoche: www.mindrollinginternational.org/mindrollinghistoryproject

** O Décimo Sexto Gyalwa Karmapa, Rangjung Rigpa'i Dorje (1924–1981), era o líder da linhagem Karma Kagyü do budismo tibetano e o abade do Monastério de Tsurphu no Tibete Central. Em 1959, ele escapou com 150 alunos e muitas das relíquias mais sagradas do monastério para o Butão. A convite do rei do Sikkim, fundou o Monastério de Rumtek, sua nova sede no exílio, no Sikkim, em 1966.

fundidade espiritual insondável", escreveu Tulku Urgyen Rinpoche (1920–1996), que a conheceu no Tibete. "Ela era um ser muito especial, uma verdadeira dakini. Ela passou quase todo o tempo em retiro praticando e recitando mantras, e atingiu um nível profundo de experiência e realização. Isso não é boato, eu mesmo sou testemunha disso."[6]

Pouco antes de morrer, ela indicou aos alunos que renasceria no nordeste da Índia. Sua descrição se encaixa com o local de nascimento de Khandro Rinpoche em Kalimpong. A Grande Dakini foi até considerada uma encarnação de Yeshe Tsogyal, a consorte de Padmasambhava, a fantástica pioneira do budismo tibetano. Isso tornaria a atual Khandro Rinpoche uma descendente direta das primeiras pioneiras budistas no Tibete. Assim, seus alunos a reverenciam não apenas como uma monja de 43 anos, mas como a personificação de mil e trezentos anos de sabedoria.

TÍTULOS ENGANOSOS

A primeira vez que assisti a um ensinamento com Khandro Rinpoche, dezesseis anos atrás, na França, o mestre residente a apresentou como uma emanação de Yeshe Tsogyal, a Buddha Tara e Vajraioguini. Khandro Rinpoche ri desses rótulos grandiosos: "Ah, sim, eles listam todas as deidades femininas que conseguem encontrar. É muito gentil da parte deles, muito gentil, talvez até gentil demais."

O que significa para Khandro Rinpoche ser considerada a herdeira dessas grandes mestras? "Esses títulos podem enganar", ela avisa. "As pessoas estão excessivamente preocupadas com os títulos, mais fascinadas com a embalagem do que com o conteúdo. Isso é perigoso." Khandro Rinpoche suspira. "Cada vez que encontram uma mulher agradável, eles a chamam de dakini. Merecer esse título ou não depende da sua realização."

Khandro Rinpoche prefere recorrer à lógica: no budismo tibetano, acredita-se que os mestres realizados têm a opção de reencarnar em uma forma e local onde possam ser mais úteis. "A filosofia budista é totalmente baseada na lei da causalidade e da interdependência", explica Khandro Rinpoche. "No caso das reencarnações,

Khandro Rinpoche aos onze anos com seu pai, Kyabjé Mindrolling Trichen; sua mãe, Sangyum Kusho Sonam Paldron; e sua irmã mais nova, Jetsun Dechen Paldron, na Índia. Foto cortesia da Mindrolling International.

ou *tulkus**, eles geram a aspiração de beneficiar continuamente os seres sencientes, e essa aspiração controla seu renascimento. Portanto, os tulkus sempre foram tratados com grande veneração porque a compaixão absoluta os traz de volta para beneficiar os seres sencientes constantemente." Quando questionou o falecido

---

* Tulku (tib.) literalmente "corpo de emanação"; aqui se refere à reencarnação de um grande mestre que renasce intencionalmente para beneficiar os seres. Os tibetanos começaram a identificar reencarnações diretas de seus mestres falecidos no século XII.

pai, ele mesmo um tulku reconhecido, ela aprendeu que uma reencarnação autêntica "tem menos obscurecimentos, então você tem menos dever de casa para fazer em termos de purificação de obscurecimentos. A mente está mais clara, mais refinada; aprender é mais fácil e mais rápido; o conhecimento deles é maior."

O reconhecimento foi especialmente complicado no caso dela, porque as várias linhagens distintas* no budismo tibetano seguem práticas ligeiramente diferentes. Ela nasceu em uma família Nyingma, mas foi reconhecida como uma dakini Kagyü. "Mindrolling é uma linha de sangue familiar, eles são um pouco possessivos com a mais velha da família", diz ela, embora com um sorriso. "Houve alguma hesitação: nós não vamos dar a primogênita aos Kagyüpas!" No entanto, de acordo com Khandro Rinpoche, as monjas Kagyü são "mulheres muito cabeças-duras, muito teimosas". Elas proclamavam por toda parte que a filha Mindrolling lhes pertencia, pressionando repetidamente o Décimo Sexto Karmapa a reconhecer a criança. Então, aos três anos de idade, o Karmapa entronizou formalmente Khandro Rinpoche, supervisionando pessoalmente sua educação até a época de sua morte, em 1981. Ele sugeriu que ela aprendesse inglês, prevendo sua genialidade para disseminar o Dharma no Ocidente.

UMA MOLECA DANADA

Desde os três anos, Khandro Rinpoche era vestida com brocados, sentava-se em tronos e as pessoas faziam prostrações diante dela. "Por ser a mais velha, meu pai realmente me amava, alguns diziam que ele me mimou demais", admite Khandro Rinpoche. A moleca indisciplinada aproveitou sua liberdade, sabendo muito bem que dificilmente haveria algo que não pudesse fazer. "Eu era uma garota muito, muito danada, mimada, uma encrenqueira." Ela matava aula, vagava pelas ruas da vila com sua gangue, esbarrava em outras crianças no meio de brigas. Ela cerra os punhos de brinca-

---

* Existem cinco tradições principais dentro do budismo tibetano: Nyingma, Kagyü, Sakya e Gelug, além da tradição Bön, pré-budista, que acabou se tornando o quinto ramo do budismo tibetano.

deira, imitando a aparência de seu "eu" em miniatura: selvagem, brava, travessa. "Minha mãe sempre achou que eu não parecia uma Jetsunma elegante e digna." A mãe de Khandro Rinpoche ficou tão preocupada que sua pequena rebelde se tornasse incontrolável que a despachou para um rigoroso internato no estilo britânico, administrado por missionários católicos. "Tudo o que sou hoje devo à minha mãe", diz Khandro Rinpoche. Uma gratidão emocionada e desvelada ressoa em sua voz. "Eu encontro nela e na minha irmã as minhas maiores críticas, porque elas jamais deixariam a síndrome do tulku me subir à cabeça."

TRIUNFANDO NA COMPETIÇÃO DA BÍBLIA

Seu intelecto aguçado e curiosidade natural fizeram de Khandro Rinpoche uma aluna nota 10, mesmo no desconhecido território cristão. Frequentando a escola católica dominical, ela conseguia notas extras, então decorou a Bíblia e ficou em primeiro lugar no concurso de memorização do Novo Testamento da escola dominical. "Foi divertido!", ela exclama. Depois de dois anos e meio no colégio interno, seus pais ficaram preocupados que sua futura detentora da linhagem pudesse perder de vista sua herança espiritual e a trouxeram de volta para casa. Por mais de uma década, ela, sua mãe e sua irmã mais nova viveram como as únicas mulheres entre quinhentos monges no monastério que seu pai e sua mãe reconstruíram no exílio. De manhã, ela frequentava um convento católico; ao meio-dia seu pai a esperava com o almoço; à tarde, seus tutores a treinavam em rituais e filosofia.

Ela realmente me faz lembrar de seu pai, que também foi seu guru raiz e claramente a figura mais importante de sua vida. Ela o chama carinhosamente de "Sua Santidade" ou "Kyabjé"* quando se lembra dele como alguém "que não fazia as coisas para ser educado. Ele não falava com doçura. Quando podia ser breve, ele era breve"[7]. Um professor semelhante a um majestoso leão, Min-

---

* "Senhor do Refúgio": um termo tibetano de enorme reverência para um professor altamente realizado, muitas vezes traduzido para o inglês como "His Holiness", "Sua Santidade", em português.

drolling Trichen Rinpoche podia ser intimidador. Em vez de jogar suavemente o lenço de seda sobre a minha cabeça como a maioria dos mestres faz, lembro-me dele puxando meu rabo de cavalo com força quando fui vê-lo para uma bênção no Nepal, como se quisesse enfatizar: "Você precisa acordar!".

"Todos nós herdamos o famoso temperamento Mindrolling", diz a irmã, Jetsun Dechen Paldron. "Você tem que saber a diferença entre raiva e ira. A raiva é pegajosa — há você e eu, dor e neurose. Ira significa apenas apontar que algo que deveria ter sido feito não foi feito, mas o seu amor pela outra pessoa não muda. Rinpoche pode ficar irada, mas nunca zangada. Ela gosta de dizer as coisas como elas são, mas é a pessoa mais gentil que já conheci. Às vezes eu acho que ela é suave demais. E ela é imensamente generosa. Minha mãe se preocupava porque ela dava tantas coisas às pessoas que poderia nos levar à falência."

INCAPAZ DE TER COMPAIXÃO ILIMITADA

Quando criança, Khandro Rinpoche ouviu discussões sobre discriminação contra as mulheres, "mas pensei que isso deveria acontecer em outro lugar, certamente não aqui. Aonde quer que fôssemos, minha irmã e eu éramos muito amadas, os monges mal deixavam nossos pés tocarem o chão." No entanto, quando a adolescente se aventurou a frequentar cursos em outros monastéros, seu radar detectou coisas antes despercebidas. Já que sua mãe era inflexível no sentido de que "tínhamos que obter as coisas por nosso próprio mérito, sem ter nas mãos o ticket de sermos as filhas do grande Trichen", Khandro Rinpoche costumava ir aos ensinamentos sem revelar sua identidade.

Fora da esfera de proteção do monastério de sua família, ela encontrou "muitas, muitas situações difíceis, tanto pessoalmente quanto contadas por outros. Às vezes, as situações eram cômicas, muitas vezes tristes, e ocasionalmente abusivas." Ela percebeu: "Sim, de fato, existem mestres que têm ideias muito tradicionais sobre o que as mulheres são, do que são capazes, onde podem se sentar e quais ensinamentos podem receber". Khandro Rinpoche insiste que seus professores mais próximos, que ela considera verdadeiramente realizados, como seu pai, o Karmapa, ou Dilgo Khyentse Rinpoche*, "deixaram muito claro que meninas e meninos são valorizados da mesma forma. Nunca encontrei nenhum conceito sobre discriminação de gênero nesse nível." Dilgo Khyentse Rinpoche até se recusou a iniciar cerimônias importantes antes que as meninas estivessem presentes. No entanto, o patriarcado está profundamente enraizado na sociedade tibetana e nas relações do dia a dia com tutores e monges, e então ela teve muitas oportunidades para praticar a paciência. "O que incomoda mais do que a discriminação é a atitude condescendente — não ser levada a sério como ser humano." Khandro Rinpoche chegou ao limite quando, aos dezessete anos, visitou um monastério para receber ensinamentos sobre as "Trinta e Sete Práticas de um Bodhisattva", um dos textos clássicos sobre como gerar compaixão ilimitada. O professor a impediu de entrar. Receber aqueles ensinamentos seria uma perda de tempo, explicou ele, uma vez que as mulheres seriam incapazes de desenvolver a bodhichitta.

Essa proibição é particularmente irônica neste caso, pois as Trinta e Sete Práticas evocam o modelo preferido de todos os tempos dos tibetanos para a compaixão ilimitada — as mães.

> Se todas as suas mães, que te amam,
> sofrem desde tempos sem princípio,
> como você poderia ser feliz?
> Para libertar incontáveis seres sencientes,
> Faça surgir a mente do despertar —
> essa é a prática de um bodhisattva.[8]

Envergonhada e "muito chateada", Khandro Rinpoche pediu conselhos ao seu pai. Mindrolling Trichen Rinpoche lembrou que sua própria mãe havia enfrentado o mesmo problema. "O que minha avó fez?", perguntou Khandro Rinpoche. Ela se sentou fora das paredes do monastério, a uma distância suficiente para ouvir os ensinamentos. Assim, Khandro Rinpoche fez o mesmo. Sentada do lado

---

* Kyabjé Dilgo Khyentse Rinpoche (1910–1991) nasceu em Dergé, no Tibete Oriental, foi o líder da linhagem Nyingma e é considerado um dos mais eminentes mestres Dzogchen do século XX.

de fora do templo, onde os monges jogam seus sapatos, ela recebeu ensinamentos sobre como cultivar a compaixão sem discriminação.

A imagem dela sentada perto dos sapatos fedorentos é inesquecível. Imagino que ela deva ter ponderado sobre suas opções. Ficar longe não mudaria nada. Começar uma discussão, algo que ela não temia, teria piorado ainda mais as coisas. Mas recuar implicaria um consentimento silencioso de que as mulheres são incapazes.

Em vez de escolher o ataque e a culpa, ela fortaleceu sua própria mente com a paciência. No fim das contas, o budismo diz respeito a trabalhar com sua própria mente, não com a mente dos outros. "A sinceridade, como fui ensinada por meus pais, depende apenas de você mesmo. Você tem que passar por todo um processo de trabalho com a sua mente." No entanto, uma decisão foi amadurecendo lentamente durante esses anos de adolescência: "Algo precisa ser feito".

"HITLER" NO TRONO

A dúvida constante sobre as mulheres serem tão capazes quanto os homens a irritava. Quando começou a assumir mais responsabilidades no monastério de seu pai, ela descobriu que "os monges nem sempre recebiam facilmente ordens de uma menina". A abordagem doce e sorridente não resolvia. Khandro Rinpoche endureceu. "Em alguns aspectos, você tinha que ser muito intransigente, e isso não combinava com a atitude descontraída deles." Os monges a apelidaram de "Hitler". Enquanto eles piedosamente se curvavam diante dela, pelas costas imitavam a saudação nazista. Khandro Rinpoche levou isso na brincadeira: "Era tudo feito por diversão".

Ela viajava o tempo todo entre o recém-construído monastério Mindrolling em Dehra Dun e o monastério feminino de sua predecessora, Karma Chökhor Dechen, em Rumtek, no Sikkim. Quanto mais tempo passava com as monjas, mais ela queria se juntar a elas — uma decisão que chocou sua família. "Como primogênita, eles teriam preferido que eu me casasse, tivesse um filho e uma vida em família, porque a linhagem Mindrolling é familiar." Mas ela pensava de forma diferente: muito consciente da situação das mulheres, ela queria dedicar sua vida para promover oportunidades educacionais para as mulheres. Sua família rebateu com argumentos convincentes: "Já existem muitas monjas. Por que você tem que fazer isso?". Ou, "Você não precisa ser monja para ajudar as mulheres". Tudo verdade, ela admite, mas seu coração já havia decidido. Afinal, ela brinca, interrompida por outra rodada de gargalhadas: "Quem se casaria comigo, afinal? Pobre homem!"

Os tulkus geralmente têm pouca liberdade para tomar suas próprias decisões. Eles são submetidos a um elaborado e rígido programa de treinamento desde a mais tenra idade, na maioria das vezes com a ajuda de um chicote. Embora os jovens encarnados sejam reverenciados por seu potencial, o individualismo é um conceito desconhecido. "Talvez eu tenha tido mais liberdade por ser uma menina", pondera Khandro Rinpoche, mas ainda assim ela teve que tornar a ideia da ordenação "palatável para muitas pessoas". Ninguém sabe a data exata de seus votos, porque ela os foi tomando lentamente, em etapas, entre os dezessete e os vinte e quatro anos. Primeiro, seu cabelo preto longo e sedoso encolheu até a altura dos ombros "porque era mais prático", depois virou um coque "por causa do calor na Índia". Khandro Rinpoche indicava na palma da mão como o corte de cabelo subia cada vez mais. Um incidente na família Mindrolling algumas gerações antes reforçava a crença tradicional de que cortar o cabelo de um mestre realizado encurtaria sua vida. Como sempre fazia quando tinha dúvidas, Khandro Rinpoche consultou o pai. Ela relembra: "Ele ria muito daquilo. 'Ouça o conselho de todos', disse ele, 'respeite o fato de que todos têm suas próprias razões para suas crenças e, por fim, faça o que você acha que é certo. Caso contrário, se sempre tomar decisões de acordo com o que outras pessoas querem que você faça, nunca será feliz.'"

QUEM PRECISA DE CABELO?

Uma tarde, as monjas estavam raspando seus cabelos como faziam a cada dois meses com o barbeiro local e Khandro Rinpoche entrou na fila. Sem prestar muita atenção, o barbeiro raspou energicamente uma larga mecha de cabelo, desde o pescoço até o topo da cabeça. Khandro Rinpoche aproveitou a chance: "Raspe tudo!". Um pânico familiar de quinze minutos se seguiu ao verem a adolescente recém-careca, "mas, além do cabelo, nada mudou naquele dia".

"Se alguém precisa de cabelo..." Em vez de completar a frase, Khandro Rinpoche aponta para sua irmã, Jetsun Dechen Paldron, que aparece na nossa mesa nos fundos do Verizon Center com uma pergunta como se fosse uma deixa. Seu cabelo preto espesso cai sobre os ombros. Esguia e bonita, ela está sempre usando vestidos elegantes de seda ou terninhos modernos. As duas formam uma dupla imponente. Uma alta, uma baixa; uma na moda, outra sempre com as mesmas vestes carmesim. "Ela é a pessoa em quem mais confio", atesta Khandro Rinpoche e admite confiar muito no feedback e no apoio de sua irmã. "As pessoas me dão muito crédito, mas ela é realmente a pessoa-chave que mantém todos os nossos projetos no Oriente e no Ocidente muito estáveis."

Ao contrário de Khandro Rinpoche, sua irmã mais nova era uma menina calma e gentil. Pouco depois do nascimento de Jetsun Paldron, seu pai sofreu um derrame. Por muitos meses, antes de sua mãe sair para passar a maior parte do dia no hospital, ela amarrava a bebê nas costas de Khandro Rinpoche, de sete anos. Quando a mãe chegava em casa à noite, ela encontrava as duas dormindo, aninhadas uma na outra. "Ela é uma grande mamãe galinha", diz sua irmã sobre Khandro Rinpoche, "e eu sou seu pintinho eterno". As irmãs raramente passam mais do que alguns meses separadas. "Ela é minha irmã mais velha, mas também minha professora, minha chefe. Eu a admiro e me espelho nela", diz Jetsun Paldron. "A integridade dela é infalível. Não concordamos em tudo, mas suas palavras e ações sempre coincidem." Jetsun Paldron vê o apoio à irmã como sua principal tarefa na vida. "Quando nosso pai faleceu em 2008, todos desmoronaram — exceto ela", diz Jetsun Paldron. "Ela despontou como a pessoa sábia que nos manteve unidos." Agora casada com um americano, Jetsun Paldron assumiu cada vez mais responsabilidades na linhagem Mindrolling, especialmente arquivar e traduzir os preciosos ensinamentos. Ambas afirmam o valor do treinamento tradicional meticuloso, da inteligência aguçada e de uma dedicação inabalável para preservar os ensinamentos. E Khandro Rinpoche, brincando, também coloca a responsabilidade de continuar a linhagem familiar em sua irmã. "Ela tem cabelo, ela pode ter bebês."

LÍDERES CONFIANTES E DINÂMICAS

Na biografia de Khandro Rinpoche, alguns componentes altamente excepcionais para uma mulher tibetana se entrelaçam: uma injeção de autoconfiança ilimitada por seus pais, um treinamento completo em todos os aspectos do ritual tibetano como tulku combinado com a educação no estilo ocidental e a liberdade de fazer suas próprias escolhas.

Com vinte e poucos anos, ela foi para os Estados Unidos para um curso intensivo sobre o pensamento ocidental, que pesquisava metodicamente a mente ocidental como um cientista estudaria um animal estranho. Com atividades desde visitar centros de delinquentes juvenis até fazer conferências com mestres zen sobre suas estratégias para estabelecer comunidades budistas nos Estados Unidos, ela começou a conhecer um mundo totalmente novo com o mesmo entusiasmo que trouxe aos estudos bíblicos. "Você precisa entender", diz ela, "que por ter crescido em um monastério, eu não tinha a menor ideia sobre a vida ocidental, sobre coisas como prisões ou negócios". Atendendo ao desejo de sua mãe de que tivesse uma educação ampla, ela estudou jornalismo, homeopatia e administração de negócios por alguns anos — claramente sendo preparada para ser uma futura embaixadora do budismo tibetano.

Mas por que não há mais mulheres como ela, nem mais rinpoches mulheres? Esta é provavelmente a pergunta que ela recebe com mais frequência.

Khandro Rinpoche aponta que havia muitas mulheres praticantes realizadas no Tibete, "mas elas ficaram longe dos grandes monastérios, os centros do poder". Mesmo que não assumissem títulos elevados ou não tivessem um séquito nos monastérios, os tibetanos as reverenciavam. Ela considera sua própria mãe "provavelmente uma das professoras vivas mais realizadas. Você vê que algumas das esposas de grandes professores são extraordinárias em sua realização, capacidade e amor. Elas nunca se colocaram à frente, mas em sua modéstia eram muito corajosas, prestativas e valentes." Ela enfatiza várias vezes que a reverência dos tibetanos pelas grandes dakinis "não se baseia em sua associação com um professor, em serem casadas com eles ou em serem filhas deles, mas em seu próprio mérito e realização". Ao mesmo tempo, concorda que a necessidade de professoras é imensa. Educar e capacitar mulheres está no centro de seu trabalho. "Talvez eu possa ajudar a colocar um pouco de reboco nas rachaduras aqui e ali", ela brinca. "Individualmente, posso fazer muito pouco, mas posso ser um meio por meio do qual mais mulheres podem se tornar líderes confiantes e dinâmicas."

Historicamente, as monjas de Mindrolling se reuniam no monastério feminino Samten Tse (Pico da Meditação), no Tibete, fundado pela encarnação anterior de Khandro Rinpoche. Tanto o monastério masculino como o feminino sobreviveram aos ataques do exército chinês, mas ficaram muito danificados e com um número reduzido de pessoas ordenadas. Khandro Rinpoche ansiava por continuar a tradição no exílio. Ela não tinha dinheiro e, mais uma vez, seus pais vieram em seu socorro. Em 1993, sua mãe vendeu quase todas as joias de sua família para que Khandro Rinpoche pudesse construir seu próprio monastério em Mussoorie, nas colinas de Shivalik, no Himalaia indiano, ao qual deu o nome de Centro de Retiros Samten Tse, em homenagem ao centro original tibetano.

"NÃO RASPE SEU BOM SENSO JUNTO COM O CABELO!"

Foi ali que Khandro Rinpoche finalmente teve dois bebês: ela adotou duas meninas cujas famílias tibetanas não podiam mais cuidá-las. "Eu amo crianças", diz ela com entusiasmo, e embora considere todas as monjas como sua família estendida, ela queria cuidar de algumas como se fossem suas. Kunzang Chödron, agora com dezesseis anos, veio para Khandro Rinpoche com oito meses; Yeshe Chödron, agora com dezenove anos, foi deixada em Mindrolling por sua família quando era criança para se tornar monja. "Não era realmente seu chamado se ordenar tão jovem, então nós a deixamos crescer e decidir por si mesma", diz Khandro Rinpoche. Ambas ficam com a mãe de Khandro Rinpoche em Samten Tse quando Rinpoche está viajando. "Isso dá à minha mãe a vibração de ter duas adolescentes obstinadas para cuidar, de novo!", ela brinca.

Khandro Rinpoche não tem realmente uma casa, mas Samten Tse é onde ela se sente mais confortável, "porque é onde estão todas as minhas monjas". Unindo as diversas correntes de seu treinamento, Khandro Rinpoche imaginou "um lugar muito experimental, mulheres ocidentais e orientais, monjas e leigas, vivendo juntas". Ela descreve o centro como "extremamente vibrante com mulheres fortes e maravilhosas". Além de transmitir os rituais tradicionais, Khandro Rinpoche as educa ativamente para a independência financeira, trazendo instrutores para ensinar sobre gestão de negócios, às vezes até artes marciais. Ela diz às monjas novas: "Não raspe seu bom senso junto com o cabelo!". Quando Khandro Rinpoche percebe que elas se sentem inseguras em um restaurante, faz todas se vestirem para um jantar formal e receberem um treinamento de etiqueta, "arrancando-as assim de sua hesitação. A ideia é que elas obtenham uma educação tradicional e também ocidental e se tornem líderes confiantes e capazes. Às vezes, como mulher, você precisa sentir orgulho." Sua irmã defende essa abordagem: "Não queremos ser vistas como 'mulheres especiais'. Cada mulher deveria ter as oportunidades que tivemos."

Por volta dos seus trinta anos, Khandro Rinpoche começou a ponderar sobre como as mulheres são responsáveis por seu próprio desenvolvimento e por obstruí-lo. "Muitas mulheres falam sobre ter direitos iguais, monjas tendo o mesmo assento que os monges, e assim por diante." Embora ela considere essas questões muito relevantes, aprendeu que "nunca se pode exigir respeito. Pode ser que o reconhecimento seja obtido por exigência, mas nunca é sincero." Quando budistas feministas a abordam reclamando da falta de modelos femininos, ela lança a questão de volta para elas: "A professora com quem você sonha tem que ser uma mulher? Em caso afirmativo, você gostaria de passar o máximo de tempo possível com ela? Nossos desejos e vontades nunca acabam."[9] Ela encontrou sua própria maneira de equilibrar as demandas e preconceitos que surgem em seu caminho: "Se ser mulher é uma inspiração, use-a. Se for um obstáculo, tente não se incomodar." Khandro Rinpoche não quer se tornar a garota-propaganda das feministas budistas. "Não há necessidade de agressão ou tristeza pela discriminação. Só trabalhe mais, trabalhe mais", ela repete as duas últimas palavras várias vezes. "Isso é o que eu gostaria que as mulheres soubessem — você precisa de muita paciência, tem que

Khandro Rinpoche durante uma visita à França. Foto de Volker Dencks.
©Volker Dencks

trabalhar para isso, e se você realmente leva a sério as qualidades iguais das mulheres, então precisa trabalhar pelo exemplo."

A ARMADILHA DO BUDISMO PARA SENTIR-SE BEM

Embora Khandro Rinpoche minimize sua própria importância, sua influência tanto no Oriente quanto no Ocidente dificilmente pode ser exagerada. Em 2003, quando Khandro Rinpoche fundou seu primeiro centro no Ocidente, o Jardim de Lótus, em Stanley, no estado americano da Virgínia, ela logo contratou seis professores ocidentais, quatro deles mulheres. Uma delas é Rita M. Gross, provavelmente a estudiosa budista feminista mais conhecida e franca. Gross reconhece "que a presença de professoras é realmente a questão-chave. Se não houver muitas professoras presentes, é um claro sinal de patriarcado. Khandro Rinpoche empodera muito suas alunas ocidentais por causa de seu exemplo".

Como o budismo ainda é novo, "trabalhar com os ocidentais é como trabalhar com um molde flexível, ainda é possível moldá-

-los", afirma Khandro Rinpoche. "Rinpoche não faz distinção entre suas alunas ocidentais e suas monjas", observou sua irmã. "Ela lhes oferece o mesmo treinamento, as mesmas repreensões, estabelece os mesmos horários." Tendo sido criada em um monastério onde o trabalho de todos em tempo integral era o budismo, Khandro Rinpoche teve que ajustar lentamente suas expectativas sobre o que os pais leigos que trabalham podem oferecer no Ocidente. "Você pode abandonar o autocentramento sentando-se em uma caverna úmida por quinze anos e desenvolvendo artrite, você pode fazer isso raspando o cabelo e morando em um monastério, ou você pode fazer isso aqui, no meio de Washington, DC." Ela se entusiasma com "o intelecto refinado, o esforço notável e a devoção" de suas centenas de alunos ocidentais, "mas" — aí vem o mas — "embora sua visão possa ser altruísta, a inclinação é muito orientada para seu caminho individual, *meu* caminho, *minha* prática, *meu* progresso." A cultura do individualismo é difícil de quebrar. "Portanto, enfatizo que eles devem ser capazes de trabalhar juntos, de criar uma comunidade, oferecer serviços onde e quando for necessário, especialmente quando não houver recompensa." Uma das professoras que ela contratou, Jann Jackson, uma ex-terapeuta de 61 anos, fala com o mais profundo apreço sobre receber "um feedback firme que realmente dói. Então eu volto e me pergunto: há algum grão de verdade nisso? É um ato supremo de bondade nos amar o suficiente para não desistir quando vê uma lacuna entre os ensinamentos e a nossa conduta. O resultado é uma qualidade de processamento completa. Ela não quer cair na armadilha de satisfazer o desejo ocidental de 'budismo que nos traz boas sensações'."

REFÚGIO E ESTUPRO

Aventurar-se no Ocidente também desencadeou uma postura diferente em relação à abordagem feminista inicial de Khandro Rinpoche. "Não foi a discriminação dos homens, mas a ingenuidade das mulheres que me impressionou. O quanto somos responsáveis — vamos mesmo ficar tão aterrorizadas, tão inseguras, tão indecisas, tão sentimentais a ponto de jogarmos fora toda a lógica?"

Viajando pelo Ocidente, ela ficou chocada ao ouvir relatos repetidos de abuso sexual. Ela chegou ao limite ao dar ensinamentos na Alemanha, onde uma mulher na plateia estava em prantos. Quando Khandro Rinpoche perguntou o porquê, a mulher deixou escapar que havia sido estuprada. "Por um professor budista." Em uma cerimônia de refúgio*, o professor pediu-lhe que viesse mais tarde para a piscina, sozinha, nua. "E você foi?" Khandro Rinpoche perguntou. "Sim, fui", respondeu a mulher. Ao relembrar a história, Khandro Rinpoche balança a cabeça e pergunta: "O que acontece com o bom senso?".

O impulso inicial pode ser culpar o professor que teve a audácia de usar indevidamente o voto sagrado de refúgio para tirar vantagem de uma aluna ingênua e crédula. Mesmo assim, Khandro Rinpoche não segue o caminho da culpa. Nunca a ouvi falar em público contra professores que se aproveitam de sua posição para avançar sexualmente sobre alunas que os admiram. "Ela provavelmente sabe que gritar e enlouquecer não faz com que isso mude", diz sua aluna Rita Gross.

"Falo sobre isso abertamente com minhas monjas e minhas alunas ocidentais", enfatiza Khandro Rinpoche. "Há questões que temos de abordar de forma honesta, direta, tendo em mente os dois lados da história. Às vezes há abuso, às vezes há um abuso do abuso. Criar um grande caso sobre isso é sempre muito complicado porque as pessoas podem entender mal o contexto. Ouvir sobre isso pode criar uma confusão desnecessária que afaste a pessoa do Dharma. É um assunto muito desencorajador."

NÃO HÁ ATALHOS PARA A ILUMINAÇÃO

Agora estamos em um terreno tempestuoso. A sexualidade é um tema delicado e facilmente mal compreendido no Vajrayana. Ao contrário de outras tradições budistas que trilham o caminho mais seguro da renúncia, o Vajrayana abraça a sexualidade como um meio poderoso de transformar neuroses. É claro que esse negócio arriscado vem com o perigo maior de que os charlatães possam

---

* Cerimônia que marca a entrada formal no caminho budista.

usá-lo como pretexto para se entregarem às suas paixões. Uma série de alegações de abuso abalou as comunidades budistas tanto no Oriente como no Ocidente. Padrões convencionais de comportamento apropriado são rotineiramente dispensados para professores elevados que são considerados como a personificação do brilho do Buddha, sancionando assim até mesmo ações não convencionais como feitos iluminados.

No contexto do Vajrayana, então, como Khandro Rinpoche definiria a má-conduta sexual?

Sua resposta é clara e cortante: "Estudem o Vinaya*!". Embora o Vinaya seja tradicionalmente o código para os monges ordenados, Khandro Rinpoche insiste que é um material de estudo crucial também para leigos. "Ele fornece um código de conduta muito rígido e claro, o que é permitido e não permitido. Se você o estudar, poderá identificar quando alguém manipula e faz mau uso dos ensinamentos, e então os alunos podem fazer perguntas. Há muita bondade em questionar. Se não faz sentido, questione! Quando encontramos uma conduta ética descuidada, precisamos perguntar: por que isso está acontecendo?"

Romper votos monásticos obviamente constitui uma ofensa séria para professores ordenados, mas como podemos definir má-conduta sexual para professores que não tomaram os votos?

"Cada professor tomou pelo menos os votos leigos e os votos de bodhisattva", retruca Khandro Rinpoche. "Além da óbvia má-conduta de usar a força, tirar vantagem de sua própria posição e da ingenuidade de um aluno é um abuso e é muito doloroso de se ver. Abuso é quando há fingimento, egocentrismo ou mentira. Fingir que se tem mais realização do que realmente é o caso e, portanto, enganar o aluno é muito, muito prejudicial. Não há atalho para a iluminação", afirma ela, "e quem oferece um atalho deve ser tratado com desconfiança".

Ainda assim, pergunto mais uma vez, como um aluno, especialmente um iniciante, pode julgar se um professor é realmente realizado ou está apenas blefando por meio de seu carisma?

---

* Vinaya (sâns; tib. dulwa), aqui, se refere ao código budista de disciplina ética.

Khandro Rinpoche reconhece que "os ensinamentos budistas dão muita liberdade para cada indivíduo, então não podemos realmente impor alguma afirmação sobre todos, temos que olhar cada situação". Novamente, ela se refere ao conselho de seu pai. Toda vez que falava com ele sobre o assunto, "ele sempre dizia que a solução é a educação. Quando você educa bem as pessoas, você lhes dá as ferramentas para tomarem suas próprias decisões." Khandro Rinpoche adotou essa crença para si mesma: "Não há nada que a educação não possa mudar". O pai de Rinpoche também sugeriu manter os centros de Dharma pequenos para que se possa construir relacionamentos profundamente enraizados na confiança mútua. "Ele disse que toda vez que você vai a lugares onde não conhece todo mundo pelo nome, você não consegue treiná-los adequadamente."

UM MECANISMO DE BONDADE

A maneira de Khandro Rinpoche trabalhar com seus alunos é, portanto, extremamente pessoal. "É completamente o oposto de tentar magnetizar milhares de alunos", diz Jann Jackson, que é sua aluna há quase vinte anos. "Quando os alunos ficam deslumbrados com seu carisma e perguntam se podem se tornar seus alunos, ela pode dizer: 'Que adorável! Por que não nos observamos durante os próximos doze anos, e então decidimos?'"

Eu a observei durante aquela entrevista individual no Verizon Center. Durante as horas em que conversamos, outras pessoas surgiram com pedidos pelo menos vinte vezes. Ela repetidamente saltava e dava a cada pessoa exatamente o que precisava: uma bênção para uma garota americana adorável, um tapa bem-humorado nas costas de um voluntário, uma provocação calorosa a seu coordenador que havia esquecido de pegar o telefone celular, instruções de viagem para sua irmã, conselhos encorajadores para uma jovem mãe insegura, um lenço branco cerimonial para um colega lama tibetano, um abraço para uma jovem monja — tudo se desenrolava como um balé coreografado de eficiência compassiva. Vi um mecanismo preciso de bondade em ação, sem nunca se cansar, sem nunca perder o ritmo. Apesar de haver muitas pessoas disputando sua atenção, ela não ficava nervosa. Ela permanecia completamente presente e retornava à nossa conversa completando a frase exatamente no ponto em que foi interrompida, sem falhas. Uma de suas alunas e professoras, Helen Berliner, comparou aquele espetáculo ao "Balé Bolshoi. Ela é a general, combinando disciplina rigorosa com amorosidade e, ao fim, ao contrário de uma apresentação de dança, ela oferece a você um propósito maior a ser alcançado."

Quando o Dalai Lama agradeceu aos voluntários naquela tarde, ele disse que raramente via uma multidão tão eficiente e calorosa de ajudantes trabalhando juntos de forma tão tranquila. Khandro Rinpoche estendeu o elogio à sua equipe: "É tudo por causa de vocês!", comemorou com sua equipe. "Não, é tudo por sua causa!", seus alunos rebateram. Em um impasse hilário, os alunos e sua professora jogam a responsabilidade pelo sucesso uns para os outros, até que todos explodem em gargalhadas. Foi um bom dia. Ela foi útil. E poucas pessoas notaram que ela estava no banco de trás, dirigindo.

Dagmola Kusho Sakya durante uma visita a Malibu.
Foto de Amy Gaskin. ©Amy Gaskin

2: Dagmola Kusho Sakya

DO PALÁCIO AO BANCO DE SANGUE

Como uma menina aldeã do Tibete Oriental se tornou princesa, depois funcionária de um laboratório e mãe de cinco filhos e, por fim, a primeira professora tibetana na América.[1]

Ao lado das casas de trinta milhões de dólares de estrelas de cinema e produtores de Hollywood, a elegância simples de Dagmola é ainda mais impressionante. Dentre todos os lugares possíveis, me encontrei com essa digna senhora tibetana na praia, na lendária Malibu Movie Colony. Sentada no deque de madeira de sua melhor amiga, a advogada e artista de 82 anos Carol Moss, o chapéu de sol azul de aba larga de Dagmola esconde as mechas grisalhas de seu cabelo preto, que ela nunca corta, preso em um coque. As flores azuis e amarelas em sua blusa de seda azul celeste e o vestido transpassado tradicional marrom-chocolate combinam com o oceano e a areia, com as ondas do Pacífico atrás dela. Seus olhos bondosos brilham vividamente quando ela se inclina para frente, revendo a série de catástrofes que a catapultaram de seu palácio no Tibete para os Estados Unidos dos tempos modernos. Ela foi a primeira mulher tibetana a imigrar para os Estados Unidos. Nunca deixa de me impressionar a forma como os verdadeiros praticantes saem de eventos devastadores com ainda mais compaixão e empatia. É difícil imaginar um rosto que pudesse parecer mais suave, mais caloroso, mais amoroso. O sorriso de Dagmola é capaz de iluminar qualquer sala cheia de pessoas.

Suas maçãs do rosto salientes e a postura graciosa lhe conferem uma beleza incomum, mesmo aos setenta e tantos anos. Sua idade não a desacelera, pelo contrário. Ela acaba de voltar de ensinamentos no México e está indo para uma reunião no fim de semana em Nova York, trabalhando silenciosamente na sequência de sua autobiografia, enquanto cuida de seu marido, Dagchen Rinpoche, e de seu monastério em Seattle. Agora ela está fazendo uma rara pausa no Pacífico para visitar seu filho mais velho. De certa forma, nenhum local poderia ilustrar mais claramente os extremos que a vida de Dagmola abrange: setenta e sete anos atrás, quando Dagmola nasceu em um pequeno vilarejo sem eletricidade ou água corrente do outro lado do planeta, no Tibete, o Malibu Movie Colony começava a se tornar um ponto de encontro chique para ícones de Hollywood como Gloria Swanson, Bing Crosby e Gary Cooper.

Seu título completo é Sua Eminência Dag-Yum Kusho Sakya, o que denota sua posição elevada como esposa de um dos mais eminentes mestres da tradição Sakya*, Dagchen Rinpoche. *Dag* se refere à primeira sílaba do nome de seu marido, *Yum* significa "consorte", Kusho é um título de reverência. No entanto, diante de sua alegria desconcertante, amigos e alunos rapidamente dispensam a formalidade e amorosamente a chamam de Dagmola. Ela é uma das duas únicas senhoras tibetanas mais graduadas que foram reconhecidas como professoras excelentes depois de se estabelecerem na América, e que agora viajam internacionalmente para ensinar e conceder iniciações da maneira que aprenderam no Tibete pré-comunista. A outra é a prima de seu marido, Sua Eminência Jetsun Kusho Chimé Luding**[2]. Dagmola admite prontamente

---

* O nome tibetano Sakya significa literalmente "terra cinza", uma vez que o primeiro monastério Sakya foi construído na paisagem cinza do sul do Tibete, perto de Shigatse. A escola Sakya, uma das cinco principais linhagens budistas do Tibete, desenvolveu-se durante o século XI.

** Jetsun Kusho Chimé Luding, nascida em 1938, é a irmã mais velha de Sua Santidade o Sakya Trizin, líder da linhagem Sakya.

que, se tivesse permanecido no Tibete, provavelmente nunca teria começado a ensinar. "No Tibete, eles respeitam muito as ioguines, mas as pessoas querem receber ensinamentos dos lamas", diz ela humildemente. "Com tantos professores excelentes por perto, o que eu teria a acrescentar?"

"VOCÊ DEVE ENSINAR!"

Ainda assim, no Ocidente, os alunos de Dagmola não lhe deixaram escolha. As mulheres praticantes, em particular, se sentem inspiradas por sua presença calorosa e a procuram em busca de conselhos. Quando foi para os Estados Unidos nos anos 1960, começou a traduzir para seu tio, o renomado Dezhung Rinpoche (1906–1987),[3] um monge ordenado. Quando as mulheres pediam conselhos sobre brigas de relacionamento ou problemas sexuais — assuntos tradicionalmente não levantados com professores ordenados —, ele se sentia profundamente incomodado e encaminhava as perguntas à sobrinha. Assim, mais e mais alunos ocidentais passaram a confiar em sua sabedoria. Uma aluna especialmente persistente, incentivando-a a dar mais ensinamentos publicamente, começou a escrever cartas aos principais professores de Dagmola, sem ela mesma saber, solicitando autorização para que ela desse ensinamentos: Dilgo Khyentse Rinpoche, Kalu Rinpoche[*], Sakya Trizin[**], Chögyam Trungpa Rinpoche[***], e muitos outros. Enquanto uma resposta entusiasta após a outra chegava, ainda não faltavam desculpas para Dagmola. "Ela trouxe todas aquelas cartas, mas aquilo não significou nada para mim, porque os lamas amavelmente dizem 'sim' a tudo; eles não conseguem dizer 'não'", explica Dagmola sorrindo.

---

[*] Kalu Rinpoche (1904–1989), nascido em Kham, Tibete Oriental, foi um eminente mestre da linhagem Shangpa Kagyü.

[**] Sua Santidade o Quadragésimo-Primeiro Sakya Trizin (nascido em 1945) é o líder da linhagem Sakya.

[***] Chögyam Trungpa Rinpoche (1939–1987), nascido em Kham, escapou do Tibete em 1959 e se tornou um dos pioneiros mais bem-sucedidos do budismo tibetano no Ocidente.

Ainda assim, em 1978, professores tradicionais fizeram coro para autorizá-la, quando Dilgo Khyentse Rinpoche visitou o Shambhala Mountain Center, no Colorado. Ele foi o professor mais renomado de sua época, e sua presença causava extrema reverência. Dagmola e seu marido, Dagchen Rinpoche, bem como Chögyam Trungpa e uma dezena de outros grandes professores, foram de helicóptero para aquele local bem remoto nas montanhas. A impressionante falange de mestres estava reunida em torno de uma mesa, cantando e brincando, quando um aluno se aproximou de Dagmola com uma pergunta sobre os ensinamentos. Ela hesitou, dizendo: "Olha, há tantos grandes mestres aqui. Você deveria perguntar a um deles." Trungpa Rinpoche ouviu a conversa e gritou: "Responda! Responda!" Em seguida, voltou-se para o círculo: "Acho que Kusho Dagmola deveria ensinar! Muitos ocidentais, especialmente mulheres, gostam de receber ensinamentos, e ela é a mais qualificada, já que recebeu tantos ensinamentos." Dagmola se lembra de ter se sentido extremamente envergonhada. Na Ásia, aquela cena seria impensável. No entanto, todos os lamas responderam a uma só voz: "Sim, sim, claro, você deve ensinar!".

Esse evento foi muito significativo, pois aquela aluna nas Montanhas Rochosas não é a única que se sente muito mais confortável abordando Dagmola do que um dos professores graduados homens. Com sua amabilidade encantadora, Dagmola imediatamente corta a rede finamente tecida de hierarquia e protocolo que em geral envolve os lamas tradicionais. Depois do nosso primeiro encontro, há alguns anos, ela me deu um abraço de despedida com todo o coração e, em seu abraço firme, minha mente simplesmente se desfez em um estado de paz absoluta.

CADA RESPIRAÇÃO É PRÁTICA

Quando até mesmo seu querido tio, Dezhung Rinpoche, lhe pediu que desse ensinamentos, Dagmola finalmente reconheceu que havia uma necessidade genuína de sua visão. Sua experiência como mãe trabalhadora de cinco filhos ressoava em muitos alunos. Como ela trabalhava no laboratório de um enorme hospital, muitos médicos, curadores e enfermeiros procuravam seus conselhos sobre problemas como esgotamento e estresse. Ela não precisava se colocar no lugar deles — ela já conhecia muito bem aqueles desafios. Muitos alunos acharam o seu conselho tão profundamente útil que voltaram para pedir mais. "Acho que é importante, no Ocidente, que as mulheres possam falar abertamente com outras mulheres e ajudar umas às outras", percebeu Dagmola. "Os lamas tibetanos, como meu tio, nunca tiveram qualquer experiência da vida comum. Eles podem ter recebido muitos ensinamentos, mas nem sempre se conectam com as questões femininas." Dagmola argumenta que as mulheres têm um coração mais terno, "porque somos nós que geramos os filhos. Os homens podem ser mais poderosos, mas às vezes eles não ouvem."

O filho mais velho de Dagmola, David Khon, concorda com esse sentimento: "Os lamas geralmente são criados muito distantes da sociedade. Meu pai vem de uma família aristocrática. Isso não significa que ele seja incapaz, mas sempre teve outras pessoas para cuidar das finanças ou da casa. Veja o que Dagmola fazia: cuidava de nós, os filhos, cuidava de toda a casa e ainda ganhava a vida. Ela teve que descobrir tudo isso sozinha como refugiada!"

Dagmola se recusa a fazer uma distinção rígida entre cuidar dos filhos, as tarefas na cozinha e o trabalho de escritório, por um lado, e o caminho espiritual, por outro. "A prática espiritual é a vida cotidiana, não é apenas se sentar na almofada, meditar. Cada movimento, cada palavra, cada pensamento é prática. O Dharma está na vida diária." Embora o termo "budista" tenha se tornado uma palavra comum no Ocidente, os tibetanos quase nunca o usam para si próprios. Dagmola extrai grande significado do termo original tibetano para os praticantes: "*Nangpa* significa literalmente *aquele que está dentro*. Isso indica que o caminho diz respeito a nós mesmos, a olhar para dentro de nossa própria mente, em vez de buscar significado externamente."

Além de ensinar no Monastério Sakya em Seattle, onde mora, Dagmola também orienta centros pequenos, mas prósperos, no Arizona, na Califórnia, no Havaí e no México. "Estou apenas compartilhando minha própria experiência do coração", ela enfatiza. "Eu não sou uma lama e nem poderosa, pense em mim apenas como uma boa amiga." Mas com seu próprio marido agora viajando menos aos oitenta e dois anos, ela foi aos poucos tomando seu lugar e acabou se tornando uma peça-chave no estabelecimento dos ensinamentos budistas no Ocidente. "Não sobraram muitos professores mais velhos que tenham vivenciado a cultura do Tibete em primeira mão. Nossos amigos mais próximos se foram agora, por isso é importante que eu possa compartilhar." Depois que ela escreveu a história de sua vida sobre seus anos no Tibete — um movimento ousado e pouco usual para uma esposa tibetana —, o Dalai Lama pessoalmente a incentivou a escrever também sobre a segunda metade de sua vida[4], sugerindo que as experiências da primeira tibetana imigrante nos Estados Unidos seriam inspiradoras para muitas pessoas.

"NÃO GERE CONFUSÃO!"

Dagmola não deu seu primeiro ensinamento formal até meados dos anos 1990, mesmo porque, com seu emprego em tempo integral e seus cinco filhos, quase não sobrava nenhum tempo livre. Foi Carol Moss, sua amiga em cuja casa em Malibu nos encontramos, quem organizou a estreia memorável em sua sala de estar. Quando se encontraram pela primeira vez no casamento do filho mais velho de Dagmola em Los Angeles, as duas se deram bem imediatamente, como duas irmãs se reencontrando após uma longa separação. "Havia ali uma mulher brilhante", lembra Carol Moss, "claramente capaz e ansiosa para ensinar, mas todos se aproximavam dela com muito cuidado". Quando Carol, uma aluna de longa data e patrocinadora de professores budistas, anunciou o primeiro ensinamento de Dagmola em sua casa em Brentwood, essa possibilidade causou um grande rebuliço. Carol lembra disso como "algo extremamente importante". O filho primogênito de Dagmola, David Khon, implorou a Carol para fazer tudo mais reservadamente. Segundo Carol, "Ele dizia: 'Não gere confusão! Não gere confusão!'"

Dagmola preparou sua primeira palestra meticulosamente, tomando cuidado redobrado para pronunciar cada sílaba corretamente, sem a menor falha. "Ela estava com medo de cometer um erro na presença de alguns participantes tibetanos", disse Carol

Moss. "Ela sabia que eles fariam fofoca e repreenderiam seu marido: você não consegue controlar sua esposa?" Mas é claro que tudo correu esplendidamente, logo os alunos estavam pedindo mais. Carol lembra de uma iniciação de Tara Branca que Dagmola ofereceu na Biblioteca de Malibu no ano seguinte. "Só cabiam setenta e cinco pessoas, mas vieram 135. Tivemos que mandar as pessoas embora. Foi um evento único. Durante a iniciação, entoamos o mantra* de Tara por um longo tempo. Havia claramente uma presença de luz na sala que todos podiam sentir. Nunca experimentei nada parecido."

É possível perceber um orgulho imenso na voz de David Khon quando ele compara o sucesso atual de sua mãe com a primeira metade de sua vida: "As sociedades budistas são muito patriarcais. Se tivéssemos ficado no Tibete, ela não poderia ter se tornado professora. Ela teria sido sempre a esposa de Dagchen Rinpoche. Se você entrar em qualquer templo ou monastério, mesmo hoje em dia, as mulheres se sentam no fundo. Não são maltratadas nem criticadas, mas não é permitido que as meninas frequentem escola e, por não terem educação, não se tornam professoras. Com o budismo chegando ao Ocidente, vejo muito potencial para novas professoras agora."

A ÚNICA GAROTA NA ESCOLA

Uma combinação das circunstâncias mais improváveis permitiu que Dagmola se tornasse uma das primeiras mulheres tibetanas a lecionar no Ocidente. Pouca coisa nos primeiros anos de Dagmola indicavam como seria sua carreira no futuro. Na verdade, nada teria parecido mais improvável para uma garotinha de um vilarejo do remoto Tibete Oriental, já que ela não nasceu em uma família rica e nem aristocrática. Sua província natal, Kham**, é o lar de um povo especial e destinado: os Khampas, guerreiros orgulhosos

---

* Sílabas sagradas, que se acredita estarem imbuídas das bênçãos da deidade.

** Kham é uma das três regiões que tradicionalmente constituem o Tibete. Desde a invasão chinesa, ela foi dividida entre as províncias de Sichuan e Yunnan e a Região Autônoma do Tibete.

com cabelos longos, muitas vezes trançados, facilmente reconhecíveis pelas borlas vermelhas ou pretas entremeadas em suas tranças. Seu espírito ousado e paixão por cavalos velozes, aliados ao profundo conhecimento da terra e respeito pela natureza, me fazem lembrar dos nativos americanos.

Situada entre duas cadeias de montanhas, às margens do rio Tha, sua aldeia era o lar de cerca de trinta e cinco famílias, a maioria de agricultores. Algumas das montanhas próximas nunca perderam totalmente seu manto de neve, que para Dagmola era "uma lembrança constante das deidades que acreditávamos morar lá"[5]. Dos cinco elementos que compõem a natureza — terra, água, vento, fogo, espaço — até a mais majestosa das cadeias de montanhas do Himalaia e seus habitantes, os devotos tibetanos consideram tudo sagrado.

Essa parte do Tibete Oriental já estava sob jurisdição chinesa quando Dagmola era criança. Seu pai era de origem chinesa, mas, além do ocasional oficial chinês que passava e exigia subornos ou uma noite com uma mulher, sua aldeia não era muito incomodada pela influência chinesa. Naquela época, Dagmola era conhecida como Sonam Tsé Dzom, "a União de Mérito e Longa Vida". Embora desapontados por sua única filha não ser um menino, seus pais a amavam muito, e esperavam que ela desse continuidade à linhagem familiar. Seu pai trabalhava para um escritório do governo chinês na cidade de Jyekundo; sua habilidosa mãe, Püntsok Drolma, dava duro para fazer a colheita e administrar a casa enquanto o marido trabalhava na cidade. A família morava em um prédio de três andares em forma quadrada feito de barro e pedra, apelidado de "Ninho da Casa Amarela". Três fileiras de bandeiras de oração sussurravam suas orações ao vento do telhado quase plano. No primeiro andar, seus melhores cavalos eram guardados à noite, enquanto cabras, ovelhas e gado dormiam no celeiro adjacente. No segundo andar, a vida familiar girava em torno da cozinha com o grande fogão aberto que era abastecido com esterco de iaque seco. No terceiro andar havia três quartos, uma área aberta e um elaborado santuário com pinturas tradicionais de deidades, textos de orações de folhas soltas e um altar de onde o cheiro de lamparinas de manteiga queimando flutuava pelo ar da casa dia e noite. Dagmola era muito pequena para entender se o casamento tibetano-chinês foi prejudicado pela pressão política, mas quando Dagmola tinha cinco anos, seu pai foi transferido para um posto na China. Sua mãe decidiu não ir com ele. Dagmola relembra a última memória que tem: ele carregava sua única filha nos braços até a balsa que o levaria embora. Ela nunca mais o viu. Muito mais tarde, ela soube que ele havia caído nas mãos dos comunistas, foi colocado em prisão domiciliar e desapareceu.

CASAS ALADAS VOADORAS

O tio de Dagmola, o erudito Dezhung Rinpoche, deve ter notado seu potencial desde o início. Como chefe da família, ele ordenou que sua mãe a mandasse para a escola. Essa foi a primeira vez: Dagmola era a única menina em sua aldeia a frequentar a pequena escola monástica. No Tibete, a educação estava invariavelmente ligada à religião. Os monastérios funcionavam como centros de aprendizagem, lá havia professores, bibliotecas e prensas impressoras. Foi somente devido à insistência de seu tio que Dagmola aprendeu a ler e escrever com os monges. Começou a estudar aos oito anos, dois anos mais tarde que os meninos, mas logo os alcançou e se tornou uma aluna entusiasmada e orgulhosa. Seus colegas de classe zombavam dela implacavelmente por ser uma menina, enquanto suas amigas tinham pena dela; afinal o que ela, uma menina da aldeia, faria com todo aquele conhecimento inútil?

"Eu realmente não achava que era diferente dos meninos, mas tive muitos problemas com essa atitude!", Dagmola relembra. "As meninas não eram importantes no Tibete naquela época. Isso era muito difícil para mim." Ela não foi tratada com equidade naquele ambiente exclusivamente masculino. Pequenas coisas que marcavam a diferença ficaram gravadas na memória de Dagmola. Por exemplo, quando o monastério recebia comida, dinheiro ou doces — algo muito raro no Tibete —, os meninos recebiam sua parte, mas Dagmola não. Ela se lembra de chorar ao ver os monges mastigando uvas-passas ou doces. Mas Dagmola recebeu uma outra coisa, algo que era ainda mais raro para uma garota na zona rural do Tibete: uma boa dose de autoconfiança. Especialmente seu tio Ngawang sempre dizia que ela era especial. Ele ouvia com atenção quando a menina lhe contava sobre suas visões. Ela sonhava que voava pelo céu "em pequenas casas aladas", visitando "pessoas de aparência estranha com cabelos brancos em grandes cidades com edifícios gigantes". Décadas depois, ela reconheceu que havia previsto sua viagem de avião para a América.

Os aldeões fofocavam dizendo que a família de Dagmola estava "tratando-a como um tulku, mas que ela não era". À tarde, ela aprendia o trabalho doméstico, ordenhava, cuidava da plantação, tecia sua cota de lã com a avó. Quando um iaque furioso a espetou com seu chifre e perfurou sua bochecha, deixando um corte à direita de sua boca, os moradores tomaram isso como um mau presságio para a garota mimada. Todos estavam preocupados pensando que sua beleza pudesse ser afetada, o que a tornaria inadequada para o casamento. E então, o que mais ela faria?

Dagmola pinta o quadro de uma infância de trabalho duro, mas sem preocupações, cheia de pequenas aventuras com seu pônei e sua leal ovelha de estimação de quatro chifres, cuidada por um tio solícito cujos visitantes coloridos de todo o Tibete despertaram sua curiosidade sobre outras partes do país. Ela estava apenas vagamente consciente da Revolução Comunista que ocorreu em 1948 e 1949 na vizinha China. O oráculo estatal tibetano profetizou que, em 1950, o Tibete enfrentaria desafios sem precedentes.

Sem saber da reviravolta que se seguiria, sua família levou Dagmola, na época com quinze anos, em uma peregrinação aos lugares mais sagrados do Tibete Central — um ponto alto da vida de qualquer tibetano. Montando seu cavalo para o que deveria ser uma viagem de um ano ao lado de sua mãe, tias e tios, protegidos por seu poderoso mastim tibetano, seu grupo de quarenta pessoas não havia recebido os maus presságios sobre a árdua jornada que viraria a vida deles de cabeça para baixo.

Depois de meses cavalgando, enfrentando a neve, o frio e admiradores ávidos ao longo do caminho, Dagmola chegou com sua família em Sakya, a residência dos outrora vastamente poderosos lamas Sakya. Com a ajuda dos Khans mongóis, os Sakyas governaram a maior parte do Tibete na primeira parte do segundo milênio. Dagmola confessa ter ficado desapontada, questionando se os Sakya realmente faziam jus ao seu nome: "Não havia árvores,

nada verde, tudo era cinza. Eu só pensei, 'ahhh, isso não é bom!'"
Mas a decepção de Dagmola logo deu lugar à empolgação.

ROMANCE E INTRIGA

Dagmola gostava imensamente da companhia de Jigdal Dagchen Rinpoche*, jovem de 20 anos, o herdeiro designado ao trono de seu pai no Palácio de Puntsok. Seu longo rabo de cavalo preto, sua maestria ao cavalgar, seu comportamento tranquilo e nobre — tudo parecia muito atraente! Eles jogavam cartas juntos ou passeavam pelas montanhas selvagens em piqueniques. Dagmola se lembra de se sentir "corada, quente e nervosa" quando ele encostou a testa na dela — um gesto íntimo que um mestre como ele normalmente faria para outro grande lama ou familiar próximo. "[Ele] era muito generoso, divertido e... muito mais casual do que eu jamais sonhei", lembra Dagmola. "Ele era despreocupado e tinha um senso de humor que eu gostava."[6] Eles mantiveram seu inocente segredo de namoro por meses, sabendo que seus pais desaprovariam severamente.

Os casamentos da realeza são frequentemente gambitos em um jogo de poder político, em vez de serem tratados como questões do coração. Como é costume em grande parte da Ásia, os casamentos em geral são arranjados pelos pais, muitas vezes com muitos anos de antecedência, com a ajuda de mapas astrológicos. As meninas, em especial, não tinham voz na escolha dos maridos. Na verdade, Dagmola já havia sido prometida a um belo herdeiro de uma propriedade no Tibete Oriental, e o casamento de Dagchen Rinpoche com uma princesa do Sikkim já havia sido acertado. A garota simples da aldeia do Tibete Oriental não seria considerada uma candidata adequada segundo qualquer tipo de padrão. Ainda assim, quem observava não podia deixar de notar como os dois se entreolhavam, e os serviçais do palácio começaram a fofocar e espionar.

Depois de uma festa ao ar livre, sentado em um banco no jardim do palácio, Dagchen Rinpoche surpreendeu Dagmola pedin-

---

* Na época em que Dagmola o conheceu, ele se chamava apenas Jigdal Rinpoche. O título Dagchen lhe foi conferido mais tarde, após o falecimento de seu pai. Os tibetanos costumam ter vários nomes e títulos e, para minimizar a confusão, ele será chamado aqui de Dagchen Rinpoche, nome pelo qual ele é mais comumente conhecido hoje.

do-lhe a mão sem rodeios. "Se sua mãe e seu tio derem o consentimento, você se casaria comigo?"⁷ Dividida entre a saudade e o medo, Dagmola recusou. "Gosto de você", disse ela, "mas quero ir para casa"⁸. Apesar de seu amor por Dagchen Rinpoche, ela sentia muita falta de casa e mal podia esperar para ver seus amigos em Kham. "À luz da lua, pude ver que ele estava magoado e surpreso", lembra Dagmola. "Centenas de garotas teriam agarrado a chance de dizer sim."⁹ Segundo a lenda, os ancestrais de Dagchen Rinpoche desceram do céu como representantes do Buddha. Dagmola gostava de Dagchen Rinpoche, mas sentia que "no nosso caso, a geografia estava errada... Sob nenhuma circunstância seus pais me aceitariam como parte de sua família... No entanto, cada vez que o via, eu me sentia mais próxima dele."¹⁰

Dagmola subestimou a determinação de Dagchen Rinpoche, e ela também desejava muito ficar com ele. Eles se tornaram inseparáveis. Dagmola não conseguia ilustrar mais claramente a maneira como o namoro funcionava naquela época do que descrevendo a maneira como Dagchen Rinpoche pediu a sua mão ao seu tio. O noivo "colocou a mensagem... cinco lâminas de madeira fina com bordas em vermelho, com capa desenhada e com o fundo também em vermelho. A mensagem foi escrita com uma camada de pó. Tudo isso formava uma espécie de elegante caixa em camadas, junto com uma faixa decorada de couro e seda... Foi escolhido um dia auspicioso, e a mensagem foi entregue por um secretário do governo Sakya."¹¹

Os pais de Dagchen Rinpoche ficaram profundamente consternados. Disseram ao filho — por meio de mensageiros — que esquecesse tudo. Por costume, Dagchen Rinpoche não abordava seus pais diretamente, embora vivessem no mesmo palácio e se vissem todos os dias. Mensageiros foram enviados para lá e para cá com lenços auspiciosos enrolados em notas mordazes. A família até ofereceu dinheiro a Dagmola para comprar seu afastamento. Mas nem Dagchen Rinpoche nem Dagmola se deram por vencidos. "Eles queriam alguém que fosse filha de um oficial de alto escalão, ou uma princesa, ou alguém muito culta. Eu não era nada disso. Dagchen Rinpoche, então, disse a seus pais que se não pudesse se casar comigo, se tornaria um monge. E assim foi!" Perma-

Dagchen Rinpoche e Dagmola Sakya com seus três filhos mais velhos em Lhasa, 1959, logo antes da fuga. A foto é cortesia do Monastério Sakya

necer celibatário teria acarretado uma terrível perda de prestígio para seus pais, já que seu filho mais velho deveria dar continuidade à linhagem. Foram meses de diplomacia, de idas e vindas, ameaças educadas e encontros secretos, até que os pais finalmente percebessem que não tinham escolha a não ser ceder.

UMA COROA DE DEZ QUILOS

Os convites de casamento finalmente puderam ser enviados no início de março de 1950. Enquanto Dagmola ganhava vestidos sob medida para sua nova vida como princesa, na distante Pequim Mao Zedong* havia conquistado a vitória na China, forçando seus adversários nacionalistas a recuarem para Taiwan. Enquanto toda a cidade Sakya se preparava para o casamento de uma semana, Mao preparava suas numerosas tropas para seguirem para o leste do Tibete. Enquanto Dagmola aprendia a usar a elaborada coroa feita de corais, turquesa e ouro, pesando dez quilos, os vizinhos em suas casas se preparavam para esconder seus objetos de valor por medo dos saqueadores chineses. Com saudade de casa, Dagmola esperava ansiosamente por cada carta de sua família, que havia voltado ao Tibete Oriental sem ela. Como sua família havia minimizado o perigo iminente para não preocupá-la, Dagmola não tinha noção das mudanças radicais que os novos governantes trariam à força para sua vida.

O Exército da Libertação do Povo de Mao Zedong começou a reunir suas tropas nas fronteiras tibetanas já em 1949, mas os tibetanos demoraram a se dar conta. Naquela época, havia apenas dez rádios transmissoras em todo o Tibete — não havia correio, nem jornais, nem telegramas, nem televisão[12]. As notícias se espalharam da maneira antiga — em duas ou quatro pernas, pelas vias rápidas dos monges ou dos iaques. A falta de comunicação no Tibete ajudou a promover o plano de Mao Zedong de estender seu "império celestial" antes que a maioria dos tibetanos pudesse reagir. A primeira coisa que o Exército Vermelho de Mao fez foi a incrível façanha de construir uma estrada para caminhões através das montanhas hostis. Os chineses fingiram dizendo que as novas estradas ajudariam os tibetanos, mas, é claro, o concreto foi despejado ali principalmente para permitir que milhares e milhares de caminhões carregassem os soldados chineses penetrando cada vez mais as cadeias de montanhas.

---

* O líder comunista Mao Zedong (1893–1976), frequentemente referido como "Presidente" Mao, fundou a República Popular da China em 1949. Seu regime autoritário se gabava por estar fazendo uma modernização significativa, mas também foi responsável por horríveis torturas, fome e perseguição, que custaram a vida de dezenas de milhões de pessoas.

O LÓTUS QUE GERA MUITOS FILHOS

Enquanto o exército comunista sitiava o Tibete Oriental, Dagmola estava sob um tipo diferente de pressão — a expectativa de gerar um filho. "Diz-se na história Sakya que as esposas que terão filhos são escolhidas pelas deidades. Portanto, deve ter sido uma deidade protetora que de alguma forma me escolheu", diz Dagmola. Durante o casamento, Dagmola recebeu o nome de Jamyang Pema Palgyibutri, que ela traduz como "a Deidade de Sabedoria, o Lótus que Gera Muitos Filhos". Ela lembra como seu sogro "me deu bênçãos e pílulas especiais. Se você não tiver um filho, eles poderão trazer uma segunda ou uma terceira esposa." Ela admite francamente que lidar com a hostilidade dos sogros "não foi fácil".

Agora ela fazia parte de uma família histórica. "Uma pesada responsabilidade pela religião, tradição e cultura tibetana ocidental caiu sobre mim aos dezesseis anos", ela escreve em sua autobiografia. "Tive a sorte de ter um marido gentil e generoso, que demonstrou sua devoção lutando ferozmente por mim numa luta muito desigual."[13] Afinal, Dagmola confessa que ainda era uma adolescente imatura e infantil. Até hoje, ela ainda tem um lado brincalhão e exuberante, e posso até vê-la planejando as peças inocentes que iria pregar. Em fevereiro de 1951, ela deu à luz pela primeira vez: uma menina. A família de seu marido pouco fez para esconder o quanto estava decepcionada. "Embora eu ainda fosse jovem e tivesse muito tempo para ter filhos homens, me senti um tanto quanto fracassada."[14] A menina, constantemente doente desde o início, viveu apenas três meses.

RIVALIDADE DECLARADA

O pai de Dagchen Rinpoche havia morrido poucas semanas antes e toda a família estava de luto. Com a partida do chefe da dinastia, o espaço estava aberto para a rivalidade familiar. A mãe de Dagchen Rinpoche tinha planos para que seu segundo filho assumisse o trono. "Desde o dia de seu nascimento, meu marido foi treinado para ser o próximo Trichen"*, Dagmola comenta.[15] "Para nós, era

---

* Lit. "Grande Trono", um título tibetano para o líder Sakya.

impensável que o segundo na linha de sucessão fosse a escolha dela." Dagmola não consegue esconder a suspeita de que seu casamento "inadequado" com o herdeiro da família pode ter sido um fator na disputa pelo trono que irrompeu após a morte do patriarca. "Havia algum ressentimento obviamente causado por mim. Eu nunca fui totalmente aceita por minha sogra, ao que parecia, por ser uma Khampa e por não pertencer a uma das famílias nobres de Lhasa. Essa intriga deixou meu marido e eu tristes e descrentes. O mais chocante era que os dois irmãos eram próximos e nunca haviam sido rivais... Foi uma época muito infeliz."[16] O irmão de Dagchen Rinpoche não queria participar da rivalidade contra seu irmão e optou pela ordenação como estratégia de saída. Por fim, um palácio rival venceu a luta pelo controle político e religioso da escola Sakya. Dagchen Rinpoche perdeu a disputa para se tornar o líder da tradição.

Em vez disso, ele cumpriu sua promessa de casamento de levar sua esposa para o que deveria ser uma viagem de dois anos até sua cidade natal. Pouco antes de sua partida, Dagmola percebeu que estava grávida novamente. Viajar por terrenos acidentados pode não ser fácil para ninguém, mas será que alguma mãe grávida hoje em dia poderia imaginar-se cavalgando a cavalo e em iaques por meses a fio, usando suas melhores roupas e uma coroa de dez quilos? Se não estivessem perto de algum monastério, eles armavam suas tendas. Os moradores saudaram Dagmola e seu marido com muita devoção e curiosidade quando a comitiva parou no caminho. Um dos pontos altos foi o encontro com o Dalai Lama em seu palácio de verão em Lhasa. A tímida Dagmola teve uma audiência com o líder espiritual e político de dezessete anos, na época. Dagmola se lembra de ter ficado extremamente nervosa. Ela também viu o primeiro automóvel, os primeiros tomates vermelhos e os soldados chineses bem armados.

Quanto mais eles se aproximavam do Tibete Oriental, mais dificuldades a comitiva encontrava nos postos chineses. No meio da viagem, em um monastério perto de Jyekundo, Dagmola deu à luz seu primeiro filho. Mais tarde, ele escolheu o nome de David, mas ao nascer recebeu o nome da deidade budista da sabedoria, Manju Vajra, em sânscrito, que Dagmola afetuosamente encurtou para

Minzu-la. Logo depois, Jamyang Khyentse Chökyi Lodrö*, um dos mais reverenciados mestres tibetanos do século XX, reconheceu Minzu-la como a encarnação do pai de Dagchen Rinpoche. Tradicionalmente, os filhos Sakya sempre nascem de novo em famílias Sakya. "Quando um lama Sakya morre, não procuramos sua encarnação fora da família", diz Dagmola. "Eles voltam para nós de qualquer maneira."

Em uma liteira forrada de seda carregada por um monge a cavalo, Minzu-la foi escoltado até a cidade natal de Dagmola. Ela ficou radiante ao rever todos os rostos familiares dos companheiros de infância. Que diferença entre sua chegada majestosa naquele momento e sua partida apenas alguns anos antes!

Pouco tempo depois, seu marido, Dagchen Rinpoche, foi convidado pelo Dalai Lama para acompanhá-lo no encontro com Mao Zedong em Pequim, em 1954. Dagmola e seu filho se mudaram para os aposentos da esposa de Jamyang Khyentse Chökyi Lodrö, Khandro Tsering Chödron. Por quase um ano, elas estudaram e praticaram juntas e se tornaram melhores amigas. Khandro e Dagmola participavam das iniciações e ensinamentos geralmente reservados para reencarnações masculinas. Com um pequeno grupo de mulheres, elas até praticavam juntas os exercícios físicos e respiratórios sagrados da ioga tibetana. "Embora nós, mulheres, usássemos apenas uma peça parecida com uma calça, que ia da cintura até o joelho [com o peito nu], nunca sentíamos frio; doze mulheres no quartinho, todas se exercitando", diz Dagmola. "Foi uma experiência totalmente nova para mim. O objetivo do programa, baseado em antigos ensinamentos budistas, era limpar o sistema circulatório... e balancear as funções do corpo e da mente... Eu me esforçava para não rir. Ficávamos grunhindo e fazendo barulhos engraçados enquanto nos esticávamos e nos dobrávamos. As mulheres tibetanas, tradicionalmente, não faziam esses exercícios em grupo. Eu tentava me lembrar de que aquilo era uma prática do Dharma, mas a cena era muito engraçada. Meu problema foi agravado porque Khandro também ria à toa. Juntas, éramos maus exemplos."[17] Ainda hoje, tantas décadas depois, Dagmola balança

---

* 1893-1959. Veja também o capítulo 12.

a cabeça com pesar por não ter feito melhor uso daqueles ensinamentos extraordinários.

Enquanto isso, em Pequim, Mao Zedong tentava encantar a delegação tibetana com comidas exóticas, aposentos luxuosos e filmes de propaganda. Dagchen Rinpoche estava presente quando Mao prometeu ao Dalai Lama que a liberdade cultural e religiosa no Tibete permaneceria intocada* — uma promessa que seria quebrada muitas vezes nos anos seguintes. A profunda aversão de Mao à religião também se tornou óbvia. Foi durante essas reuniões que Mao proferiu sua famosa declaração: "Religião é veneno". Dagchen Rinpoche não se deixou enganar por aquela farsa. Quando soube que sua mãe havia falecido, ele teve um motivo convincente para se desculpar e voltou às pressas para encontrar sua esposa no Tibete Oriental e realizar os rituais tradicionais para sua mãe. Logo depois, Dagmola engravidou novamente. Eles chamaram seu segundo filho de Kunga Dorje, o que poderia ser traduzido mais ou menos como "Relâmpago Jubiloso".

ESCAPANDO DISFARÇADOS

Por saber em primeira mão o que se passava, Dagchen Rinpoche estava bem ciente do perigo que os chineses representavam. Em 1955, os chineses convocaram uma reunião em Pequim e tornaram obrigatória a participação de todos os mestres importantes do Tibete Oriental. Khyentse Chökyi Lodrö deu o exemplo de como responder ao chamado — disfarçado de simples monge em peregrinação, ele escapou clandestinamente pelo oeste para o Tibete Central. "O movimento de Khyentse Rinpoche nos fez perceber o perigo iminente que corríamos. Por quanto tempo seríamos livres para ir e vir à vontade?"[18], diz Dagmola. Khyentse Chökyi Lodrö enviou uma carta que terminava com a saudação "nos vemos em Lhasa", uma dica para Dagmola e seu marido acelerarem seu retorno. Com dez semanas de idade, seu recém-nascido foi conside-

---

* Em 1951, essa promessa foi registrada como parte do famoso "Acordo de Dezessete Pontos para a Libertação Pacífica do Tibete", mas em 1954 a evidência de que o acordo tinha sido uma manobra política já era aparente.

rado suficientemente maduro para viajar o longo caminho de retorno do Tibete Oriental.

As lutas entre guerrilheiros tibetanos e soldados chineses estouraram ao seu redor. Dessa vez, eles fretaram jipes e foram alvejados várias vezes. Mas quando o bebê mais novo de Dagmola adoeceu com pneumonia, os chineses decidiram transformar aquela crise em uma vitrine para seus métodos modernos e insistiram em internar o menino e a mãe no hospital em Dartsedo, uma grande cidade na fronteira tibetano-chinesa. Internada em um hospital pela primeira vez na vida, Dagmola "não ficou impressionada" com o ambiente sujo. O "edifício tinha sido construído sobre um riacho onde o esgoto do hospital era despejado. O complexo hospitalar era como uma visão do inferno: médicos com agulhas, ruídos estranhos, muitos feridos e enfermos[19]." Mas o mais importante foi que Kunga Dorje sobreviveu.

ESQUIVANDO-SE DE LADRÕES E PATRULHAS

Dagmola nunca reclama. Não ouvi uma única palavra de raiva ou de amargura sobre a violência e a pobreza que ela testemunhou. Ela apenas relata calmamente sua jornada através de um Tibete devastado pela guerra. Desviando de ladrões e patrulhas chinesas, fogo cruzado e espiões, caxumba e pneumonia, sua pequena família (incluindo sua mãe e sua tia) conseguiu voltar para Lhasa, a capital do Tibete. Nos quatro anos e meio em que estiveram fora, a capital havia se transformado em uma cidade diferente. "As mudanças eram chocantes", observou Dagmola, com consternação. As construções chinesas haviam substituído muitas das casas tradicionais, a propaganda chinesa explodia nos alto-falantes, e a pressão sobre o influente Dagchen Rinpoche para trabalhar para o governo chinês aumentava a cada dia. No entanto, em Sakya, seu monastério natal, seu povo ainda não sentia muito a presença chinesa.

Mais uma vez, o pequeno Kunga Dorje adoeceu com pneumonia. Quando a medicina tibetana falhou, um médico chinês foi chamado. Este foi o primeiro contato de Dagmola com máquinas de raio-X e antibióticos. O médico recomendou uma transfusão de sangue, algo de que ela nunca ouvira falar. Mesmo assim, Dagmola se ofereceu como doadora — o que foi considerado extremamente grave por sua família. Como os tibetanos consideram seu corpo um palácio sagrado habitado por deidades, abrir o corpo ou tirar sangue era considerado algo excepcionalmente perigoso, em especial no caso de uma mulher nobre como Dagmola Sakya. Seus servos choraram quando ela doou sangue duas vezes no palácio em Sakya. Mal sabiam eles que um dia Dagmola trabalharia em tempo integral em um banco de sangue.

APANHADA NA TURBULÊNCIA DA REVOLUÇÃO

Dagmola deu à luz seu terceiro filho, Lodrö Dorje, em 1958, e carinhosamente o chamou de Mati-la. Junto com sua crescente família, ela foi apanhada no tumulto da revolução em Lhasa, em 1959. Em 10 de março, o período de quase uma década de tensão e violência atingiu o auge quando os chineses ordenaram que o Dalai Lama assistisse a um espetáculo de teatro — e que fosse sozinho, sem atendentes ou guarda-costas. Esses convites se tornaram um estratagema comum dos chineses, e muitos lamas tibetanos desapareciam inexplicavelmente após esses "eventos culturais". A notícia se espalhou como um vírus contagioso e, em poucos dias, dezenas de milhares de tibetanos cercaram o palácio do Dalai Lama para proteger seu líder. Dagmola testemunhou em primeira mão o desafortunado confronto que derrubou o governo tibetano. Em 12 de março, cerca de quinze mil tibetanos se reuniram durante todo o dia em frente ao palácio de verão do Dalai Lama para proteger seu líder, protestar contra o regime chinês e proclamar a independência do Tibete. Dagmola não participou pessoalmente, mas enviou seu servo para demonstrar apoio. Em 13 de março, os chineses prenderam todos os principais lamas que puderam junto com suas famílias. Quando vieram atrás de Dagchen Rinpoche, uma dúzia de guerrilheiros bem armados estava ocasionalmente esperando na frente de sua sala por uma audiência, e a tropa chinesa de busca, bem menor, com medo de arriscar um impasse, recuou para voltar com reforço.

No confronto que se seguiu entre a força militar chinesa e os patriotas tibetanos, dois projéteis de artilharia chineses atingiram a moradia do Dalai Lama. Ele percebeu que não tinha escolha a não ser fugir para salvar sua vida. Escapou do palácio à noite, disfarçado de soldado, abrindo caminho pelo Tibete até a Índia. Ciente do perigo que suas próprias vidas corriam, Dagmola e sua família, incluindo Dezhung Rinpoche, partiram apressadamente. Lutando para comprar alguns cavalos, eles caminharam várias horas como se estivessem em peregrinação, depois começaram a cavalgar dia e noite, com os três filhos pequenos amarrados aos cavalos. Por várias semanas ainda tiveram esperança de poder voltar para casa em Sakya, mas, encontrando cada vez mais histórias de horror de monastérios incendiados e acampamentos bombardeados, não tiveram escolha a não ser rumar para o reino vizinho, o Butão. Caçados pelo exército chinês, ouvindo tiros nas proximidades, eles se esconderam de aviões chineses que inspecionavam as poucas rotas de fuga e jogavam bombas diretamente nas multidões de fugitivos.

Dagmola ainda estava amamentando seu filho mais novo, de treze meses. "Frequentemente, isso significava ficar atrás de uma rocha para me proteger do vento e do frio por alguns minutos"[20], lembra. Sem óculos de sol adequados, eles ficaram cegos pela neve. As orelhas e os dedos dos pés congelados infeccionaram. Eles tiveram que abandonar alguns dos cavalos que colapsaram de exaustão. Seu grupo foi o último a cruzar a passagem na montanha para o Butão sem ser confrontado pelos chineses —, mas ainda assim eles não estavam seguros. O governo do Butão se recusou a permitir que aqueles refugiados desesperados entrassem no país, temendo que o exército chinês os perseguisse até lá. Milhares de refugiados acamparam na fronteira por semanas, entre eles a família de Dagmola, sem nada para comer além de urtigas. Centenas não viram escolha a não ser refazer seus passos de volta para o Tibete para escapar da fome.

Mas depois de algumas semanas, o Dalai Lama também sobreviveu à sua difícil jornada pelo Tibete. Ao chegar à Índia, ele implorou pessoalmente ao primeiro-ministro Jawaharlal Nehru que apelasse ao rei do Butão para acabar com a crise de refugiados na fronteira. Por fim, os refugiados encontraram paz. Dagmola acreditava que eles haviam alcançado seu destino final.

OS PRIMEIROS TIBETANOS NA AMÉRICA

Mas um encontro casual mudou sua vida para outra direção inesperada. No exílio em Kalimpong, norte da Índia, eles conheceram o Dr. Turrell Wylie, "um ex-marinheiro mercante tatuado"[21] e acadêmico em tibetano da Universidade de Washington, em Seattle. Ele estava buscando tibetanos eruditos para ajudar a Fundação Rockefeller a estudar sua língua, história e cultura. Extremamente impressionado com a erudição de Dezhung Rinpoche, ele convidou toda a família para ir a Seattle. Essa possibilidade parecia muito mais atraente do que a vida em um dos desolados campos de refugiados indianos. Além de a numerosa família estar tendo problemas para se sustentar, muitos tibetanos estavam morrendo nos campos devido ao calor, alimentos contaminados, epidemias e péssimas condições de higiene. Dagmola admite que, na época, ela nem tinha certeza de onde ficava a América no mapa. Ela pensava que provavelmente era uma parte da Europa. Mas, na ocasião, os americanos também sabiam muito pouco sobre os tibetanos. A situação dos tibetanos, a fuga do Dalai Lama e a destruição inimaginável que as reformas de Mao causaram no Tibete ocuparam as primeiras páginas dos jornais por pouco tempo. No início de outubro de 1960, Dagmola e sua família foram os primeiros refugiados tibetanos a buscar asilo nos Estados Unidos.

Essa era a quarta vez que a garota Khampa tinha que reajustar sua vida e começar tudo de novo. De repente, ela se viu do outro lado do planeta, no meio de Seattle. Durante toda a sua infância e juventude, ela foi acostumada a ter criados. Embora tomasse parte nas tarefas, os servos faziam a maior parte das compras e permutas, cozinhavam, limpavam e cuidavam das crianças. Agora ela tinha que cuidar de tudo sozinha — tarefa nada fácil com vários meninos pequenos. "Às vezes os homens ajudavam a secar a louça", diz Dagmola, "mas, na maior parte do tempo, eu tinha que fazer tudo. Os homens nem sabiam trocar as fraldas direito." Dagmola estava grávida novamente quando chegaram aos Estados Unidos. Seu quarto filho, Gyalwe Dorje Sakya (Relâmpago Vitorioso), foi a primeira criança tibetana nascida nos EUA. Ela deu à luz seu quinto filho, Lekpa Dorje Sakya (Relâmpago Virtuoso), em 1962.

A família era uma novidade. As fotos dos garotos bonitos em seus tradicionais trajes de brocado forrado de pele foram distribuídas por uma agência de notícias internacional. Quando eles conseguiram trazer um Lhasa Apso* da Índia, essa também foi uma notícia importante para o público curioso. "Achei as pessoas muito, muito gentis", diz Dagmola. "Embora eu não falasse o idioma, as pessoas eram tão prestativas que, muitas vezes, eu encontrava biscoitos ou brinquedos para as crianças na porta. No Natal, as fundações traziam árvores de Natal e presentes para as crianças e, desde aquela época, adotamos a tradição e agora comemoramos o Natal todos os anos."

O falecido Ellis Gene Smith, então candidato ao doutorado pela Universidade de Washington aos 25 anos, mudou-se com a família para sua modesta casa, no distrito de Ravenna, para estudar a cultura tibetana, mas logo descobriu que não conseguiria manter seu distanciamento científico. "Eles não se intrometem, mas demonstram interesse", disse ao jornal local na época. "É uma combinação muito incomum." Convivendo 24 horas por dia com a família tibetana, logo se tornou incerto quem estava estudando quem. "Antes que eu me desse conta, estava escovando os dentes na frente daquela plateia", referindo-se provocativamente aos cinco garotinhos de olhos escuros que seguiam cada movimento seu, "para ensinar-lhes hábitos de saúde". Nos dois anos em que morou com eles, Dagmola e os meninos passaram a chamá-lo de "irmão" e Gene Smith gostava de fazer malabarismos com seus papéis de estudioso, tradutor, guia turístico, babá e amigo de confiança. Sua amizade com os Sakyas motivou o ex-mórmon de Utah a abraçar uma nova missão de cinquenta anos. "Achei que essa deveria ser uma religião muito legal, capaz de produzir pessoas tão incríveis." Como ele dificilmente conseguia encontrar textos tibetanos para estudar, começou a coletar sozinho alguma literatura e, mais tarde, fundou o inestimável Tibetan Buddhist Resource Center (Centro de Recursos Budistas Tibetanos), um arquivo digital único que preserva da extinção um tesouro de textos tibetanos. "Viver no seio desta família às vezes me colocava em uma posição

---

* Um terrier tibetano.

embaraçosa", disse ele "Estava lá para oferecer orientação, mas na sociedade tibetana você não oferece conselhos, a menos que isso lhe seja solicitado". Por exemplo, quando o tio de Dagmola, Dezhung Rinpoche, entrava no ônibus local, ele dizia 'olá' para todas as pessoas no ônibus. "Eu não diria a ele para não fazer aquilo por nada neste mundo."[22]

CHOQUE DE CULTURAS

A Fundação Rockefeller convidou a família para pesquisar o modo de vida tibetano. Dagmola e sua família presumiram que ficariam até que as condições no Tibete mudassem e, então, pudessem voltar. Antes de concordar com o contrato de três anos, ela chegou a questionar o Dr. Wylie: "E se o Tibete ficar livre antes de passarem os três anos, será que vamos poder voltar mais cedo?". A chance de ela ficar presa em um continente estrangeiro enquanto todo o seu povo retornava à sua terra natal a deixava ansiosa. Mas, quando a bolsa de pesquisa terminou, a situação no Tibete ainda era desesperadora, e retornar aos campos de refugiados em completo desamparo na Índia era uma perspectiva muito deprimente. Dagmola foi inflexível sobre não querer ir embora. Então, eles ficaram como imigrantes. Dezhung Rinpoche se tornou o primeiro tibetano a ser contratado como membro permanente da equipe da Universidade de Washington. Os meninos se matricularam em uma escola primária Quaker, ganhavam dinheiro lavando carros e cortando grama, e logo descobriram que jogar basquete com seus novos amigos americanos era mais emocionante do que estudar os textos tradicionais com o tio. Chamar isso de choque de culturas seria um eufemismo.

Dagchen Rinpoche chegou aos Estados Unidos vestindo as tradicionais vestes brancas até o tornozelo de um iogue e cabelos longos trançados. Os americanos o confundiam com uma mulher. Certa vez, depois de ser confundido com a esposa de seu tio, ele rapidamente cortou o cabelo.[23] Em sua mão direita tinha uma tatuagem da suástica, uma representação gráfica da eternidade na cultura budista que acabou sendo distorcida pelos nazistas. Os americanos ficavam tão chocados com o que achavam ser um símbolo nazista que ele teve que transformar a imagem em um inocente passarinho. Ele encontrou um trabalho no Museu Memorial Burke do Estado de Washington, e mais tarde no Museu de História Natural de Nova York. Tradicionalmente, os mestres religiosos não trabalham em empregos comuns, mas se concentram nos ensinamentos e na prática. Então, Dagmola se apressou em encontrar um emprego. Afinal, eles teriam que colocar cinco filhos na faculdade. Como no início ela mal falava inglês, limpar era o único trabalho disponível. Por trinta anos, ela trabalhou na mesma empresa — o Banco de Sangue Central de King County. As pessoas logo perceberam a seriedade, a inteligência superior e a integridade de sua "faxineira" e a treinaram para ser assistente de laboratório. Aquilo foi irônico.

TRANSFORMANDO UM BANCO DE SANGUE EM UM TEMPLO

Apenas quinze anos antes, no Tibete, ela havia sido uma das primeiras tibetanas a doar sangue. Mas agora, tirar sangue tornou-se seu trabalho. "Ela transmutou o trabalho em Dharma como uma alquimista", diz B. Alan Wallace, o americano tradutor do tibetano, professor e autor de best-sellers. "Ela ficava constantemente recitando mantras e abençoando todo o sangue que era enviado." Alan Wallace conheceu Dagmola há quase trinta anos, quando traduzia para um lama tibetano. Ele ficou imediatamente impressionado com "a pureza de sua presença, sua bondade, sua humildade absoluta. Só de pensar nela meu coração se aquece", conta Alan cheio de admiração. "Se Tara nascesse como um ser humano, como ela poderia ser diferente de Dagmola?" Junto com o Dalai Lama e Gyatrul Rinpoche, ele a considera uma de suas professoras mais importantes, sua "mãe no Dharma". Uma das qualidades que Alan considera tão inspiradoras é "que ela é completamente engajada: tem um emprego em tempo integral, administra o centro de Dharma com o marido e cria cinco filhos; é simplesmente espetacular." Em seu prefácio à autobiografia dela, Alan Wallace escreve: "Claramente, temos aqui uma pessoa que experienciou as profundezas da prática budista e deu um exemplo comovente para outras pessoas que buscam uma integração da vida espiritual com a vida mundana."[24]

Dagmola admite: "Não foi fácil. Eu era a única que trabalhava, cuidava das crianças e da casa." Eram os anos sessenta. A Guerra do Vietnã havia levado centenas de milhares de estudantes para as ruas em protestos contra a guerra. Os Rolling Stones não conseguiam ficar satisfeitos*. A ascensão do feminismo havia derrubado as últimas barreiras legais à igualdade nos locais de trabalho. O LSD era vendido até mesmo em Seattle. Dagmola se viu em um mundo mais radicalmente diferente do que ela jamais poderia ter imaginado. Mesmo assim, nos anos 1970, os primeiros alunos americanos "sérios" bateram à sua porta e, finalmente, a família de Dagmola conseguiu abrir seu primeiro centro de Dharma. Embora o começo tenha sido difícil — o centro foi invadido e roubado duas vezes. Misteriosamente, os ladrões esvaziaram os quartos dos moradores, mas não tocaram em nenhum dos objetos preciosos do altar.

Dagmola criou um oásis tibetano no meio da América moderna. Seu monastério em Seattle — uma igreja convertida — é um prédio amarelo brilhante de três andares com detalhes em vermelho escuro, em uma rua residencial tranquila e arborizada, erguido em um terreno de esquina. Um relicário branco em forma de sino (sâns. estupa) à direita da entrada é um tributo ao seu tio Dezhung Rinpoche, que faleceu em 1987. Trinta e duas rodas de oração ao longo do lado leste do Monastério Sakya enviam preces de compaixão a Seattle por meio de qualquer pessoa que coloque as rodas em movimento. Esculturas de veados flanqueiam a roda dourada acima da entrada — uma lembrança da primeira vez que o Buddha histórico girou a roda dos ensinamentos, 2500 anos atrás, no Parque dos Cervos, perto de Varanasi, na Índia. O enorme salão de ensinamentos abriga uma estátua do Buddha dourada brilhante, três vezes maior que o tamanho real. Bernardo Bertolucci filmou seu épico hollywoodiano "O Pequeno Buddha" nesse templo elaboradamente pintado. À esquerda da entrada do monastério, a bandeira americana está hasteada; à direita, a bandeira tibetana, com o nascer do sol azul e vermelho, tremula com o vento em um mastro alto.

---

* NT: alusão ao famoso refrão "I can't get no satisfaction", dos Rolling Stones.

"SERÁ QUE ALGUM DIA O VEREMOS DE NOVO?"

Dagmola empreendeu a árdua jornada de volta à sua terra natal três vezes, em 1986, 1996 e 2006. Até seu primeiro retorno, em 1986, ela chamava os Estados Unidos de seu segundo lar. Como acontece com quase todos os tibetanos nativos, a esperança de que o Tibete melhorasse e ela pudesse voltar a viver lá para sempre nunca a abandonou. Mas as mudanças chocantes que testemunhou a fizeram mudar de ideia. Na primeira vez, ela foi sozinha, de forma escondida. Quando voltou pela segunda vez em, 1996, com Dagchen Rinpoche, David, sua esposa e vários outros membros da família, os chineses impuseram várias condições para concederem o visto: eles não tinham permissão para dar ensinamentos e nem para dar ou aceitar presentes. Eles não podiam falar com seus compatriotas sem supervisão. "Foi de partir o coração", afirma David. "Com frequência, milhares de tibetanos faziam fila para ver meu pai, mas os chineses davam a volta com o carro e nos levavam para outro lugar, sem permitir que os tibetanos conseguissem vê-lo. Eles impediram totalmente a viagem ao Tibete Oriental. Conforme meu pai envelhece, ele continua se perguntando: 'Será que veremos o Tibete de novo?'."

O regime de punho de ferro de Mao Zedong nos anos 1960 transformou o Tibete em um inferno. A maioria dos amigos e familiares de Dagmola que ficou para trás morreu nas mãos dos chineses, incluindo sua mãe e sua tia, em uma prisão chinesa em Lhasa. Dagmola admite que lembrar-se do destino da mãe e da tia é algo que ainda a mantém acordada à noite. Um dos objetivos das visitas de Dagmola ao Tibete era descobrir mais sobre as circunstâncias da morte de seus parentes, mas seus pedidos não foram ouvidos. Suas perguntas permaneceram sem resposta até os ensinamentos do Dalai Lama que, recentemente, assistiu em Pasadena, Califórnia. Por pura coincidência, ela se sentou ao lado de uma monja tibetana que havia sido encarcerada junto com a sua mãe perto de Lhasa, mas foi solta e, depois, conseguiu contrabandear um pouco de comida para a mãe dela. Dagmola estima — junto com o governo tibetano no exílio — que centenas de milhares de tibetanos foram mortos por tortura, trabalho forçado, desnutrição e fome durante esses anos. Muitos deles simplesmente desapareceram, sem deixar rastro. "Não temos mais um lar no Tibete. Ainda que os tibetanos reconquistassem sua liberdade amanhã, acho que eu não voltaria", diz Dagmola. "Agora os Estados Unidos são o nosso lar."

REVITALIZANDO A LINHAGEM

No exílio, o maior desejo de Dagmola não foi realizado: todos os seus cinco filhos foram reconhecidos como encarnações de grandes mestres Sakya, mas nenhum quis adotar sua função tradicional. Seu primogênito, Manju Vajra, oficialmente reconhecido como a encarnação do líder anterior da dinastia Sakya, insiste em ser chamado pelo nome comum David e escolheu Khon como sobrenome, que soa como o nome mais ocidental de seu clã. Ele se mudou para Los Angeles, casou-se com uma advogada brilhante e poderosa, Carol Hamilton, e trabalha como executivo financeiro na Sony Entertainment. No Tibete, os moradores o carregaram nos ombros, construíram um trono para ele e foram às lágrimas quando a mão do menino tocou suas cabeças abençoando-os. Naquela época, ele era chamado de "o precioso". Se os lacaios de Mao não tivessem destruído quase todos os seis mil monastérios durante a chamada Revolução Cultural, ele seria o guia em vários desses monastérios.

A comunidade tibetana o criticou duramente por abandonar seu papel tradicional, mas David articula uma perspectiva muito diferente. Ele é um homem extremamente agradável e envolvente, e corporifica totalmente o espírito budista. No entanto, assumir sua herança espiritual "significaria me separar da família, porque eu teria que retornar a um monastério na Índia quando era menino para fazer o treinamento tradicional". David permanece imperturbável. "Depois de tudo pelo que passamos, a ideia de nos separarmos era simplesmente insuportável."

No entanto, a pressão da história estava presente. Quando David decidiu se casar com sua namorada americana, Dagmola se opôs. Ela compareceu ao casamento, mas levou anos para aceitar as decisões que ele tomou. Turrell Wylie, que iniciou todo o processo

Dagmola Sakya ensinando junto com seu neto de treze anos, Asanga Sakya Rinpoche. Foto de Amy Gaskin. © Amy Gaskin

de trazer os tibetanos para os Estados Unidos, escreveu em uma revista local: "Ironicamente, o projeto matou parte do que pretendia preservar, pois é incerto que os tibetanos consigam transmitir muito de sua tradição cultural de 1.300 anos para seus próprios filhos."[25]

Isso pode ser muito pessimista, pois a tradição acaba sendo passada adiante. Dagmola sorri de alegria ao falar sobre seus dez netos. Vários são ordenados e estudam com afinco nos monastérios do Himalaia. Pela primeira vez, ela fez uma excursão pela Califórnia ensinando lado a lado com seu neto de treze anos, Asanga Sakya Rinpoche, que recentemente começou a dar iniciações e palestras impressionantemente eruditas. "Minha aspiração para meus netos é que eles preservem os ensinamentos Sakya", diz Dagmola. "Não somos sectários e respeitamos todas as tradições, mas é importante que elas tenham continuidade." Dagmola retornou recentemente de uma visita ao sucessor designado de Dagchen Rinpoche, seu neto de dezessete anos, Avi Krita, nas colinas de Bir, norte da Índia. Lá, o adolescente carismático estuda filosofia budista no Dzongsar, um instituto budista liderado pela encarnação de Jamyang Khyentse Chökyi Lodrö, o famoso mestre com quem Dagmola passou um ano no Tibete Oriental. Assim, as linhagens e amizades que ela encontrou no Tibete agora persistem com a geração seguinte no exílio. "Haverá continuidade", diz ela, "mais brilhante e vibrante do que nunca".

Jetsunma Tenzin Palmo durante uma turnê de ensinamentos pela Europa.
A foto é cortesia do Monastério Feminino Dongyu Gatsal Ling.

3: Jetsunma Tenzin Palmo
(DIANE PERRY)

LIXA PARA O EGO

Por que uma bibliotecária de Londres começou uma revolução em uma caverna nos Himalaias.[1]

Intensa como um redemoinho, Helena irrompeu no minúsculo Café Tibetano ao lado do monastério do Dalai Lama em Dharamsala, no norte da Índia. Ela jogou a mochila em uma cadeira e mal podia esperar para contar a grande novidade às amigas. "Eu encontrei meu mestre!" Gritou ela animada, acabando de voltar de um fim de semana de meditação em um monastério nas colinas acima da cidade montanhosa. Não pude deixar de escutar a conversa delas, na mesa ao lado, em meio às colheradas de sopa de macarrão picante durante uma pequena pausa nas aulas de idioma tibetano que eu estava tendo no inverno de 1999. Conhecer um professor é o encontro mais importante que todo budista tibetano deseja e reza para ter, porque conectar-se com um mestre realizado é considerado essencial para progredir no caminho. Helena parecia estar em um frenesi, animada com a gentileza e a eloquência de seu professor recém-

-descoberto, antes de contar o fim da história. "E o melhor", ela exclamou, quase sem fôlego, "é uma mulher!".

Uma mulher! As outras garotas aplaudiram com alegria, enquanto eu me recostei maravilhada. Foi aquele encontro casual naquela banca de macarrão decadente que desencadeou a minha jornada para escrever este livro. Embora tivesse estudado o budismo tibetano por alguns anos, até aquele momento eu nunca havia conhecido uma mulher guru. E eu estava intrigada com o entusiasmo contagiante de Helena.

Por ser repórter, aquilo despertou a minha curiosidade. Três dias depois, peguei um táxi para dirigir por três horas ao norte pelas estradas sinuosas até o monastério onde aquela professora supostamente morava. De qualquer maneira, eu já queria viajar para o Tashi Jong. Não é apenas a sede do renomado Khamtrul Rinpoche*, mas também dos togdens, lendários iogues que deixam seus cabelos crescer sem nunca cortá-los. Por meio de um treinamento árduo desde tenra idade, os iogues ganharam a reputação de possuírem poderes sobre-humanos. Por exemplo, dizem que eles produzem um calor enorme por meio de seus exercícios respiratórios, ao ponto de conseguirem secar roupas molhadas em seus corpos nus na neve, mesmo durante os invernos do Himalaia.

Durante toda a corrida de táxi, tive dúvidas: será que o meu tibetano seria bom o suficiente para me comunicar com aquela professora? Como ela não tinha telefone, não tive como ligar antes. Não sabia sua idade e imaginei que era uma senhora pequena e envelhecida como algumas das tibetanas idosas que ficam sentadas do lado de fora do monastério do Dalai Lama, com as mãos girando suas rodas de oração, cujos rostos enrugados brilham na presença de seu amado líder.

Pedi para ir até a porta dela, bati e ela abriu prontamente. Dois olhos azuis brilhantes me mediram com curiosidade e calor. Sem sequer questionar quem eu era ou o que queria, ela disse em um inglês britânico nítido: "Momento perfeito. Acabei de preparar o almoço, o suficiente para nós duas. Entre!" Sua figura esguia desa-

---

* Tashi Jong é atualmente a sede do Nono Khamtrul Rinpoche, Shedrub Nyima, que nasceu na Índia em 1980.

pareceu em seu quarto minúsculo, um enclave cinza de concreto aparente. Ela serviu porções de arroz com vegetais em dois pratos de plástico enquanto eu tentava dar conta da minha perplexidade. Como eu poderia saber que encontraria a filha de um peixeiro londrino no meio dos Himalaias?

Pela primeira vez encontrei uma mulher ocidental que impunha a mesma presença das encarnações tibetanas. Tenzin Palmo deu um exemplo sem precedentes de como seguir os passos dos mais dedicados iogues tibetanos, mergulhando tão profundamente nesta tradição que ganhou o respeito declarado de professores asiáticos tradicionais e ocidentais modernos. Só anos mais tarde percebi que havia conhecido a monja budista tibetana ocidental mais experiente ainda viva.

ALIMENTANDO A CHAMA

Eu a achei bem acessível e conversamos por horas. Ela respondeu a cada pergunta minha com humor e compostura, com uma sabedoria penetrante e uma clareza sem frescuras. E compartilhou sua aspiração sincera: construir um monastério feminino exclusivamente dedicado a oferecer às monjas oportunidades excelentes de estudar, debater e meditar — um privilégio geralmente reservado aos monges. Seu professor, o falecido Oitavo Khamtrul Rinpoche[*], fez com que ela prometesse construir esse monastério, com um motivo oculto incrível: ele queria reviver a linhagem das *togdenmas*, as ioguines mulheres que dominavam as práticas secretas dos lendários santos do Himalaia. Com a linhagem quase erradicada após a invasão chinesa, restava apenas um mestre que ainda detinha a transmissão. "Se não fizermos algo logo, será tarde demais", alertou Tenzin Palmo com um senso de urgência. "A prática tem que ser passada de pessoa para pessoa, como uma chama. Depois que a chama se apaga, é o fim, você não consegue mais transmitir."[2] Hoje em dia, nada resta das *togdenmas*, além de ra-

---

[*] O Oitavo Khamtrul Rinpoche Dongyü Nyima (1931–1980) fugiu do Tibete em 1958. Depois de se estabelecer inicialmente em Bengala Ocidental, mudou-se para Tashi Jong, em Himachal Pradesh, norte da Índia, em 1969.

ros reflexos. Tenzin Palmo, orgulhosamente, pegou uma fotografia em preto e branco danificada que mostrava uma dúzia de senhoras curtidas pelo clima em casacos de pele de carneiro. Como suas contrapartes masculinas, elas nunca cortam o cabelo, e uma espessa juba de tranças rastafári emoldura seus rostos escuros como enormes turbantes.

Um enorme contraste com a aparência de Tenzin Palmo, em suas vestes vermelho-ferrugem e sua cabeça recém-raspada! Ela tem o que chamo de "olhar de raio X", um olhar caloroso e profundamente penetrante que parece atravessar seu escudo. São olhos de sabedoria, olhos de alguém que se aventurou para além de nossas preocupações comuns. Tenzin Palmo certamente demonstra a tenacidade e a força dignas da linhagem das *togdenmas*. Ela passou doze anos de sua vida praticando tão obstinadamente quanto as *togdenmas* — em uma caverna no Himalaia.

DOZE ANOS NA CAVERNA

Não se pode nem mesmo chamar de caverna. Uma mera depressão aberta nas rochas, com três metros de profundidade e uma saliência rochosa. Paredes de tijolo ásperas, cobertas com uma camada de argila e esterco de vaca, que foram adicionadas para conter a neve e o gelo. A fumaça do fogão a lenha pintou o teto de preto. A pequena sala paira sobre um precipício na montanha como um ninho de águia, presa fácil de nevascas e avalanches. A terra desce verticalmente da saliência para o espaço profundo, bem abaixo no estreito Vale Lahoul*. Em tibetano, o nome Lahoul significa "Terra das Dakinis", outra indicação para Tenzin Palmo de que nenhum local poderia ser mais adequado. Do outro lado do vale, o Himalaia se mantém no horizonte como se quisesse impedir que o enorme céu decolasse. O ar rarefeito faz até o escalador mais experiente engasgar, e o frio cai para quarenta graus negativos no inverno. Esse foi o lugar onde Tenzin Palmo fixou residência em um precipício a 4.000 metros de altitude. Ela tinha trinta e três

---

* Situa-se entre Manali e Ladakh, geograficamente uma região fronteiriça da Índia, mas a cultura e a religião são tibetanas.

anos quando escalou o caminho íngreme e coberto de mato que levava à caverna, e quarenta e cinco quando partiu.

Uma caixa servia de mesa, em uma saliência na parede ela guardava os livros, enquanto o Buddha da Compaixão a observava em um pôster à sua esquerda. "Muito aconchegante", diz Tenzin Palmo sobre sua caverna. "Eu era muito feliz ali e tinha tudo o que precisava." Feliz, talvez. Difícil não acreditar quando ela diz isso com tanta confiança, com um largo sorriso de orelha a orelha. Mas aconchegante? Uma caverna sem luz elétrica, sem água corrente? Sem falar de prazeres ocasionais como um banho quente, uma conversa com um amigo querido ou um expresso bem quente. E ela nem tinha cama! Passava as noites sentada ereta em sua caixa de meditação de madeira, com pouco mais de sessenta por sessenta centímetros de largura, ligeiramente elevada para evitar que a umidade subisse.

Retiro não é para preguiçosos. Todas as manhãs, ela se levantava às três horas, praticava por três horas, preparava uma xícara de chá em seu fogão a lenha, comia um pouco de farinha de cevada no café da manhã, depois embarcava nas três horas seguintes de meditação, e assim por diante. Seus dias estavam em sintonia com o relógio. Entre as sessões, precisava buscar água na nascente próxima, derreter neve, cortar lenha. Ela comia apenas no almoço, não jantava, e todos os dias o mesmo prato estava no cardápio: arroz e lentilhas, às vezes com legumes. Para não desperdiçar esta vida preciosa com horas desnecessárias de sono inconsciente, ela dormia apenas três horas, sentada ereta em sua caixa. É assim que os virtuosos espirituais mais dedicados ao longo dos séculos têm praticado.

SUBMERSA NA NEVASCA

No início, Tenzin Palmo aproveitava os verões para ir ao monastério receber ensinamentos, estocar alimentos, visitar seu professor e se preparar para o inverno, quando a neve a impedia completamente de fazer isso. Mas depois de nove anos seu professor faleceu repentinamente, levando-a a mergulhar em um retiro longo e rigoroso — três anos em completa solidão.

Em um desses anos, uma enorme nevasca durou sete dias e sete noites. Os aldeões não achavam que aquela mulher maluca das cavernas pudesse ter sobrevivido. A neve cobriu sua porta, janela e deixou toda a caverna em total escuridão. "Acabou", pensou ela, voltando-se para suas orações finais. Então ela ouviu a voz de seu professor. Tenzin Palmo o imita revirando os olhos pretensiosamente: "Ah, vamos lá, comece a cavar!" Felizmente, um construtor local experiente insistiu que a porta deveria ser aberta para dentro. Ela usou uma tampa de panela e cavou um túnel, e a caverna encheu de neve. Ela teve que repetir isso três vezes até que a nevasca diminuiu. "Os tibetanos têm um ditado: 'Se você está doente, está doente; se você morrer, você morre.' Todos nós vamos morrer; e que lugar melhor para morrer do que em retiro?" Ela fala com naturalidade e cita o mentor bruxo de Harry Potter, Albus Dumbledore: "Para a mente bem organizada, a morte é apenas a próxima grande aventura". Ela enfatiza fortemente a mente "bem organizada", pois, "caso contrário, poderia ser um grande terror em vez de uma grande aventura".

Ela foi a primeira mulher ocidental a dedicar sua vida à reclusão total nos Himalaias para organizar sua mente para a maior fruição que uma vida humana poderia obter: a iluminação. "Estamos nesta terra para realizar a nossa própria natureza e o nosso potencial inato", diz ela, totalmente pragmática. "Eu não estava tentando quebrar nenhum recorde. Eu não tinha um número fixo de anos em mente quando fui para o retiro. Eu simplesmente não conseguia pensar em um lugar melhor para estar. E eu realmente gosto de estar sozinha."

Tenzin Palmo é tão falante e amável quanto a garota de Bethnal Green no chá das cinco — não exatamente o que se espera de uma eremita que passou mais de uma década quase sem falar. O retiro em uma caverna solitária não é uma fuga dos desafios da vida moderna? "Para mim, a vida mundana é uma fuga", ela responde com repentino vigor. "Quando você tem um problema, pode ligar a TV, ligar para um amigo ou preparar uma boa xícara de café. Na caverna, você só pode se voltar para si mesma. No inverno, você não pode nem dar uma caminhada."[3] Tenzin Palmo sempre se considerou um pouco incapaz. "Recorria rapidamente a outras pessoas em busca de ajuda e conselhos."[4] Sozinha no Himalaia, ela aprendeu a confiar em si mesma — para consertar paredes de barro, cortar lenha e, acima de tudo, para ter uma visão íntima de sua própria mente. "Na caverna, você tem que enfrentar a sua natureza crua como ela é. Você precisa apenas se sentar ali e descobrir como encará-la!"[5]

Em *Reflexos em um lago na montanha*, ela escreve:

> Havia um tempo infinito sem distrações externas para apenas ver como a mente funciona, como surgem os pensamentos e emoções, como nos identificamos com eles, para me desidentificar deles e dissipar todos os pensamentos e emoções de volta na amplidão do espaço. Fui muito afortunada por ter a oportunidade de fazer isso. Relembro aquela época como um dos maiores períodos de aprendizado de minha vida.[6]

"O SANTUÁRIO DA LINHAGEM GENUÍNA"

Doze anos depois de nosso primeiro encontro, sinto-me muito feliz por encontrá-la sentada em seu sótão bem iluminado em Himachal Pradesh, no norte da Índia. As janelas em arco dão lugar a uma bela vista dos extensos arrozais no vale, pontilhada com os primeiros edifícios e salas de altares de seu próprio monastério, Dongyü Gatsal Ling, "Santuário da Linhagem Genuína". Ela está vivendo o sonho dela.

O enorme templo de três andares ainda é de concreto aparente, prestes a ser pintado. Tenzin Palmo está ansiosa para me mostrar o progresso recente. Os picos nevados brancos do Himalaia brilham atrás dela no pôr do sol rosa, enquanto seu corpo frágil cuidadosamente desvia de montes de concreto e entulho. As marteladas e batidas dos trabalhadores indianos abafavam algumas de suas palavras. Ela aponta para salas de santuários imaginários para descrever onde as estátuas de Manjushri, o Buddha da Sabedoria, e seus colegas serão colocadas. Sua voz constrói um monastério animado e florescente ao pôr do sol, repleto de monjas inteligentes e dedicadas engajadas em debates e orações. Setenta e cinco das "suas" monjas já estão sentadas de pernas cruzadas nas rochas ao redor, como pássaros cor de laranja e vermelhos, com seus xales abertos como asas, recitando em voz alta seus textos de estudo com vozes agudas. Elas estão tentando memorizá-los com urgência antes da próxima aula porque seus cursos de estudo são rigorosos. "Até os mestres tibetanos estão começando a perceber que, se você quer ver devoção e concentração reais, deve olhar para as monjas", disse Tenzin Palmo com orgulho. "Eu digo às minhas meninas: agora vocês têm todas as oportunidades, vocês podem realizar o que quiserem, assim como os lamas!"

Tenzin Palmo dá ordens para um trabalhador indiano, para e pergunta em tom afetuoso sobre a saúde de uma de suas funcionárias e, em seguida, afasta uma monja adolescente que recitava seu texto em voz muito alta, que poderia ser ouvida pelas monjas no centro de retiro de três anos. "Querida", ela se aproxima da garota de bochechas redondas, passando sem esforço para um tibetano rápido, e explica que as monjas em retiro poderiam se distrair com a recitação dela.

Por que não há ocidentais entre as monjas — será que nenhuma ocidental se candidatou? Tenzin Palmo não hesita: "Não aceito ocidentais, apenas meninas de origem tibetana porque a maioria das minhas monjas são simples meninas de aldeia. Monjas ocidentais quase sempre são muito bem-educadas, então elas simplesmente vêm, sabem tudo e comandam o show." Eu rio da ironia de ouvir aquilo dela, a bibliotecária de Londres que se tornou abadessa, mas ela não parece notar a contradição. "Normalmente, um monastério deveria ser administrado por um monge ou por um lama", explica ela. "Eles não deixavam as monjas comandarem seu próprio show. Está tudo bem em um certo sentido, mas, por outro lado, isso não as ajuda a amadurecer onde deveriam crescer, em vez de se comportarem como garotinhas esperando que lhes digam sempre o que fazer." Ela se apressa em esclarecer que não aceita alunas próprias. Ela dá votos de refúgio e ensina suas monjas, mas insiste repetidamente que é apenas uma pessoa comum e que não há nada de interessante ou especial nela. E ela fala sério. Claro, a maioria de nós, que se remexe inquietamente em nossas almofadas macias de meditação em nossos apartamentos com aquecimento central pelo tempo curto em que conseguimos manter a postura, teria abandonado a caverna sofrendo com frieiras na primeira noite.

ELVIS PRESLEY E SALTO ALTO

Nada, não havia nem um pequeno detalhe nos primeiros anos de Tenzin Palmo que sugerisse suas realizações posteriores. Quando

Jetsunma Tenzin Palmo com suas monjas. A foto é cortesia do Monastério Dongyu Gatsal Ling.

Diane Perry nasceu, em 1943, sob o bombardeio dos foguetes de Hitler, os médicos previram uma vida curta. Ela entrou neste mundo com uma espinha curvada para dentro. Infecções graves de meningite quase tomaram a vida da menina doente antes mesmo que ela pudesse andar. Seu pai morreu quando ela tinha apenas dois anos, deixando a mãe para criar Diane e seu irmão mais velho, Mervyn, com os parcos ganhos da peixaria. "Minha mãe era espírita e fazíamos sessões em nossa casa uma vez por semana, com mesas voando pela sala", lembra Tenzin Palmo. "Frequentemente discutíamos a morte, não por medo, mas como um assunto de interesse. Este é um pensamento muito budista, pois a consciência da morte dá grande significado à vida." Os médicos a aconselharam a escolher uma carreira que não apresentasse nenhum desafio — a rotina branda de uma bibliotecária discreta parecia a escolha mais acertada.

Apesar de sua dor física constante, as fotos mostram uma adolescente carismática com uma juba loira cacheada, uma ávida fã de Elvis Presley em anáguas e sapatos de salto alto, cortejada por uma série de admiradores. Inexplicavelmente, a suspeita de que ela estava no lugar errado a assombrava. Ela pediu à mãe que a levasse a restaurantes chineses para que pudesse se cercar de faces asiáticas. Ela sentia um fascínio curioso pelas monjas, sem importar a denominação. Quando questionada sobre o que queria ser, Diane costumava dizer assertivamente, "uma monja", sem saber absolutamente nada sobre o que isso realmente significava. Ela instintivamente sentia que todos são dotados de uma perfeição inata — uma crença budista fundamental —, e "que estamos aqui para descobrir quem realmente somos".

Como podemos realizar a nossa perfeição? Essa pergunta a atormentava. Ela estudou as escrituras das maiores religiões do mundo, a Bíblia, o Alcorão e os Upanishades; ela perguntava a professores e sacerdotes, até mesmo aos guias espirituais nas sessões de sua mãe, mas ninguém nem nenhum livro lhe deu uma resposta satisfatória. "Todo mundo dizia coisas como: 'Você tem que ser boa', mas desde criança sempre soube que não era isso. Claro que você tem que ser boa. Eu conhecia pessoas que eram muito boas e gentis, mas não eram perfeitas. Ser gentil era a base, mas tinha que haver algo mais." Diane Perry nunca sentiu uma conexão muito profunda com Jesus. "Eu não tinha muita inclinação teísta. Não acreditava que alguém lá em cima estivesse mexendo as cordinhas. Só nós podemos nos salvar. Você precisa descobrir suas próprias centelhas inatas do divino."[7]

Sem saber, Diane Perry recorreu a crenças que mais tarde reconheceria como visões budistas essenciais. Ela topou com seu primeiro livro budista em uma biblioteca aos dezoito anos. Ainda se lembra do título: *The Mind Unshaken* (A mente inabalável), escrito por um jornalista britânico. Ela foi cativada ao ler sobre os ensinamentos do Buddha, como as quatro nobres verdades* e o caminho óctuplo**.

---

* As quatro nobres verdades são princípios importantes no budismo e são consideradas o primeiro ensinamento do Buddha Shakyamuni, o buddha histórico. A primeira nobre verdade é a verdade do sofrimento, apontando para o sofrimento do nascimento, velhice, doença e morte a que todos estão sujeitos. A verdade da origem do sofrimento inclui a ignorância e o anseio, o que leva ao aprisionamento no ciclo da existência. A verdade da cessação do sofrimento revela a possibilidade de superar a ignorância e o desejo, seguindo a verdade do caminho.

** Visão correta, intenção correta, fala correta, ação correta, modo de vida correto, esforço correto, atenção plena correta e concentração correta.

Alguém havia colocado no papel as mesmas ideias que ela havia nutrido por toda a vida! Ela estava apenas na metade do livro quando se virou para a mãe e anunciou: "Eu sou budista". Sem se abalar pela declaração confiante, sua mãe respondeu calmamente: "Que bom, querida". Contaminada pelo entusiasmo de sua filha, sua mãe se tornou budista seis meses depois. Lendo sobre o ideal budista da renúncia, Diane Perry deu suas roupas da moda e costurou sua própria versão das vestes budistas, "uma espécie de túnica grega amarela, que usava com meias pretas", diz ela rindo. Ela realmente não conhecia nenhum professor budista e estava evocando sua própria versão a partir dos livros. Queria ser como o Buddha, ou melhor, como ela o imaginava: um mendicante austero envolto em um pano amarelo. Quando finalmente compareceu à sua primeira reunião da Sociedade Budista em Londres, ficou chocada quando viu que as outras mulheres budistas apareceram maquiadas e de salto alto![8]

Na Grã-Bretanha do pós-guerra, o budismo tibetano era em grande parte desconhecido. As poucas migalhas de conhecimento que foram espalhadas pela ilha foram descartadas como faz de conta xamânico. O tipo de budismo disponível para ela, na época, era o Theravada, o veículo fundamental*. A simplicidade, a clareza e a lógica desses ensinamentos a tocaram. "Uma budista tibetana era a última coisa que eu queria ser", diz Tenzin Palmo. Ainda assim, em um livro geral sobre o budismo, ela encontrou uma descrição das quatro tradições do budismo tibetano: Nyingma, Sakya, Kagyü e Gelug. Uma tímida voz interior brotou: "Você é Kagyü".

Os primeiros professores tibetanos estavam apenas chegando ao exílio na Inglaterra, entre eles o posteriormente famoso Chögyam Trungpa Rinpoche. Ele tinha sido um professor extremamente renomado no Tibete, mas, por não ter um público ávido por seus ensinamentos no exílio, implorou a Diane Perry para que lhe permitisse ensiná-la a meditar. As instruções a acertaram com pre-

---

* Theravada (páli) significa "ensinamentos antigos". Essa tradição budista relativamente conservadora é próxima ao budismo original e amplamente praticada no sudeste da Ásia. Os tibetanos acreditam que ela pertence ao veículo fundamental (sâns. Hinayana) que forma a fundação do caminho, enquanto consideram que a sua própria tradição seja parte do grande veículo (sâns. Mahayana), que acreditam ter uma visão mais ampla e meios hábeis que também produzem maiores realizações.

cisão. Pela primeira vez, teve uma ideia do que significava "interromper a tagarelice incansável da mente".

O comportamento não convencional de Trungpa Rinpoche não a repeliu. Embora ainda usasse suas vestes monásticas, ele tentou seduzir aquela buscadora de dezenove anos. Quando a mão dele subiu pela saia dela, Tenzin Palmo não se aborreceu e nem foi embora. Ela simplesmente cravou o salto agulha firmemente em seu pé descalço. Ela ri ao lembrar de suas sessões incomuns de meditação e confessa que teria ficado curiosa sobre como seria ter uma relação sexual com ele, caso ele não tivesse se apresentado como um monge celibatário e puro.[9]

Diane Perry leu todos os livros budistas em que conseguiu pôr as mãos. Ela não deixou de notar que nunca se fala de monjas, apenas de monges. "Achei aquilo deprimente." Então, ela ouviu falar de um monastério feminino Kagyü no exílio, "provavelmente o único monastério feminino budista na Índia, à época". Freda Bedi (1911–1977), hoje uma lendária mulher inglesa, havia criado o monastério junto com uma escola para mestres refugiados tibetanos. Anos antes, Bedi havia se casado com um indiano que conheceu na Universidade de Oxford. Ela foi presa pelos britânicos junto com seus três filhos (e Mahatma Gandhi) por ter apoiado os indianos em sua exigência por liberdade. Após sua libertação, trabalhou para o governo indiano até que o primeiro-ministro, Jawaharlal Nehru, pediu sua ajuda para receber o fluxo de refugiados tibetanos que atravessava a fronteira. Muitos mestres tibetanos dizem que, quando cruzaram as passagens pelas montanhas, exaustos, sem um tostão e com os membros congelados, Freda Bedi estava lá para recebê-los com uma tigela de sopa quente e uma cama.

Demorou até fevereiro de 1964 para que Diane Perry, aos vinte anos, tivesse economizado de seu salário semanal na biblioteca (nove libras) as noventa libras para uma passagem de navio para a Índia. Ela deixou para trás um número incontável de corações partidos e trocou um lugar no apartamento aconchegante de sua mãe por um quarto gelado no norte da Índia. Os ratos caíam pelo telhado quebrado junto com a chuva. Mas nada disso importava. O que importava era que a "Escola-Lar para Jovens Lamas" era logo depois da esquina. Ela se sentiu em casa pela primeira vez na vida, cercada por rostos estranhamente familiares. Ela encontrou o jovem Dalai Lama, muitos pequenos tulkus carismáticos, e o homem que viraria sua vida de cabeça para baixo: Khamtrul Rinpoche.

O MELHOR PRESENTE DE ANIVERSÁRIO DE TODOS OS TEMPOS

No dia do seu vigésimo primeiro aniversário, o telefone tocou. Sua amiga Freda Bedi atendeu e se voltou para ela. "Seu melhor presente de aniversário acabou de chegar."[10] Khamtrul Rinpoche estava na rodoviária. Tenzin Palmo nunca tinha se encontrado com ele, não sabia se era velho ou jovem, gordo ou magro — nunca tinha visto nem mesmo uma foto.[11] Mas ela sabia que seu mestre tinha chegado. O reconhecimento acontece de forma diferente para cada um, mas para ela foi como um megaterremoto — mesmo que você nunca tenha visto um, não tem como não reconhecer os sinais. Quando foi conduzida ao quarto para cumprimentá-lo, nem se atreveu a erguer os olhos. Ela ficou apenas olhando para seus sapatos marrons por vários minutos, até que teve coragem de erguer os olhos: "Foi como ver alguém que eu conhecia muito bem e que não via há muito tempo, um momento profundo de reconhecimento. Ao mesmo tempo, era como se a parte mais profunda do meu ser de repente tivesse assumido uma forma externa."[12]

Sem perder tempo, ela pediu que ele lhe concedesse os votos de refúgio, a porta de entrada formal para se tornar budista. Poucos dias depois, pediu que ele a ordenasse. "Eu buscava a perfeição. Eu sabia que o budismo tibetano oferecia não apenas a descrição mais imaculada desse estado, mas também o caminho mais claro para alcançá-lo. Quando alguém quer seguir esse caminho, precisa do mínimo de distrações possível."[13] Três semanas depois, ela se tornou monja — a segunda mulher ocidental a fazer isso depois de Freda Bedi*, muito antes que a maioria das pessoas no Ocidente tivesse ouvido falar sobre a existência do budismo tibetano.

O que parecia um passo apressado e impulsivo era muito lógico, se não inevitável, para Tenzin Palmo. "Foi a maior bênção da minha

---

* Os tibetanos a conhecem pelo seu nome de ordenação, Khechok Palmo.

vida", diz ela, e acrescenta com um brilho amoroso nos olhos: "Como monja, você nunca precisa se preocupar com o penteado certo ou com as cores da moda". Embora ela tivesse tido namorados e um intenso caso de amor com um jovem japonês antes de sua ordenação completa, ela nunca quis se casar e nunca sentiu vontade de ter filhos. "Roupas, quem se importa? Comida, quem se importa? Televisão, fico feliz por não ter que assistir. Quanto ao sexo, eu não poderia me importar menos. Nesta sociedade, o sexo é constantemente jogado na sua cara, mas fazer dele a quintessência da vida é algo patético, coloca você no mesmo nível dos macacos. Muitas mulheres levam uma vida gratificante sem nem mesmo pensar nisso. Eu não preciso e nem quero um relacionamento íntimo pessoal. É por isso que não me sinto sozinha."[14]

O IOGUE NA PINTURA EM TECIDO

Diane Perry se tornou Drubgyü Tenzin Palmo, "a Gloriosa Detentora da Linhagem da Prática". Depois de todos aqueles anos, de repente ela entendeu por que sempre se sentiu no lugar errado na Inglaterra. Uma pintura em tecido no templo de Khamtrul Rinpoche mostra um iogue com olhos azuis penetrantes acima de um nariz curiosamente longo e pontudo como o dela.[15] O iogue havia sido um velho conhecido dos Khamtrul Rinpoches por muitas vidas. A figura tem uma semelhança incrível com Tenzin Palmo, Khamtrul Rinpoche e seus monges a reconheceram imediatamente. Não há a menor dúvida na mente de Tenzin Palmo de que ela simplesmente retomou o fio de onde havia parado em sua última vida. A crença budista na reencarnação há muito havia se tornado uma firme convicção para ela. "Rinpoche me disse: 'Em vidas anteriores, consegui mantê-la por perto. Mas nesta vida você assumiu uma forma feminina, por isso é muito difícil.'"[16] Ela acredita que foi monge e iogue, e assistente pessoal de Khamtrul Rinpoche em encarnações anteriores. À luz desse pano de fundo, sua saudade da Ásia quando era uma jovem em Londres, sua determinação de nunca se casar e a atração pela caverna pareciam perfeitamente razoáveis.

Ela se mudou para o monastério de Khamtrul Rinpoche no exílio em Dalhousie, no norte da Índia, tornou-se sua secretária pessoal e ensinou inglês aos pequenos monges. Sua vida parecia ter atingido o auge. No entanto, na realidade, Tenzin Palmo estava prestes a entrar na fase de maior desamparo de sua vida. Por seis anos, ela viveu entre oitenta monges como a única mulher, a única monja, a única ocidental — completamente isolada. Ela mal falava a língua deles, não pertencia nem ao grupo de leigos nem ao de monges. "Eu não podia morar com eles, não podia comer com eles, não podia estudar com eles." E o pior — ela não tinha permissão para participar dos ensinamentos e nem receber as práticas pelas quais ansiava. Na tradição tibetana, em que as monjas rezam diariamente pelo renascimento em um glorioso corpo masculino, Tenzin Palmo não tinha o mesmo acesso que os monges. Ela se lembra que os visitantes ocidentais do sexo masculino eram bem-vindos e recebiam os ensinamentos pelos quais ela ansiava. Sua voz ainda treme com a frustração daquela época. "Eu me sentia totalmente excluída", diz ela, "como se houvesse um grande banquete de reflexões e práticas budistas e eu recebesse pequenas migalhas, nunca o suficiente para fazer uma refeição".

O VOTO DE SE TORNAR UMA BUDDHA

Khamtrul Rinpoche a manteve por perto, mas nem mesmo ele conseguia deixar de lado séculos de tradição patriarcal. Enquanto os monges se destacavam em seus estudos na universidade monástica, competiam em debates e exibiam danças elaboradas, as monjas eram banidas para um convento remoto sem professores e sem bibliotecas, confinadas a realizar rituais simples sem conhecer seu significado. Os monges oravam gentilmente para que Tenzin Palmo tivesse a sorte de renascer em uma forma masculina, para que ela pudesse participar do monastério em sua próxima vida. Tenzin Palmo chorava até dormir todas as noites. Ela estava sozinha, frustrada, com raiva — e decidida a mostrar aos chauvinistas que as mulheres são igualmente dotadas para seguir o caminho espiritual. Ela fez uma promessa que continua a inspirar mulheres em todo o mundo. "Eu fiz o voto de atingir a iluminação em um corpo feminino — não importa quantas vidas isso possa levar." Isso significa nada menos que a aspiração de se tornar uma buddha. Se isso é mesmo possível, os estudiosos budistas (do sexo masculino) debatem até hoje, já que alguns consideram o corpo feminino um material inadequado para o estado búdico. Mas, estimulada por sua frustração, Tenzin Palmo pesquisou o assunto e agora cita com segurança o próprio Buddha. "O Buddha disse que as mulheres podem atingir a iluminação! Ele tinha a mente muito mais aberta do que os lamas modernos." Totalmente determinada, ela partiu para Ladakh, para sua caverna no gelo. Ela sabia muito bem que a solidão é o catalisador mais potente para atingir a realização. Mergulhar na quietude permite que a sabedoria emerja das camadas inferiores de ocupação e distração.

No entanto, ela também aprendeu uma lição sobre cautela com seus amigos iogues, os *togdens*. Quando alguém pergunta sobre sua realização, ela apenas diz: "Nenhuma", porque, em comparação com a realização do Buddha, é muito pequena.[17] As pessoas sempre querem saber o que ela atingiu na caverna, mas ela acha que esta pergunta "é totalmente irrelevante. Não é como se você estivesse fazendo um PhD e, no final, recebesse um diploma, e todos os buddhas e bodhisattvas das dez direções a aplaudissem." Tudo na vida, diz ela, é uma jornada de descoberta e, portanto, o mesmo vale para o retiro na caverna. "Não se trata do que você ganha, mas do que você perde. A ideia de que existe um lugar onde ir e algo a se atingir é ilusão. Quanto mais você realiza, mais realiza que não há nada para realizar." No dia a dia, explica ela, nos escondemos atrás de nossos papéis e atividades, como pai ou mãe, professor ou pintor, homem ou mulher. "Quando você está sozinho, não há papéis a desempenhar, e é possível descobrir camadas cada vez mais profundas de consciência, é como descascar as camadas de uma cebola. Para mim, entrar em retiro é como respirar; é para isso que eu nasci." O retiro funciona como uma panela de pressão — o coração amolece rapidamente. As instruções de meditação que ela agora passa para suas monjas revelam que ela realmente tem uma visão mais profunda: "O objetivo da meditação é aprender como despertar, desenvolver mais clareza, estar mais consciente e absolutamente presente no momento. É estar consciente no momento presente, sem todas as nossas projeções, opiniões, ideias e tagarelice mental usuais. Na meditação, tentamos compreender a mente e nos tornar cada vez mais conscientes, cada vez mais atentos, cada vez mais despertos."[18]

Jetsunma Tenzin Palmo secando suprimentos em frente à sua caverna.
A foto é cortesia do Monastério Dongyu Gatsal Ling.

MOZART E TIRAMISU

Ninguém pode fingir as qualidades de um verdadeiro praticante, por mais que fale como um santo. É uma radiância e uma luminosidade interna que revelam as qualidades de uma realização espiritual genuína — a habilidade misteriosa de não ser abalado por nada, ainda que seja algo completamente imprevisto. No caso de Tenzin Palmo, a última coisa que ela esperava em sua caverna era alguém batendo forte na porta de madeira. Era um policial indiano, ignorando completamente o costume tradicional de não perturbar um eremita em retiro. Ele lhe entregou um aviso de forma rude, assinado pelo superintendente. Até mesmo os melhores meditantes do mundo estão sujeitos aos regulamentos de visto, e ela havia excedido os limites de seu visto há vários anos. Ela foi acusada de ser uma imigrante ilegal, recebeu ordem para descer a montanha em 24 horas e foi imediatamente expulsa.

E agora? Tenzin Palmo enfrentou o novo revés do destino com uma calma surpreendente. Ela não se aborreceu nem chorou por ter tido seu retiro interrompido, mas não estava realmente preparada para deixar a Índia, depois de ter vivido lá por vinte e quatro anos. Ela aspirava passar o resto de sua vida em retiro. Sua mãe já havia falecido há muito tempo, portanto ela não tinha motivo para voltar a Londres. O convite de um amigo para ir à Itália parecia atraente. Então, de repente, a mulher das cavernas se viu nos cafés das ruas de Assis. Depois de todos aqueles anos de reclusão obstinada, seu ascetismo asiático fundiu-se com o *savoir vivre* do Ocidente. Para sua própria surpresa, ela se reconectou com suas raízes cristãs, gostou de se sentar na caverna de São Francisco e se apaixonou por Mozart, cappuccino e tiramisu. Ir para a Itália parecia mesmo muito lógico depois da Índia, ela brinca. "A burocracia, o sistema postal, o ambiente geral do nada-funciona-muito-bem, eu imediatamente me senti muito em casa."

Os primeiros convites para ensinar e dar palestras em conferências começaram a chegar, com cada vez mais monjas de várias ordens buscando sua orientação. Ela se deparou com uma grande decisão: deveria continuar uma vida solitária ou preencher sua agenda com palestras? Lembrando-se do desejo de Khamtrul Rinpoche de que construísse um monastério, ela consultou um astrólogo. Ele predisse que o retiro seria muito harmonioso e pacífico, ao passo que construir um monastério traria muitos problemas, conflitos e dificuldades. Ele, então, concluiu: "Ambos são bons! Você decide." Para Tenzin Palmo, a conclusão era óbvia: "De volta ao retiro!". Mas quando ela contou sobre sua situação a um padre católico, ele a aconselhou: "Claro que você deve construir um monastério. Qual é a utilidade de estar sempre em uma situação pacífica e agradável? Somos como pedaços de madeira bruta, e será muito agradável se ficarmos sempre nos acariciando com seda e veludo, mas isso não deixa a nossa superfície lisa. Para ficarmos lisos, precisamos de uma lixa."

Tenzin Palmo escolheu a lixa. Com a mesma energia incansável e vivacidade que a mantiveram perseverante na caverna, ela começou a arrecadar fundos. Logo a notícia se espalhou e convites começaram a chegar de todo o mundo: Europa, Austrália, Estados Unidos, Ásia. Às vezes, ela era a única palestrante mulher em conferências budistas internacionais e, com seu charme determinado, destacava: "Este é basicamente um clube de meninos onde as meninas fazem todo o trabalho. As grandes figuras são todos homens."

UMA DALAI LAMA MULHER

Será que alguma vez ela desejou retornar à quietude de sua caverna? Recentemente, ela voltou pela primeira vez em mais de vinte anos, em uma peregrinação junto com trinta estudantes e doadores que puderam pagar US$ 15.000 pela viagem. Tenzin Palmo revira os olhos para o céu, suspira com um som de exasperação e murmura, quase como se estivesse se desculpando: "Só porque eles me obrigaram!". Ela insiste que o único motivo pelo qual voltou foi a perspectiva de arrecadar fundos para seu amado monastério.

Será que ela não estava animada para voltar ao lugar mais importante de sua vida? "É uma coisa do passado." Ela afasta qualquer vestígio de nostalgia. No entanto, quando os peregrinos chegaram à caverna após uma caminhada de quatro horas ao longo de passagens estreitas com grandes precipícios na encosta da montanha[19], Tenzin Palmo não pôde deixar de se sentir emocionada. No momento em que estava compartilhando suas memórias da caverna, o chefe da vila apareceu para prometer que a caverna com o telhado quebrado seria restaurada à sua condição original. Uma monja, Ani Kalden, havia se mudado recentemente para iniciar um retiro solitário e imitar o feito de Tenzin Palmo. Mas Tenzin Palmo não deixa dúvidas de que não voltará para fazer outro retiro por lá. Ela aponta para o pequeno apartamento que está sendo construído no último andar de seu novo templo. "As monjas acham que eu deveria fazer um retiro aqui", diz ela. O sótão seria adequado: bem no meio das monjas e no topo; em retiro, mas pairando acima de tudo como uma águia mãe. "Todo esse empreendimento aqui está demorando muito mais do que esperávamos", diz ela, olhando para o canteiro de obras. "Honestamente, quem sabe o que vai acontecer no momento seguinte? Não consigo pensar em nada que pudesse fazer da minha vida, a não ser voltar ao retiro. Mas quem sabe — até lá eu poderia estar cega e aleijada. Mas, se eu estiver mental e fisicamente capaz quando tudo isso acabar, quando as monjas puderem dirigir o monastério sozinhas e tiverem a confiança para assumi-lo, então eu gostaria de fazer um retiro."

O monastério é sua inspiração agora, sua razão de ser: dar às monjas todas as oportunidades que ela não teve, transformando essas jovens e brilhantes buscadoras da verdade em verdadeiras fontes de energia espiritual. Tenzin Palmo aprendeu com seus anos solitários no monastério de Khamtrul Rinpoche que o conhecimento é a chave. Em seu monastério, as monjas estudam todos os dias. Elas não recebem ensinamentos apenas de um khenpo graduado; Tenzin Palmo também recrutou duas monjas graduadas de um monastério no sul da Índia, para que tenham modelos femininos. "Quando pergunto às monjas se os homens são mais inteligentes do que as mulheres, elas respondem: 'Sim'. 'Oh, não', eu digo, 'eles não são mais inteligentes; vocês só pensam assim porque eles têm uma educação melhor. Vocês podem fazer tudo o que eles fazem'."

Manobrando cuidadosamente por entre pilhas de concreto, areia e tijolos, ela se dirige a uma estátua feminina. Tenzin Palmo levanta o pano vermelho que cobre os olhos da estátua. Quem é? Mahaprajapati, a mãe adotiva do Buddha e a primeira mulher que ele ordenou. Ele negou seu pedido para se tornar uma renunciante andarilha três vezes. Ela e quinhentas mulheres com ideias semelhantes tiveram que raspar a cabeça e andar 350 milhas descalças para mostrarem sua determinação inabalável, antes que o Buddha finalmente atendesse ao seu pedido — uma decisão revolucionária na época. Além dos jainistas, a ordem do Buddha foi a primeira na Ásia a permitir formalmente mulheres em seus grupos. Quase nunca se vê uma estátua de Mahaprajapati em um monastério "normal", mas aqui, neste monastério, a feminilidade está por toda a parte: uma Vajraioguini vermelha flamejante segura um crânio cheio de sangue à altura do peito, seus seios e vagina expostos em uma dança de fogo. Ao lado do Buddha Shakyamuni, a pacífica Tara Verde estende a palma da mão para conceder proteção. Como em todas as religiões, o budismo também sempre idealizou uma certa forma de feminilidade. Mas Tenzin Palmo pretende fazer com que os desenhos das imagens coloridas de divindades femininas ajudem as ioguines vivas a emergir: "O Buddha tinha a mente muito aberta, mas depois a comunidade se tornou mais hierárquica e patriarcal." Para explicar seu ponto de vista, ela lembra de sua recente viagem ao Butão, agora o único país do mundo onde o budismo tibetano segue intacto como religião oficial. "Os monastérios de nossa tradição são totalmente apoiados e mantidos pela Família Real, todos os monges dispõem de condições muito boas", ela atesta, faz uma pausa e denuncia, "mas as monjas não recebem nada. Os monastérios femininos geralmente são distantes, nas montanhas, o que torna difícil o recebimento de provisões. As construções são degradadas e remotas, sem alimento suficiente e, é claro, sem nenhuma educação. Quando perguntei o que elas mais queriam, não disseram comida ou um templo, elas disseram, 'Conhecimento!'. E o mesmo acontece no Camboja, na Índia e na maioria dos outros monastérios budistas ao redor do mundo. É por isso que não há Dalai Lama mulher, nem rainhas do Dharma impressionantes e quase nenhuma biografia de santas femininas exemplares."

A CONTROVÉRSIA DA ORDENAÇÃO

Tudo no limpo e ensolarado monastério de Tenzin Palmo é voltado para aumentar o conhecimento das monjas assim como sua autoconfiança. "A mãe de todos os buddhas, a Perfeição da Sabedoria, é uma mulher", enfatiza Tenzin Palmo. "Portanto, não pense que as mulheres são intelectualmente inferiores. Mas o grande problema em todos os monastérios femininos é a falta de autoconfiança, a falta de autoestima. O objetivo é ajudar as monjas a adquirirem uma noção de autoestima saudável e a sensação de que, agora, podem realmente fazer qualquer coisa. Elas não precisam de ninguém para lhes dizer o que fazer. Antes, elas não tinham oportunidade, mas agora têm, e se fizerem bom uso de tudo isso, podem definitivamente se tornar, no futuro, não apenas realizadas, mas também ensinar os outros." Algumas das monjas estudaram por doze ou dezoito anos e adquiriram exatamente a mesma proficiência em filosofia que seus colegas homens. "Mas não importa o quão instruídas elas sejam", reclama Tenzin Palmo, "não podem obter o título de khenpo ou de geshe", os equivalentes tibetanos de doutores e professores. Elas só podem ser chamadas de monjas.

Como não podem receber a ordenação completa, não podem estudar o currículo completo com todo o código monástico.

Em 1973, o escritor John Blofeld, patrocinador de Tenzin Palmo por um longo tempo, ofereceu-lhe uma passagem de avião para Hong Kong. Vestida com as tradicionais túnicas chinesas pretas, ela foi provavelmente a primeira mulher ocidental, depois de Freda Bedi, a ser completamente ordenada. Três marcas de queimaduras redondas proeminentes logo acima da linha do cabelo ainda mostram onde os cones de incenso queimaram em seu couro cabeludo recém-raspado.

Há uma ampla discussão em andamento sobre a situação das monjas budistas. Até hoje as monjas da tradição tibetana têm que obedecer a noventa e oito preceitos a mais do que os monges, incluindo as regras de que elas devem obedecer aos monges, não podem lhes dar conselhos e até mesmo a monja mais experiente deve tomar um assento mais baixo do que o monge mais novato. Tenzin Palmo duvida seriamente que esses preceitos extras tenham sido realmente ensinados pelo Buddha, e sua pesquisa a leva a acreditar que eles foram acrescentados posteriormente por patriarcas para refletir a visão dominante sobre as mulheres naquela época. O que começou como as mais revolucionárias boas-vindas às mulheres na época do Buddha se transformou em uma saga misógina. "Já passou da hora de eles se organizarem para resolver essa situação!" Tenzin Palmo fala incisivamente sobre os lamas. "Deem às monjas a ordenação completa!"

Mas não se enganem — Tenzin Palmo não se coloca ao lado de feministas indignadas. "As pessoas ficam muito preocupadas com o feminismo e com os direitos das mulheres", diz ela. "Todos nós fomos homens e mulheres em muitas vidas, como atores desempenhando diferentes papéis. A mente do Buddha não é inerentemente feminina nem masculina."[20] A indignação justiceira não faz parte dela, e ela segue uma linha tênue entre falar abertamente contra os patriarcas, mantendo seus professores no mais alto respeito. Ela apresentou suas monjas a Sua Santidade, o Dalai Lama, em Dharamsala, e implorou pessoalmente a ele que ponderasse sobre o assunto. Ele a cumprimentou com um grande abraço de urso e acariciou ternamente seu queixo. Tenzin Palmo observou, com os olhos marejados, suas monjas se aglomerando diante dele, uma a uma, para receber sua bênção. Embora apoie a missão dela, ele ressalta que não é um líder autocrático e não pode simplesmente ditar mudanças. Quando ele sugeriu uma conferência internacional para discutir o assunto, ela respeitosamente exigiu uma ação mais enérgica da parte dele. "Com todo o respeito, Sua Santidade, estamos conversando há anos! Quanto nós progredimos? Honestamente, Sua Santidade, o senhor não é uma mulher, o senhor não consegue imaginar a depreciação!" "Os budistas sempre falam sobre mudança", ela murmurou após a reunião, e encolheu os ombros, "mas, como qualquer outra pessoa, eles não gostam de mudar nada".[21]

O Dalai Lama também recebe bem a ideia de ter abadessas bem qualificadas nos monastérios femininos, em vez dos abades que são a norma atualmente. "Então, se uma lama morrer e ela for uma boa erudita e praticante, é bem possível que a reencarnação seja uma mulher também. Eu acho que no século XXII haverá mais reencarnações femininas em instituições femininas. Então, haverá competição entre instituições de lamas masculinos e instituições de lamas femininos." E, com sua gargalhada estrondosa e característica, ele acrescenta: "Será um tipo de competição positiva!".

RECONHECENDO SUA MAESTRIA ESPIRITUAL

É claro que os homens têm alguns séculos de vantagem. Sua Santidade Gyalwa Drukpa (nascido em 1963), líder da linhagem Drukpa Kagyü, finalmente decidiu dar um passo sem precedentes. "Ele é extremamente entusiasmado com as monjas e apoia as mulheres sempre que pode", diz Tenzin Palmo, com orgulho. "Uma vez ele me escreveu dizendo que as monjas são a razão de sua vida. Na verdade, ele mora em seu monastério feminino, não no masculino." Em seu aniversário, em fevereiro de 2008, ele entronizou Tenzin Palmo em seu próprio monastério em Katmandu, Nepal, e lhe deu — uma novidade histórica em sua linhagem — o título mais elevado que a tradição budista tibetana pode conceder a uma praticante: *Jetsunma* significa "Venerável Mestra", ou, como Gyalwa Drukpa explicou, "*Je* representa suas realizações como ioguine, e *tsun*, suas realizações como monja. É pelo bem das mulheres praticantes que foram negligenciadas por um longo tempo, por centenas de anos. Agora é hora de fazer uma revolução por meio do exemplo bondoso da maestria espiritual de Jetsunma."[22]

Cento e cinquenta monjas, muitas com lágrimas nos olhos, desfilaram em procissão diante dela, oferecendo-lhe lenços de seda branca, pratos de mandala de ouro e estátuas. O Gyalwa Drukpa entregou-lhe o tradicional chapéu vermelho Drukpa Kagyü. Após alguns segundos de espanto e descrença, Tenzin Palmo caiu na gargalhada, colocando o chapéu na cabeça, com um grande sorriso no rosto. O monastério feminino pode ser uma lixa para ela, mas ela também é uma lixa para os monastérios masculinos.

Sangye Khandro em Tashi Chölinhg, no Oregon.
Foto de David Gordon. ©David Gordon

4: Sangye Khandro
(Nanci Gay Gustafson)

ILUMINAÇÃO É UM TRABALHO DE TEMPO INTEGRAL

Uma entrevista franca com uma das mais prolíficas tradutoras ocidentais do tibetano.

Sangye Khandro vem traduzindo e buscando a maestria em alguns dos mais profundos ensinamentos budistas. Com quase 60 anos, ela é incrivelmente bonita segundo qualquer definição, mas você provavelmente notará seus olhos azuis vibrantes e espaçosos. Apesar de sua silhueta de pernas e braços longos e seus cabelos loiros e longos, ela se mistura confortavelmente com os tibetanos, já que geralmente veste seus vestidos tradicionais até os tornozelos. Muitas vezes a ouvi traduzindo alguns dos temas mais complexos da língua tibetana com uma graça aparentemente sem esforço. Um de seus renomados colegas tradutores diz que ela é possivelmente a mulher ocidental que recebeu mais ensinamentos e transmissões do que qualquer outra pessoa. Ela mora nos belos 100 acres de Tashi Chöling, um centro de retiros e ensinamentos nas montanhas próximas a Ashland, Oregon, que fundou junto com seu marido e professor, Gyatrul Rinpoche*. Ela traduziu para os melhores professores tibetanos, incluindo Düdjom Rinpoche, Thinley Norbu Rinpoche, Penor Rinpoche e Khenpo Namdrol Rinpoche. Apesar de receber muitos convites, ela raramente concorda em dar aulas, prefere um estilo de vida recluso com foco em traduções e retiros. Junto com seu parceiro, Lama Chönam, ela fundou o comitê de traduções "Light of Berotsana". Entre suas muitas traduções publicadas está a biografia de Mandarava[1], a consorte indiana de Padmasambhava, a quem se atribui o estabelecimento do Budismo Vajrayana no Tibete[2].

MH: Como sua jornada começou?

SK: Eu tinha acabado de terminar meu segundo ano na faculdade em 1972. Bastante desiludida com o sistema educacional, queria aprender mais sobre o mundo. Visitando meus pais no Havaí, conheci um homem, Jessie Sartain, que tinha acabado de voltar de um encontro com o Dalai Lama em Dharamsala, uma antiga estação montanhosa britânica, no norte da Índia, onde milhares de refugiados tibetanos se estabeleceram para ficar perto de Sua Santidade, e de onde jamais partiram. Ele me contou as mais inspiradoras histórias sobre sua experiência. Para horror de meus pais, Jessie disse: "Vou levá-la à Índia para conhecer o Dalai Lama. Vamos lá." Demos a volta ao mundo, do jeito mais barato.

MH: Por terra?

SK: Pegando carona. Demoramos cinco meses. Topamos com a guerra entre a Índia e o Paquistão, e tivemos que voltar ao Irã, esperar um mês e usar o restante de nossos recursos para voar para Delhi. Éramos muito pobres. Chegamos a Dharamsala no fim de novembro, quando tudo estava absolutamente gelado. Nos acomodamos em uma pequena cabana improvisada. Embora estivéssemos sofrendo no plano material, eu estava completamente deslumbrada e maravilhada no plano espiritual.

---

* Gyatrul Rinpoche (nascido em 1924) escapou do Tibete em 1959. Desde 1972 vive na América, onde estabeleceu vários centros budistas.

MH: Você era religiosa?

SK: Fui criada como mórmon e, na verdade, era bastante religiosa. Essa foi uma das catapultas da minha busca. À medida que crescia e começava a fazer perguntas, as respostas que obtinha não eram satisfatórias. Então, soube que aquele não era realmente o meu caminho.

MH: Que tipo de perguntas você fazia?

SK: Por exemplo, eu queria saber por que não havia negros em nossa igreja. Recebi uma resposta ridiculamente racista que realmente me chateou.

MH: Onde você foi criada?

SK: Eu sou originalmente do Estado do Oregon. Meu pai trabalhava para a Kodak como fotógrafo profissional e era transferido com frequência. Moramos em Salt Lake City, Chicago, Portland e Havaí. Fomos muito desenraizados quando crianças, o que era difícil, mas também estimulava uma mente mais aberta. Eu realmente tive uma educação normal de classe média americana com uma mãe muito amorosa que ficava em casa.

MH: Incrível uma universitária do Oregon viajar até a Índia só porque alguém lhe contou algumas histórias.

SK: Havia uma força em mim, e toda a minha vida mudou. Quem eu era antes era quase como uma vida passada. Mais tarde, ficou difícil preencher essa lacuna, especialmente com os parentes.

CONTRA TODAS AS EXPECTATIVAS

MH: Um dos aspectos mais inspiradores da vida das professoras que entrevistei é que todas seguiram sua intuição, indo contra todas as expectativas. Conheço muitas pessoas que estão insatisfeitas e em busca de um significado mais profundo, mas não têm coragem de se aventurar e sair de sua zona de conforto.

SK: Quando você é mais jovem, há uma certa capacidade de ser destemida. Voar para a Índia, sozinha, sem dinheiro, será que eu faria isso agora? Eu não sei. Algo despertou dentro de mim e havia chegado o momento.

MH: Em Dharamsala, você soube imediatamente que queria aprender o idioma e se tornar uma tradutora?

SK: Não, isso veio alguns anos depois. Inicialmente, foi por motivos egoístas, para que eu pudesse falar diretamente com meus professores, ler minha prática em tibetano e aprender as recitações.

MH: Como você se sustentava?

SK: Pedi dinheiro emprestado aos meus pais. Também vendi um campo de cana-de-açúcar que tinha no Havaí. Eu mal conseguia sobreviver. Comíamos doces indianos, chai e chapattis — uma dieta realmente muito ruim. Eu era vegetariana. Muitas vezes adoeci, duas vezes com hepatite, na segunda vez quase morri. Mas não me arrependo.

MH: Como seus pais reagiram?

SK: No início, eles pensaram que era uma moda passageira. Com o passar do tempo, tiveram todas essas preocupações que os pais têm, como, por exemplo, "Será que ela não vai se casar e levar uma vida normal?". No entanto, eles me viram melhorar como ser humano e sabiam que eu estava feliz. Mais tarde, disse a eles que poderia usar a tradução como profissão, então parecia que eu estava fazendo algo significativo. Meu irmão, que é dois anos mais velho, sempre respeitou o que eu fazia.

MH: Alguma vez ele se sentiu curioso?

SK: Ele nunca me fez muitas perguntas sobre a filosofia (budista), nem meus pais. Isso sempre foi curioso para mim, porque aí está sua filha, totalmente envolvida em alguma coisa, mas nunca me perguntaram em que eu realmente acreditava. Acho que eles tinham medo de saber.

MH: Como, por exemplo, descobrir que você, como budista, não acredita realmente em Deus?

SK: Exato. Meus pais já morreram, mas quando minha mãe desenvolveu o mal de Parkinson, eu a ajudei muito com a visualização. Em vez de usar ícones budistas, dizia a ela para se concentrar em Jesus Cristo, o que funcionou muito bem. Ela estava aberta a isso. Eu me senti bem por poder ajudá-la. Mais tarde, também pude apoiar meu pai quando ele morreu.

MH: Então eles puderam apreciar a sua prática, apesar de tudo.

SK: Bem, eles não tiveram muita escolha. [risos] Eu ficava fora por longos períodos, e eles estavam sempre preocupados comigo. Hoje me sinto muito mal pela dor de cabeça que lhes causei; porém, na época, nada poderia me conter.

EXPANDINDO O CORAÇÃO E A MENTE

MH: Como era Dharamsala naquela época?

SK: Muito pobre. As pessoas adoeciam o tempo todo. As barracas de comida tinham só dois ou três pratos, que tinham todos o mesmo sabor. Fazia muito frio. Não havia aquecedores, as paredes eram apenas tábuas, sem isolamento. O povo tibetano vivia em condições muito ruins; no entanto, era lindo também porque os tibetanos, recém-chegados do Tibete, eram muito ligados à sua cultura. No Ano Novo Tibetano, era fantástico ver os eventos culturais e danças. O Dalai Lama estava sempre disponível; você podia entrar e se sentar no templo diante dele em seu trono. Eu simplesmente amava aquilo.

MH: Houve algo em particular que fez com que tudo mudasse para você?

SK: Perto do monastério do Dalai Lama, a Biblioteca de Obras e Arquivos Tibetanos tinha acabado de abrir, e ali os ocidentais podiam estudar a língua e a filosofia com os lamas tibetanos. Geshe Ngawang Dhargyey* ensinou "O Caminho do Bodhisattva"[3] e foi incrível aprender sobre a bodhichitta, a aspiração de atingir a iluminação para o bem de todos os seres sencientes, e receber ensinamentos de alguém que vivia e experienciava isso. Eu sentia esse compromisso em quase todos os tibetanos. Eles me im-

---

* Geshe Ngawang Dhargyey (1921-1995) foi convidado em 1971 por Sua Santidade, o Dalai Lama, para iniciar um programa de ensinamentos para ocidentais na biblioteca recém-construída.

pressionaram muito. Eu era muito tímida e ficava um pouco na sombra do meu companheiro, que era o tipo de cara que resolvia tudo, um triplo Leão. No fim dos primeiros seis meses, tomei refúgio e fiz os votos de bodhisattva* com Geshe Dhargyey. Fomos lançados no caminho, e tem sido assim para mim desde então. Naquela época, ninguém parecia ter qualquer preconceito sobre as diferentes seitas ou gêneros. Nossas mentes e corações estavam se abrindo de uma maneira que nunca havíamos experimentado.

MH: Sem preconceitos? Você teve acesso a todos os ensinamentos?

SK: De certa forma, tive todas as oportunidades. Ninguém menosprezava as mulheres. Eu podia, por exemplo, ir direto aos aposentos dos monges no monastério do Dalai Lama para falar com o meu tutor. Mas, às vezes, os monges eram subitamente chamados ao templo e todos pulavam e saíam correndo. Eu ficava sozinha, pensando: onde estão todas as mulheres? Na época, não havia monastérios femininos por perto. Era um mundo de homens, e essa questão de me sentir um pouco excluída me entristecia. Mas também não me desencorajou.

A NOÇÃO EQUIVOCADA
DO VAJRAYANA PATRIARCAL

MH: Na introdução à sua tradução da história da vida de Mandarava, você escreve: "A noção de que o budismo Vajrayana é orientado para o masculino é enganosa".

SK: Eu sei disso, com certeza. Essa noção é apenas uma questão cultural e não tem nada a ver com o Vajrayana como veículo budista, apenas com o contexto em que está inserido. No Vajrayana, o princípio feminino é claramente respeitado. Sempre que há uma iniciação de dakini, os textos falam sobre prajna** como primordial, o princípio feminino como o ventre ou o local de nascimento de todos os buddhas. Portanto, qualquer pessoa que saiba alguma

---

* O voto de alcançar a liberação para o benefício de todos os seres sencientes.

** Prajna (sâns.; tib. sherab) significa "sabedoria", "inteligência" ou "conhecimento superior".

coisa sobre Vajrayana entende que não há preconceito em relação a gênero. Me incomoda que alguns professores ocidentais tenham levado os outros a acreditarem que o budismo tibetano é patriarcal, o que eu acho que é enganoso. Discordo. Tenho fortes sentimentos com respeito a isso.

MH: Como você distingue os ensinamentos "reais" da cultura tibetana quando as explicações são dadas principalmente por professores que fazem parte dessa cultura?

SK: Quanto mais você estuda os ensinamentos, mais você sabe a resposta. Talvez o professor esteja ensinando com preconceito cultural, mas, ainda assim, você tem que descobrir quais são os verdadeiros ensinamentos. É por isso que temos que verificar nossos professores antes de aceitá-los completamente. No Tibete, é claro, essa é uma questão complexa; as próprias mulheres também são culpadas. Elas se rendem a seus papéis e se recusam a sair deles. Obviamente, a razão pela qual tantas pessoas têm a impressão de que o budismo tibetano é patriarcal é porque parece que muitos homens e muito poucas mulheres estão avançando.

MH: Se as garotas não recebem nenhum treinamento, como elas podem avançar?

SK: No Tibete Oriental, onde meu parceiro Lama Chönam nasceu, existiram algumas dakinis muito poderosas, reverenciadas por todos. No entanto, muitas mulheres nunca se atreveram a ir em frente. Amigos tibetanos me dizem que devemos nos sentar no fundo, nos colocar em uma posição inferior e menor quando estivermos no templo. Você fica no fim da fila; você cozinha, limpa e serve — todas essas coisas culturais que as mulheres tibetanas fazem muito bem. Não acho que você precise assumir uma posição tão humilde. Chegaram a me dizer até que eu não deveria entrar em um templo durante o meu ciclo lunar.

MH: Sério? Eu vi isso na Tailândia e na Birmânia, mas os tibetanos nunca me disseram isso.

SK: Tenho alguns amigos que ficam horrorizados por não pensarmos dessa forma. Neste momento, estamos no meio de uma série de iniciações do Venerável Yangthang Rinpoche*, que está cercado, nos templos, por jovens mulheres assistentes que o ajudam nos rituais. Aquelas garotas ocidentais são fantásticas. Yangthang Rinpoche se sente muito confortável com elas e agora desfruta dessa energia maravilhosa. Ele ri e brinca com elas, é realmente um evento histórico. As tradutoras também são mulheres. Nada contra os homens, mas é bom que todos vejam como as mulheres também podem fazer um bom trabalho. Esse Rinpoche tem oitenta e oito anos, mas eu garanto a vocês, no Tibete *nunca* em sua vida ele teve uma mulher assistente em seu templo, ficando tão próxima a ele, segurando os materiais. Impossível. Para os tibetanos, que vêm para receber as iniciações e veem isso, é chocante!

MH: E empoderador, certo?

SK: Seria de se esperar, mas talvez não, devido à mentalidade.

NUNCA DESISTIR

MH: Você traduziu a biografia de uma das figuras femininas mais importantes do budismo tibetano, Mandarava, a consorte indiana de Padmasambhava que foi o principal agente no estabelecimento do budismo no Tibete. Ela era uma princesa que se afastou do reino para seguir o caminho. O que a impressiona na história dela?

SK: Mandarava estava disposta e foi capaz de renunciar ao que é mais difícil de renunciar — o apego aos chamados prazeres da vida mundana. Adoro ver como ela nunca desistiu, superou dificuldades tremendas e se tornou uma dakini de sabedoria. Ela e Padmasambhava viajaram para uma caverna no Nepal, um local poderoso atualmente, onde praticaram juntos e se tornaram detentores imortais da sabedoria. Portanto, diz-se que ela alcançou realizações de longevidade e é frequentemente invocada em iniciações de longa vida.

---

* Yangthang Rinpoche nasceu no Sikkim em 1923, e foi preso pelos comunistas chineses por vinte e dois anos após tentar escapar do Tibete. Ele foi libertado após a morte de Mao Zedong. Quando encontrou seu monastério em ruínas no Tibete, voltou para o Sikkim, no norte da Índia, e deu ensinamentos no mundo todo por muitos anos. Passou ao parinirvana em Hyderabad, Índia, em 15 de outubro de 2016.

MH: De que forma, ela pode ser um modelo para os praticantes de hoje?

SK: Se alguém se dedicar com a mesma determinação e as mesmas qualidades de Mandarava, terá sucesso em realizar o caminho. O Dharma é atemporal e transcende as circunstâncias convencionais. Em última análise, Mandarava desafia as distinções de gênero.

MH: Quando olha para trás, havia algo predizendo essa conexão antes de você se tornar efetivamente budista?

SK: Sim, eu estava sempre buscando, procurando algo mais profundo. A vida parecia superficial e insatisfatória. Eu queria saber o propósito da vida e o que acontece depois que as pessoas morrem. O que eu aprendia no cristianismo não soava verdadeiro. Eu não sabia o que queria ser, mas nunca tive o desejo de me casar, de ser uma esposa comum apenas criando os filhos e sobrevivendo. As pessoas costumam me perguntar, "você não sente falta de ter filhos?". Eu amo crianças, mas nunca senti vontade de ter filhos. Ironicamente, agora, aos 59 anos, tenho um filho e ele é maravilhoso!

MH: Como?

SK: Estou morando com Lama Chönam, que tem um filho muito especial de onze anos, Sangye Tendar. Tendar foi criado no internato budista de Thinley Norbu Rinpoche[*] e agora está morando conosco. Então, nós somos pais. [risos]

MH: Por que isso é engraçado para você?

SK: Neste estágio da vida, isso é totalmente inesperado. Você nunca sabe o que vem em sua direção, certo? Estive com Gyatrul Rinpoche todo esse tempo também e sou uma das principais alunas e cuidadoras de Rinpoche. Aos oitenta e sete anos, Rinpoche está mais dependente de seus alunos. Ele é o nosso foco principal, e ficamos próximos como uma unidade familiar.

---

[*] Thinley Norbu Rinpoche (1931–2011) é filho de Dudjom Rinpoche, que foi o mestre raiz de Sangye Khandro.

MH: Como você conheceu Gyatrul Rinpoche?

SK: No início, sempre que meu visto indiano vencia, eu voltava ao Havaí para juntar mais dinheiro e voltar para a Índia. Jessie e eu queríamos levar o Dharma para o Havaí, então encontramos um terreno, reformamos um templo e trouxemos Nechung Rinpoche* de Delhi para o Havaí.

O TEMPLO ASSOMBRADO

MH: Incrível, você era estudante do Dharma há apenas dois anos, nessa época.

SK: Sim, eu estava cem por cento imersa desde o momento em que comecei e basicamente não fazia mais *nada*. Magicamente, encontramos um templo japonês abandonado em South Point, mas os moradores achavam que o lugar era assombrado e não se aproximavam. Portanto, os plantadores de cana alugaram o templo para nós por um dólar ao ano. Nós trabalhamos muito para reformá-lo para, depois, convidarmos os rinpoches para virem. O templo ainda está florescendo.

MH: Quem você convidou?

SK: Kalu Rinpoche foi o primeiro. Ele deu iniciações, uma carta selada e nos batizou como um centro Kagyü. Quando Nechung Rinpoche veio, sentiu que o templo era assombrado ao ouvir batidas à noite e quis sair de lá. Não tivemos escolha a não ser alugar um centro em Honolulu e começar tudo de novo. Nechung Rinpoche implorou a Gyatrul Rinpoche que nos ajudasse porque nenhum de nós falava tibetano fluentemente naquela época e tínhamos muita dificuldade para nos comunicar. Gyatrul Rinpoche falava um pouco de inglês desde que foi enviado ao Canadá, em 1972, pelo Dalai Lama, com o primeiro grupo de tibetanos que se estabeleceu por lá.

---

* Nechung Rinpoche (1918–1982), líder do Monastério de Nechung, fugiu do Tibete em 1962.

Sangye Khandro com Lama Chönam e seu filho Sangye Tendar.
A foto é cortesia de Sangye Khandro.

"CUIDE DELE PARA O RESTO DE SUA VIDA!"

MH: Sua conexão foi instantânea?

SK: Não, foi algo que se desenvolveu lentamente. Fiquei intrigada porque ele era muito engraçado, pessoal e informal. Eu nunca tinha conhecido um rinpoche tão aberto e tão solto. Conhecê-lo foi realmente uma boa surpresa porque foi o início de toda uma vida com ele. Eu nunca tinha visto ninguém tão magro, usando um colete vermelho e todas aquelas roupas no Havaí! Poucos meses depois, quando o Décimo Sexto Karmapa nos visitou, Gyatrul Rinpoche adoeceu gravemente com uma úlcera perfurada. O Karmapa se virou para mim, dizendo: "Leve-o para o hospital. Agora! Ajude-o!" Isso não aconteceu apenas uma vez. Quando o Karmapa foi embora, ele disse: "Cuide dele pelo resto de sua vida". E assim nosso relacionamento se desenvolveu. Então, o

Rinpoche começou a convidar outros professores, e eles precisavam de tradutores. Eu era a única que tentava fazer aquilo no fim dos anos setenta. Acabei traduzindo quase sem querer. Lembro-me que ficava aterrorizada no início, porque sempre fui muito tímida para falar em público.

MH: Como foi sua experiência de viver com seu professor o tempo todo?

SK: Não é fácil estar realmente perto. Se você tiver escolha, é melhor ficar um pouco distante. É por isso que o Karmapa disse a famosa frase: "Meus discípulos que estão próximos de mim provavelmente irão para os reinos inferiores. Mas aqueles que estão distantes têm uma chance maior de liberação." Se você está sempre com o guru, começa a ver o guru com a mente comum, porque somos comuns. Mas, independentemente dessa armadilha, pode-se usar isso como uma oportunidade para atravessar e ter uma visão pura em circunstâncias difíceis. É uma prática. De qualquer maneira, tudo é apenas a sua mente. Somos nós que estamos produzindo pensamentos puros ou impuros e, portanto, podemos ajustar isso. Você só precisa estar atento o suficiente para se perceber.

MH: É interessante você usar as palavras "Se você tiver escolha"! Você não teve escolha?

SK: Não, não tive. Eu sempre estava ali, na posição mais evidente. Tive uma oportunidade incrível que realmente não trocaria por nada. Sempre posso aprender com Rinpoche e seu exemplo, servi-lo, e ele também me dá muito, praticamos juntos e beneficiamos os seres. Sempre há situações difíceis, mas realmente não é tão ruim assim.

MH: O que foi difícil?

SK: Havia ciúme. Provavelmente cometi muitos erros também. Talvez eu fosse arrogante, talvez pudesse ter sido mais gentil ou mais humilde. Muita gente quer estar perto do professor e não tem essa oportunidade e, às vezes, quem está próximo ao professor se esquece disso. Passei a ser mais sensível a isso.

MH: Você sentiu que havia alcançado uma posição especial?

SK: Houve um pouco disso, sim. No início, eu trabalhava muito o tempo todo e, na verdade, era muito maltratada. Eu cuidava do Rinpoche, cozinhava para ele e traduzia seus ensinamentos. Eu doava todo o meu tempo e energia, mas ainda precisava pagar o aluguel. Portanto, não era como se eu estivesse sendo colocada em um pedestal. Com o passar dos anos, conquistei a posição de companheira, aluna principal e tradutora do Rinpoche, então as pessoas cuidavam de mim, mas era tudo algo novo para as pessoas. Tem sido um trabalho contínuo. Nós fomos pioneiros.

MH: Como você fez isso?

SK: Eu simplesmente não queria fazer mais nada. Eu nem pensava nisso.

MH: Você e Gyatrul Rinpoche eram realmente casados?

SK: Nós ainda somos. Nosso relacionamento é difícil de entender. Rinpoche e eu somos companheiros espirituais. É claro que ele é meu professor e eu sou sua aluna, mas nunca tivemos um relacionamento conjugal normal.

MH: Seja lá o que isso for.

SK: [risos] Agora, eu também tenho um relacionamento com Lama Chönam, e vivemos junto com Rinpoche na maior parte do tempo como uma grande família feliz. Rinpoche está muito feliz por eu estar com Chönam e passou a amá-lo. Toda a situação é harmoniosa e saudável. O Rinpoche é muito mais velho do que eu e ele sabia, inevitavelmente, que as coisas ficariam assim.

UMA CONFIGURAÇÃO CÁRMICA QUE SALVA VIDAS

MH: Quando você conheceu o Lama Chönam?

SK: Em 1992. Ele era um monge que partiu de Golok, no Tibete Oriental, com alguns outros monges para encontrar o Dalai Lama na Índia. Ele planejava voltar para a casa de sua família no

Tibete Oriental quando Tarthang Rinpoche* o persuadiu a vir para os EUA. Ele ainda não tinha intenção de ficar, mas depois adoeceu gravemente com tuberculose. Essa foi uma espécie de configuração cármica que realmente salvou sua vida porque, se ele tivesse voltado ao Tibete, com certeza teria morrido.

MH: Você parece ter um dom para salvar vidas de lamas.

SK: [risos] Chönam contraiu uma tuberculose resistente aos medicamentos e foi colocado em quarentena. Cuidei dele porque ele não falava inglês, e ninguém mais conseguia se comunicar com ele. Eu o ajudei a chegar a um hospital. O Hospital Nacional Judaico de Denver, famoso por sua enfermaria para tuberculose, o internou gratuitamente por seis meses. O prefeito de Medford, no Estado do Oregon, alugou um avião e voamos para Denver com máscaras. Foi um voo inesquecível.

MH: Você se conectou a ele desde o início?

SK: Não, ele era um monge e eu estava com Gyatrul Rinpoche e muito envolvida em minha vida. Definitivamente, tínhamos uma conexão, um forte sentimento de respeito mútuo e energia positiva. Nosso encontro causou muita fofoca e boatos como: "Você viu que Sangye Khandro trocou Gyatrul Rinpoche por um monge de Golok?". Na verdade, naquela época não era essa a situação, eu estava apenas ajudando Chönam. Era apenas uma dessas histórias de fofoca do Dharma que todo mundo conhece e foi isso que o fez devolver os mantos monásticos. Ele ficou horrorizado com tudo aquilo. Todos que o conheciam antes diziam que ele era um monge perfeito. Ele levava seus votos muito a sério. Bem, você realmente descobre quem são seus amigos nessas situações. Mas eu não guardo nada daquilo. Foi uma grande confusão que movimentou as coisas quando estavam estagnadas.

---

* Tarthang Tulku Rinpoche (nascido em 1934) é um professor tibetano da tradição Nyingma que fugiu do Tibete depois de 1959 e vive nos EUA desde 1969. Ele é o fundador da Dharma Publishing e do Projeto de Ajuda Tibetana.

MH: Lama Chönam me disse que escreveu uma carta a Gyatrul Rinpoche e à comunidade desculpando-se e se ofereceu para pacificar a situação. Gyatrul Rinpoche demorou para aceitar que você estava em um novo relacionamento?

SK: Houve um período de ajuste. Mas Gyatrul Rinpoche e eu sempre nos comunicamos, e esperamos até o momento certo para nós três morarmos juntos.

MH: No Ocidente, temos um certo modelo do que é um casamento e de como as coisas devem ser. Os tibetanos levam o casamento menos a sério?

SK: Eles são mais livres, muitas vezes nem mesmo se casam. A situação é muito mais aberta, principalmente para os mestres. O ponto principal é que Chönam e eu deveríamos ficar juntos para podermos fazer nosso trabalho de tradução. Nossa conexão tem sido incrível para isso. Gyatrul Rinpoche vê de forma muito clara o quanto isso é importante. Isso também mostra a falta de ego do Rinpoche e seu estado mental iluminado. Então, ao fim quando as pessoas superarem seus fenômenos comuns, elas poderão obter uma sensação de apreciação e respeito.

SEM MODERAÇÃO, SEM DILUIÇÃO

MH: Quando você realmente se tornou a Sangye Khandro? Quando foi que a Nanci Gustafson desapareceu?

SK: Sangye Khandro é o nome de refúgio que Geshe Dhargyey me deu, bem no início do meu caminho, em Dharamsala. *Sangye* significa "buddha"* e *khandro*, ou *dakini*, significa "viajante do espaço" ou "buddha feminino". Sangye Khandro é uma das cinco dakinis das cinco direções. Eu me sinto muito abençoada por esse nome.

---

* Sangye (tib.; sâns. buddha) significa literalmente "purificado" e "amadurecido", indicando que um buddha é aquele que purificou todos os obscurecimentos e aperfeiçoou todas as qualidades iluminadas. Tradicionalmente, existem cinco "famílias" ou clãs de buddhas, em que cada um corporifica determinados aspectos da iluminação. A família buddha a que Sangye Khandro se refere aqui representa a sabedoria do espaço que tudo abrange e a transformação da ignorância.

MH: E você o assumiu imediatamente como seu nome principal?

SK: Não, mas eu estava com os tibetanos o tempo todo, e eles não conseguiam se lembrar de Nanci. Começaram a me chamar de Sangye Khandro e isso pegou.

MH: Seu identificador de chamadas ainda diz Nanci Gustafson.

SK: [risos] Legalmente, é quem eu sou, mas Sangye é o nome ao qual eu respondo. Meus pais costumavam perguntar: "Como é mesmo aquele nome estranho que eles usam para te chamar?".

MH: Eles continuaram te chamando de Nanci?

SK: Claro.

MH: Há algo que você goste de fazer fora do Dharma?

SK: Nada. Tem sido assim desde que conheci o Dharma. Antes, gostava de música, como tocar piano e cantar, ou andar a cavalo. Agora estou tão desinformada sobre os eventos atuais que pode ser até constrangedor. Às vezes, tenho dificuldade em iniciar uma conversa normal com pessoas que não estão no Dharma porque eu nem mesmo sei do que estão falando.

MH: Você não lê jornais, não assiste ao noticiário?

SK: Eu assisto às notícias na TV de vez em quando, mas nunca vi nada no Twitter. Estamos completamente absorvidos em nosso mundo, traduzindo, viajando, praticando. Às vezes, eu penso: "Sangye, você realmente deveria estar mais bem informada, para poder se relacionar melhor com as pessoas". Mas então eu me lembro das prioridades e penso, "Espere, meus professores são meus melhores exemplos, e eles não passaram sua preciosa vida humana sendo informados sobre essas coisas, preferiram focar no Dharma". Sinto que não sei nem perto do suficiente sobre o Dharma, então eu me cansei de ler livros e artigos comuns. Há muitas coisas que levarão a sua vida embora se você se envolver com elas. Também vejo o email dessa forma. Consome muito tempo.

MH: Você encontra patrocínio para traduzir livros que têm um grupo de leitores dedicado, mas pequeno?

SK: Isso é um pouco instável. Recebemos um salário bem pequeno e vivemos com muito cuidado. Essa não é uma profissão em que o dinheiro venha facilmente.

MH: Você sempre traduz com a ajuda do Lama Chönam?
SK: Acredito fortemente que, neste momento, nós, ocidentais, não somos capazes de traduzir o tibetano sem a ajuda de professores tibetanos qualificados. Ainda não chegamos no ponto em que nós, ocidentais, podemos pegar a bola e correr com ela. Assim como não chegamos a um ponto em que podemos dar iniciações, transmissões e instruções diretas essenciais e ser detentores de linhagem da mesma forma que os mestres tibetanos.

MH: O que ainda está faltando?
SK: Perfeição em cada aspecto do tibetano. Por exemplo, um ocidental deve conhecer o Dharma completamente e obter realizações na prática em um retiro extenso, para que se torne um mestre *vajra* qualificado. Só então poderia dar uma iniciação com o texto tibetano à sua frente traduzindo simultaneamente. A partir desse ponto, se suas habilidades de tradução forem apuradas, precisas e imbuídas com as bênçãos da sabedoria, então o idioma inglês poderia ser usado exclusivamente. Tenho esperança que nós, ocidentais, cheguemos a esse ponto com o tempo, com muito trabalho e dedicação, assim como os tibetanos fizeram. Mas isso não vai acontecer durante esta minha vida.

MH: Tem certeza?
SK: Quantos ocidentais eu conheço que são qualificados dessa forma? Pense nisso.

MH: Chagdud Khadro me vem à mente.
SK: É verdade, ela está se especializando em uma área em que foi autorizada a transmitir por seu professor, e isso é autêntico e repleto de bênçãos. No entanto, é limitado. Compare isso com as qualificações para transmitir todos os aspectos da linhagem que os mestres tibetanos possuem. Por exemplo, se Gyatrul Rinpoche, Dzongsar Khyentse Rinpoche ou Dzigar Kongtrul Rinpoche, para citar al-

guns, precisarem dar qualquer tipo de iniciações ou ensinamentos, eles estão completamente qualificados para isso. Eles são totalmente treinados como detentores da linhagem em todos os sentidos.

MH: Mas todos eles começaram a receber transmissões quando tinham dois anos de idade! Os ocidentais começam na casa dos vinte anos, no mínimo.

SK: Acredito que isso ocorrerá no Ocidente também, estamos ainda um pouco distantes disso. Mas, se não levarmos a sério o aprendizado do tibetano, isso pode se tornar problemático. Essa é a chave aqui.

MH: Muitos alunos ocidentais fazem suas práticas inteiramente em inglês, conforme instruído por seus professores.

SK: Não estou dizendo que todo mundo precise aprender tibetano. Mas os professores e detentores da linhagem realmente precisam, caso contrário, as transmissões serão incompletas. Porque assim eles estão qualificados para acessar o conhecimento de sabedoria da tradição da linhagem à medida que trazem isso para o novo ambiente, e não se valerão apenas de suas próprias ideias. Existem professores ocidentais muitos bons, eu não estou menosprezando-os de forma alguma. Mas, para que o caminho realmente conduza ao estado búdico totalmente iluminado e a realizações, bem como ao corpo de arco-íris*, precisamos acessar a própria fala do Buddha, autenticamente, sem diluição, sem moderação, sem ajuste. Estou bastante convencida disto.

MH: Não consigo imaginar os ocidentais entregando seus filhos com dois anos de idade a um monastério para serem submetidos a um treinamento rigoroso de tulku.

SK: Isso pode ser verdade. A escola de Thinley Norbu Rinpoche é única porque traz os valores tradicionais para o primeiro plano. Rinpoche tem treinado os filhos de seus alunos, e esses alunos entenderam claramente que deveriam abandonar seus meninos e meninas sem nem mesmo vê-los por muito tempo, se esperam que

---

* "Corpo de arco-íris" (tib. jalü) é a realização obtida por um praticante de dissolver seu corpo físico completamente em luz no fim de sua vida.

isso funcione. Tem funcionado muito, muito bem. Mas Rinpoche disse que o maior obstáculo tem sido os pais, pois ocasionalmente os pais querem visitar e levar os filhos para passar feriados; mas isso não faz parte do currículo.

BUDDHA, O CHEFE PATRIARCAL?

MH: Um conceito e uma cultura tão diferentes são difíceis de aceitar. Estamos no processo de transição do budismo tibetano, que faz parte de uma cultura patriarcal hierárquica, para a cultura ocidental mista e liberal, e muitos pensam que vários aspectos do budismo precisam ser reformados. Em uma carta amplamente reconhecida, você se manifestou contra a necessidade de reformar o budismo tibetano.

SK: Vários anos atrás, alguns professores ocidentais criticaram o Buddha Shakyamuni, chamando-o de chefe patriarcal de 2500 anos. Eu respondi: Você não acha ilógico rejeitar professores asiáticos, depois de aprender com eles, por serem de uma cultura estrangeira, e então chamar essa nova forma de budismo de "americana" por estar nesta cultura? É realmente possível que as bênçãos do Dharma envelheçam como uma substância material comum ou um alimento perecível?

MH: Há um choque de culturas e, mais cedo ou mais tarde, os ocidentais tendem a ser desafiados por um ou outro aspecto, sejam os ensinamentos sobre a reencarnação, o panteão das deidades ou a exigência de entrega completa. Você já sentiu alguma dificuldade no caminho?

SK: Não, na verdade não. Eu apenas segui em frente e realmente não encontrei nenhuma barreira — além de minha própria mente neurótica e os obstáculos que ela representa. O Dharma é incrivelmente complexo e profundo, muito poucas pessoas são capazes de compreender a profundidade do caminho budista. É por isso que existem menos budistas neste mundo. É preciso realmente pensar e usar a inteligência para descobrir a verdadeira natureza dos fenômenos. É muito mais fácil aceitar alguma teoria sobre um deus ou apenas ser ateu, não acreditar em vidas passadas e futuras ou na lei de causa e efeito. Como budista, se você sabe que esse é o seu caminho, você continua aprendendo à medida que se aprofunda. Quanto mais eu estudo, mais espantada fico com sua vastidão. Não estamos nem arranhando a superfície. Estou convencida de que esse é um tesouro de conhecimento de sabedoria que apenas começamos a descobrir.

MH: Já foi desafiador para você ir cada vez mais fundo?

SK: Claro, mas isso é bom. É um desafio fazer as práticas preliminares com cem mil prostrações e assim por diante. A primeira vez que você faz isso é muito importante; é como fazer uma dieta para perder 90 quilos ou mais. E se você está progredindo nesse caminho, também está acessando as diferentes camadas da sua própria mente. Ainda assim, existem muitas camadas de obscurecimentos e hábitos que precisamos remover, e se torna cada vez mais desafiador remover as camadas mais incrustadas que estão presas por baixo. Além disso, nesse ponto da vida, conforme meu tempo fica mais curto, eu penso, espere um minuto, se o objetivo é a iluminação em uma vida, preciso levar isso mais a sério. Desistir de tudo e entrar em retiro para compreender a natureza da minha mente — que é o que eu deveria fazer se estivesse realmente levando a sério — seria o desafio final. Se você leva mesmo a sério a escolha da liberação em vez de permanecer no samsara*, o desafio se torna mais assustador, quase inconcebível. Nunca acho que o budismo seja fácil, de modo algum. É muito mais fácil simplesmente escolher uma das outras religiões ou passar o tempo distraído pelas aparências externas.

O ELO PERDIDO

MH: Acho que se você levar realmente a sério, qualquer uma delas é desafiadora, e todas têm um caminho rigoroso.

SK: Se um aluno estiver praticando sob a orientação de um mestre Vajrayana autêntico, então ele certamente será exigente e o forçará a realmente avançar. Hoje em dia não temos mestres

---

* Samsara (sâns.) significa literalmente "migrar" e refere-se à crença budista em um ciclo contínuo de nascimento, vida, morte e renascimento.

Sangye Khandro no Tashi Choling, Oregon. A foto é cortesia de Sangye Khandro.

realizados o suficiente por perto para nos inspirar. Eles são o elo perdido. As pessoas não são inspiradas porque não estão sendo pressionadas por esse tipo de mestre. Então, elas molham os pés no Dharma, que se torna apenas mais uma experiência externa, superficial. Certamente é melhor do que nada, mas não traz necessariamente a liberação.

MH: Se você quiser aproveitar a oportunidade que o Vajrayana promete, a iluminação em uma vida, deve ser um trabalho de tempo integral?

SK: Com certeza. Pode-se dizer que no Dzogchen*, a visão significa ter consciência da natureza da mente em todas as situações, você não precisa se isolar e meditar. Isso pode ser verdade, mas

---

* Dzogchen (Tib.), lit. "Grande Perfeição" ou "Grande Completude" refere-se ao estado primordialmente puro da mente e ao conjunto de ensinamentos e práticas destinados a realizar esse estado, mais comumente encontrado na tradição Nyingma.

até que se ganhe uma base firme, honestamente, qualquer um que tenha praticado um pouco sabe como é fácil voltar aos hábitos normais. Ter o ambiente de Dharma adequado disponível para as pessoas é um grande desejo meu, criar mais centros de retiro, programas educacionais e oportunidades de prática. Não dispomos disso. Temos muitos professores que vêm e semeiam, mas não há continuidade.

MH: Scott Globus, o presidente do centro de Gyatrul Rinpoche em Alameda, diz que pediu várias vezes que você ensinasse, mas você sempre diz: "Por que eu? Temos todos esses grandes mestres aqui para ensinar." Por que você não tem interesse em ensinar?

SK: Eu ocasionalmente ensino, mas eu não me autodenomino Lama Sangye, visto mantos e raspo minha cabeça. Parece mais hábil usar roupas comuns, pois as pessoas se conectam com mais facilidade. Enquanto meus mestres ainda estão vivos, eles são os verdadeiros professores. Chegará o triste dia em que eles não estarão mais conosco. Então, suponho, terei que ensinar mais. Mas, agora, posso servi-los. E, como tradutora, estou de fato ensinando. Tradutores têm uma tremenda autoridade. Primeiro, a pessoa precisa entender o que está sendo dito. E então, precisa repetir de acordo com o seu entendimento, e isso não é apenas repetir palavras comuns como se estivesse traduzindo uma publicação factual para as Nações Unidas. A compreensão do Dharma envolve a lucidez da sabedoria e uma compreensão que vem por meio do treinamento por muitos anos. É uma posição maravilhosa, porque tenho a grande oportunidade de trazer o Dharma para a linguagem dos ouvintes.

UM MARCO HISTÓRICO

MH: Do que um tradutor precisa para transmitir os ensinamentos da melhor maneira possível?

SK: Existem dois pontos, o padrão de ouro: primeiro é a precisão em termos de conteúdo. O segundo é traduzir como se você fosse realmente aquele professor falando. Você realmente os representa, soa como eles, fala com sua personalidade e estilo. Você se torna aquele professor e não é mais você mesmo, se possível. Além disso, um bom tradutor deve fazer retiro, uma vez que essa capacidade de entender e se conectar de uma forma impessoal vem por meio da prática. Não importa o quanto estude, nunca conhecerá realmente os ensinamentos até que seu significado seja internalizado. Preciso fazer mais retiros.

MH: Você traduziu alguns dos textos mais profundos e restritos como o manual de meditação mais importante da Grande Perfeição, *Yeshe Lama***, e vários comentários sobre o** *Tantra da Essência Secreta* **(Guhyagarbhatantra).**

SK: Eles são restritos porque são o Vajrayana quintessencial mais profundo. Portanto, é necessária a autorização de um mestre autêntico antes que se possa estudá-los. Sempre me interessei pelo Tantra mais elevado e pelo Dzogchen. Pulei os estudos do Sutrayana em sua maior parte, bem como os Tantras externos e realmente me concentrei nos Tantras internos. Fiz isso sob a orientação de meus professores, pois era um pouco não convencional. Solicitei ao Khenpo Namdrol Rinpoche* que me ensinasse o Tantra da Essência Secreta. Para minha alegria, ele me convidou para ir à Índia, onde estava dando esse ensinamento aos alunos do nono ano. Foi um marco histórico porque esta foi a primeira vez que mulheres se sentaram junto com os monges na universidade monástica em Mysore, na Índia, em 1996. Antes disso, apenas os monges haviam estudado esse tantra.

MH: As monjas também foram autorizadas?

SK: Não, não havia monjas. Hoje em dia, há um monastério feminino mais adiante, e elas têm seu próprio programa de estudos, mas monges e monjas não estudam juntos. Isso não seria uma boa ideia.

MH: Mas as mulheres ocidentais podiam entrar?

SK: Khenpo Namdrol tinha a mente aberta e incluiu cinco mulheres em nosso pequeno grupo. Ele acredita que os ocidentais são muito inteligentes, sinceros e dispostos a praticar.

---

* Khenpo Namdrol Tsering nasceu em Kham, no Tibete Oriental, em 1953, e fugiu do Tibete em 1959. Ele ensina principalmente no monastério de Penor Rinpoche em Bylakuppe, no sul da Índia, e em seu centro de retiro em Pharping, Nepal.

SECANDO ROUPAS MOLHADAS NO CORPO

MH: Você também foi a primeira mulher ocidental a receber os ensinamentos de tsa lung* no monastério de Penor Rinpoche**?

SK: Sim, nos anos noventa. Antes disso, apenas os monges haviam recebido. Perguntei se poderia participar do curso. Penor Rinpoche também tinha a mente muito aberta. É meio chocante que ele tenha permitido que isso acontecesse.

MH: Você foi uma desbravadora para outras mulheres?

SK: Ele começou a disponibilizar esses ensinamentos em seu centro de retiros no interior do Estado de Nova York. Mas não, as mulheres não começaram a receber ensinamentos no monastério, devo ter sido a única. Mas eu praticava principalmente sozinha. Eu recebia a iniciação e a transmissão para cada estágio, depois voltava para o meu quarto e fazia sozinha quatro sessões de prática por dia. No fim havia dois dias de testes, quando todos tivemos que demonstrar que havíamos dominado os exercícios, por exemplo, que gerávamos calor suficiente para secar a roupa molhada no corpo, e assim por diante. Mais tarde, ele me autorizou a ensinar isso.

MH: Você já viajou pelo Tibete?

SK: Várias vezes, mas a mais memorável foi a primeira peregrinação ao Tibete Oriental em 1987 com Penor Rinpoche, Gyatrul Rinpoche e um grande grupo de monges. Fui a primeira mulher a realmente ficar dentro do monastério de Penor Rinpoche no Kham central. Até mesmo encontrar o monastério foi muito desafiador. Aquela era a primeira vez que o Tibete se abria desde a morte de Mao, e os chineses estavam relaxando seu domínio até certo ponto e libertando muitos mestres da prisão. A dor e o trauma eram palpáveis. Os tibetanos ainda usavam suas roupas tradicionais e

---

* Tsa lung (tib.) Significa literalmente "canais e vento". Aqui se refere a exercícios avançados de ioga, que consistem em trabalhos de respiração, meditação, visualização e movimentos dinâmicos.

** Kyabjé Drubwang Pema Norbu Rinpoche (1932–2009) foi o líder da Escola Nyingma. Ele fugiu do Tibete em 1959 e estabeleceu o Monastério Namdroling no sul da Índia.

estavam muito pobres e desesperados. Poucos estrangeiros já haviam estado lá. Espiões chineses nos acompanhavam aonde quer que fôssemos e, em algum momento, nos obrigaram a encerrar nossa viagem mais cedo. Exceto pelas ruínas onde antes ficavam os monastérios, o Tibete era incrivelmente belo, com flores silvestres e animais selvagens em abundância. Hoje em dia, as coisas estão diferentes. Os chineses praticamente percorreram cada acre, caçaram os animais selvagens e expulsaram os nômades das terras.

O BARBANTE NO DEDO DO PÉ

MH: Você trabalhou com muitos grandes mestres ao longo dos anos. É necessária uma conexão especial com o professor para traduzir bem?

SK: Você tem que ter um vínculo cármico para traduzir para um professor. Há grupos que convidam mestres para ensinar e depois começam a procurar freneticamente por um tradutor no último minuto, sem ter considerado desde o início que a tradução é parte integrante da transmissão. Essa não é a forma correta. O tradutor precisa ser aluno daquele professor, conhecer o assunto e ser qualificado. Caso contrário, não importa o quanto o professor seja bom, pode sair sem qualidade.

MH: Às vezes, é tentador para os tradutores resumir um pouco quando os ensinamentos parecem repetitivos, ou torná-los mais divertidos. Você já sentiu necessidade de alterar o que o professor dizia?

SK: Eu fiz isso com Kusum Lingpa* muitas vezes. Quando veio para os Estados Unidos, recém-saído do Tibete, ele era como um homem louco e selvagem, sem habilidades sociais. Quando encontrava alguém, ele pressionava: "Quanto ele tem de dinheiro? Pergunte a ele!" Ele não queria o dinheiro para si mesmo, ele nem mesmo usava relógio. Todo o dinheiro que conseguia era para levar ao Tibete e alimentar os praticantes. Portanto, a motivação era claramente pura, mas um pouco abrupta.

---

* Orgyen Kusum Lingpa (1934–2009) foi um mestre Nyingma de Golog, em Amdo, Tibete Oriental.

MH: Thinley Norbu Rinpoche também não era muito convencional. Como ele a pressionava?

SK: Thinley Norbu Rinpoche era um mestre na língua inglesa, então ele normalmente não usava tradutores, ou, quando usava, normalmente os punha para fora depois de dez minutos. [risos] A primeira vez que fui convidada para traduzir para o Rinpoche, muitos se perguntaram quanto tempo eu duraria. Eu estava bem nervosa. A primeira noite correu muito bem. Na noite seguinte, Rinpoche mandou seu assistente amarrar um barbante em volta do meu dedo do pé, e Rinpoche segurava a outra ponta. Cada vez que Rinpoche precisava me corrigir, ele puxava o barbante! Eu sabia que era hora de parar de falar. Foi hilário. Então Rinpoche sussurrava para mim e, claro, suas sugestões eram absolutamente brilhantes. Foi um dos melhores momentos da minha vida. O barbante caiu do meu dedo depois de cerca de uma semana. Então Rinpoche começou a ensinar por períodos cada vez mais longos, por trinta ou quarenta minutos. Quando era a minha vez de traduzir, às vezes Rinpoche se levantava e ia para a floresta. Ocasionalmente, podíamos ouvi-lo batendo palmas na floresta quando eu terminava. Aprendi tanto com Rinpoche que as palavras não são capazes de expressar. Qualquer habilidade de traduzir Dzogchen que eu possa ter se deve à sua bondade, cem por cento.

MH: Essa história é adorável. Alguma vez algum lama acabou com você?

SK: Não. Eu gosto de críticas. Estou disposta a abandonar meu ego se puder aprender com isso.

UMA DAKINI DE SABEDORIA EM NOVA YORK

MH: Você tem alguma mestra?

SK: Tenho a maior devoção pela consorte de Dudjom Rinpoche*, Sangyum Kusho Rigdzin Wangmo**, que é uma das minhas

---

* Dudjom Rinpoche (1904–1987) foi o líder da escola Nyingma no exílio e é especialmente conhecido como um grande revelador de tesouros. Ele também é conhecido por preservar muitos dos textos históricos, que de outra forma teriam sido destruídos.

** Sangyum Kusho Rigdzin Wangmo faleceu em 27 agosto de 2014 no Centro Yeshe Nyingpo, na cidade de Nova York.

mestras-raiz. Ela era a fonte de tudo para Dudjom Rinpoche, dando a Rinpoche a energia de que ele precisava para beneficiar os seres sencientes. Como uma dakini de sabedoria, ela estendeu a vida dele. Como aristocrata, ela é muito apropriada e formal, completamente única. Ela sempre parece imaculada, muito bonita e feminina, usando as melhores joias e sedas. Ela está em retiro há muitos anos, no andar de cima de um prédio de tijolos no meio da cidade de Nova York, em um quarto com uma janela. Ela nunca sai. Qualquer pessoa comum como eu ficaria louca. Os seres iluminados não têm um eu como nós, por isso podem ficar muito mais à vontade.

MH: Ela é o seu modelo?

SK: Se há alguma mulher no planeta que eu admiro e quero imitar, é ela.

Venerável Pema Chödrön. Foto de Liza Matthews. ©Liza Matthews

5: Pema Chödrön
(Deirdre Blomfield-Brown)

RELAXANDO NA AUSÊNCIA DE BASE

As lições que a professora budista ocidental mais querida aprendeu quando sua própria vida desmoronou.[1]

Quando Pema sobe no palco, ela admite que se sente "muito surpresa em ver uma plateia tão grande, fico estupefata". Em um dia ensolarado de outubro, na área da baía de São Francisco, três mil pessoas se reúnem no Craneway Pavilion à beira-mar. Pelas janelas enormes, Pema vê a silhueta da cidade projetando-se do azul infinito. Outras duas mil não conseguiram reservar lugar e assistem online, em casa. Em 1936, quando Pema Chödrön nasceu, a Ford montava seu lendário V8 nessa fábrica de automóveis de um acre. Agora, o enorme salão mal é suficiente para conter a energia poderosa de um ícone muito diferente: Pema Chödrön, que ensinará como se tornar destemido. Envergando suas vestes marrons, ela parece frágil, mas em alguns poucos minutos cativa o público com sua presença. A voz suave e ligeiramente rouca de Pema preenche o espaço, se estendendo até as vigas superiores do teto elevado. Um artista a presenteia com uma colagem em que o rosto de Pema é sobreposto ao de "Rosie, a Rebitadeira", a famosa e idolatrada feminista da Segunda Guerra Mundial. Rosie substituiu os trabalhadores do sexo masculino nas fábricas, exibia seus músculos e impulsionou o slogan de propaganda "Nós podemos fazer!". Uma comparação adequada e vibrante para uma mulher que substituiu os professores tradicionais do sexo masculino como a professora budista mais amada na América atualmente.

Esse ensinamento é um acontecimento histórico, pois os organizadores ressaltam que pode ser o "último" retiro de Pema em Bay Area. Com o humor gentil muito característico da professora de jardim de infância que era, ela imediatamente mostra os dentes. Rebatendo alguns insatisfeitos que reclamavam porque esperavam um ambiente muito mais íntimo, ela enquadra o evento "em um contexto global muito amplo de querer despertar". Com a motivação da bodhichitta, não queremos apenas ser felizes, pois não seremos felizes a menos que todos o sejam. Depois disso, era possível ouvir um alfinete cair.

Suas mãos desenham aspas no ar em torno da palavra "espiritual" quando ela se dirige aos buscadores "espirituais": "Pode ser um tanto egoísta porque se trata de cuidar de si mesmo e não de como isso afeta os outros. O que nos faz sentir confortáveis e seguros é conseguido, na verdade, à custa de outras pessoas." Em minutos, ela aborda diretamente a ausência de base, um dos assuntos que mais gosta de explorar. A primeira frase de seu livro de maior sucesso, *Quando tudo se desfaz*, diz: "Embarcar na jornada espiritual é como entrar em um barco muito pequeno e partir para o oceano em busca de terras desconhecidas". Enquanto outros professores podem prometer a seus alunos que a meditação fará com que se sintam melhor, mais em paz e com os pés no chão, Pema dá as más notícias (ou boas notícias, se você aprecia a verdade) logo no início: não há um chão sólido a ser encontrado, pelo menos não no budismo, certamente não em seus ensinamentos, nem em qualquer outro lugar. "O chão está sempre tremendo. A falta de chão é eterna. Então, aqui estamos", diz ela, sorrindo, citando o título do evento, "sorrir para o medo".[2]

UM KIT DE PRIMEIROS SOCORROS PARA A VIDA

Enfrentar o que nos assusta é o tema típico de Pema Chödrön. Uma olhadela nos títulos de seus livros e áudios fornece um kit de primeiros socorros para lidar com a vida: *Quando tudo se desfaz*, *Sem tempo a perder*, *Comece onde você está*, *Não morda o anzol* (Don't Bite the Hook, sem tradução para o português), vá para *Os lugares que nos assustam* e dê *O Salto: um novo caminho para enfrentar as dificuldades inevitáveis*, e assim você poderá *Acolher o indesejável* e também *Praticar a paz em tempos de guerra* (Practicing Peace in Times of War, sem tradução para o português). Esses títulos resumem os conselhos do coração de Pema. Quando todo mundo nos diz para fugir, para nos distrair, para buscar conforto ou mesmo para retaliar, Pema Chödrön sempre nos desafia a ficar no momento presente onde dói — cru, nu e desconfortável.

Por nos exortar a fazer isso com gentileza, bondade e humor, ela deixa claro que essa é a única coisa sensata a se fazer — que essa é, de fato, a única possibilidade se quisermos despertar. No Craneway Pavilion, em Richmond, ela explicou:

> O primeiro passo é desenvolver uma amizade incondicional consigo mesmo. Amizade incondicional significa permanecer aberto quando quiser se fechar, quando o que você vê em si mesmo for muito doloroso, muito embaraçoso, muito desagradável, muito odioso. A principal característica do treinamento no cultivo do destemor é você poder ir a qualquer lugar do mundo e ajudar as pessoas por não se fechar para elas. O primeiro passo é olhar para si mesmo com um sentimento de bondade e gentileza. É preciso muita coragem, como diz Trungpa Rinpoche, porque significa permanecer presente quando você começa a temer o que vê.

O sucesso de Pema Chödrön certamente também se baseia no fato de que ela própria é um ótimo exemplo de como vivenciar isso. Em Richmond, Pema descreve uma pessoa verdadeiramente genuína que não tem medo de um autoexame honesto:

> Quando você sente que alguém é uma pessoa genuína, isso significa que ela não esconde nada, não usa máscaras. Genuinidade significa que você pode confiar na pessoa porque ela não está se enganando e não vai enganar você. Ela já viu tudo sobre si mesma. Isso não significa que ela não se sinta mais constrangida ou desconfortável com o que vê, mas ela não foge. A ver-

dade não a faz evitar sentir o que sente, não faz com que ponha máscaras ou se blinde. A pessoa genuína não tem um coração de ferro — ela tem um coração vulnerável e terno.

Esta é uma descrição precisa da própria Pema. É extremamente fácil estar com ela; tudo é simples e direto ao seu redor, sem necessidade de nenhuma pose.

Pema imita animadamente um diálogo que teve com seu alter ego, o eu que não quer ficar presente, e, no fim ela resume as atitudes do ego em uma palavra, embora soletrada: "G-r-a-n-d-e" — toda a audiência cai na gargalhada, e Pema termina lentamente a palavra "m-e-r-d-a". É extremamente revigorante saber que uma monja graduada não hesita em dar nome aos bois.

O GRANDE EQUALIZADOR

A primeira vez que encontrei Pema Chödrön, cerca de dez anos atrás, ela não estava sentada em um palco e nem usando vestes monásticas. Vestia calças de trabalho velhas e um pulôver marrom gasto, e estava recostada no banco de madeira em frente ao galpão de ferramentas no Samten Ling, no centro de retiros de seu atual professor. É aqui que ela passa a maior parte do tempo agora: sozinha, em uma de suas cabanas de retiro na Nova Escócia ou no Colorado. Ela ensina não mais do que dois ou três programas públicos por ano, e as oportunidades de conhecê-la pessoalmente estão se tornando extremamente raras. Na verdade, ela trabalhou muito para ficar sozinha na maior parte do tempo e passou mais um ano inteiramente em retiro, apesar do desejo urgente de milhões de pessoas de se conectarem com ela.

No Samten Ling, o centro de retiro de Dzigar Kongtrul Rinpoche[*] nas Montanhas Rochosas, ela é tratada como qualquer pessoa comum e claramente gosta do luxo de ser comum, sem demandas de seu tempo, sem nenhum papel a desempenhar. Cerca de uma dúzia de pequenas cabanas estão espalhadas por uma vasta encosta da montanha, no alto da pequena vila de Crestone, com

---

[*] Ver o capítulo 6.

vista para as Montanhas Sangre de Cristo. Os praticantes em retiro passam o tempo sozinhos em suas próprias cabanas, em silêncio, longe do alcance da voz de outros, mas uma vez por dia todos se reúnem para uma hora de exercícios de Tai Chi Chuan e trabalho na terra. Cinquenta acres de terra selvagem requerem manutenção, em geral um trabalho fisicamente pesado, como cortar lenha, carregar provisões escalando uma colina íngreme ou trabalhar com pás, picaretas e britadeiras para consertar os buracos que a última chuva cavou na estrada áspera. Francamente, nenhuma dessas tarefas cabe a uma monja idosa.

Quando ela fez seus primeiros retiros de duzentos dias no Samten Ling muitos anos atrás, Kongtrul Rinpoche de fato a deixou ficar sozinha. Mas depois ele lhe pediu que participasse dos períodos diários de trabalho. "O que, eu?" ela confessou pensar, mas, é claro, logo percebeu a sabedoria que havia naquilo. Era isso que Kongtrul Rinpoche queria: ele organizou o período de trabalho não apenas para que os praticantes em retiro fossem autossuficientes, mas também "para que se misturassem" entre as sessões de meditação e para tirá-los do conforto de seu próprio casulo. Kongtrul Rinpoche não permite que seus alunos interpretem mal o retiro como uma oportunidade para mergulharem na autoabsorção. O que pode ser melhor para testar a prática de bondade amorosa e compaixão do que trabalhar juntos em um grupo? Afinal, cavar e revirar a terra com uma pá pode ser uma prática espiritual tanto quanto sentar-se em uma almofada — ou não.

A DOR DE SER IGNORADA

Assim, o organizador distribuía as tarefas do dia, lutando para encontrar uma tarefa leve para Pema. Podiam pedir-lhe que etiquetasse fitas, torrasse farinha de cevada ou colhesse pinhões na natureza. Pema sempre se sentava por perto nos bancos de madeira com todos os outros, ocasionalmente quebrando o silêncio com uma piada e silenciosamente assumindo seu trabalho. Nunca vi um segundo de hesitação. Aqui estava ela, uma professora reconhecida internacionalmente, mas que não se considerava acima de qualquer pequena tarefa. Quando cheguei, silenciosamente engasguei com a cena. Certa vez, até fiz um comentário para o gerente: você deixa essa autora fabulosa best-seller torrando farinha de cevada por duas horas — ela não poderia fazer alguma outra coisa utilizando suas habilidades únicas de escrita e ensino?

"Durante todos esses anos, Rinpoche sempre enfatizou que não há como eu ter tanta fama sem me encher de orgulho", confessa Pema. Ela costumava responder: "Não, Rinpoche, honestamente, não acho que isso seja verdade!". Ainda assim, ela se sentia perseguida pelo fato de ele simplesmente não deixar esse assunto para lá. Quando ele, por fim, a introduziu na rotina de trabalho, "Foi UAU! Quando vou para o trabalho, não sou absolutamente ninguém. Na verdade, há várias pessoas lá que não gostam de mim e isso é muito doloroso!" Ela acrescenta: "Foi um grande equalizador para mim. Aquilo me mostrou que eu tinha arrogância e alguma percepção do tipo 'Você não sabe quem eu sou?'. Foi uma experiência muito boa. Posso dizer honestamente que no fim do retiro aquilo havia se esgotado, o que quer que fosse. Tive que passar pela dor de ser ignorada."[3]

Certa vez, como não havia nada fisicamente desafiador a ser feito, o gerente dos trabalhos a designou para varrer as rochas ao redor da nascente com uma vassoura. Todos nós rimos muito daquilo, incluindo Pema, pois, no meio de montanhas áridas, tirar o pó das rochas é obviamente um esforço bastante inútil. No entanto, ela simplesmente pegou a vassoura e foi para a fonte. Mais tarde, ela confessou que prendeu a respiração por um segundo, mas em retiro todos são tratados da mesma forma. A apresentadora de TV e o carpinteiro, a autora de best-sellers e o caixa do supermercado, todos são iguais, porque isso é o que fundamentalmente somos, iguais, e foi assim que Kongtrul Rinpoche tratou disso. Ele costuma alertar contra "a atitude de valorizar seus títulos" e de "tirar vantagem". O fato de ele não se impressionar com nenhuma credencial mundana pode ser uma das muitas qualidades que fazem com que Pema se sinta atraída por ele como professor. Os ensinamentos tradicionais aconselham que um estudante do Dharma deve ser como um cinto confortável, que se acomoda a todos com facilidade. Pema faz exatamente isso. Apesar de todas as suas muitas realizações, ela não tem nenhuma arrogância detectável. Ela se autodenomina "professora-aluna, porque é muito ameaçador pensar em ser professora. Claro, existem pessoas que me consideram assim, então eu tenho que assumir essa responsabilidade. Mas você se orgulha de ser professora e uma espécie de falsa humildade pode se instalar."[4] Quando lhe perguntam se ela vive de acordo com seus próprios ensinamentos e consegue ser serena e gentil 24 horas por dia, 7 dias por semana, ela cai na gargalhada, confessando: "Meus filhos podem mandar meu disfarce para os ares a qualquer momento".

Mesmo assim, ainda não conheci alguém que tenha uma história negativa para contar sobre Pema. Frequentemente, ela dá ensinamentos sobre a curiosidade como sendo este o ingrediente-chave de sua vida espiritual e, de fato, parece olhar para a vida constantemente querendo saber, com a mente aberta, com uma curiosidade quase infantil. Apesar de em geral ser a mais experiente, é sempre ela quem faz mais perguntas. Quando eu estava passando por um momento difícil e a abordei pedindo conselhos, não senti nenhum julgamento, apenas gentileza e cuidado. Ela nunca esquece de agradecer a quem lhe faz o menor favor. Quando carreguei alguns bujões de propano para sua cabana de retiro, ela me deu de presente uma pintura colorida de uma monja alegre, com uma de suas frases favoritas dos ensinamentos budistas: "Sempre mantenha a mente alegre!". Ainda está pendurada acima da minha mesa, porque me lembra dela: mesmo quando se curva com dores nas costas ou outras dores, ela faz jus a esse slogan, mantendo sempre um espírito alegre.

UMA PREVISÃO QUASE IMPOSSÍVEL

É claro que Pema nem sempre foi a Pema Chödrön que conhecemos hoje. A vida de Pema pode ser dividida aproximadamente em duas fases, de duração quase igual: sua vida antes do dia em que seu segundo marido lhe disse que estava tendo um caso, e os quarenta anos seguintes. Antes daquele dia infame de outono no Novo México, quando seu marido voltou do trabalho mais cedo, a vida de Pema era totalmente convencional.

Pema nasceu Deirdre Blomfield-Brown na cidade de Nova York, em 1936, e sua família católica mudou-se para Nova Jersey quando ela tinha três meses. Cresceu como a caçula em uma fazenda no interior, com um irmão e uma irmã mais velhos. Ela se lembra de sua infância como sendo agradável e pacífica. Morou na velha casa de fazenda tradicional da família até partir para estudar na famosa Escola de Miss Porter em Farmington, Connecticut. Aquela escola preparatória de elite, rígida e restrita apenas para meninas, orgulha-se de transmitir a seus alunos um senso saudável de autoconfiança e a importância do serviço à humanidade. Jackie Onassis e Gloria Vanderbilt estão entre as que se graduaram nessa escola. Pema, que era aluna interna, lembra que os professores de lá a desafiavam intelectualmente a "ir mais fundo".[5]

Ela se casou com um jovem advogado pouco antes de completar 21 anos e logo teve uma filha, Arlyn, e um filho, Edward. A família se mudou para a Califórnia, onde Deirdre se formou em literatura inglesa e fez mestrado em educação primária pela Universidade da Califórnia, em Berkeley. Como professora do ensino fundamental, suas extraordinárias habilidades de ensino se destacaram desde o primeiro dia. "Pema era uma professora nata", lembra sua amiga Basia Turzanski, que a conheceu antes de ela se tornar Pema. "Ela era muito vibrante, de coração aberto, pé no chão. Essa era a vocação dela na vida." Mas, em poucos anos, o casamento de Deirdre acabou. Pouco tempo depois, ela se casou com um escritor e o casal se mudou para o Novo México, onde Deirdre continuou a ensinar enquanto criava os filhos de seu primeiro casamento.

Deirdre Blomfield nunca sentiu vontade de se tornar monja. Mas ela conta um acontecimento que, agora olhando em retrospecto, predisse seu futuro. Certo dia, estava caminhando no Novo México por um campo de flores com os pés descalços e seus longos cabelos loiros voando ao vento. Ainda se lembra da cor de seu vestido — lilás claro. Um jovem rabino a viu ao longe, a silhueta contra o sol do Novo México. Ele se aproximou dela e a surpreendeu com uma previsão que ela pensava ser totalmente impossível: "Acabei de ter uma visão de você como monja." Pema ficou pasma. "Éramos hippies e não havia ideia mais distante da minha mente do que isso." Crescer católica e me tornar monja foi "a *última coisa* com que sonhei", diz ela, e é rápida em acrescentar, enfatizando cada palavra: "Não que eu tenha tido alguma experiência negativa com monjas, mas *jamais sonhei ser monja*".[6]

MEDO, RAIVA E CONFUSÃO

Mas então chegou o dia que ela descreve no início de seu best-seller internacional "Quando tudo se desfaz", o dia em que seu mundo desmoronou. Com trinta e poucos anos, parada na frente de sua casa de adobe bebendo uma xícara de chá, ela ouviu o carro chegar e a porta bater. Então, seu marido dobrou a esquina e, sem qualquer aviso, lhe disse que estava tendo um caso e que queria o divórcio. Sua mente se despedaçou, o tempo parou. "Lembro-me do céu e de como ele era imenso. Lembro-me do som do rio e do vapor do meu chá subindo. Não havia tempo, nem pensamento, não havia nada — apenas a luz e uma quietude profunda e ilimitada."[7] Então, a raiva me invadiu. "Peguei uma pedra e atirei nele"[8], diz ela, enquanto desata a rir lembrando de sua indignação. Superar a dor levou anos de trabalho árduo. Lutando para encontrar algum chão, iniciou uma maratona espiritual. Ela morou em um ashram hindu por um tempo, fez cursos intensivos de fim de semana em cientologia, inscreveu-se em workshops sufis. Nada disso durou muito tempo e não ajudou em nada. "A dor era grande demais. O tapete tinha sido puxado completamente."[9] A realidade tal como conhecia "simplesmente não estava mais se sustentando".

Perto do fim daquele primeiro ano horrível, alguém deixou uma revista aberta. Um artigo com o título "Trabalhando com a negatividade" chamou sua atenção, "porque eu estava sentindo medo, raiva e uma confusão tremenda sobre a minha raiva e o meu ódio e uma espécie de falta de chão inabalável, vasta e profunda. E nada conseguia melhorar aquilo. As pessoas me levavam ao cinema. Elas me levavam a bons restaurantes. Faziam todas essas coisas. E nada conseguia juntar as peças novamente."[10] Nesse ponto de sua vida, Deirdre não sabia nada sobre o budismo ou sobre o autor do artigo, Chögyam Trungpa Rinpoche, mas ainda se lembra da primeira linha daquele texto: "Não há nada de errado com a negatividade". Aquilo falou diretamente com ela. "Desde o primeiro dia, pensei que havia algo muito profundo no que estava acontecendo. Porque vejo que muitos de nós estamos apenas correndo em círculos, fingindo que há chão onde na verdade não há. E que, de alguma forma, se pudéssemos aprender a não ter medo da falta de chão, não ter medo da insegurança e da incerteza, estaríamos invocando uma força interna que nos permitiria ser abertos e livres e amorosos e compassivos em qualquer situação. Mas, enquanto continuarmos tentando lutar para ter um chão sob nossos pés e evitar essa sensação incômoda de falta de chão, insegurança, incerteza, ambiguidade e paradoxo, alguma coisa assim, então as guerras continuarão."[11]

ENFRENTANDO O VERDADEIRO CULPADO

O terror de Pema com a implosão de seu casamento, a devastação que ela sentiu, desencadeou sua exploração da ausência de base, que por fim deu lugar a uma jornada de autorreflexão que duraria toda a sua vida. Ela faz uma distinção entre dor, que é um tanto inevitável, e sofrimento, que ela define como a angústia mental e emocional que adicionamos à dor. "Vamos chamar de dor aquilo que é inevitável, e vamos chamar de sofrimento aquilo que poderia diminuir e se dissolver em nossas vidas. Poderíamos dizer que não são as coisas que acontecem conosco em nossas vidas que nos fazem sofrer. É a forma como nos relacionamos com as coisas que nos acontecem que nos faz sofrer."[12] Pode não ter havido uma maneira de evitar que o coração se partisse depois de perder o marido, mas ela percebeu nos anos seguintes que o problema muito maior era sua dependência subjacente, suas esperanças e medos autocentrados.

Quando questionada sobre como se envolveu com o budismo, ela, meio que brincando, culpa a raiva pelo marido traidor. "A verdade é que ele salvou a minha vida. Quando aquele casamento acabou, tentei muito — muito, muito mesmo — retornar a algum tipo de conforto, algum tipo de segurança, algum tipo de lugar de descanso familiar. Felizmente para mim, não consegui. Instintivamente, eu sabia que a aniquilação do meu antigo eu dependente e apegado era o único caminho a percorrer."[13]

Depois de identificar seu próprio apego como o verdadeiro culpado, ela encontrou o professor certo para arrancá-lo pela raiz. Poucos dias depois de ter lido aquele artigo na revista, um amigo a convidou para um acampamento sufi nos Alpes franceses. No calor do momento, ela concordou, deixando seus filhos sob os cuidados do pai por um mês. Nos Alpes franceses, encontrou pela primeira vez um professor de budismo tibetano, Chimé Rinpoche (1914–1999). Imediatamente percebeu um "forte reconhecimento" junto com uma sensação de familiaridade.

Chimé Rinpoche a encorajou a se conectar com o autor do artigo, Chögyam Trungpa Rinpoche, que por fim se tornaria seu professor principal. Trungpa foi uma das figuras centrais no estabelecimento do budismo tibetano nos Estados Unidos. Conheceu Chögyam Trungpa em um dia de inverno em Taos, no Novo México, em 1972. Ela fez sua classe do ensino fundamental ler a autobiografia dele, "Born in Tibet" (Nascido no Tibete), e quando ele coincidentemente deu uma palestra perto da escola, fez três viagens de carro para levar todas as crianças para vê-lo. Uma das crianças perguntou sobre o medo. Trungpa Rinpoche contou-lhes que certa vez visitou um monastério onde havia um cão de guarda muito feroz. Assim que eles chegaram no pátio, o cão se soltou da corrente. Todos congelaram, exceto Trungpa Rinpoche. Ele começou a correr o mais rápido que pôde — direto para o cachorro. O cão foi pego tão de surpresa que se virou e correu na direção contrária, com o rabo entre as pernas. Esta é uma das lições que Pema aprendeu com seu professor, e ela o cita em Richmond: "A base do destemor é realmente conhecer o medo". O que a atraiu nele não foi inicialmente uma sensação de afeto como havia sentido com Chimé Rinpoche. "Mas, na presença de Trungpa Rinpoche, me senti muito exposta e capaz de ver as coisas que não estavam totalmente concluídas e que ainda eram problemáticas em minha vida. A principal razão para mais adiante pedir formalmente para ser sua aluna foi o fato de ele me deixar muito frequentemente em situações difíceis, e de tudo a respeito dele ser provocativo."[14]

Pema descreve Chögyam Trungpa como um professor altamente provocador e desconfortável. O famoso e brilhante *"bad boy"* do budismo tibetano no Ocidente destruiu muitas noções de como um professor iluminado deveria se comportar. Em *Além do materialismo espiritual*, ele afirma que o trabalho do amigo espiritual é insultar o aluno e, Pema diz, "esse é o tipo de cara que ele era. Se as coisas ficassem muito tranquilas, ele criava o caos."[15] Pema via a sabedoria em suas ações. "Eu não gostava de ser incomodada ou provocada, mas era o que eu precisava. Aquilo me mostrou como eu estava presa aos padrões habituais."[16]

Em dois anos, ela fez a última coisa que poderia ter sonhado. Sua Santidade, o Décimo Sexto Gyalwa Karmapa a ordenou em 1974, enquanto ela estudava com Chimé Rinpoche na Inglaterra, e deu-lhe o nome de Pema Chödrön (Lâmpada de Lótus dos Ensinamentos). Ela própria admite que "é muito, muito estranho. Em minha vida, quando tenho certos pensamentos, digo que é um pensamento que me fará avançar e que devo segui-lo. Isso acontece de vez em quando. E, por algum motivo, fazer os votos representou um desses pensamentos."[17] No entanto, seus filhos ainda eram adolescentes na época. Quando pergunto se ela se sente culpada por sua decisão, seu rosto se contorce: "Sim. Sim. Sim. Quando olho para trás, vejo que foi prematuro. Teria sido melhor esperar até que eles crescessem."[18] Ela suspira. "Acho que o momento poderia ter sido melhor, mas, em termos do que foi feito, não havia outra decisão a ser tomada em minha vida. Sempre sinto que as pessoas têm muita sorte quando encontram algo na vida que lhes dá um significado profundo e que não se desgasta."[19] E, por fim, sua família decidiu apoiá-la em seu caminho pouco usual.

NÃO É UM JOGO DE UM SÓ LANCE

Ao voltar aos Estados Unidos após sua ordenação, Pema mudou-se para o Centro Dharmadhatu, em São Francisco. Por um tempo, ainda vestia suas roupas normais durante o dia, quando dava aulas em uma escola particular, depois usava as vestes monásticas para ensinar budismo no Centro, à noite. Quando o Karmapa a encontrou novamente durante uma visita aos Estados Unidos, ele fez um movimento sem precedentes. Olhou diretamente para ela durante uma audiência em grupo e disse: "Você deveria receber a ordenação completa".[20] O Karmapa se ofereceu para dar-lhe os votos pessoalmente. No entanto, isso se provou ser impossível, pois sua linhagem não o autorizava a conceder a ordenação completa a uma mulher. Em vez disso, o Karmapa lhe deu o número de telefone de um professor chinês no Bronx que a encaminhou para um templo onde poderia receber a ordenação completa.

Poucos anos depois de Tenzin Palmo, em 1981, ela também viajou para Hong Kong. Foi, provavelmente, a primeira mulher americana a receber a ordenação completa. Como muitas outras professoras neste livro, quando questionada sobre a velocidade com que transformou radicalmente sua vida, ela cita um chamado mais profundo, uma reconexão "com algum tipo de fluxo cármico passado, e você simplesmente entra nele, e então sabe porque começa a seguir em frente"[21]. Ela cita seu professor Trungpa Rinpoche: "Não é um jogo de um só lance, há muitas rodadas". Sua entrada tão súbita na vida monástica não pode ser facilmente compreendida considerando apenas esta vida. Embora tenha sido criada como católica, ela achava as monjas um tanto reprimidas.[22] Em sua decisão de se tornar monja, descobriu "uma paixão pela vida, um apetite pela realização, em que você simplesmente decide que quer seguir em frente"[23]. Em uma fase de sua vida, ela se sentiu completa com sua vida doméstica, mas também confessa que pouco antes de ser ordenada todo desejo sexual e mental que se pode imaginar surgiu para assombrá-la. O anseio habitual travou uma última luta intensa — mas o Dharma venceu. Tendo tido dois casamentos e dois filhos, sentia pouco interesse em começar outro relacionamento. Ela estava absolutamente determinada a direcionar toda a sua energia para "se conectar com a verdade", como diz. "Também tem a ver com não se limitar a uma pessoa ou situação, mas realmente compartilhar sua própria vida com todos."[24]

SEM LUGAR PARA SE ESCONDER

Pema Chödrön vive agora na Abadia Gampo, na Nova Escócia, o monastério da Shambhala International de Chögyam Trungpa, uma construção de madeira de três andares situada em um penhasco íngreme de 60 metros de altura acima do Golfo de São Lourenço. Duzentos acres de terra naquela ponta isolada da costa do Cabo Breton foram transformados em um santuário para a exploração espiritual. Ela o descreve como "um local amplo, onde o céu e o mar se fundem. O horizonte estende-se infinitamente e, nesse vasto espaço, pairam gaivotas e corvos. O cenário é como um enorme espelho que amplia a sensação de não haver esconderijo. Além disso, já que se trata de um monastério, quase não há como escapar — não há mentira, trapaça, álcool, sexo. Não há saída."[25] Pema Chödrön é a principal professora da abadia, e seus livros de sucesso a têm sustentado por décadas. Ela criou a Fundação Pema Chödrön[26], que detém todos os royalties de seus livros e ensinamentos de áudio, para criar um fundo de apoio a esse compromisso com o caminho monástico.

Basia Turzanski trabalhou em estreita colaboração com Pema nos primeiros anos, lado a lado nas mesas do escritório da organização de Trungpa Rinpoche. Ela se lembra vividamente de como Pema, no início, tinha medo de arrecadar fundos para a Abadia Gampo. Pema falou sobre suas inseguranças, mas então concluiu: "Tudo que me faz sentir medo, eu busco". Basia diz: "Isso me fez acordar! Desde o início, esse tem sido o seu princípio no caminho, é assim que ela se desenvolveu". No início, Pema era a única pessoa ordenada na comunidade, mas Basia lembra que isto nunca gerou separação. "Ela era praticamente sozinha, mas muito acessível. Ela é uma pessoa muito forte." Certa vez, quando perguntei a Pema se era difícil ser ordenada em meio a essa cultura hippie de espírito livre dos anos 1970, ela apenas balançou a cabeça calmamente e disse: "Foi a coisa certa a fazer, e Trungpa Rinpoche me apoiou bastante".

EXPONDO-NOS CONTINUAMENTE À ANIQUILAÇÃO

O próprio Trungpa Rinpoche foi retirado de sua família quando menino e criado no monastério de seu predecessor, após ter sido reconhecido como uma encarnação. Mesmo quando Rinpoche foi forçado a fugir para a Índia, depois que os chineses invadiram o Tibete, manteve seus mantos. No entanto, um acidente de carro na Inglaterra em 1969 o deixou permanentemente aleijado. O acidente marcou um ponto de inflexão. Ele entendeu aquilo como uma mensagem de que precisava "abandonar completamente todos os adereços", como os mantos, para eliminar qualquer separação de seus alunos. Ele devolveu seus votos, começou a usar as mesmas roupas que seus alunos ocidentais, começou a beber álcool e a ensinar de maneiras bem radicais. Certa vez, quando Trungpa Rinpoche usava o exemplo da atividade sexual para provar seu ponto de vista em um ensinamento, Pema levantou a mão e perguntou: "E eu? Parece que não posso realmente seguir esses ensinamentos"[27]. Ela ficou surpresa quando ele afirmou que ela compreenderia o verdadeiro significado se cumprisse seus votos com pureza. Apesar de seu próprio estilo de vida de espírito livre, Rinpoche a encorajou a ser muito rígida com seus preceitos, a ser um modelo para todas as outras monjas que seguiriam seus passos. Mais tarde, ele disse à sua primeira monja: "Sabe, todos olharão para você, observarão a maneira como anda, a maneira como fala e a maneira como se comporta, então é melhor fazer isso direito".[28] Ela se lembra de uma conversa com ele sobre a construção do monastério — ironicamente, enquanto ele estava deitado na cama, provavelmente nu sob o cobertor. Pema entendeu que aquilo significava que deveria manter seus votos de forma muito pura, ao mesmo tempo "sendo extremamente flexível e tendo a mente aberta."[29] Trungpa Rinpoche "enfatizou repetidamente que não devemos usar as regras monásticas como uma forma de nos isolar do mundo — o objetivo é ver a todos como uma forma de abrir ainda mais nossos corações e mentes para o mundo inteiro."[30]

Shambhala estabeleceu uma tradição única dentro do budismo tibetano: a Abadia Gampo permite a ordenação temporária, para dar aos leigos a chance de experimentarem a vida monástica antes de decidirem adotá-la para sempre ou de voltarem para suas vidas. "Há uma noção popular de que as pessoas escolhem viver em um monastério para escapar ou se esconder do mundo", diz Pema. "Na realidade, a intensidade e a simplicidade da vida na abadia exigem que nos envolvamos ainda mais intimamente com a vida, uma vida que não seja movida por preocupações pessoais e por padrões habituais. A intensidade da vida em comunidade, vivida com compaixão de acordo com os preceitos, exige que nós despertemos. No início, a vida na abadia parece idílica. Mas, quando você fica, então todos os lugares de resistência dentro de você são realçados. A vida na abadia é muito terrena e muito plena."[31] Ela mesma experimentou isso quando Trungpa Rinpoche a enviou para lá como diretora, em 1984, logo após o lugar ter sido comprado; era uma casa de fazenda antiga que ainda cheirava a vacas e galinhas. A abadia foi o primeiro monastério budista tibetano no Canadá para homens e mulheres ocidentais, e Pema Chödrön foi sua primeira diretora, verdadeiramente uma pioneira na exploração de como fundir a cultura monástica asiática com as mentes ocidentais.

"Estar ali foi um convite para testar meu amor por um bom desafio", ela escreve em *Quando tudo se desfaz*, "porque nos primeiros anos era como ser fervida viva". O que aconteceu com ela quando chegou à abadia foi que "todas as minhas formas de proteção, todos os meios que usava para iludir a mim mesma e manter minha refinada autoimagem — tudo isso se desintegrou. Por mais que tentasse, não conseguia manipular a situação. Meu estilo estava deixando todo mundo louco e eu não encontrava um lugar para me esconder. Não importava o quanto tentasse, não conseguia manipular a situação. Sempre me considerei uma pessoa flexível, amável, querida por quase todos. Havia investido muito nessa autoimagem, mas ela simplesmente não se sustentava mais. Todos os meus conflitos estavam expostos, nitidamente e com clareza, ao vivo e em cores, não apenas para mim mesma, mas também para todos os demais."[32] Os outros eram bem francos em seus comentários. Ela fixou uma placa em sua parede, onde se lia: "Só encontraremos aquilo que é indestrutível em nós à medida que nos expusermos cada vez mais à destruição". Essa é a mensagem principal que ela vem aprendendo e ensinando desde então: "Tudo se resume ao total desprendimento"[33].

Nesse espírito, ela também explica o voto de bodhisattva em termos revigorantes e não tradicionais:

> O voto de bodhisattva tem a ver com ficar de cara limpa, pelado, sem nenhuma roupa em qualquer situação que se apresente a você, e ver o quanto você odeia certas pessoas, como as pessoas apertam seus botões de todas as maneiras, o quanto quer se segurar, o quanto quer ir para a cama e enfiar a cabeça embaixo das cobertas. Ver tudo isso apenas aumenta sua compaixão pela situação humana. Todos nós lutamos contra a descoberta de que não somos perfeitos e ainda assim querendo estar abertos e presentes para os outros.[34]

Com a gentileza de um dentista muito delicado que sabe que não adianta fingir que o remédio não vai doer, Pema resume a prática em seu livro *Os lugares que nos assustam*:

Essencialmente, a prática é sempre a mesma: em vez de sermos presas de uma reação em cadeia de vingança ou autodestruição, aos poucos aprendemos a reconhecer a reatividade emocional e a soltar a história. É então que percebemos completamente a sensação no corpo. Uma maneira de fazer isso é respirar essa sensação para dentro do coração. Cultivamos a compaixão por nós mesmos reconhecendo a emoção, abandonando qualquer história que estejamos contando para nós mesmos e sentindo a energia do momento. Podemos, então, levar isto um passo adiante. Podemos reconhecer que existem milhões que estão sentindo o mesmo que nós... ampliamos o círculo de compaixão.[35]

TORNANDO-SE UM SEM-TETO

O professor de Pema ensinou-lhe exatamente isso. Sua devoção por Trungpa Rinpoche desenvolveu-se lentamente, ao longo de dez ou quinze anos. Cerca de quatro anos antes da morte dele, sua hesitação evaporou, e ela sentiu uma devoção "inabalável". Ela conforta os alunos mais novos que estão lutando com sentimentos contraditórios em relação aos professores. "Se a devoção se estabelecer imediatamente, pode ser a sensação de que agora você tem uma nova mamãe ou um novo papai, e esse é um sentimento aconchegante. Mas, ao nos tornarmos budistas, não ganhamos uma nova família. Tornar-se budista é tornar-se um sem-teto."[36]

Na época em que Chögyam Trungpa morreu, em 1987, ele havia conquistado o respeito de muitos de seus colegas como um mestre altamente realizado, mas seu espírito extremamente não convencional muitas vezes confundia os alunos. Várias professoras deste livro, incluindo Tenzin Palmo e Joan Halifax, lembram-se de como ele tentou seduzi-las. Em sua autobiografia, a esposa britânica de Trungpa Rinpoche, Diana Mukpo, descreve o relacionamento de seu marido com um grande número de namoradas, suas festas descontraídas e o protocolo elaborado que governava a vida em casa. "Trungpa Rinpoche estava sempre tentando nos ensinar a relaxar na insegurança, na falta de chão. Sou muito grata a ele, independentemente de qualquer coisa", disse Pema Chödrön em uma entrevista a Helen Tworkov alguns anos após a morte dele.

"O Rinpoche me aborrecia muito. Eu não conseguia enganá-lo e isso era desconfortável. Mas era exatamente o que eu precisava."[37]

SEXO E O PROFESSOR

Quando Helen Tworkov pressionou Pema Chödrön para falar sobre os relacionamentos de Trungpa Rinpoche, Pema disse: "Rinpoche amava as mulheres. Ele era muito passional e tinha muitos relacionamentos com mulheres. Olhando para trás, eu teria dito a outras alunas que aquilo fazia parte, caso se envolvessem com ele. Você deveria ler todos os seus livros, assistir a todas as suas palestras e realmente tentar se aproximar dele. E você deve fazer isso sabendo que poderá receber um convite para dormir com ele; portanto, não seja ingênua a respeito disso, e não pense que você precisa ou não precisa fazer aquilo. Mas você tem que decidir por si mesma quem você acha que esse cara é."[38] Como mulher, ela diz, "eu não gosto que muitos professores abusem de suas posições e de suas alunas. Mas fico tentada a dizer que, quando um professor tem grande realização, na verdade é diferente do que quando não tem. Mas quem é que decide?... Meu próprio professor não seguia normas éticas e minha devoção por ele é inabalável. Então, isso para mim é um grande koan."[39]

Por fim, Trungpa Rinpoche morreu em decorrência do alcoolismo. Mas foi depois da morte dele que sua comunidade enfrentou seu maior desafio. Ele estabeleceu um sucessor que se revelou altamente promíscuo e HIV positivo, mas manteve sua doença em segredo e infectou outros alunos ao longo de vários anos. O choque que se seguiu abalou a comunidade de Shambhala.

Depois que o caos se instalou, Pema recorreu à sua prática principal: permanecer na ausência de base. "A preocupação aqui é obviamente a de não querer que os alunos se machuquem."[40] Mas Pema continua dizendo que não gostaria de ver uma lista de professores "ruins" ou "bons", uma divisão organizada de santos e pecadores. "Para muitos de nós, essa é a nossa herança, fazer as coisas cem por cento certas ou cem por cento erradas. Para mim, tem sido um grande alívio relaxar aos poucos na coragem de viver na ambiguidade... Você não consegue tornar isso certo, você não consegue tornar isso errado. Nunca conheci ninguém que estivesse completamente certo ou errado."[41] Pema acredita que o que ela vê nos outros é um reflexo de si mesma. "Eu só sei sobre mim. Quando ouço pessoas julgando com muita severidade, sinto que estou ouvindo tanto sobre seus obstáculos quanto sobre os problemas em questão. Estou ouvindo sobre os lugares nelas mesmas com os quais não conseguem se conectar."[42] Isso, diz ela, não deve ser confundido com ver o que está sendo feito de errado "e apenas dizermos: Pare com isso! Não aconteceu nada demais."[43] Então, quando as mulheres vêm até ela com sentimentos de raiva e traição, e reclamações sobre professores do sexo masculino, ela nunca diz: "Não há mal nenhum, isso é apenas viagem sua". Em vez disso, ela pergunta: "Você realmente quer que as coisas sejam curadas? Ou você só quer provar que alguém está errado? Vingar-se e culpar os outros nunca curam nada."[44]

Ela prefere manter a questão sobre o guru aberta: "Eu sei que o amo. Mas não sei quem ele era".[45] Em referência à tradição Zen, Pema chama isso de "mente do não saber". "Minha devoção eterna a Trungpa Rinpoche deriva de ele me ensinar de todas as maneiras que nunca se pode fazer com que as coisas sejam certas ou erradas."[46]

SUCESSO E LUTA

Foi Chögyam Trungpa quem insistiu que Pema deveria escrever os ensinamentos, mas sua própria carreira de professora só floresceu depois que seu professor morreu. Seus livros principais — *The Wisdom of No Escape* (A sabedoria do não escapar), *Comece onde você está* e *Quando tudo se desfaz* — tornaram-se best-sellers em meados dos anos 90. Sua sabedoria ressoou tão profundamente em pessoas de todas as esferas da vida que, de repente, milhares de alunos quiseram participar de seus retiros; as cartas e os convites precisavam ser entregues em cestos de lavanderia. Bem quando sua reputação estava crescendo, seu corpo não conseguia acompanhar. Pema Chödrön vinha lutando contra um sistema imunológico comprometido há anos, até que seu corpo parou e a obrigou a descansar, abruptamente. Ela foi diagnosticada com fadiga crônica e sensibilidade química. Não há cura milagrosa para a fadiga crônica, não há nenhum comprimido surgindo para fazê-la sentir-se melhor e subir no palco para dar aquele ensinamento sábio que as pessoas estão esperando. Embora as verdadeiras causas permaneçam desconhecidas, a exaustão profunda pode surgir inesperadamente e, às vezes, fazer com que seja impossível se mover. Pema aceitou com sua vontade característica de aprender com qualquer experiência: "Deve haver uma razão para isso acontecer", ela me disse uma vez. "Isso sempre acontece com os bem-sucedidos." E ela acrescentou, com uma piscadela: "Pelo menos isso enfraquece o ego!".

Por mais de uma década, Pema teve que cancelar inesperadamente seus compromissos, seguir uma dieta muito limitada e rígida, e sair às pressas de quartos de hotel que haviam sido cuidadosamente montados para ela quando resíduos químicos atacavam seu sistema imunológico. Muitas e muitas vezes não havia nada a fazer a não ser ficar sozinha em um quarto, suportando a dor e a frustração. Acima de tudo, ela teve que aplicar seus próprios ensinamentos de *Quando tudo se desfaz*. "Este exato momento é o professor perfeito", é uma das frases que ela escreveu.[47] "Cada momento é uma oportunidade para se abrir ou se fechar, para despertar ou para tentar fugir." Certa vez, quando lhe perguntei sobre como lidar com uma condição tão debilitante, ela disse que tentou aplicar o conselho que Trungpa Rinpoche lhe dera. "Abrace isso. Fique presente. Seja curiosa. Passe por isso prestando atenção, meticulosamente, como se quisesse descrever em detalhes para alguém que nunca ouviu falar disso."

Um dos ensinamentos mais essenciais do budismo tibetano é chamado de "Transformar Felicidade e Sofrimento em Iluminação". Refere-se a tomar toda e qualquer circunstância, seja boa ou ruim, bela ou feia, como uma oportunidade para despertar. Pema fez exatamente isso. Ela também percebeu que a fadiga iria destruí-la sempre que não fosse fiel a si mesma. "Eu sou aquela que agrada as pessoas e, assim que tento corresponder às expectativas das outras pessoas, isso me atinge instantaneamente".

Uma das frases do mestre tibetano Jigme Lingpa (1729-1798) diz: "Vendo as doenças como seus professores, reze para elas". A questão fundamental no budismo não é se há ou não sofrimento. "É como

Pema, a Rebitadeira: uma comparação vibrante com o ícone feminino de uma outra era. Colagem de Noa P. Kaplan ©Noa P. Kaplan.

trabalhamos com o sofrimento para que ele desperte o coração e nos faça ir além das visões e ações habituais que perpetuam o sofrimento. Como, de fato, usamos o sofrimento para transformar o nosso ser e o daqueles com quem estamos em contato? Como podemos parar de fugir da dor e de reagir contra ela de maneiras que destroem a nós e aos outros?"[48] Esta é a mensagem que Pema tem comunicado, mas as pessoas "precisam ouvi-la muitas vezes, e com um coração muito aberto, e ouvir de pessoas que realmente se importam".[49]

Quando sua saúde a forçou a simplificar a vida, aproveitou para fazer um retiro. Ela realizou um retiro tradicional de três anos na Abadia Gampo. Apesar de ter ficado bastante doente no final, ganhou "um apetite para fazer retiros". Ficou em silêncio completo por um ano, sem falar nada. Quando Bill Moyers perguntou-lhe o que acontece naquele espaço silencioso, ela brincou: "Bem, a primeira coisa que acontece é que você sobe pelas paredes". Ela é rápida em esclarecer: "Isso é pessoal, acontece comigo, não acontece com todos. Mas a desintoxicação é muito intensa. É como uma privação sensorial. Gradualmente, o que começa a acontecer é que você mergulha profundamente nas coisas das quais a vida está te distraindo. Esse é o propósito do retiro, sem distrações."[50] Pema aprendeu rapidamente "que distrações não são apenas telefonemas, e-mails e fenômenos externos. Nossa própria mente, anseios, desejos e fantasias também são distrações importantes. Conforme o tempo passa, você as alimenta menos porque não está falando. Você começa a mergulhar ainda mais no estado livre de distrações. E então começa a perceber que a vida sempre o afasta do estado de presença plena."[51]

Sabendo que compartilha essa experiência com muitas pessoas, Pema fala abertamente sobre o abismo em que caiu quando fez seu primeiro retiro mais longo. Cada vez que se sentava para uma sessão, a depressão a enterrava. Ela tentava se distrair, dar um passeio, até ler uma revista — mas assim que se sentava novamente em sua almofada de meditação, a velha companheira, a Senhora Depressão, juntava-se a ela. Sua própria experiência com a doença, a depressão e a perda tornou-se combustível para aprofundar ainda mais a sua prática. "Quando há sofrimento e dor", ela me aconselhou certa vez, "em vez de dizer que há algo errado, nós tomamos isso como uma oportunidade para purificar nosso karma em vez de criar mais karma negativo". A cada momento, mas principalmente quando as coisas ficam desconfortáveis, "podemos escolher fazer o que é habitual ou podemos escolher não voltar a semear as mesmas velhas sementes. Nesse exato momento, podemos perceber a oportunidade que temos para praticar, em vez de ficarmos preocupados com a sensação de que acabamos de estragar tudo, de novo."[52]

Estar totalmente presente "é em essência um estado completamente desperto, em que suas percepções sensoriais estão bem abertas, segundo a tradição que sigo. Se você pudesse imaginar ver e ouvir, saborear e sentir o cheiro e assim por diante, sem nenhum filtro entre você e sua experiência, é como se de repente todas as suas percepções sensoriais, que eram como fendas estreitas, agora estivessem totalmente abertas como se não tivessem dimensão externa."[53] Ela lembra que antes de encontrar o Dharma, existia "a constante corrente subjacente de infelicidade. Nenhuma grande crise — apenas um fundo constante de infelicidade, sem nunca ser capaz de entrar em contato com a qualidade do lugar em que eu estava." Agora, no entanto, ela experimenta um "sentimento contínuo e constante de felicidade ou contentamento, um bem-estar que é realmente inabalável".[54]

O VERDADEIRO VALOR DE UM PROFESSOR

Ainda assim, depois de todos esses anos praticando, ensinando e escrevendo best-sellers, ela descobriu a necessidade de voltar a ser, antes de mais nada, uma aluna. Depois de estudar com Trungpa Rinpoche, e depois com seu filho e herdeiro do Dharma, Sakyong Mipham Rinpoche, ela também iniciou uma conexão nova e desafiadora com Dzigar Kongtrul Rinpoche. Como ela diz, "Ele tem mexido comigo desde então".

Em 1995, foi convidada para uma conferência de professores budistas em São Francisco[55], e chegou um dia antes para descansar. "Passei o dia todo realmente me sentindo mal e dormindo." Quando ela decidiu se aventurar para um passeio e abriu a porta, Kongtrul Rinpoche saiu de seu quarto pelo corredor exatamente no mesmo instante. Eles se reconheceram, e ela perguntou se ele gostaria de tomar uma xícara de chá em seu quarto. Ela realmente não se lembra do que conversaram, mas lembra "muito claramente que comecei a me sentir melhor e o mal-estar simplesmente foi embora". O desejo de encontrar alguém que respondesse às suas perguntas estava constantemente com ela desde o falecimento de Trungpa Rinpoche. "Fiquei tão inspirada com o que ele falava que comecei a me sentir mais forte fisicamente do que me sentia há algum tempo. Senti uma conexão poderosa, e quando tive uma entrevista com ele algum tempo depois, aquilo me lembrou fortemente de como me sentia quando falava com Chögyam Trungpa Rinpoche, meu mestre-raiz."[56]

Cerca de um ano depois, quando se encontraram novamente, Pema pediu para receber um certo conjunto de ensinamentos mais elevados. Kongtrul Rinpoche recusou. "Aquilo foi um pouco chocante", diz Pema, e então ela lhe pediu que explicasse o motivo. Ele disse que sentiu vários obstáculos dos quais ela precisava cuidar primeiro. "Mais tarde, depois de lidar com tudo aquilo, eu lhe disse que estava confiante de que poderia realmente estudar aqueles ensinamentos com ele, e ele concordou." Por fim, ela começou seu primeiro retiro de cem dias no Samten Ling em 2000. "Naquela época, percebi que não havia conhecido ninguém desde Trungpa Rinpoche capaz de sentir onde eu estava presa. Eu era muito boa em enganar a todos e em falar sobre não ser fisgada, mas Kongtrul Rinpoche de alguma forma tinha essa grande habilidade de me fisgar. Eu sabia que devíamos ter uma conexão cármica muito antiga. Fiquei muito grata por tê-lo conhecido, perguntei se ele me aceitaria como aluna e ele disse sim."[57]

Por que é tão importante ter um professor, mesmo com toda a sua experiência? "Quando você se conecta com um professor, a sabedoria dele ressoa com a sua. Isso transcende as duas personalidades", explica Pema. "Estar com eles o conecta com sua natureza de Buddha. Os requisitos mais importantes para um professor são conhecer bem o aluno, ver onde você está se agarrando e ser capaz de criar circunstâncias que exponham a sua fixação. Surgem situações que permitem que você veja onde está presa. Por estar acontecendo com o seu professor do Dharma, você não foge quando é insultada nem se sente desconfortável, e esse é o valor real. Você aguenta firme e eles te ajudam com isso."[58]

SIM! SIM! SIM!

Normalmente pensamos no professor como o sábio ancião, mas, neste caso, os papéis estavam invertidos. O professor dela é quase trinta anos mais novo. Quando Kongtrul Rinpoche dá ensinamentos, muitas vezes a mão de Pema é a que levanta primeiro para indicar que ela tem muitas perguntas. "Não é que o professor te perturbe exatamente. É que estar na presença dele aumenta sua percepção de onde você está presa. Chamamos a isso de devoção porque, quando isso acontece, você não foge. Você chega ao ponto em que sente que não há nada que você faça que possa fazer com que o professor desista de você."[59]

Na época de seu primeiro encontro com Kongtrul Rinpoche, ela ainda dirigia a Abadia Gampo, tinha uma agenda que a consumia como professora e escritora, e sua vida era muito atarefada. O desejo de seu coração era encontrar mais tempo para praticar, mas seus outros compromissos vinham em primeiro lugar. Quando Kongtrul Rinpoche sugeriu que ela fizesse um retiro de cem dias todos os anos, "pensei: sim. SIM! O tempo todo ele me dava esses pequenos empurrões para fazer algo que eu, na verdade, não teria feito sozinha, mas assim que ele me cutucava, sempre vinha um SIM!" Por fim, ela encontrou a determinação para reduzir suas responsabilidades. "Todas essas pequenas cutucadas foram como se alguém me desse o presente mais precioso. Eu pensava: Eu não poderia ter feito isso sozinha?'. Mas, de alguma forma, não. Sem ele, eu não estaria fazendo aquilo. É bom ter alguém que nos mantenha sob controle", diz ela. Dzigar Kongtrul Rinpoche "realmente me fez passar por muitas mudanças. Eu achava incrível sua habilidade de enxergar exatamente onde eu estava presa — era um mistério. Tenho plena confiança de que sua motivação é me ajudar a despertar."[60]

Pema me parece um espírito muito livre e não convencional. Ela parece se sentir extremamente confortável em sua pele e suas vestes. Uma vez, ela usou o banheiro comum em um centro de Dharma. Vendo a porta do banheiro trancada, e sem saber que uma monja estava lá dentro, o jovem e bonito atendente de Kongtrul Rinpoche começou a se despir bem ali no corredor, apressado para colocar um terno quando os ensinamentos estavam prestes a começar. Quando Pema saiu, o atendente de cueca congelou de vergonha. Pema não perdeu a pose. Olhou para o jovem seminu em sua cueca boxer e assobiou alto para ele. Com um sorriso divertido no rosto, ela calmamente passou ao lado dele e foi para o templo.

Elizabeth Matthis-Namgyel em Crestone, Colorado.
Foto de Sasha Meyerowitz. ©Sasha Meyerowtitz.

6: **Elizabeth Mattis-Namgyel**

UMA MULHER- -MARAVILHA EREMITA

A filha de um marxista explora tudo na vida como uma questão em aberto, incluindo seu marido lama.[1]

Ao anoitecer, uma batida repentina e enérgica na porta da frente me assusta e me faz acordar de um estado sonolento. Não estou esperando visitas. Várias batidas mais determinadas me fazem dar um salto. Quando espreito pela janela da cozinha de minha cabana na montanha, vejo as costas negras e sujas da visitante — uma mamãe ursa enorme e magra procurando comida. Ela provavelmente poderia abrir caminho derrubando a frágil porta de madeira. Anos atrás, um visitante bem-intencionado alimentou os ursos com salmão para se divertir. Pouco importava para aquele sujeito o fato de que os ursos voltam fielmente ao mesmo local para colher iguarias — muito depois de ele ter voltado para a cidade. Pego algumas panelas e bato umas nas outras corajosamente produzindo um som tão ensurdecedor que a Sujona corre para a floresta. Elizabeth me avisou que estava morando em uma das áreas mais remotas dos Estados Unidos.

Crestone, uma aldeia com noventa e dois habitantes, é um importante ponto de confluência religiosa no meio do nada. Se alguém apagasse da cena as picapes Ford enferrujadas, o aglomerado de velhas cabanas de mineiros em ruínas e o minúsculo posto de gasolina, essa tundra acidentada poderia muito bem ser um planalto do Tibete. Cercada pelas cordilheiras do Sangre de Cristo e das Montanhas Rochosas, cujos picos de mais de quatro mil metros quase sempre mantêm seus chapéus de neve mesmo no meio do verão, Crestone está situada no maior vale alpino do mundo. Por milênios, os Navajo e os Hopi têm idolatrado o pico branco e agudo que arranha o céu no fim do vale como uma de suas montanhas mais sagradas. Os xamãs reverenciam o vale como solo sagrado, considerando auspicioso que a terra vermelha borbulhe com água quente e fumegante do subsolo. Oceano e deserto, quente e frio — essas camadas de opostos podem acender as centelhas da realização. Deve ser mais do que mera coincidência que vários professores budistas tibetanos proeminentes, bem como uma dúzia de líderes espirituais de outras tradições, tenham construído seus templos nesse improvável beco sem saída do universo.

Na pequena vila de fazendeiros e seus arredores há pelo menos sete centros budistas tibetanos, além de um centro zen, um ashram hindu, um monastério carmelita misto e um colorido arco-íris de diversos leitores de tarô, curandeiros e adivinhos. Jogue uma pedra em qualquer direção, brincam os moradores, e é provável que você acerte um médium. Onde antes os mineiros corriam para desenterrar minério barato, os moradores agora procuram tesouros espirituais. "As pessoas enlouquecem", admite Elizabeth, "porque a energia daqui agita a mente, ou elas usam a força da terra para transformá-la para a prática espiritual. Não é um tipo de natureza gentil, não faz concessões, o que demanda uma certa disciplina."

PRATICANDO COM A MULHER-MARAVILHA!

Deixando a bonança espiritual abaixo, uma trilha de terra íngreme e traiçoeira que leva ao alto da montanha sobe até o Samten Ling, o espetacular centro de retiro de Kongtrul Rinpoche, onde Pema Chödrön tem sua cabana de retiro. Penhascos verticais dão lugar a abismos impressionantes e um céu que não poderia ser mais vasto. O sol queima ao longo de mais de três mil metros; o caminho para a cabana de retiro de Elizabeth é tão íngreme que paro várias vezes para recuperar o fôlego, sob o pretexto de mergulhar nas vistas intermináveis. Elizabeth corre à frente, imperturbável — afinal, ela já fez essa caminhada centenas de vezes!

Elizabeth passou sete anos em retiro aqui em sua pequena cabana de madeira de um cômodo, que é alimentada apenas por painéis solares e sem água corrente. A vista é cinco estrelas: a dura beleza das planícies desérticas se estende abaixo de sua almofada de meditação. O batimento cardíaco da quietude é impossível de se ouvir. Nenhum barulho de carro, aviões raramente cruzam a vista, apenas corvos e águias. Da janela de sua cabana, ela consegue ver a varanda marrom da casa de família de dois andares que compartilhou com Dzigar Kongtrul Rinpoche por muitos anos, a apenas uma hora de caminhada no sopé das montanhas.

Que aparência você acha que tem uma eremita moderna? Aposto que você não esperaria esta figura de elfa enérgica, eloquente e atlética em uma camiseta rosa da Mulher Maravilha* com um ousado "Girl Power!". A super-heroína musculosa aperta o punho sobre o peito de Elizabeth, enquanto ela vasculha as gavetas em busca de chá em seu pequeno palácio. Um diamante cintila em sua narina esquerda, brincos de grandes argolas de ouro acrescentam um toque de elegância. Se você a vir em uma de suas viagens internacionais para dar ensinamentos, ela poderá estar usando um elegante terno preto e uma camisa de colarinho branco, sem maquiagem, o cabelo castanho na altura dos ombros preso casualmente em um rabo de cavalo. Ela poderia facilmente ser confundida com uma mulher de negócios bem-sucedida, se não estivesse dando uma palestra sobre postura de meditação e compaixão por todos os seres.

---

* A Mulher-Maravilha é uma super-heroína popular das revistas em quadrinhos. William Moulton Marston a criou em 1941 como um novo arquétipo de uma mulher forte e não convencional que tinha sucesso com força, inteligência e amor.

LIBERDADE DAS PREFERÊNCIAS DO EGO

Seus olhos castanhos brilham de alegria quando aponta para a cama de solteiro — também seu assento de meditação — em frente à prateleira simples de madeira do altar. "O retiro nos força a aprender a como nos relacionar de maneira saudável com todas as nossas experiências", ela explica com um largo sorriso. Fora do Tibete, dificilmente se poderia imaginar um lugar melhor para explorar a mente. O céu cai através das enormes janelas na cabana cheia de luz; emoldurada por trás dela, uma Vajraioguini dançante e feroz testemunha os milhões de mantras e as incontáveis horas de práticas de visualização que ela realizou naquela sala. O marido de Elizabeth, Dzigar Kongtrul Rinpoche, e seu filho, Dungse Jampal Norbu, a olham a partir das fotos de família no parapeito da janela. "Acho engraçado que as pessoas pensem que fazer retiro é uma fuga das responsabilidades e um recolhimento para dentro de si mesmo", diz ela. "No retiro, tudo o que você tem reprimido vem à tona. Você se coloca em uma posição em que é incapaz de ignorar isso. Minha experiência em retiros me mostrou que, com a prática, posso realmente aprender a aproveitar minha experiência, mesmo quando a mente é um pouco dura, embotada ou selvagem. Aprendi que não preciso lutar tanto, que não preciso me sentir tão intimidada pela atividade dos pensamentos e das emoções. Isso dá uma paz mental incrível."

Ela claramente corporifica e respira os ensinamentos de Kongtrul Rinpoche de viver o Dharma não apenas na almofada, mas a cada momento. "Conhecer o medo e o destemor", ela diz sobre o que aprendeu em seu longo retiro. "Há muito medo no que desejamos e não desejamos. Comecei a me interessar profundamente pelas coisas que normalmente tento evitar. Ver a natureza das coisas nos liberta de todo o apego que normalmente temos. Portanto, o fruto da prática é a liberdade: liberdade do medo, liberdade das preferências do ego. Ela fornece a você uma maneira de ser muito ampla. Mesmo que o insight seja momentâneo, você não se esquece dessa possibilidade."

Elizabeth parece conciliar sem esforço seus compromissos como praticante em retiro, aluna do Dharma, esposa e mãe. Claro, ser casada com um mestre tibetano e não ter que trabalhar das nove às cinco é algo que ajuda, mas, ainda assim, sua dedicação é impressionante. Elizabeth não hesita em dar conselhos diretos às muitas mulheres que anseiam por encontrar um equilíbrio melhor entre família, trabalho e autorrealização: "Você precisa da intenção, de um bom planejamento e de ser criativa. Se não encontrar tempo para praticar, um dos três está faltando."

ALÉM DA CEGUEIRA E DA DÚVIDA

Conheço Elizabeth há mais de quinze anos. Eu a conheci na Europa, onde ela acompanhava o marido em viagens para dar ensinamentos; tempos depois, ela estava me guiando como uma mestra de retiro experiente e compassiva no Samten Ling. Eu a vi evoluir de aluna para se tornar editora, autora e professora. Muitas vezes ela levanta questões desafiadoras nos ensinamentos de seu marido, e seus grupos de discussão são sempre animados. Mas fiquei surpresa quando ouvi seu primeiro ensinamento internacional na França porque ela escolheu um tema muito desafiador — a devoção ao guru. Ela se atirou diretamente nesse tema complicado.

Elizabeth confessa que há muito se debate com essa ideia que é central na prática Vajrayana: ver o professor como Buddha. No budismo tibetano, o caminho de cada aluno é baseado na devoção e na confiança ilimitadas em seu professor. O professor não é mais visto como um ser humano comum, mas como completamente perfeito, o Desperto em carne humana. Um professor maravilhoso, o falecido Penor Rinpoche, deu a Elizabeth o conselho de "nunca ver o professor como um ser comum". Ela ficou "profundamente comovida com aquele conselho... Ainda assim, eu me perguntava: como você vê algo de modo tão perfeito quando a mente tem tantas preferências? O que você faz com isso?". Um dos manuais de prática tradicionais mais importantes que Elizabeth segue, *As palavras de meu professor perfeito*, instrui[2]:

> Você deveria ter tanta confiança nele a ponto de percebê-lo como um verdadeiro Buddha... Seja como um cavalo perfeito, sempre agindo de acordo com os desejos do professor em todas

as situações, evitando habilmente tudo o que o desagrade, e nunca se irritando ou se ressentindo, mesmo quando ele nos repreende severamente. Assim como uma ponte, não deve haver nada que não possamos suportar, por mais agradáveis ou desagradáveis que sejam as tarefas que ele nos peça para fazer. Como a bigorna de um ferreiro, devemos obedecer a todas as suas ordens... Por mais incompreensível que seja o comportamento do professor, mantenha sempre a percepção pura.

Se você é casada com um professor, como conciliar isso com a discussão sobre quem lava a louça suja depois do jantar? Ela revela seus conflitos, solidão e frustração, junto com sua profunda gratidão. "É como uma regra tácita de não falarmos sobre nossas dúvidas ou questões não resolvidas, e eu questiono isso." Nos textos antigos, os discípulos saltam de penhascos, espetam lascas de madeira sob as unhas e constroem monumentos enormes que precisam derrubar e reerguer, tudo sob o comando de seus professores[3]. "É impressionante e comovente", diz Elizabeth. Mas o que esses exemplos sugerem para nosso próprio caminho? "Eles querem dizer que devemos colocar nossa inteligência perspicaz de lado e simplesmente fazer o que for pedido? O que realmente significa ser uma aluna?"

O RICO QUEBRA-CABEÇA DA FÉ

Ela não sabia e, obviamente, ninguém iria lhe dizer. Elizabeth teve que "decifrar esse rico e interessante quebra-cabeça: qual é a compreensão da fé no Caminho do Meio? Podemos ter fé enquanto usamos nosso próprio discernimento?" E existe um caminho além, como seu professor coloca, "da cegueira e da dúvida"? Por anos, ela ficava chateada quando outros alunos contavam que realmente viam Kongtrul Rinpoche como um Buddha em forma humana, com extrema admiração. Não que ela não o achasse maravilhoso, mas secretamente sentia que sua percepção não era inteiramente pura. "E então nos perguntamos: 'O que aconteceu com a minha devoção?'. O que realmente acontece é que começamos a questionar a nós mesmos. 'Por que não posso ser como os discípulos sobre os quais lemos nos textos?' Esse grande dilema vem de se ter uma visão muito, muito estreita sobre quem o professor é." A relação professor-aluno só funciona se for baseada na confiança e no abandono de conceitos comuns. "Quando pensamos no professor como um buddha perfeito dessa maneira comum, temos uma ideia muito limitada e artificial do que isso é. O que acontece é que quando nosso professor faz algo que não entendemos, não conseguimos manter essa visão grandiosa e estática, e o perfeito começa a desmoronar. Então, começamos a fingir um pouco a nossa devoção, forçamos um pouco a barra."

Em seu primeiro livro, *O poder de uma pergunta aberta*, Elizabeth dedica um capítulo inteiro ao desafio do "professor perfeito". Aconteceu de eu estar presente quando ela mostrou a Kongtrul Rinpoche esse capítulo pela primeira vez.

GANCHO E ARGOLA

As ocasiões em que toda a família se reúne tornaram-se raras. Naquela tarde ensolarada, após um dos ensinamentos de Kongtrul Rinpoche, sentada do lado de fora no pequeno pátio em frente a seu trailer prata na floresta acima de Boulder, ela abriu seu laptop e leu em voz alta para seu marido e seu filho. "Quando penso em meu professor, Dzigar Kongtrul Rinpoche," Elizabeth começa, "sinto profunda apreciação, amor e solidão, tristeza e calor, tudo ao mesmo tempo. Mas, se você me perguntasse quem ou o que meu professor realmente é, eu não conseguiria dizer. Passei muito tempo tentando entendê-lo. Mas toda vez que penso: 'Agora entendi — sei quem ele é', tenho problemas. O professor, como todas as coisas, está além de definição ou objetificação."[4] Elizabeth decidiu tomar sua relação com o professor como seu koan, uma questão paradoxal a desvendar em sua busca espiritual. Inevitavelmente, a pergunta provoca uma busca surpreendente para cada aluno budista, que dura toda a vida: o que significa ter um professor? Até onde você está disposto a ir e quão incondicional é a sua confiança?

Elizabeth encontrou uma resposta: "Pode parecer que o tema aqui é o professor, mas nossa investigação a respeito do professor apenas nos empurra de volta para nós mesmos".[5] Ao lidar com o professor, essencialmente enfrentamos o mesmo dilema que temos com a nossa própria mente. "Porque por um lado queremos ser bons praticantes, isso é muito nobre; mas o que fazemos com toda a nossa humanidade, nossa paixão, agressividade e ignorância? Como reconciliamos o 'eu' com a iluminação? Por favor, entenda que não estou dizendo que o professor não seja extraordinário, mas simplesmente não acho que somos capazes de conhecer o professor por meio de nossas maneiras comuns de ver."

Ela usa a analogia tradicional do gancho e da argola para descrever a relação entre professor e aluno. "Acho que podemos ouvir isso e pensar: 'Que bom, se eu estiver perto do professor, ele vai me fisgar como um peixe e me arrancar do sofrimento'. Mas não funciona assim." Para ela, a imagem do gancho e da argola significa interdependência. "É muito seguro colocar o professor em um pedestal e criar uma fantasia. Porque você não precisa refletir sobre si mesma, não precisa mudar, não precisa desistir do seu ego. O professor é o gancho, mas, se não nos tornarmos uma argola, não há nada para o professor fisgar." Ela conclui seu capítulo com o seguinte insight[6]:

> Quando encontramos o professor perfeito nós vemos tudo como perfeito. Isso porque vemos o mundo além de nossa objetificação habitual — vemos a natureza infinita e ilimitada das coisas. Este é o fruto que surge desse relacionamento especial... não há nada como isso. Mas, até que realizemos o verdadeiro sentido de "perfeito", o professor estará apenas esperando, e esperando, e esperando...

Kongtrul Rinpoche acena calmamente com a cabeça depois que ela termina e, após uma pausa que parece interminável, concede seu selo de aprovação com apenas algumas palavras: "Ótimo. Ficou realmente bom."

TOTALMENTE HUMANO, CORAJOSO E HONESTO

Inesperadamente, Elizabeth sabota a sessão de leitura e transforma o piquenique da família em uma guerra de pistache, pegando punhados de nozes da tigela de salgadinho e mirando na boca do filho. Logo todos os três estão rindo, atirando e desviando dos pistaches.

"Nós temos os nossos momentos comuns. Como família, nos divertimos muito juntos", disse ela mais tarde. Depois de todos esses anos, ela admite, é a humanidade de Rinpoche que mais a comove: sua honestidade, sua coragem e sua profunda insatisfação com o eu e todos os seus *queros e não queros*. "Ser totalmente humano e totalmente presente em todas as atividades é uma grande conquista."

Ela claramente ama sua liberdade e sua independência. Kongtrul Rinpoche sempre a provocava, amorosamente. "Ela gosta de agitar as coisas", dizia ele, quando Elizabeth fazia uma de suas perguntas investigativas. Acho o seu exemplo muito inspirador. Às vezes, vejo esposas asiáticas assumindo uma atitude extremamente devota e submissa perto de seus maridos, nunca questionando nenhuma das condutas e decisões do cônjuge. Como uma jovem ocidental solteira, eu não ficava apenas perplexa, aquilo também me desencorajava. Ver uma mulher ocidental autoconfiante atingir esse equilíbrio crucial entre testar e confiar é revigorante, e é até mesmo crucial, para traduzir o antigo conceito asiático de devoção no Ocidente — não apenas para a esposa de um professor tibetano, mas para qualquer buscador espiritual.

SEGUINDO UM PAVÃO PARA O NEPAL

Elizabeth ouviu seu chamado em meio às circunstâncias mais improváveis. Como se estivesse sendo impulsionada por uma voz irresistível, ela se desviou da rotina que sua própria cultura havia prescrito para ela. Passar sete anos na solidão perto de ursos e leões da montanha poderia ser comum no Himalaia remoto, mas na América moderna é um esforço tão incomum, especialmente para uma mãe, que faz surgir a pergunta: como ela chegou aqui?

Sua mãe, Naomi Mattis, lembra que Elizabeth e seus colegas tiveram que escolher um país em desenvolvimento para uma viagem de campo no segundo ano de faculdade. Na noite anterior à apresentação de sugestões, Elizabeth teve um sonho vívido com um pavão no Nepal — um pequeno país asiático dominado por conflitos, sobre o qual ela pouco sabia. Ao acordar, anunciou uma firme decisão: "Mãe, eu vou para o Nepal". Não importava o pequeno detalhe de sua escola nunca ter tido nenhuma conexão com o Ne-

Elizabeth Mattis-Namgyel em sua cabana de retiro no Colorado.
Foto de Michaela Haas. ©Michaela Haas

pal. O diretor sugeriu China, México ou África, mas Elizabeth não se intimidou. "Ela ameaçou deixar a escola se eles não a deixassem ir para o Nepal", lembra sua mãe, com seus olhos verdes lançando olhares selvagens imitando a raiva de Elizabeth. "Ela estava falando sério!" Elizabeth teve que comparecer perante todo o conselho escolar exclusivamente masculino para apresentar seus argumentos. "Acho que ela passou todo o segundo ano da faculdade apenas traçando aquele plano e quase não fez mais nada", diz Naomi, agora rindo. Claro que Elizabeth conseguiu o que queria.

UMA FACADA NA CARA

Talvez sua fome espiritual tivesse a ver com um ataque que sofreu em San Francisco quando tinha 21 anos: um estranho a esfaqueou no rosto, sem motivo, do nada. A faca atingiu diretamente sua bochecha direita. Felizmente, um cirurgião plástico estava de plantão na sala de emergência para onde a ambulância a levou. Hoje, apenas uma ligeira cicatriz ainda denuncia a agressão. Mas fez crescer em Elizabeth a sensação ardente de precisar de proteção e de orientação.

"Vim de um ambiente muito ateu", lembra ela, agora sorrindo para o caminho radicalmente diferente que tomou. "Meus avós socialistas imigraram da Rússia e meu pai, um tipo socialista radical, escrevia para um jornal comunista clandestino na Califórnia." Depois que seu pai se tornou um importante executivo de negócios da música em uma gravadora, um fluxo interminável de estrelas do rock e artistas famosos inundava a sala de estar de seus pais em Santa Monica. Em meio aos debates anarquistas em casa, Elizabeth era devorada por uma questão que revelava um anseio: "O que devo fazer da minha vida? Eu queria fazer algo significativo, mas não sabia o que era." Sua mãe, uma psicoterapeuta impressionantemente afetuosa e vivaz, já estava estudando o budismo com os tibetanos. Naomi também cuidava de pacientes terminais. De seus leitos de morte, ela frequentemente trazia para casa uma sensação urgente de impermanência, uma consciência imperativa da preciosidade de cada momento. Ainda assim, Elizabeth teve que encontrar seu próprio caminho.

Por fim, no Nepal, ela vagueava sozinha em um parque nacional, guiada apenas por sua intuição. Na margem de um rio, ela conheceu a esposa de um agricultor local e aceitou seu convite para jantar na casa de sua família. Ela acabou ficando três meses na selva com essa família, sem eletricidade e nem água corrente, compartilhando sua vida dura e simples, mas terrena e muito natural. Depois que ela voltou para casa, tudo o que queria era retornar. Naomi se lembra de ela ter dito: "Mãe, você nunca me conhecerá de verdade até ir para o Nepal". Ao que Naomi respondeu: "Uau, essa é uma declaração e tanto, forme-se primeiro e depois iremos".

RELAXANDO NA CONSCIÊNCIA NÃO FABRICADA

Nessa segunda viagem, junto com sua mãe, Elizabeth começou a explorar com cuidado a comunidade budista em Boudhanath, o bairro tibetano de Katmandu aninhado em torno de uma cúpula gigante, onde milhares de tibetanos lutaram para reconstruir seus monastérios e cabanas humildes no exílio. Vários dos melhores professores da época, como Dilgo Khyentse Rinpoche e Tulku Urgyen Rinpoche, abriram suas portas para os primeiros ocidentais e turistas que se interessaram por seus ensinamentos. "Mas de alguma forma ninguém me tocou no ponto em que estava na época", diz ela. "Foi só em retrospecto que entendi a profundidade de seus conselhos." Em um retiro de meditação com Tulku Urgyen em um pequeno monastério feminino no alto do vale de Katmandu, um jovem vestindo jaqueta de couro e o tradicional sarongue branco indiano se aproximou dela e falou sobre meditação. Normalmente ela se esquivava quando os homens asiáticos procuravam fazer contato, mas aquilo pareceu diferente. Eles conversaram um pouco e Elizabeth se lembra de ter pensado: "Gostaria de conhecer um professor assim. Seus olhos eram tão claros. Ele me tocou, suas palavras ressoaram em mim profundamente."

 Logo ela descobriu quem ele era: o altamente respeitado Dzigar Kongtrul Rinpoche, considerado a encarnação de Jamgon Kongtrul, o Grande, um dos mais sábios e influentes mestres não sectários[*] do século XIX. O jovem tinha acabado de devolver seus

---

[*] O movimento não sectário (tib. rimé) visa manter todas as principais tradições do budismo tibetano em igual consideração.

votos de monge no início daquele ano. É certo que ele se sentia um pouco perdido, procurando espaço no eremitério para se recuperar da consequência de devolver seus mantos, procurando resolver sua confusão sobre para onde ir a partir dali. A primeira instrução que ele lhe deu foi simples, mas desconcertante: "Não crie". Praticar, ele ensinou, significava deixar a mente em seu estado natural, sem manipular pensamentos e sensações — não criar castelos intermináveis de pensamentos e fantasias.

Esse conselho era muito provocador para Elizabeth, pois, em sua família de artistas, as pessoas mais criativas eram muito admiradas. No entanto, aquela instrução parecia verdadeira. Trazer a mente para casa, deixando a consciência livre de fabricações, é a instrução de meditação mais simples, mas profunda, que continua a inspirá-la e guiá-la até hoje. Instantaneamente, ela e Kongtrul Rinpoche tornaram-se inseparáveis. "Isso era tudo para ela", diz Naomi que, na era pré-celular, incrédula assistia seu futuro genro aparecer fielmente todas as manhãs nos degraus de sua casa de hóspedes. "Eu me tornei sua primeira aluna e esposa quase que imediatamente", lembra Elizabeth. Ela tinha vinte e três anos, ele, vinte e um, quando se conheceram e se casaram. Elizabeth acrescentou o nome de sua família ao dela e tornou-se "Namgyel", a palavra tibetana para "todo vitorioso". Nas poucas fotos que sua mãe tirou do casal na época, eles parecem magros e com o frescor de adolescentes no olhar. "Nessa idade, você não sabe quem é", confessa Elizabeth. "Eu também não sabia o que significava ser casada. Eu tinha que descobrir tudo."

Os recém-casados se mudaram para uma pequena sala escondida em uma esquina da grande estupa de Boudhanath, a enorme cúpula hemisférica branca que abriga algumas das mais sagradas relíquias budistas. Quem quer que veja a estupa, ou assim acreditam os habitantes locais, será abençoado com as sete qualidades da bem-aventurança divina: nascimento nobre, beleza, fortuna, virtude, inteligência, poder e riqueza. Como Elizabeth vivia cara a cara com o Buddha, a bem-aventurança divina deve ter sido uma conquista: uma vez que os olhos do Buddha são pintados na coluna central super imponente, ele praticamente olhava para dentro de sua cozinha.

"VOCÊ PRECISA CONHECER A SUA PRÓPRIA MENTE!"

No Nepal, o profano e o sagrado se entrelaçam sem esforço com os incontáveis corpos de peregrinos e mendigos que se atropelam e se empurram ao redor das relíquias, quase a qualquer hora, dia e noite. A estupa é um banheiro público onde garotas nepalesas baixam seus sáris até a cintura e deixam suas irmãs esfregar suas costas. Mendigos com membros quebrados revelam suas feridas abertas para ganhar mais algumas rúpias. Os devotos acendem lamparinas de manteiga para rezar pelo bem-estar de seus entes queridos.

Em meio ao alvoroço, Elizabeth tentava ansiosamente se encaixar, memorizar os títulos tibetanos e imitar os costumes tradicionais — tão seriamente que a mãe de Kongtrul Rinpoche, Mayum Tsewang Palden, a chamou de lado e gentilmente aconselhou: "Querida, você não precisa tentar ser uma tibetana. Você não precisa ser americana. Apenas conheça a sua própria mente." Essas palavras apontaram para Elizabeth a direção da verdadeira prática, "além das formas culturais estrangeiras com as quais eu estava lutando". A mãe de Kongtrul Rinpoche era uma praticante extremamente realizada. "Ela não era uma mulher comum — era uma verdadeira ioguine", explica Elizabeth. Ela entrou em retiro quando tinha treze anos e teve que ser persuadida a deixar seu eremitério dez anos depois para se casar com o grande mestre Chokling Rinpoche. Juntos tiveram cinco filhos, quatro dos quais são mestres renomados. Embora eles estejam entre os praticantes mais realizados e gentis, pode-se sentir uma força intensa incomum por trás de sua bondade sem limites. Isso pode ser perturbador ou intimidador. "Você precisa se manter firme," Elizabeth admite. "Eu era uma jovem ingênua da Califórnia entrando nesse estranho mundo novo. Levei algum tempo para encontrar meu caminho nesse mundo."

UM SUPER PRESENTE DE ANIVERSÁRIO: UM FILHO

Elizabeth começou a dar aulas de inglês em uma escola em Katmandu, mas logo estava esperando um filho. Com a gravidez já avançada, viajou para a Tailândia com Kongtrul Rinpoche e sua mãe, para poder dar à luz em um hospital de luxo em Bangkok.

Como que para demonstrar o quão obstinada sua esposa é capaz de ser, Kongtrul Rinpoche conta animadamente a história de como, no calor do momento, Elizabeth decidiu dar à luz no vigésimo terceiro aniversário de Kongtrul Rinpoche, no dia 23 de outubro de 1988. Não seria um super presente de aniversário? Kongtrul Rinpoche lembra-se de ter pensado: "Aquilo era praticamente impossível". Na verdade, o bebê não vinha. Depois de mais de cinco horas em trabalho de parto, o médico de plantão impacientemente foi para casa. Quinze minutos antes da meia-noite, Elizabeth perguntou que horas eram. Kongtrul Rinpoche lhe disse, e ele se lembra vividamente: "Ela ficou muito brava! Ela se levantou e caminhou ao redor da sala, e em dez minutos o bebê nasceu!" Parecia "um bom presente", diz ela agora um pouco tímida, "e parece que ele gostou".

Eles deram ao seu filho o nome Jampal Norbu, "Ser Precioso de Voz Suave". A primeira parte também é o nome tibetano do Buddha da Sabedoria, Manjushri. Quando Dilgo Khyentse Rinpoche abençoou o bebê, ele previu que Jampal seria o sucessor e detentor da linhagem de Kongtrul Rinpoche. Jampal, agora com vinte e três anos, é um cavalheiro simples e esguio com um senso de humor desconcertante. Ele atualmente estuda com seu pai na residência da família de Kongtrul Rinpoche no assentamento tibetano de Bir, no norte da Índia, preparando-se para seu futuro papel como herdeiro do Dharma. Em vez de entregá-lo a um monastério para treinamento, como os pais de tulkus costumam fazer, Kongtrul Rinpoche o manteve por perto.

Kongtrul Rinpoche reconhece que veio para o Ocidente por causa de Elizabeth. Com Jampal ainda bebê, pegaram um avião para Boulder, no estado americano do Colorado. A Kongtrul Rinpoche foi oferecida a Cátedra de Sabedoria Mundial em Naropa, a universidade budista fundada por Chögyam Trungpa Rinpoche. Elizabeth seguia um cronograma rígido. Durante o dia, ela fazia seu mestrado em Naropa, estudando budismo com seu marido, que aos poucos construía uma pequena, mas dedicada comunidade de alunos ocidentais. Muitas vezes, levantava-se às três da manhã, enquanto Jampal ainda estava dormindo, e começava a fazer suas prostrações para completar as cem mil prostrações, preces de refúgio e bodhichitta, purificação, oferendas e guru ioga[*], práticas que a tradição de Kongtrul Rinpoche prescreve como preliminares.

Mas então, quase da noite para o dia, Kongtrul Rinpoche decidiu se mudar para Crestone. Com um marido lama, nem sempre parece haver uma resposta satisfatória para cada porquê. Então, Elizabeth fez as malas e passou de uma cidade agitada e vida universitária para uma cidade deserta e no meio do nada. Com certeza, aquele foi apenas o primeiro passo para a reclusão extrema.

CONCENTRAÇÃO MEDITATIVA DESTEMIDA NA VASTA EXPANSÃO

Um empresário multimilionário e subsecretário das Nações Unidas, Maurice Strong, e sua companheira visionária, Hanne, transformaram Crestone em um paraíso espiritual, oferecendo várias faixas de terra para mestres budistas e outros professores. Kongtrul Rinpoche se apaixonou pela parte mais remota, mais íngreme e selvagem da montanha coberta de pinheiros e zimbro onde agora é seu centro de retiro, Longchen Jigme Samten Ling (traduzido do tibetano aproximadamente como "Santuário da Concentração Meditativa Destemida na Vasta Expansão"). Assim que construiu as primeiras cabanas de madeira, ele conduziu um retiro tradicional de três anos para um pequeno grupo de alunos mais próximos. Mas, para Elizabeth, três anos se transformaram em sete. "Era a minha maneira de evitar dar ensinamentos", brinca Elizabeth. Todo ano, Kongtrul Rinpoche perguntava se ela preferia sair do retiro e começar a ensinar, e todo ano ela escolhia ficar mais um ano.

Elizabeth claramente gosta dessa parte de sua vida. Qual é exatamente a beleza do retiro? "Quando você está vivendo no mundo, às vezes pode escapar ou manipular a experiência, porque existem diferentes maneiras de se distrair. Estamos sempre tentando obter o que queremos, ou não obter o que não queremos, ou lutando para conseguir o que queremos e, por fim, descobrir que aquilo não era o que queríamos", diz ela. "No retiro, você só consegue

---

[*] Ioga (sâns.) significa literalmente "unificar". Guru ioga é a prática de fundir a própria mente com a mente do mestre.

lutar contra as experiências por um certo tempo. No sentido último, a prática consiste em desfrutar da sua experiência, da sua própria mente. Essa é a beleza de estar em retiro."

BRINCADEIRA DE CRIANÇA EM RETIRO

Jampal tinha apenas nove anos quando ela entrou em reclusão. Como ela fez um retiro ao mesmo tempo em que criava seu filho? Jampal me garante que sua mãe não teria partido se ele não tivesse concordado. Afinal, ele cresceu vendo seus pais meditarem muitas horas por dia, e naturalmente associava meditação a algo acolhedor. Quando questionado se precisava da mãe, ele disse com um sorriso: "Sou bastante independente. E gostava de sempre saber onde ela estava." Mesmo assim, Elizabeth teve a sorte de ter amigos íntimos morando em sua casa e que cuidavam de seu filho e de sua família. Como sua casa fica a apenas alguns quilômetros de distância de sua cabana de retiro, ela ia para casa à noite para passar um tempo com o filho, lia histórias de ninar para ele e dormia em casa. De manhã, ela o acordava, tomavam chá juntos e um amigo o levava para a escola. Outras vezes ela ficava na cabana de retiro, com uma cama extra para Jampal visitar. Parece uma brincadeira de criança quando ela descreve o arranjo, mas é bem incomum. Tanto no Oriente como no Ocidente, os pais geralmente precisam deixar os filhos para fazer retiros mais longos e, portanto, a maioria deles não faz. Até hoje, Kongtrul Rinpoche tem adotado uma abordagem bem complacente, não apenas para sua própria família. Seus alunos realizam as práticas, que tradicionalmente são feitas ao longo de três anos em reclusão estrita, em períodos de cem dias ou mesmo de apenas um mês. Quando sentem necessidade, os filhos podem ir visitá-los. As cabanas são bem distantes umas das outras e, portanto, as risadas ou brincadeiras não perturbam outros praticantes em retiro; os próprios praticantes descobrem que a abertura enriquece tanto sua prática quanto sua vida familiar.

Alguns tibetanos muito tradicionais podem não chamar isso de retiro estrito, mas Elizabeth oferece sua própria visão sobre o que é um retiro: "Quando estou praticando e quando não estou?". Isso, diz ela, surgiu como a principal questão para ela. Pode-se passar vinte e quatro horas na almofada sem nenhum momento de verdadeira prática e, inversamente, é possível praticar enquanto se realizam atividades aparentemente normais. Quando a mente está girando? Quando estamos afastando a experiência? Como vivenciamos a diferença entre se engajar e não se engajar na prática? Como isso libera a mente? Essas são as perguntas que Elizabeth gosta de explorar dentro e fora da almofada: "Isso é encontrar a verdadeira fronteira interna".

As fronteiras externas de seus primeiros três anos de retiro foram rígidas — ela nem mesmo falou por um ano e meio. "Eu estava muito firme quanto a isso, e nem queria falar com outros praticantes em retiro", admite. "Foi bom, mas havia alguma neurose naquilo." Um dia, depois de tirá-la de seu eremitério, Kongtrul Rinpoche a levou a uma fonte termal próxima — uma fonte termal de nudismo, onde não é permitido usar roupas. Enquanto no retiro tradicional é muito importante criar um espaço protegido onde os praticantes em retiro não sejam vistos por outras pessoas, aquilo era exatamente o oposto — exposição total. Eles encontraram um conhecido que perguntou, incrédulo, por que Elizabeth não estava em sua cabana. "Eu estava chutando e berrando por dentro", lembra Elizabeth, "mas foi muito útil me livrar da rigidez". Em parte, é disso que se trata o budismo tibetano: não se apegar a nenhum conceito, nem mesmo a conceitos que são supostamente "corretos".

O DESAFIO DE VER O MARIDO COMO UM BUDDHA

Elizabeth enfatiza o quanto se sente afortunada por ter um vínculo tão próximo e íntimo com seu professor. Ainda assim, ela não ignora os desafios de um relacionamento tão incomum, que qualquer mestre Vajrayana seguramente chamaria de não convencional. "O fato de me casar tão jovem e ser aluna e esposa ao mesmo tempo teve seus desafios", exclama Elizabeth com uma franqueza prática. "Não existe um clube das sangyums (consortes) ou um site que se possa acessar e pedir conselhos. Sangyums nunca falam sobre essas coisas entre si."

Havia apenas duas esposas de professores com quem ela conversava sobre seus sentimentos confusos. Certa vez, uma sangyum que ela não conhecia a viu com Kongtrul Rinpoche. "Ela me pegou pelo braço com muita força, puxou-me para uma sala privada e disse: 'Se você não servir aos outros, vai sofrer terrivelmente, e se servir aos outros, poderá ser feliz.' É como se todo mundo soubesse que existe algum desafio nesse tipo de relacionamento, mas ninguém discute isso."

Em uma reunião budista, Elizabeth conheceu outra ocidental que se casou com um mestre tibetano pouco convencional: Diana Mukpo se casou com Trungpa Rinpoche em 1970, quando tinha apenas dezesseis anos. Em sua autobiografia[7], ela discute abertamente os desafios que enfrentou: o alcoolismo de Chögyam Trungpa, a falta de privacidade em uma casa de família que também servia como um centro de Dharma e constantemente abrigava muitos alunos. Diana também fala francamente sobre como ela aceitou que seu marido tivesse várias namoradas. Como ela mesma disse, "Rinpoche era uma personalidade muito grande para ser aprisionada em um relacionamento monogâmico"[8]. Quando conheceu Elizabeth, sem nenhum preâmbulo, Diana Mukpo lançou uma pergunta retórica: "É difícil, não é?". Elizabeth instintivamente pensou que isso só poderia se referir a um casamento com um mestre tibetano, sentiu as lágrimas brotando e só conseguiu acenar com a cabeça. "Mas", Diana Mukpo continuou, "você não mudaria isso por nada no mundo, nem por um momento, não é?".

Rápida, Elizabeth acrescenta que se sente extremamente abençoada, até mesmo "porque Kongtrul Rinpoche é muito aberto e muito progressista como pessoa". Ela pode falar com autoridade sobre suas lutas agora, porque trabalhou meticulosamente em suas dúvidas. "Esses professores são como uma força da natureza. Às vezes é difícil entender por que eles agem e falam de determinada maneira. Se você tentar descobrir isso racionalmente ou de acordo com o que o ego deseja, não vai chegar a lugar algum. É preciso de fato ter uma maneira mais ampla de ver as coisas, o que significa um desejo de abrir mão do ego." Muitas vezes, as palavras e ações de seu professor a desafiaram. "Eu poderia inventar todos os tipos de justificativas para explicar por que algo era injusto. Mas quem desafiaria os limites da minha mente conceitual? Se entendermos a relação professor-aluno corretamente, traremos tudo para o caminho. Às vezes, não consigo ver os benefícios no longo prazo, mas, ao fim acabo vendo, isso nunca falha, e minha apreciação e amor por ele continuam crescendo."

LIBERDADE NAS PEDRAS

Embora não esteja mais em retiro estrito, ela costuma visitar o centro de retiros, nem que seja apenas para guiar os praticantes que agora seguem o mesmo caminho nas cabanas de madeira simples que pontilham o vasto terreno. Em outros dias, ela fica em casa, escreve uma nova postagem no blog, em sua cozinha aconchegante, estuda ou dá aulas pela internet. Seu gato laranja mal-humorado, Don Julio, pula em seu teclado e digita algumas letras, antes de ser gentilmente afastado por ela. Certa noite, os faróis de seu carro iluminaram o gatinho no meio da estrada, tremendo. Ela levou o gatinho para casa. Uma boa ação. Mas agora Don Julio é um habilidoso caçador de ratos e pássaros e mata muitos animais. "Ainda assim, é uma boa ação salvar um assassino?", pergunta meio brincando.

Ela encontrou sua vocação traduzindo a sabedoria ancestral do budismo para o americano moderno. Até mesmo seu pai, o marxista convicto, passou a apreciar seus ensinamentos. Seus pais, Naomi e Marvin Mattis, moram bem perto dela. Marvin admite: "Comecei me afastando de mim mesmo ao me tornar um político. Eu me entreguei a Stalin — você consegue imaginar isso? Quando via pessoas se entregando ao guru, ficava horrorizado." Agora, mais de duas décadas depois, ele fala com admiração: "Minha vida se abriu como se eu fosse uma virgem de dezessete anos". Ele atribui seu despertar espiritual ao marido de sua filha, mas também à sua própria transformação e aos ensinamentos. "Elizabeth se comunica comigo diretamente", diz ele, "e ela não pinta lótus dourados".

Elizabeth ri alto, mas depois abaixa o olhar, um pouco envergonhada, quando seus pais derramam elogios sobre ela. Elizabeth é sempre cordial e disposta a gargalhar, mas também reservada. Ela só perde algumas camadas de reserva quando se aventura ao ar livre, no deserto das montanhas ao redor de Crestone. Por muitos anos, viu pessoas escalando os picos rochosos quase verticais que um gigante espetou nas planícies desérticas do Colorado.

Elizabeth Mattis-Namgyel procurando se equilibrar no Colorado.
Foto de Buddy Frank. ©Buddy Frank.

"Eu me perguntava como aquilo era possível", diz ela, e claro, teve que tentar por si mesma. Observá-la colocando o cinto e explorando os penhascos significa se aventurar em outra aula de Dharma. Pendurada na parede de pedra, presa entre uma borda escorregadia e uma saliência, lá também ela descobre o Dharma e uma analogia com a própria vida. "Ficar suspensa em uma pedra e não ver possibilidades de subir e descer é uma experiência exagerada de enfrentar o desconhecido", diz Elizabeth. Naquele momento estimulante, assustador e vibrante, quando ela não consegue encontrar um ponto de apoio, "nossa mente pode cair em uma quietude aberta, a mesma quietude aberta que encontramos em qualquer situação em que perdemos os pontos de referência que nos são familiares".[9] E é disso, afinal, que se trata o Dharma: permanecer presente e aberto, relaxar até mesmo em situações de investigação e, de repente, "todos os tipos de novos padrões e formas começam a emergir da rocha. Enxergamos lugares para nos apoiar que não enxergávamos antes."

No fim da tarde, ela visita os estábulos, como faz quase todos os dias. Este deve ser o único hobby que ela carregou de sua adolescência em Santa Monica. Elizabeth instantaneamente brilha quando chama sua égua no pasto. Claro, ela escolhe o único cavalo que ninguém mais conseguia montar: Braeburn, uma égua branca e agressiva, a líder voluntariosa da cavalaria. Observo Elizabeth sussurrar suavemente para sua égua, escovando e colocando a sela. Mas, assim que monta, Braeburn começa a empinar na pista de terra. Elizabeth tenta galopar, e Braeburn começa a galopar a toda velocidade, correndo pelos campos pontilhados de amarelo. Com o cenário deslumbrante das Montanhas Rochosas ao fundo, suas corridas parecem perigosamente belas. Eu me preocupo sem saber se Elizabeth está no controle de seu corcel. Quando se vira e trota de volta, ela admite que também ficou um pouco nervosa, mas com um grande sorriso no rosto. "Eu me sinto livre", ela sussurra ao vento, quase suspira, "Eu me sinto tão livre!".

Chagdud Khadro no Khadro Ling, Brasil. Foto de Ronai Rocha. ©Ronai Rocha.

7: Chagdud Khadro
(Jane Dedman)

COMO LIMALHAS DE FERRO ATRAÍDAS POR UM ÍMÃ

Uma ex-jornalista do Texas fala sobre seu casamento espinhoso com um renomado mestre tibetano.

Para um olho perspicaz, todas as outras professoras deste livro são imediatamente identificáveis como budistas, seja por meio de suas vestes ou roupas tibetanas ou por um amuleto protetor em volta do pescoço. Esta refinada senhora de cabelos louros com corte de pajem não usava joias e nem anéis do Dharma quando nos encontramos em Los Angeles; apenas um colar de pérolas sobre sua roupa executiva casual — uma saia cinza e um cardigã branco. Chagdud Khadro tem olhos azuis excepcionalmente brilhantes e um olhar gentil que pode se tornar desconfortavelmente investigativo. Ela fala muito baixinho e quase hipnoticamente devagar, enquanto eu precisava gritar minhas perguntas para que ela pudesse entendê-las. Chagdud Khadro é o título que seu falecido marido, Chagdud Rinpoche (1930–2002)*, deu a Jane Dedman após vários anos de casamento. Chagdud Rinpoche e Khadro foram casados por vinte e três anos, até seu falecimento em 2002. Agora com 60 anos, Chagdud Khadro passa a maior parte do tempo perto de Três Coroas, na Costa Leste do Brasil, em um centro budista que leva seu nome — Chagdud Khadro Ling. Ela é especialmente reconhecida por seus ensinamentos sobre *phowa*, a tradicional prática tibetana de transferência da consciência na hora da morte. Quando pergunto a seus alunos sobre ela, todos enfatizam sua impecável ética de trabalho e sua humildade. Bel Pedrosa, uma de suas alunas brasileiras, lembra vividamente que, quando visitou o Chagdud Ling pela primeira vez há muitos anos, se inscreveu para limpar os banheiros externos e se viu esfregando o chão lado a lado com Chagdud Khadro. Apesar de ser esposa de Chagdud Rinpoche, diz Bel: "Ela faz qualquer coisa, é sempre a primeira a intervir quando algo que ninguém quer fazer precisa ser feito, nada está abaixo dela". Dzongsar Khyentse Rinpoche, a quem Chagdud Rinpoche pediu para ajudar a guiar seus centros, a chama de "um exemplo perfeito de esposa de um lama. Ela envergonha todas as outras, até as tibetanas". A frase que Chagdud Khadro fica repetindo durante nossa entrevista de três horas é: "Eu sou realmente muito comum". No entanto, sua vida extraordinária conta uma história diferente.[1]

MH: Como uma garota do Texas acabou se tornando uma líder espiritual no Brasil?

CK: Eu não encontrei o Dharma até os trinta e um anos de idade. Tive uma infância bem comum. Cresci em uma cidade grande e barulhenta onde havia uma refinaria, Port Arthur, no Texas, o lar de Janis Joplin. À noite, o céu ficava com uma bela cor verde por causa das refinarias de petróleo. Mas eu adorava aquele lugar. Meus pais eram pessoas criativas e inteligentes. Meu pai era engenheiro e acabou se tornando o chefe de construção e manutenção dos superpetroleiros da Texaco; minha mãe tinha habilidades so-

---

* Chagdud Rinpoche foi a décima sexta encarnação Chagdud reconhecida. Chagdud significa literalmente "nó de ferro" e se diz que deriva da primeira encarnação de Chagdud, que dobrou uma espada de ferro em um nó com as próprias mãos.

ciais que deram muita vida ao progresso empresarial dele, e ela investiu o dinheiro da família com bastante sabedoria. Quando eu tinha quinze anos, o trabalho de meu pai o levou para a cidade de Nova York e nos mudamos para um subúrbio do Estado de Connecticut. Depois do ensino médio, fui para a faculdade no Estado da Virgínia e me formei em inglês. Depois disso, entrei para o Peace Corps e fui para Serra Leoa, na África Ocidental. Ensinava inglês — adorava ensinar a ler — em uma escola primária de uma aldeia e, depois das aulas, cuidava de infecções tropicais de pele horrorosas. Em 1970, voltei para os Estados Unidos depois de viajar pela África Ocidental e Oriental, Turquia e Europa. Mudei-me então para Nova York, onde trabalhava como pesquisadora, verificadora de fatos e redatora freelancer para várias revistas.

MH: O que a fez deixar sua vida dinâmica em Nova York?

CK: Um dia, eu estava fazendo um bolo e o forno explodiu. Tive queimaduras de segundo e terceiro graus no rosto. Minha vida inteira mudou naquele momento — em termos de aparência, deixei de ser uma mulher razoavelmente atraente e me tornei uma pessoa com quem ninguém queria compartilhar o mesmo banco no metrô. Aquele foi um grande ensinamento sobre a impermanência. Interna e externamente, fiquei chocada, sem rumo. Sempre me interessei por mulheres viajantes e, quase na mesma época da queimadura, comecei a ler sobre mulheres fascinantes que viajaram pela África e pela Ásia. Por fim, escrevi um artigo sobre Alexandra David-Neel, que, em 1924, foi a primeira mulher ocidental a chegar a Lhasa, a capital tibetana. Recebi dois mil dólares por esse artigo e com esse dinheiro comprei uma passagem de volta ao mundo. Viajei sozinha, primeiro para o Afeganistão. Eu havia reunido alguns contratos de revistas para escrever sobre a minha viagem.

MH: Você achava que era apenas uma viagem e que voltaria para Nova York?

CK: Achei que voltaria, mas também tive a intuição de que talvez não. Antes de sair de Nova York, comprei um seguro de vida no valor de cinquenta mil dólares. Queria retribuir a minha educação aos meus pais e disse aos meus amigos que se eu morresse deveriam fazer uma grande festa. No Afeganistão, fiz uma viagem de ônibus para Bamyan* com um grupo de turistas franceses, um dos quais foi assassinado um dia depois de nossa chegada. Essas foram notícias sensacionais de primeira página e poderiam ter sido uma grande história para mim, mas não escrevi sobre isso. Em vez disso, aquilo me assombrou, como outro sinal de como as circunstâncias mudam facilmente, de como é fácil morrer. Quando finalmente cheguei à Índia, algumas semanas depois, estava muito aliviada por não ser uma mulher viajando sozinha em países muçulmanos e permaneci perto dos lugares sagrados budistas — Ladakh, Dharamsala e, por fim, Tso Pema**, onde encontrei mestres e iogues realizados e onde me tornei formalmente budista. Em Tso Pema, houve um incidente em que quase morri por causa de um aquecedor que emitia monóxido de carbono. Para mim, aquela foi outra lição de impermanência.

CAMINHANDO EM UM OCEANO DE COMPAIXÃO

MH: Como você conheceu Chagdud Rinpoche?

CK: Quando meu visto indiano expirou, fui para o Nepal. Em Boudhanath, participei das iniciações concedidas por Kyabjé Dilgo Khyentse Rinpoche. Chagdud Rinpoche guiou a procissão dos grandes lamas quando deixaram o monastério. Assim que o vi, fiquei fascinada. Perguntei a uma pessoa: "Quem é?" Fiz um grande esforço para conhecê-lo. Ofereci-lhe um lenço branco e um pote de mel em nossa primeira audiência e, cerca de duas semanas depois, eu o pedi em casamento. A conversa externa era sobre a vinda de Rinpoche para os Estados Unidos, mas, internamente, eu havia desenvolvido um desejo muito profundo de estar com ele. Eu disse: "Por que você não se casa comigo?".

---

* O Vale de Bamyan, a noroeste da capital afegã, Cabul, fica na histórica Rota da Seda, onde existiam duas estátuas monumentais do Buddha desde o século VI até serem destruídas, pelo Talibã, em 2001.

** Literalmente "Lago de Lótus". Uma pequena cidade no norte da Índia onde o pioneiro do budismo tibetano, Padmasambhava, teria praticado e realizado milagres no século VIII.

MH: Não acredito que você disse isso!

CK: Rinpoche olhou sério para mim. Quando finalmente aceitou, ele também disse: "Este não será um casamento para obter passaporte".

MH: Você se lembra do que sentiu na primeira vez que o viu?

CK: Não foi conceitual. Foi exatamente como dizem nos ensinamentos, limalhas de ferro movendo-se irresistivelmente em direção a um ímã. Em Bodhgaya, pouco antes de viajar para o Nepal, fiz uma prece de aspiração diante da imagem de Tara na parede do templo. Rezei para que eu realizasse a compaixão mais elevada e o amor mais elevado entre um homem e uma mulher. Quatro dias depois conheci Chagdud Rinpoche, que ofereceu um caminho para os dois aspectos daquela prece.

MH: Ele falava inglês na época?

CK: Muito pouco; ele desenvolveu um inglês só dele. Tinha um vocabulário tremendo e falava fluentemente, mas usava sempre a sintaxe tibetana. Seus alunos adoravam seu jeito de falar, mas Rinpoche lamentava não ter um inglês adequado.

MH: Como você o descreveria para alguém que não o conheceu?

CK: Um amigo descreveu o encontro com ele como entrar em um oceano de compaixão. Ele era um ouvinte caloroso e maravilhoso. Ele tinha uma presença magnífica. Sua sala era repleta de projetos de arte e textos, e geralmente um ou mais cachorros pequenos. Ele gostava de cantar, costurar, pintar e esculpir e estava sempre às voltas com atividades. Nos sentíamos ricos ao redor dele, abundantes, pois ele possuía uma riqueza ilimitada de ensinamentos e de conselhos sábios. Ele confiava nos praticantes ocidentais e não deixava de oferecer nenhum nível de ensinamentos. Queria ser chamado de "lama da motivação". Seus principais ensinamentos eram sobre a intenção pura, e ele constantemente nos lembrava de verificarmos a nossa motivação para ações de corpo, de fala ou de mente.

MH: Em sua autobiografia[2], ele menciona que, quando a percebeu pela primeira vez na plateia, ele a viu envolta por um brilho vermelho, uma luz poderosa e atraente. Você tem a sensação de já tê-lo encontrado antes em outras vidas, e isso foi apenas um reacender da chama?

CK: Mais tarde, ele brincou que deveria ter entendido que a luz vermelha era um sinal de raiva. Quer tenha sido um reacender de uma conexão passada ou simplesmente todo o meu bom karma amadurecendo nesta vida, as coisas aconteceram muito rápido e de maneira muito poderosa depois que nos conhecemos, e o relacionamento durou muito tempo.

LUA DE MEL E PIA DA COZINHA

MH: Como foi o início de seu relacionamento com ele?

CK: O início, no Nepal, foi uma "lua de mel" professor-aluna por cerca de seis meses. Rinpoche era muito pacífico e raramente me criticava, embora eu tivesse certeza de que muitas vezes não era hábil em servi-lo. De manhã, ele costumava fazer cerimônias para as várias pessoas que as solicitavam, e à noite ele ensinava até tarde. Sua energia parecia inesgotável, mas muitas vezes eu estava exausta. Depois daquele período inicial de lua de mel, Rinpoche se tornou muito mais desafiador. Como meu professor, ele estava comprometido em me livrar de hábitos negativos e a encontrar a liberação em minha mente.

MH: Como ele trabalhava com você?

CK: Foi uma relação professor-aluna realmente espinhosa. Era difícil porque eu tinha uma personalidade raivosa e uma fala áspera. No mundo dos jornalistas de Nova York que eu havia deixado, o discurso duro e cínico parecia impor respeito. Com Rinpoche isso não acontecia, e, se eu ficava com raiva, ele explodia em pura ira. Compassivo, mas avassalador, de suspender os pensamentos. Então, aprendi a falar cada vez com mais cuidado. Mais tarde, vi claramente como minhas palavras e meu tom de voz feriam os outros e desenvolvi uma motivação mais pura com respeito a minha comunicação. Porém, tudo isso demorou muito e tivemos problemas de comunicação por causa da língua inglesa/tibetana e em função de diferenças culturais. Mesmo assim, as tempestades passavam, e sua clareza irada era como um raio. Depois disso, o ar ficava limpo, sem nenhum resíduo de ressentimento. Apesar desse difícil processo de transformação, nunca pensei em romper o relacionamento. Eu reverenciava sua sabedoria e não conseguia me imaginar de outra forma que não entediada sem ele.

MH: O Rinpoche era imprevisível?

CK: Ele era previsível por ter motivação pura e totalmente confiável em sua profunda compaixão, mas às vezes surpreendente em seus métodos. Eu era imprevisível em minha compreensão de sua motivação.

MH: Vocês se tornaram inseparáveis desde o primeiro encontro?

CK: Deixei o Nepal cerca de quatro meses antes do Rinpoche e fui para o Japão, que achei fascinante. Então recebi uma mensagem do Rinpoche: "Vá para Los Angeles e espere por mim no aeroporto" — sem data, número do voo ou qualquer outra informação —, então eu fiz isso. Quando cheguei, já tarde da noite, liguei para os poucos números de telefone que eu tinha depois de ter ficado na Ásia por mais de dois anos. Por fim, encontrei um amigo que me disse: "Rinpoche vem amanhã à noite. Espere no aeroporto." Fomos imediatamente para São Francisco, onde ficamos com um amigo americano que ele conheceu na Índia. Aquele primeiro ano foi desafiador por causa da incerteza e por não termos muito dinheiro, mas foi maravilhoso poder passar tanto tempo com o Rinpoche. Mais tarde, quando Rinpoche reuniu seus alunos mais próximos no Estado do Oregon, as coisas ficaram mais fáceis.

MH: Por que ele quis vir para a América?

CK: Logo depois de escapar do Tibete, em 1960, ele teve um sonho no qual ouviu a palavra América. Ele perguntou a outros tibetanos: "Onde fica essa América?". Disseram-lhe: "Muito longe, do outro lado do oceano, e as pessoas de lá têm olhos azuis estranhos". E então na Índia, e depois no Nepal, ele começou a conhecer pessoas dos Estados Unidos, inclusive eu. Ele tinha a sensação de que suas atividades o levariam para os Estados Unidos e, de fato, quando chegou, em 1979, as coisas floresceram rapidamente.

UMA FESTA DE CASAMENTO EM UM CASSINO

MH: Então você finalmente teve um casamento tibetano tradicional?

CK: Não exatamente. Nós nos casamos em South Lake Tahoe, em uma capela com entrada em forma de coração, ao lado de um cassino. Depois, Rinpoche foi até a mesa de *blackjack* e jogou até ganhar dinheiro suficiente para uma festa de casamento — estranhos se juntaram a nós. Depois ele voltou e jogou de novo até ganhar exatamente o que havia gastado. Até onde eu sei, ele nunca mais apostou. Embora a cerimônia tenha sido pouco convencional e até mesmo divertida, a conexão interna foi estabilizada. Não era um casamento para obter passaporte, ele durou. Rinpoche morreu no dia do nosso vigésimo terceiro aniversário, no dia 17 de novembro de 2002.

MH: Seus pais foram ao casamento?

CK: Não, e no começo eles não aprovaram. Mais tarde, porém, Rinpoche viajou para a Costa Leste sem mim, e meus pais o acolheram em sua casa com muito respeito. Minha mãe, em particular, tinha um grande afeto por ele, e ele por ela. Acho que ela teve seu próprio caminho espiritual, um tanto diferente da educação presbiteriana de sua infância. Ela certamente era muito intuitiva. Meu pai nunca se sentiu atraído pelo caminho budista, mas tinha orgulho do que Rinpoche realizou. Após a morte de Rinpoche, quando soube que eu passei a ser a diretora espiritual dos centros da América do Sul, ele disse com seu forte sotaque sulista: "Bem, Jane, não sabia que você tinha esse calibre como lama". [risos] Ele tinha orgulho de mim por eu manter as atividades do Rinpoche.

MH: E quanto aos seus irmãos, eles demonstraram algum interesse?

CK: Eu tenho uma irmã, Ann, que participou de alguns dos ensinamentos, meus e de outros lamas. Ela realmente medita melhor do que eu. Ela é chef em Nova York. Se você alguma vez vir uma chef em ação, verá o que é uma concentração unifocada.

MH: Com esse histórico de família, como você conseguiu mergulhar no Dharma tão rapidamente, do Texas para um mundo repleto de iniciações e reencarnações?

CK: Os ensinamentos me fascinaram e fizeram total sentido, em especial os quatro pensamentos, em especial a contemplação da impermanência*. A meditação era um desafio, pois eu não tinha formação em meditação. Continua a ser um processo contínuo, eu não comecei como uma meditante natural.

MH: O que a faz pensar assim?

CK: Rinpoche era um grande mestre Dzogchen, mas eu era a mais lenta de seus alunos. Eu tinha uma intensa fé, mas demorei muito para começar a compreender seus ensinamentos sobre como a mente funciona, como ela é. Eu ouvia os ensinamentos e pensava sobre eles, mas sem meditar profundamente, minha experiência direta era limitada. Meu caminho tem sido passo a passo, não com grandes saltos.

MH: Você sente que as bênçãos dele falam através de você?

CK: Espero que sim. Às vezes, quando me sento e rezo para a linhagem, parece que um cabo está conectado à eletricidade. O ensinamento começa a fluir. Isso não significa que sou capaz de transmitir os ensinamentos perfeitamente — tenho limitações e só ensino o que Rinpoche me autorizou especificamente a ensinar, o que não inclui o Dzogchen —, mas desejo profundamente que aqueles que me ouvem sejam beneficiados.

A ESFERA DAS ATIVIDADES ILUMINADAS

MH: Quando aconteceu a transição de Jane Dedman para Chagdud Khadro?

CK: Depois que me casei com Rinpoche, não recebi nenhum nome novo, porque todos os nomes dele eram títulos. Eu estava meio chateada por ainda ser Jane Dedman, e então, depois de alguns anos, ele me deu o sobrenome Tromge. Essa foi uma grande

---

* Como Chagdud Rinpoche escreve em sua autobiografia: "Para quase todos, o caminho do budismo tibetano começa com quatro contemplações: a preciosidade do nascimento humano; impermanência e morte; a lei cármica de causa e efeito; a pervasividade do sofrimento para todos os seres presos nos reinos de existência condicionados pela delusão, apego e aversão." *O Senhor da Dança*, pág.???

honra, pois sua família é muito especial. Em seguida, ele me ordenou como lama em 1997 e, durante a ordenação, disse explicitamente que eu o sucederia como diretora espiritual dos centros Chagdud Gonpa* na América do Sul. Discutimos que nome de lama eu deveria usar, e ele disse: "Bem, tradicionalmente você se chamaria Chagdud Khadro". Mais uma vez, me senti honrada. A mudança de nome sinalizou uma responsabilidade mais pesada.

MH: O que significa ser a *khandro*?

CK: O princípio da dakini se refere à esfera das atividades iluminadas. O que significa para mim é ser as mãos e a voz da mente do lama, com a aspiração de ser a mente da mente. Já que Rinpoche não está mais aqui, minha esperança é trazer sua voz mais claramente ao foco outra vez, por meio da escrita.

MH: Tradicionalmente, os alunos pensam em você como se fosse o Rinpoche.

CK: Talvez seja útil para eles sentir e praticar com essa percepção, mas se eu fosse pensar dessa forma, estaria em apuros, muito deludida. A autoidentificação como khandro é fatal, a ideia é estar além dessa autoidentificação.

MH: Como você conciliava ser aluna e esposa ao mesmo tempo?

CK: Tentei não ser muito presunçosa em meu papel de esposa e manter meu papel de aluna próxima dele. Os tibetanos têm uma noção de família muito profunda, e a família de Rinpoche era toda a comunidade. Ele teve uma esposa tibetana, Karma Drolma, que é a mãe de seus dois filhos. O colapso de seu casamento foi realmente doloroso para ele, mas, mais tarde, ela encontrou um papel diferente e completo em sua família. Ela é uma ótima praticante e não acho que Rinpoche teria vivido uma vida tão longa sem ela. Cada pessoa tinha seu próprio relacionamento especial com Rinpoche. Ter estado perto dele em qualquer posição foi uma boa

---

* Gonpa é a palavra tibetana para monastério. O Chagdud Gonpa original, fundado em 1131, é um dos poucos monastérios no leste do Tibete que sobreviveram à destruição após a invasão chinesa.

Chagdud Rinpoche e Chagdud Khadro. Cortesia do Chagdud Gonpa Brasil – Arquivo de Fotos.

sorte. Meu papel como esposa me permitiu estar com ele em muitos momentos especiais. Eu tinha meu próprio nicho na vida dele, e outras pessoas também tinham o delas, e não se podia expulsar ninguém por desejar ter um espaço maior. Ele orquestrava o tempo e os relacionamentos.

MH: Havia algum ciúme?

CK: Ah, sim, às vezes eu ficava com ciúme, muito ciúme. Por exemplo, quando as pessoas falavam tibetano, elas tinham um acesso especial ao Rinpoche. Eu não tinha nenhum tipo de facilidade com línguas e tenho dificuldade em ouvir, então isso era uma grande fonte de ciúme para mim.

MH: Também me referia a ciúmes em compartilhar o lama.

CK: Ele deixou claro que sua vida era com seus alunos e que eu estaria a serviço de todos eles. Às vezes, eles recebiam ensinamentos e eu caía no sono, como uma morta em pé após um dia longo. Não havia ilusões sobre isso, ele não omitia essa informação.

VISÃO AMPLA E PERSPECTIVA PURA

MH: Diana Mukpo, esposa de Chögyam Trungpa Rinpoche, escreve que ela realmente nunca viu seu marido como um ser comum, porque ele era muito extraordinário. Como você via Chagdud Rinpoche?

CK: Eu nunca o vi como um ser comum. Mas brigava com ele ainda assim. [risos]

MH: Como você conciliava brigar com seu marido enquanto o via como seu professor?

CK: Às vezes ele tinha razão sobre o incidente que inspirou sua ira, e às vezes não tinha sido exatamente aquele incidente, mas um acúmulo, e um pequeno erro detonava uma grande explosão. Aprendi a ouvir em vários níveis, em vez de me defender vigorosamente. Mas às vezes eu reagia! Tudo parece muito turbulento, mas, honestamente, não sei se algum outro lama teria paciência para lidar comigo, em especial no início. Nem sempre acontece de um lama se casar com a melhor pessoa — talvez alguns se casem com a pior, a que mais precisa de sua orientação. Eu não presumi que fosse a esposa mais maravilhosa possível, acredite em mim!

MH: Mesmo assim, você o ajudou a realizar sua visão e seu trabalho.

CK: O que ele realmente queria que eu fizesse era escrever e editar seus ensinamentos. Eu ficava mais confortável na posição de subordinada, apenas cuidando dele, cozinhando, limpando, organizando as coisas, mas ele me pressionava para escrever. Ele achava que eu tinha potencial para beneficiar os seres escrevendo, mas era como tentar fazer um cavalo saltar por um arco de fogo, por que eu sofria de um bloqueio de escritor. Certa vez, estava trabalhando no comentário sobre Tara[3], e fiz uma pergunta adicional a ele — uma tática de adiamento. Dizendo furiosamente "Você nunca vai terminar isso!", ele rasgou o manuscrito ao meio. Todos os que estavam presentes ficaram horrorizados. Fui para um quarto, me joguei no chão, chorando e rindo dos aspectos cômicos daquele drama. Quando recuperei a compostura, juntei-me a ele novamente, e ele me entregou o manuscrito, com todas as páginas coladas com fita adesiva! E então, nós dois rimos. Em outra ocasião, eu estava trabalhando em um comentário sobre o *ngondro*[4], uma compilação de seus ensinamentos. Mesmo assim, ele insistiu que meu nome deveria estar no livro, dando-me todo o crédito. Rinpoche me investiu do papel de professora desde muito cedo, e sua confiança em meu potencial era muito maior do que a minha.

MH: Uma das práticas que ele a autorizou a ensinar é phowa, a transferência da consciência na hora da morte. Como surgiu sua conexão com o ensinamento de phowa?

CK: Rinpoche me ensinou a prática de phowa pela primeira vez no Nepal, em 1978, e recebi bons sinais, não porque eu tivesse uma boa meditação, mas por causa de seu poder de prática. Então, senti uma afinidade com essa prática e fiquei tão fascinada por seus ensinamentos sobre a morte e os estágios após a morte, que compilei tudo em um manual[5]. Mais tarde, tive um sonho em que estava ensinando phowa e contei ao Rinpoche. Quando surgiu a oportunidade, phowa foi o primeiro ensinamento que dei — apenas uma pessoa compareceu, a senhora que era a dona da casa em que o evento foi realizado. Aquilo foi em Austin, no Texas! Minha mãe me levou até lá.

MH: Você ensinou phowa para sua mãe também?

CK: Minha mãe ouviu meus ensinamentos, mas não praticou. Tive a sorte de fazer phowa para ela quando morreu, em 2005.

MH: Há outras iniciações ou ensinamentos que você oferece?

CK: Ofereço ensinamentos aprofundados das preliminares do Vajrayana (*ngöndro*) e de várias práticas de deidades, para as quais dou iniciações. O caminho Vajrayana é muito claro e estruturado e abre a porta para o vasto insight e para a perspectiva pura.

MH: Chagdud Rinpoche foi um dos primeiros professores tibetanos que autorizou mulheres ocidentais a serem professoras.

CK: A primeira professora que ele autorizou foi Inge Sandvoss, agora conhecida como Lama Yeshe Zangmo, depois de ela ter completado um retiro de três anos de forma muito diligente. Mais tarde, ele ordenou mais seis mulheres. Uma das diferenças no Tibete e no Ocidente é que, exceto pelas monjas que eram abadessas de seus monastérios, não havia muitas mulheres na hierarquia orquestrando os ensinamentos e a prática de grandes comunidades. Em vez disso, havia grandes ioguines que praticavam em retiro ou como chefes de família. Hoje em dia, os centros — e não apenas os centros Chagdud Gonpa — geralmente são administrados por mulheres. Existem mulheres eruditas e tradutoras, bem como as que dão continuidade à tradição de lamas ioguines individuais no Ocidente. Acredito que tenha ocorrido uma polinização cruzada benéfica entre a Ásia e o Ocidente, e que agora veremos mais eruditas entre as monjas tibetanas — com o treinamento adequado, não há razão para elas não se tornarem khenpos, por exemplo. E as mulheres ocidentais ordenadas como monjas estão encontrando mais apoio aqui.

UMA DAKINI SELVAGEM E IMPREVISÍVEL

MH: Você já esteve no Tibete?
CK: Fui ao Tibete com Rinpoche e seu filho Jigme Tromge Rinpoche pela primeira vez em 1987, logo depois da abertura. A viagem foi difícil e emocionante para nós dois, mas comecei a reunir as histórias que mais tarde foram tecidas na autobiografia de Rinpoche.

MH: Você se encontrou com a mãe e a irmã de Rinpoche no Tibete?
CK: Rinpoche nasceu em uma família extraordinária. Sua mãe, Dawa Drolma, era amplamente considerada uma dakini, uma curandeira e uma *delog**, alguém que viajou para o reino dos mortos e voltou. Ela morreu ao dar à luz um menino quando Rinpoche tinha onze anos. Mais tarde, ele disse que a morte dela lhe trouxe uma experiência direta da impermanência e da qualidade ilusória da existência, e isso aprofundou muito a sua prática espiritual. O bebê não viveu muito, mas a irmã de Rinpoche, Trinley Wangmo, ainda está viva, uma dakini selvagem e imprevisível. Ela tem uma aparência um tanto quanto estranha: tirei uma série de fotos

---

* Acredita-se que os delogs (tib.) (literalmente significa "aquele que retornou da morte") tenham morrido e retornado ao corpo humano para relatar suas visões.

dela durante aquela viagem, clicando com alguns segundos de intervalo, e naqueles curtos espaços de tempo seu rosto passava de pacífico a colérico, a encantador, a horripilante — um jogo de emoções incessante, nada parecido com as dakinis retratadas na arte tibetana. E ela desconcertava os monges de vários monastérios mudando abruptamente de residência e fazendo pedidos impossíveis. Não valeria a pena as interrupções e a distração que ela causava se também não tivesse demonstrado os poderes da realização meditativa, como clarividência e ações sobrenaturais.

MH: Em sua autobiografia, Chagdud Rinpoche descreve como ela desafiou os invasores comunistas[6].

CK: Eles tentaram executá-la pelo menos três vezes. Em uma ocasião, que foi testemunhada por várias centenas de pessoas, os guardas a despiram até a cintura e desenharam um alvo em seu peito. O carrasco apertou o gatilho duas vezes, mas a arma não disparou. Ele conseguia atirar para o alto, mas apontou para ela uma terceira vez e novamente a arma não disparou. Frustrado, ele jogou a arma no chão e os guardas a algemaram. De repente, na frente de toda a multidão, as algemas se estilhaçaram em pequenos pedaços. Eles a jogaram na prisão por uma noite e na manhã seguinte a mandaram embora, dizendo: "Saia daqui, sua louca!".

Em uma vida anterior, ela era uma velha que vivia debaixo de uma ponte, aparentemente sem comida, mas bem alimentada. Ela tinha um cachorro que também não tinha comida, mas parecia bem alimentado. E então, aquela região foi atingida pela fome. Os aldeões concluíram que ela era um demônio e a fonte de seu infortúnio. Eles a agarraram, jogaram em um rio veloz e gelado e então, com espanto, eles a observaram flutuando rio acima, contra a corrente. Perceberam que haviam cometido um grave erro, tiraram-na do rio e passaram a tratá-la com respeito a partir de então. Nesta vida, os comunistas fizeram a mesma coisa e, mais uma vez, ela flutuou rio acima. Da mesma forma, eles a tiraram e, a partir daí, passaram a evitá-la.

MH: Casar-se e fazer parte de uma família tão obviamente não convencional foi algo assustador para você?

CK: Eu nunca duvidei da compaixão de Rinpoche. Na segunda vez que fomos ao Tibete, viajamos a cavalo. Não tenho muita afinidade com cavalos, e os tibetanos têm pôneis bravos com selas triangulares. Eles me deram o último. O cavalo disparou comigo por uma ravina muito íngreme até que um dos tibetanos conseguiu controlá-lo. Naquela ocasião, me surgiu uma dúvida. Achei que a irmã dele poderia ter me dado aquele pequeno cavalo bravo para que eu morresse. Não achava que ela gostasse de mim. Mas não era isso, eles simplesmente não estavam prestando atenção.

DEZESSEIS RENASCIMENTOS ILUMINADOS

MH: Você passa a maior parte do tempo no Brasil, agora. Como isso aconteceu?

CK: Eu ainda me pergunto como tudo isso aconteceu. No início da década de 1990, Rinpoche começou a dar ensinamentos no Brasil com muita frequência. Em 1994, viajei com ele e compramos o terreno onde hoje fica o Khadro Ling. Era uma terra quase inexplorada, com duas casinhas, uma rede elétrica precária e com uma pequena nascente que às vezes secava. Com a ajuda de um estudante generoso, a primeira construção começou em 1995 e, sete anos depois, quando Chagdud Rinpoche morreu, ele havia construído uma infraestrutura ótima e um grande e tradicional templo tibetano.

MH: Eu entendo que ele o deu a você, uma vez que o batizou de Khadro Ling; e você mora lá?

CK: Rinpoche deu o nome de Khadro Ling — "O Lugar das Dakinis" — não por minha causa, mas porque as dakinis representam atividades iluminadas. Ele não o deu para mim. Não era como uma casa ou propriedade que pudesse ser doada, mas um campo de méritos com o qual muitas pessoas poderiam contribuir. Um esforço colaborativo contínuo envolvendo outros lamas, praticantes, artistas, voluntários e até funcionários remunerados permitiu que os Chagdud Gonpas continuassem a existir e prosperassem na América do Sul. Rinpoche teve dezesseis renascimentos iluminados reconhecidos. Foram tantas existências de aspiração e realização, e nenhum de nós pode ter a posse de tudo isso.

MH: Você está desenvolvendo seu próprio campo de atividades?

CK: Em termos de Dharma, desejo apenas prover a custódia sábia dos centros Chagdud Gonpa, continuar meu treinamento e ajudar os alunos à medida que chegam até mim. Às vezes tenho outros desejos, como fazer uma longa viagem de carro pelos Estados Unidos e ouvir e escrever histórias de pessoas, ou fazer um passeio pelos jardins da Europa, mas duvido que vá fazer essas coisas. Estou com sessenta e cinco anos agora, ensino sobre a impermanência e a morte o tempo todo e é difícil priorizar qualquer outra coisa além do Dharma. A exceção é realmente tentar me tornar fluente em português ou espanhol, só para ter aquela satisfação de realizar algo que não pude fazer quando era mais jovem.

MH: Você estava em retiro quando Rinpoche faleceu. Sua morte foi inesperada?

CK: Rinpoche tinha problemas cardíacos e diabetes, e sempre nos preocupamos com sua saúde. Pouco antes de sua morte, ele estava em retiro e saiu apenas para dar ensinamentos sobre phowa para cerca de trezentas pessoas. No início, ele disse: "Passaremos dois dias juntos". Os alunos o corrigiram: "Não, temos três dias juntos". Mas ele morreu depois dos dois dias. Havia preparativos para levá-lo ao cardiologista, mas ele resistiu e morreu antes que pudessem levá-lo. Ele permaneceu sentado em postura de meditação por cinco dias e meio após seu último suspiro, sem deterioração de seu corpo.

MH: Você sente que ele ainda está com você?

CK: [hesitante] Sim, eu sinto. Não é como se eu tivesse visões e sonhos, embora outras pessoas tenham. Eu apenas tento me alinhar com a intenção dele, verificando minha motivação quanto a vieses autocentrados. Penso sobre o que o Rinpoche faria em uma situação semelhante, e às vezes os alunos se lembram de histórias sobre o que ele realmente fez. E eu rezo a ele, aos meus lamas vivos e aos mestres da linhagem. Quando as bênçãos vêm, são como ar fresco em um dia quente. Mas vivo em meio a muitas incertezas.

Venerável Karma Lekshe Tsomo na casa da autora, em Malibu.
Foto de Gayle Landes. ©Gayle Landes.

8: Karma Lekshe Tsomo
(Patricia Zenn)

SURFANDO PARA A REALIZAÇÃO

Como uma garota da praia de Malibu se tornou mãe das "Filhas do Buddha".[1]

Chegar a Ladakh foi a parte fácil. Em retrospectiva, as doze horas de calor intenso e muita sede no ônibus caindo aos pedaços de Dharamsala indo para o aeroporto de Chandigarh parecem uma viagem de luxo — o ônibus só quebrou duas vezes. Mas, agora, o funcionário do aeroporto recusa a bagagem de Karma Lekshe Tsomo. As sacolas já estão quarenta e três quilos acima do peso, devido aos duzentos metros de tecido cor de vinho e amarelo que um amigo enviou para as monjas de Bangkok. Encantado com sua simpatia paciente e imperturbável, o atendente cede: "Somos tolerantes com os turistas". No voo magnífico de Chandigarh para Leh, a antiga capital do antigo reino de Ladakh, os picos nevados do Himalaia brilham ao sol quase que encarando o pequeno avião. "É como flutuar por Shangrilá", diz Lekshe, olhando com admiração, até que o vale esmeralda de Leh com seu bazar agitado surge e o avião pousa.

Mas chegar a Zangskar partindo de Leh é uma história totalmente diferente. Mulheres budistas vivem em muitos cantos remotos da Terra, mas não deve existir um lugar tão remoto quanto o Vale Zangskar, localizado no deserto do norte da Índia ao longo da parte ocidental do Himalaia. Séculos atrás, essas paisagens lunares faziam parte do Tibete. São paisagens muito distantes do cenário de Malibu, na Califórnia, onde Lekshe cresceu. No entanto, ela está determinada a visitar novamente a escola para jovens monjas que estabeleceu ali há mais de vinte anos.

COMO UM OUTRO PLANETA

"Estar em Ladakh é como estar em outro planeta", diz Lekshe, sem esconder seu entusiasmo. "A altitude, o ar rarefeito e os terrenos áridos e extraterrestres criam uma atmosfera sobrenatural." As mulheres da aldeia, em seus característicos vestidos feitos com a pele de animais com enormes turquesas tecidas em suas longas tranças, acenam com vozes de boas-vindas. "*Jullay*!" repetem, emitindo a saudação padrão em Ladakhi: "De onde você vem?". "Eu venho dos Estados Unidos", ela responde. "Você é lama?", elas perguntam incrédulas, apontando para suas vestes de lã cor de vinho. "Eu sou uma *jomo*", ela diz em tibetano fluente, usando um termo local respeitoso para uma monja que literalmente significa "mulher reverenciada". Depois de viver pela Ásia por mais de vinte anos, essa mulher pequena e delicada se mistura facilmente. Com sua cabeça raspada e um metro e sessenta de altura em vestes cor de vinho, ela não se destaca na agitação do mercado, mas a notícia sobre uma curiosa visitante de pele branca se espalha rapidamente. Multidões se aglomeram ao redor dela com grande curiosidade no dia seguinte, ao longo da rua principal do bazar de Leh. Por que essa monja estrangeira está comprando trinta pares de meias vermelhas idênticas? Qualidade verificada e valor justo negociado, o vendedor deposita solenemente a compra em um saco plástico antigo e esfarrapado que certamente não sobreviverá a uma viagem de caminhão ou a uma caminhada montanha acima. Ela revira os olhos e cai na gargalhada ao mesmo tempo.

Lekshe fala línguas asiáticas como o tibetano e o japonês como os locais. Seus olhos claros e acinzentados em seu rosto suave assumiram uma expressão quase asiática, uma mistura de equanimidade, inteligência superaguda e uma atitude de "não se leve tão a sério". Ela não se abala com facilidade, nem por um ônibus que acabou de sair uma hora antes do previsto, nem por aldeões curiosos que a cercam em multidões, nem pelos desastres inevitáveis que acontecem em viagens pelas partes mais remotas do mundo. Ela parece ter adquirido as melhores características dos países em que viveu — o *laissez-faire* descontraído dos surfistas de Malibu, a alegria vívida dos havaianos, a disciplina e a simplicidade dos japoneses, a humildade dos tailandeses e a capacidade de suportar com alegria o completo caos dos indianos.

Quando a conheci em sua modesta casa perto de San Diego, seu humor hilariante e impassível me conquistou instantaneamente e eu quase não conseguia imaginar o que a faria perder a paciência. Ela parece tão calma e clara quanto a costa de Malibu em um dia perfeito de primavera. De certa forma, a garota da Califórnia deu uma volta completa: agora ela mora na Califórnia outra vez, em uma casa de campo ensolarada em Pacific Beach, perto de San Diego, onde ensina filosofia budista na Universidade de San Diego. Mas, sempre que pode, ela vai ver "suas" monjas. Quinze centros de estudo espalhados por todo o Himalaia não existiriam sem seus esforços incansáveis.

LUTANDO UMA BATALHA MORRO ACIMA

Há cerca de vinte e cinco anos, Lekshe iniciou sozinha um movimento para que as monjas tivessem acesso à educação. Na época, essa ideia era, na melhor das hipóteses, tratada como perda de tempo, ou até mesmo desencorajada pelos monastérios estabelecidos. "Eles diziam às monjas, 'Oh, você é tão humilde, não tem interesse em ganhar prestígio e poder como esses ocidentais'", diz Lekshe com uma voz calma, mas um olhar interrogativo. "Bem, eu só me pergunto por que eles não diziam isso aos monges. Como as mulheres estiveram perpetuamente em desvantagem, esse acaba sendo o resultado. Pesquisas mostram que a saúde das monjas é de longe a pior se comparada a qualquer outro grupo. Seus padrões educacionais também são os piores. Há muito trabalho a ser feito, e conscientização a ser criada, especialmente entre as mulheres."

Agora, no meio do Himalaia, a tarefa de levar mantimentos para os pequenos e remotos monastérios significa lutar uma batalha morro acima, literalmente. O Vale Zangskar abre para veículos motorizados apenas três meses por ano, mesmo nas melhores épocas do ano, mas as recentes nevascas e avalanches fecharam a única estrada disponível, embora já seja julho. Suprimentos de comida, querosene e outros produtos essenciais são raros e caros. Cientes de seu poder de barganha, os únicos caminhoneiros disponíveis exigem quantias absurdas pela viagem. Para uma viagem de um dia, eles queriam cobrar uma soma equivalente a aproximadamente três anos de salário para um Ladakhi.

"Roubo na estrada", Lekshe Tsomo bufa e começa a vasculhar suas malas. Ciente de que ela e sua amiga monja talvez precisem caminhar vários dias na neve em passagens de quatro a cinco mil metros de altitude carregando tudo nas costas, leva consigo apenas o necessário: roupas quentes, saco de dormir, granola americana, leite em pó, suprimentos médicos para as monjas e uma câmera para registrar suas vidas. Percorrer a trilha longa e traiçoeira exigirá mais do que a determinação usual. Mas, na esperança de trazer oportunidades educacionais para uma nova geração de mulheres Zangskari, ela não poupará esforços para atingir seu objetivo.

É claro que muitas pessoas notaram que as mulheres asiáticas estão em desvantagem, mas apenar notar algo tão importante não foi suficiente para Lekshe. Ela começou a desenvolver uma rede de apoiadores, mesmo arriscando sua própria vida e sua saúde. Junto com sua falecida professora Freda Bedi e sua amiga Tenzin Palmo, ela está entre as primeiras e mais ferozes defensoras da educação das monjas tibetanas. Suas próprias experiências como uma das monjas pioneiras do Ocidente moldaram sua determinação.

A HERANÇA ZEN ACIDENTAL

Lekshe carrega a semente do budismo nos genes de sua família. "Meu caminho estava bem claro porque meu nome de família era Zenn."

Um erro ortográfico ocorrido na imigração quando sua família veio para os Estados Unidos três gerações antes; o nome deveria ser "Zinn", a palavra alemã para estanho, ou "Senn", para pastor. Seus colegas de classe em Malibu brincavam: "Zen? Você é budista ou o quê?" Aos onze anos, ela foi à biblioteca pedir um livro sobre o Zen para descobrir do que se tratava essa provocação. O bibliotecário entregou-lhe O *caminho do zen* de Alan Watts* e *Zen budismo* de D.T. Suzuki**. "Eu os li de capa a capa e disse: 'É isso!'. No minuto em que abri aqueles livros, tudo parecia verdade. Foi muito direto." Quem poderia imaginar que a provocação dos alunos da sexta série causaria uma revolução algumas décadas depois?

Sua mãe, uma batista do sul, ficou horrorizada quando Patricia anunciou sua nova fé. "Em seu sistema de crenças, havia apenas um caminho verdadeiro, enquanto todo o resto levaria ao inferno", diz Lekshe. A religião de seu pai? "Capitalismo", retruca Lekshe. Ele era um engenheiro aeronáutico na Douglas Aircraft, um contador de histórias fabuloso, mas um homem severo e dominador. Nas palavras de sua filha: "Qualquer pessoa que não estivesse ganhando muito dinheiro estava simplesmente desperdiçando sua vida". Sem a menor compreensão da espiritualidade de sua filha, ele a renegou várias vezes. Lekshe deixou de ver o pai por muitos anos. "Ele desapareceu", diz ela, encolhendo os ombros. "Ele só voltou a falar comigo quando fiz o doutorado. Éramos simplesmente a típica família disfuncional americana." Seu irmão mais novo, Philip, agora pescador na ilha havaiana de Molokai, foi arrastado pelo vício em drogas, mas desenvolveu algum interesse pelo budismo. "É um direito de nascença dele também, de certa forma, por causa do nome", diz Lekshe, "mas ele nunca se envolveu completamente". Quando a mãe se casou várias vezes, Patricia se recolheu e se perdeu nos livros. "Eu era muito reclusa, e minha mãe se preocupava muito comigo. Tive uma forte inclina-

---

* Alan Watts (1915–1973) foi um escritor britânico que se tornou uma celebridade da contracultura e um intérprete de best-sellers do pensamento oriental para o público ocidental no fim dos anos 1960 e início dos anos 1970.
** Daisetz Teitaro Suzuki (1870–1966) foi um praticante leigo japonês e autor proeminente de muitos livros sobre o budismo Mahayana, especialmente o Zen, que teve um enorme impacto na Europa e na América.

ção para a vida contemplativa desde que era criança. Se eu tivesse crescido perto de um monastério, já teria me tornado monja há muito tempo, mas na boêmia Malibu..."

CÉU OU INFERNO

Sua mãe arrastava as crianças para a igreja todos os domingos. "Sempre amei os ensinamentos de Jesus, a simplicidade, a compaixão pelos pobres, tudo isso." Mas ela sorri quando pergunto se os sermões soaram verdadeiros para ela. "Onde fui criada, a hipocrisia era óbvia. Jesus ensinou princípios maravilhosos, mas simplesmente não vi pessoas praticando. As crianças notam, não é?" Em casa, a bebida e a crueldade dominavam os valores cristãos da família. Certa noite, sua mãe serviu o coelhinho de estimação de Patricia, Flopsy, assado no forno para o jantar. "Como ela pôde fazer isso com uma criança — meu animal de estimação favorito!", ela lembra. A ideia de Deus escapava de Patricia, "porque não conseguia encontrar nenhuma evidência para isso. E então, não conseguia obter respostas para minhas perguntas: o que acontece depois que morremos? Onde estávamos antes de nascermos? As respostas que obtinha eram simples demais: céu ou inferno."

Eram os anos cinquenta. Um improvável defensor da sabedoria budista era o comediante americano Lenny Bruce. Em seu disco, ele brincou: "Conhecemos o som de duas mãos batendo palmas. Qual é o som de uma mão batendo palmas?" Esse famoso enigma zen serve para levar o aluno a uma contemplação de significado profundo, além da mente lógica comum, mas os compradores de discos apenas achavam engraçado. "Ele gravou alguns koans assim, como piadas. E as pessoas começaram a gostar." Quando ela era adolescente, não havia professores e quase nenhum livro. "Era difícil distinguir entre as diferentes tradições do Zen, Theravada e assim por diante. Enquanto isso, eu lia Jack Kerouac[*] e sonhava em ir para o Japão."

---

[*] O romancista e poeta americano Jack Kerouac (1922–1969), um dos pioneiros da chamada Geração Beat, mergulhou no budismo nos anos cinquenta. Ele foi o autor de *On the Road* e *The Dharma Bums*.

DEUSES DO SURFE, ESTRELAS DE HOLLYWOOD E BEATNIKS

Tendo sido criada em Malibu, Lekshe descobriu outra religião: o surfe. "O surfe e o budismo eram as duas únicas coisas que importavam para mim. Eu não tinha interesse nenhum em namorar e nesse tipo de coisas, mas morando na Califórnia era difícil de evitar." Ela se juntou à Malibu Surfing Association em uma época em que Malibu era o epicentro dos deuses do surfe, das estrelas de Hollywood e dos beatniks. Lekshe considera o surfe uma prática espiritual. "Quando está no mar, sentindo-se integrado com a natureza e com os outros seres, você tem uma perspectiva totalmente diferente da experiência humana. Mais longe da costa, no oceano vasto, fica muito claro como os seres humanos são minúsculos. Quando esperamos pacificamente pela próxima série, há tempo para refletir sobre a vida. Surfar é uma ótima maneira de entrar em contato com a própria mente, o que, claro, é o ponto principal do budismo." Mas ela é rápida em apontar que, como em qualquer coisa, o fator decisivo é como pegar a próxima onda. "Quando se trata da *minha* onda, o surfe pode se tornar competitivo e feroz. Isso certamente não tem nada a ver com espiritualidade."

SIMON E GARFUNKEL EM JAPONÊS

Lekshe abandonou o Occidental College em 1964, com dezenove anos na época, para viajar ao Oriente para surfar, e descobriu que era a única mulher na primeira competição internacional de surfe do Japão. Durante o verão, ela pegou ondas perto da Península de Chiba. No inverno, quando a neve se misturava à água, ela se mudou para perto de um templo Zen para meditar. Permaneceu ali por um ano, procurando em vão por um professor budista.

Em um navio de Yokohama para Cingapura, ela teve um sonho lúcido em que usava as vestes monásticas, cercada por pessoas extremamente alegres e amorosas. No entanto, ela não sabia onde encontrar tal comunidade. Viajou por toda a Ásia — para a Tailândia, Camboja, Índia, Nepal, Sri Lanka — em busca de um professor e um monastério para mulheres, mas não encontrou nada. Na época, ela não sabia que os monastérios femininos eram raros e distantes uns dos outros. Só anos depois ela encontrou alguns pequenos monastérios femininos no Japão — joias escondidas em lugares remotos com algumas poucas monjas veneráveis.

"Talvez eu não tivesse experienciado suficientemente a vida", ela supôs, e começou a experimentar "quase de tudo". Ela pintou, escreveu poesia, tornou-se professora de ioga, treinou Aikidô e até criou uma banda de folk rock com amigos. Ela tocava auto-harpa e violão, com cabelos louro-avermelhados até a cintura, anéis em todos os dedos das mãos e dos pés. "Pena que minha voz era tão fraca. Eu nunca consegui cantar blues. Tão decepcionante." Ela tocou nas ruas da Alemanha e em clubes do Afeganistão, "desfrutando de um estilo de vida cigano. Nós nos divertimos muito. As pessoas sempre nos convidavam para tocar e cantar." No Japão, sua banda gravou um álbum — Simon e Garfunkel em japonês.

Ela também visitou templos, entoou o mantra da compaixão, OM MANI PADME HUNG e escreveu o Sutra do Coração várias vezes em chinês, mas ainda buscava a oportunidade de estudar o budismo em profundidade. Então, voltou para a Califórnia, estudou japonês na Universidade da Califórnia, Berkeley, e fez um mestrado em estudos asiáticos no Havaí. Em 1971, Patricia partiu para a Índia outra vez e encontrou a Biblioteca de Obras e Arquivos Tibetanos que o Dalai Lama havia aberto em Dharamsala.

Esse centro de estudos tibetanos na Índia, onde a tradutora Sangye Khandro também estudou, era inovador — foi o primeiro a oferecer cursos de filosofia e idiomas para ocidentais e asiáticos. Lekshe se lembra do dia em que desceu correndo a colina até a Biblioteca Tibetana. Para sua alegria, assim que entrou na sala de aula, um professor tibetano estava descrevendo o processo do morrer. Ali estavam as respostas para todas as perguntas sobre a morte que a intrigavam quando criança. "O professor, Geshe Ngawang Dhargyey, expôs exatamente o que acontece após a morte, etapa por etapa. Aquilo era exatamente o que eu sempre quis aprender."

Lekshe elogia a biblioteca como a "fantástica" oportunidade de mergulhar na ciência budista tibetana da mente. "Podíamos estudar com professores tradicionais tibetanos, aprender a língua e praticar em um ambiente propício." Em Geshe Ngawang Dhargyey, um conhecido monge-erudito, Lekshe encontrou seu guia. Ela ficou tão entusiasmada que acabou ficando por quinze anos, e só partiu quando o dinheiro acabou. No primeiro ano, viveu com as economias de quando cuidava de japoneses idosos em um asilo no Havaí. No segundo ano, vendeu seu violão. Devia ser um violão valioso?, perguntei. "Duzentos e cinquenta dólares", lembra ela, "que duraram um ano inteiro". No terceiro ano, as coisas ficaram terríveis. Uma mulher americana oferecia almoço todos os dias. Depois, começou a viajar entre a Índia e o Havaí para trabalhar como tradutora de japonês para turistas em Waikiki.

O LAGO DA FALA ELOQUENTE

Durante todo o tempo, o sonho com a ordenação de Lekshe a bordo do navio nunca a abandonou. "Para mim, foi uma progressão natural. Se você leva a prática do Dharma a sério, não quer se distrair com relacionamentos. Claro, relacionamentos podem ser divertidos, mas eu já tinha passado por tudo aquilo e não achava satisfatório. Na verdade, era chato." Mesmo na adolescência? "Ah, quando era adolescente, eu não me interessava de forma alguma. Eu era surfista", diz ela com firmeza. Tendo morado em Malibu, tive que conter a observação de que, naqueles tempos, surfar e namorar não pareciam ser mutuamente exclusivos.

Lekshe finalmente realizou seu sonho de se tornar monja em 1977. Pema Chödrön ofereceu-lhe seu primeiro conjunto de mantos. "É claro que o estilo de vida celibatário não é para todos", diz ela, "mas, para mim, era ideal". O décimo sexto Gyalwa Karmapa a ordenou na França e lhe deu o nome de Karma Lekshe Tsomo. *Karma* indica a linhagem do Karmapa. Muito apropriadamente, *Lekshe* significa "discurso eloquente". E *Tsomo* é o termo tibetano para "lago", indicando expansividade. Com uma piscadela de olhos, ela explica que os homens costumam ser chamados de *Gyatso*, que significa "oceano", enquanto as mulheres recebem a versão menor. "Eu era muito ingênua", ela reflete em retrospectiva. "Quando fui ordenada, não sabia que a ordenação completa não estava disponível para mulheres na tradição tibetana." Não havia treinamento, nem site, nem monastério para ir. "Tivemos um bom começo com o Buddha", ela comenta. "Monges e monjas eram mais ou menos iguais. Mas então o patriarcado se reafirmou."

Aparentemente por coincidência, ela fez amizade com uma monja que lhe explicou os preceitos e protocolos da ordenação completa. Cinco anos depois de sua ordenação como noviça na França, a Venerável Hiu Wan, uma monja lendária em Taiwan*, convidou-a para receber a ordenação completa lá. Lekshe vê a falta de ordenação completa de bhikshuni para mulheres em muitos países budistas como uma séria desvantagem. "Por que as mulheres não podem ter as mesmas oportunidades?", ela pergunta. "Cada vez mais, vejo isso como uma questão de direitos humanos. Ou você tem direitos humanos, incluindo direitos religiosos, ou não tem. E muitas mulheres hoje não têm direitos religiosos completos. Acho que isso é inaceitável no século XXI."

Conforme explicado na introdução, as monjas tibetanas atualmente permanecem noviças por toda a vida. "Há uma grande resistência por parte de alguns monges", disse Karma Lekshe Tsomo, com um suspiro. Todos os monges mais graduados precisariam concordar a respeito de um modelo para a ordenação de bhikshuni. "Temos que ser pacientes", diz ela, confiante de que as coisas acabarão por se equilibrar. "No fim é como uma grande onda que não pode ser parada. Os monges também podem surfá-la. Caso contrário, eles ficarão do lado errado da história." Além da ordenação superior não estar disponível para as mulheres, elas também não podem fazer os exames finais nos estudos superiores. "Seis das monjas de nosso monastério estão prontas há anos. Elas se dedicaram muito, mas não puderam fazer os exames para geshe porque não concluíram o estudo do Vinaya (disciplina monástica). E elas não puderam completar seus estudos do Vinaya porque não são bhikshunis." Ela espera que a recente nomeação de uma mulher alemã como a primeira geshe mulher no Instituto de Dialética Budista, onde Lekshe também estudou, abra as portas para monjas do Himalaia receberem o diploma também.

---

* A bhikshuni Shig Hiu Wan (1912–2006) foi uma notável poetisa e pintora que iniciou as Conferências Internacionais de Estudos Budistas e, mais tarde, fundou a Universidade Huafan, uma das principais instituições de ensino superior em Taiwan.

O desequilíbrio de gênero também cria uma diferença econômica muito dura. "Os budistas acreditam na ideia de mérito. Doar a uma comunidade de monges ou monjas com ordenação completa é considerado meritório, então os doadores ficam felizes em apoiá-los, sentindo que acumulam mais mérito". Manter a totalidade dos preceitos também é mais meritório. Isso pode ser "difícil para o ouvido ocidental", ela continua com cautela, "mas a prática budista envolve eliminar o máximo possível de distrações e ficar o mais atento possível, no sentido mais amplo da palavra. Ter muitos preceitos o mantém longe de problemas", diz ela, rindo. "Você não se envolve em situações comprometedoras e fica livre para fazer o que se propôs a fazer."

BURRAS DEMAIS PARA APRENDER A LER

Quando ela estudou em Dharamsala, o primeiro monastério feminino tibetano da Índia ficava perto, na estação montanhosa britânica de Dalhousie. Ironicamente, não foi fundado por um indiano ou tibetano, mas pela imigrante britânica Freda Bedi. Outro monastério feminino surgiu em Dharamsala em meados da década de 1970, mas ambos estavam completamente superlotados. Quase todos os dias, monjas batiam à porta em busca de um lugar para ficar. Lekshe percebeu que algo estava muito errado naquilo. "A situação era muito, muito triste. Havia muitas monjas saindo do Tibete completamente analfabetas, doentes e sem um tostão." Na época, ela estudava no Instituto de Dialética Budista em McLeod Ganj, perto do monastério do Dalai Lama. Lama Zopa Rinpoche cedeu-lhe algumas cabanas de barro na floresta que ele não usava mais. Inicialmente, Lekshe pensou que poderiam se tornar um belo monastério para monjas ocidentais, "mas no fim foram as monjas do Himalaia que vieram. Elas estavam realmente interessadas em estudar." Ela começou com um projeto de alfabetização para as monjas, porque muitas das que fugiram do Tibete não sabiam ler nem escrever. "Elas eram tão dedicadas e tão motivadas que aprenderam muito rápido", diz ela, com orgulho. "Em dois meses, todas sabiam ler e estavam ansiosas para aprender mais."

No início, as monjas expressavam uma terrível falta de confiança e repetiam: "Ah, somos burras demais para aprender a ler".

Lekshe se perguntava: "O que acontece com as mulheres quando elas só veem homens nos tronos, nas árvores genealógicas, nas capas dos livros?". Mas as monjas rapidamente se motivaram a estudar muito, ansiosas por compreender os ensinamentos do Dalai Lama. "Foi maravilhoso vê-las florescer, estudando seriamente e, por fim, debatendo filosofia. Depois de aprenderem tibetano, elas quiseram aprender gramática, então consegui um professor de gramática, filosofia, inglês, e em pouco tempo tínhamos um programa de estudos completo."

Ela começou com dezesseis monjas, mas logo mais monjas apareceram. "Não havia espaço, nem quartos para elas ficarem, nem apoio financeiro", relembra Lekshe. A dor de ter que rejeitar monjas tão motivadas ainda a incomoda. Ela criou outro centro de estudos em Spiti, no Himalaia, e acabou fundando quinze programas de estudo e a Fundação Jamyang, uma organização sem fins lucrativos que tem por foco oferecer educação para mulheres budistas do Himalaia. "Os estudos budistas para monjas eram inéditos naquela época. As pessoas pensavam que as monjas não tinham interesse em estudar. Eu costumava ouvir: 'Ah, para as monjas é suficiente dizer OM MANI PADME HUNG, o Mantra da Compaixão'. Mas, à noite, aquelas monjas choravam. Elas cantavam como anjos, mas não tinham ideia do que estavam cantando."

Ela e algumas amigas monjas decidiram se reunir para conversar sobre as dificuldades que as mulheres budistas estavam enfrentando. Elas escolheram Bodhgaya, o local na Índia onde o Buddha atingiu a iluminação, para a primeira reunião em 1987. "Fiz o melhor que pude para organizar uma conferência. Nunca tinha feito nada parecido na minha vida. Lembro-me de coletar endereços em listas e de fazer convites manuscritos." Isso aconteceu na era pré-internet. O envio de um convite pelo sistema postal indiano demorava um mês para chegar aos Estados Unidos e outro mês para receber uma resposta.

EM BUSCA DE UMA MULHER SANTA

Nessa época, Lekshe já era monja há dez anos. Com pouco apoio financeiro, que mal dava para se alimentar, ela morava em uma cabana de barro sem encanamento nem aquecimento, e eletricidade apenas ocasionalmente. Tarde da noite, sentada em sua cabana na floresta perto de Dharamsala, ela ouviu uma voz fraca com um forte sotaque sulista: "Socorro! Me ajude, estou perdida!". Aventurando-se com uma lanterna, encontrou uma mulher idosa apavorada tropeçando pela floresta. Lekshe a acompanhou de volta ao hotel e não pensou mais no assunto. Mas, no dia seguinte, no mercado da vila, ela encontrou outra vez a mulher, que acabou se apresentando como Elda Hartley, a cineasta espiritual pioneira e fundadora da Hartley Film Foundation. Elda acabava de voltar do Tibete, desiludida e frustrada com as terríveis circunstâncias dos tibetanos que viviam sob a ocupação chinesa, e por ver a cultura tibetana em frangalhos. No calor do momento, durante o chá com Lekshe, Elda mudou a conversa. Será que ela podia ligar o gravador e fazer um filme sobre aquela monja tão incomum? "Seu projeto se chamava 'Em Busca de um Homem Santo'", ri Lekshe, "mas em vez de um homem santo, ela me encontrou". Quando surgiu o assunto da conferência de monjas planejada para acontecer em Bodhgaya, Elda Hartley perguntou: "Quanto você tem de dinheiro para organizar esta conferência?". Lekshe respondeu: "Nada. Meus bolsos estão completamente vazios."

Elda Hartley ofereceu-se espontaneamente para emprestar cinco mil dólares, mas Lekshe hesitou. E se ela não conseguisse arcar com as despesas? "Nesse caso", disse Elda, "seria uma doação". "Mas você nem me conhece", Lekshe retrucou uma última vez, ao que Elda Hartley respondeu com segurança: "Eu te conheço". Tudo se resolveu. Parece inacreditável, mas Lekshe gastou exatamente como havia planejado e devolveu cada centavo a Elda. "As conferências Sakyadhita sempre foram assim. Começamos do zero, cada uma pagando as próprias despesas, sem termos nenhum apoio e, de alguma forma, as contas fechavam todas as vezes. É incrível." Ela ri de alegria. A partir daquele início humilde, as conferências Sakyadhita geraram um movimento mundial de mulheres budistas.

ARCO-ÍRIS DE MANTOS

Sakyadhita significa "Filhas de Buddha". Sua Santidade, o Dalai Lama, abriu a primeira conferência em Bodhgaya em 1987, diante de 1.500 participantes. Um arco-íris vivo de mantos esvoaçava de

Um entendimento compartilhado entre culturas: Karma Lekshe Tsomo com duas mulheres Ladakhi nos Himalaias. A foto é cortesia de Karma Lekshe Tsomo.

um lado para outro na aglomeração superlotada sob uma tenda: amarelo e cor de vinho do Tibete, cinza e preto da Coreia e de Taiwan, amarelo e laranja do Sri Lanka, rosa da Birmânia e branco da Tailândia.

A cada dois anos, milhares de monjas e monges, leigas e leigos se reúnem em um país diferente para discutir questões importantes na conferência da Sakyadhita. Qual é o principal obstáculo? "Sexismo", Lekshe resume com franqueza. Ela não tem medo de usar a palavra que começa com F. "O feminismo", diz ela, ironicamente com um sorriso tímido, "tem sido chamado de teoria radical segundo a qual as mulheres são completamente humanas". O desequilíbrio de gênero afeta as mulheres budistas em todo o mundo. "Estamos falando de mais de trezentos milhões de mulheres dedicadas a paz, honestidade, bondade amorosa e compaixão. Certamente, gostaríamos de incentivar os talentos e o potencial dessas mulheres maravilhosas." No Ocidente, cada vez mais professores reconhecem esse potencial, mas "as mulheres quase não têm voz nas instituições budistas asiáticas. Para que as mulheres cheguem a posições de liderança, elas precisam receber educação e treinamento completos."

"QUE OS DEUSES SEJAM VITORIOSOS!"

É por isso que Lekshe viaja por Ladakh. Com a amiga monja, ela tem que caminhar quatro dias inteiros a pé, às vezes andando pela neve. Lutando contra a altitude de tirar o fôlego nas passagens nevadas, carregando tudo nas costas, ela cumprimenta aldeões e nômades alegres, com seus rebanhos de iaques, que encontra ocasionalmente ao longo da estrada. Ela atravessa um panorama de monastérios de sonho, penhascos antigos, comboios do exército, grandes abismos e rios idílicos. Cruza uma passagem de quatro mil metros, gritando "Lha gyalo! Que os deuses sejam vitoriosos!"; como fazem os locais para celebrar a subida.

O sol tórrido é impiedoso devido à altitude e à atmosfera rarefeita. Não há árvores naquele deserto montanhoso; mesmo usando protetor solar, sua pele queima. Mas, no fim da tarde, quando os ventos começam a uivar, depois que as temperaturas caem para quase zero, ela agradece as queimaduras do sol por manterem-na aquecida. Uma imensa compaixão por aquelas pessoas que não têm quase nada e que, por algum milagre, conseguem sobreviver de forma tão incerta, inunda seu coração. "A pobreza das pessoas é impressionante", observa Lekshe. "Suas vidas são muito duras, mas seus rostos são vibrantes e radiantes. Uma foto de Sua Santidade, o Dalai Lama é o bem mais precioso que existe em todas as casas. Sua presença radiante no altar lhes dá consolo e esperança."

Eles não têm carros, nem eletrodomésticos, nem móveis — apenas as roupas do corpo e a adorada fotografia de Sua Santidade. Dia após dia, comem farinha de cevada torrada misturada com chá ralo ou pão chato ou coalhada, sobrevivendo de uma curta estação de plantio a outra. No verão, antes da colheita, o estoque de alimentos está quase acabando. Por incrível que pareça, por mais pobres que sejam, os Zangskaris sempre parecem estar brincando e rindo, bem-humorados, serenos e curiosos.

ATACADA POR UMA VÍBORA

"O que aconteceu com o seu braço?" indagam as mulheres da aldeia local, apontando para o braço direito severamente marcado de Lekshe, que se vê sob as vestes sem mangas. "Fui mordida por uma cobra", ela responde. Elas se encolhem e ofegam, primeiro com expressões de horror, depois de preocupação misericordiosa. "É karma — o resultado de minhas próprias ações no passado", ela as tranquiliza. "Com certeza, o que mais poderia ser senão o resultado de ações passadas, algo assim? Agora você é monja e vai criar méritos nesta vida, então, com certeza, as coisas serão melhores na próxima vida", dizem. Essas quatro gerações de mulheres, analfabetas e sem educação no sentido ocidental da palavra, entendem uma verdade profunda. Até mesmo (ou talvez especialmente) as duas gerações mais velhas — desdentadas, vestidas com peles de animais, cabelos trançados — compreendem o princípio essencial dos ensinamentos do Buddha com uma simplicidade e clareza raramente encontradas na sofisticada sociedade ocidental. Elas se separam com relutância. Um vínculo de compreensão que transcende a linguagem e a cultura foi forjado.

A picada de cobra aconteceu perto de Dharamsala, em 1989. Havia tantas monjas querendo ingressar em seu programa de estudos que Lekshe foi à procura de um lugar adequado para construir nos terrenos próximos. Enquanto caminhava sob alguns galhos baixos, uma víbora deve ter caído de uma árvore e mordeu seu braço. Como Lekshe não viu a cobra, demorou oito dias para perceber a urgência e ir ao hospital. Naquela altura, a gangrena já havia se instalado e o veneno havia prejudicado seu braço gravemente. Ela quase morreu. Por semanas, mal conseguia se mover e o mundo ao seu redor, os médicos e o barulho dos outros pacientes, tudo se derretia em um borrão confuso. Naquele hospital rural indiano, com sua pobreza extrema, equipamentos insuficientes e higiene precária, era difícil sobreviver, mesmo sem uma picada de cobra; então, Lekshe enviou um SOS. Uma amiga em San Diego respondeu ao seu telefonema urgente e a acolheu. A picada de cobra é, de fato, a razão pela qual ela agora mora nos Estados Unidos. Muito doente para voltar à Ásia, ela retomou seus estudos no

Havaí e concluiu o doutorado. "Na dúvida, volte para a escola, não é?" Ela não havia planejado aquilo, achava que ficaria na Ásia para sempre, ajudando a sustentar as monjas de lá. Mas a picada da cobra marcou uma virada em sua vida.

Ela aceita essa virada com a equanimidade característica de uma praticante experiente. Os budistas acreditam que nada acontece sem uma causa. No fim das contas, a picada da cobra a forçou a retornar ao reino dos deuses californianos novamente. Uma oferta de emprego da Universidade de San Diego como professora assistente de estudos religiosos veio a calhar. Ela aponta para uma pilha de trabalhos de alunos em sua minúscula escrivaninha de madeira ao lado da estante abarrotada e suspira, quase se divertindo. "Não há tempo suficiente para fazer tudo." Será que ela sente falta da conexão com outras monjas em um ambiente mais budista, como tinha na Ásia? Em San Diego, ela é uma curiosidade em suas vestes vermelhas. "Esta é uma vida muito boa, uma vida muito feliz", afirma, se esquivando de uma resposta direta. "Algumas pessoas podem se sentir solitárias. Eu gosto das pessoas, mas posso ficar sozinha por semanas e meses muito feliz."

O CAMINHO UNIVERSAL PARA A LIBERAÇÃO

Karma Lekshe Tsomo valoriza o clima liberal em sua universidade católica. "Eles respeitam quem segue seriamente o caminho espiritual", diz ela, elogiando a curiosidade e a abertura de seus alunos. Ela os envia aos templos coreanos e vietnamitas da cidade para meditar, e eles, por sua vez, parecem refletir sua própria abertura a várias tradições. Lekshe é a única professora de budismo tibetano que conheci que se sente em casa em todas as tradições, uma aluna de todas as escolas budistas, sem distinção. Apesar da primeira parte de seu nome, que denota que ela é uma discípula do Karmapa, se recusa a ser rotulada como Nyingma, Kagyü, Gelugpa ou Sakya — as quatro principais tradições do budismo tibetano — ou até mesmo como uma budista tibetana. "Apenas budista é o suficiente para mim", diz ela, com calma. "Aonde quer que eu vá, me sinto em casa, seja um templo coreano, tibetano, birmanês ou tailandês." Ao longo de suas peregrinações pela Ásia, ela estudou com muitos mestres de várias tradições, incluindo S.N. Goenka (1924-2013), um importante professor leigo da tradição Vipassana birmanesa que a impressionou profundamente. Ela adotou a crença de Goenka de que o Buddha nunca ensinou uma religião sectária — que o caminho para a libertação é universal. "Quando você fica muito apegado à sua linhagem ou ao seu professor, isso é apenas mais um apego, não é?" E pergunta rapidamente: "Afinal, o que significa linhagem, para as mulheres? Os extremamente importantes detentores das linhagens do budismo tibetano são quase todos homens."

Assim, em sua jornada pelas cordilheiras de Zangskar, ela nunca deixa de apontar lembranças de realizações femininas. "Neste mesmo penhasco rochoso, monjas meditaram por centenas de anos", diz ela. É fácil perceber porque a solidão daquelas montanhas produziu santos por séculos. Sem telefones ou telas de TV, nenhuma distração barulhenta atrapalha a prática espiritual. O fundo do vale, salpicado de antigos relicários budistas, se estende infinitamente diante dela enquanto caminha por quatro dias, dormindo ao ar livre no frio cortante. Um vento forte sopra no fim do dia, jogando poeira e areia sobre todos os poros. Quando ela finalmente chega ao convento em Zangla, o crepúsculo há muito se transformou em escuridão, enquanto os ventos implacáveis continuam uivando, tentando lançá-la na ribanceira. Mas o calor das boas-vindas compensa o frio da noite. Na escuridão, vê as sombras dos acolhedores aldeões enquanto tropeça ao longo do caminho para o monastério Changchub Chöling. Logo ela é saudada por uma multidão de monjas e ondas de incenso de ramos de ervas. Vinte monjas residem naquele monastério centenário. Elas a levam para o quarto de hóspedes, enchem uma tigela com chá fumegante e manteiga salgada, e conversam contando-lhe todas as últimas melhorias.

Não havia alojamentos para as monjas até que Lekshe começou a apoiá-las; antes elas ficavam na aldeia com parentes. Cozinhando, cuidando das crianças e trabalhando no campo, não correspondiam ao ideal monástico, mas faziam o que era possível. Quando o programa de estudos foi estabelecido em 1988, o estilo de vida das monjas mudou drasticamente. Elas faziam rondas especiais de mendicância perto e longe para coletar doações. Com as próprias mãos, construíram pequenas cabanas de pedra e barro, para começarem a viver juntas em comunidade. Elas convenceram Geshe Tenpa Lundrup, um lama tibetano elevado, a deixar sua cabana de retiro para lhes ensinar os textos budistas.

Historicamente, é incomum as mulheres seguirem o currículo de filosofia monástica. Em especial aqui em Zangskar, onde as mulheres normalmente não recebem nenhuma educação formal, essa empreitada é revolucionária. Em um ambiente tão hostil, o contraste entre a vida de labuta doméstica e a de enriquecimento espiritual em tempo integral é gritante. Mesmo que não haja barreiras teóricas para a realização espiritual das mulheres, Lekshe é muito sensível às circunstâncias culturais e práticas da vida das mulheres no Himalaia e está ciente de que as respostas ocidentais à discriminação de gênero devem levar em consideração o quadro todo. "As sociedades do Himalaia são organizadas hierarquicamente, abrangendo gênero, classe, educação, riqueza, status de ordenação e até mesmo casta, embora o budismo não reconheça a casta", escreve ela em seu livro *Buddhist Women Across Cultures* (Mulheres budistas nas diversas culturas)[2]. "Essas sociedades não fingem que seus membros são iguais, mas acreditam que seu sistema social é igualitário, flexível e eficaz, independentemente das desigualdades." Agora as monjas ainda ajudam no plantio e na colheita, mas se concentram mais na meditação e no estudo. Os moradores mostram seu apreço pelas monjas, fornecendo-lhes farinha de cevada e chá. O relacionamento se tornou simbiótico e frutífero, promovendo boa vontade e respeito de ambos os lados.

"A educação é crucial", insiste Lekshe. "Até como base para a prática, a educação é importante. E é indispensável para se tornar uma professora. Você não pode ensinar o que não sabe." Ainda existem muitas escolas e institutos budistas que não são abertos para mulheres. E as instituições femininas em geral não são equivalentes às dos homens, porque carecem de orçamentos adequados e bons professores. "Mesmo no Ocidente", Lekshe descobriu, "temos mais dificuldade em arrecadar doações para monjas. Tenho visto muitas vezes doadores fazendo doações e parando antes de chegarem às monjas". Mas aqui, no topo do mundo, seus esforços estão fazendo a diferença. No dia seguinte, as monjas a convidam para visitar a aula das jovens monjas, conduzida no antigo estilo de memorização dos textos, cantando-os em coro. Depois que as monjas aprendem o texto de cor, o lama explica o significado. A compaixão do lama é terna e comovente ao exibir as proezas de suas alunas.

O gongo toca e as monjas se reúnem no pátio para um debate, a fim de testarem sua compreensão da lição do dia anterior. Com grande inteligência e concentração, elas examinam o assunto com entusiasmo — o estado mental do iluminado — e de todos os ângulos possíveis. Antes de o lama chegar aqui, a alfabetização em Zangla era rara, exceto entre os monges. "Hoje, devido ao seu método habilidoso e sua confiança no poder das mulheres para aprender, os mistérios da filosofia budista são como flores desabrochando", diz Lekshe, com seu rosto redondo iluminado com um largo sorriso. "Amanhã, essas mulheres serão capazes de compartilhar a luz do Dharma com outras."

Venerável Thubten Chodron. A foto é cortesia da Abadia de Sravasti.

9: Thubten Chodron
(CHERRY GREENE)

UMA REBELDE EM VESTES DE MONJA

Por que uma judia californiana fundou um dos monastérios budistas tibetanos mais inovadores dos Estados Unidos?[1]

O alarme toca às cinco horas. O sol acaba de lançar sobre as montanhas cobertas de neve no horizonte os primeiros raios pálidos de luz, iluminando por detrás o amplo panorama. Agora, a primeira coisa com que me deparo, como um respingo de água fria, é um texto de três linhas impresso e colado no espelho do banheiro:

> Todo sofrimento vem do desejo pela própria felicidade.
> Os buddhas perfeitos nascem do pensamento de ajudar os outros.
> Portanto, troque a sua própria felicidade pelo sofrimento dos outros.

Às cinco e meia, as nove monjas, duas residentes leigas, três voluntárias e um ser cansado — eu — enfileiram-se em uma sala de meditação do tamanho de uma sala de estar. As paredes rústicas da cabana de madeira contrastam com o brocado oriental do altar, as tigelas de água feitas de vidro polido e a delicada estátua de Buddha. Primeiro, nos curvamos umas às outras como uma expressão de honra diante do bom coração e a natureza de Buddha de cada uma, então cantamos preces e, por fim, nos sentamos quietas com nossas espinhas eretas sobre almofadas no chão de madeira por quarenta e cinco minutos, nos esforçando para permanecermos no momento presente, com a mente calma, focada e imperturbável. Claro, minha mente vagueia por toda parte: como uma judia iniciou um dos primeiros monastérios budistas tibetanos para treinar ocidentais nos Estados Unidos? Por que ela escolheu as montanhas em uma parte conservadora do Estado de Washington para essa aventura? Onde ela conseguiu recursos?

Shhh! Até que um gongo toque durante o café da manhã, todos ficam em silêncio. Cada momento, cada atividade, cada detalhe na Abadia de Sravasti é projetado para conduzir o visitante à atenção plena. Cada porta exibe um pequeno pedido impresso e fixado para que seja fechada com cuidado e de forma silenciosa. Os escritórios no prédio principal são denominados "fala correta" e "atenção plena correta" — etapas do caminho óctuplo que o Buddha prescreveu. Acho que nunca estive em um lugar onde as pessoas estivessem tão cientes de qualquer coisa que eu pudesse precisar a qualquer minuto sem que eu pedisse. Mãos que ajudam oferecem um cobertor quente, xícaras de chá, uma cópia da oração de aspiração recitada antes das refeições. Com exceção das orações que lemos juntos em voz alta, tudo isso acontece em nobre silêncio; a dança da vida comunitária perfeitamente coreografada se desenrola silenciosamente — exceto pelo gorgolejar alto de três dúzias de perus selvagens que se apressam pelo caminho lamacento em um alinhamento engenhoso, correndo para o afeto de uma monja na forma de milho quebrado. Os grandes pássaros se enfileiram, um a um, como se estivessem na fila para receber uma bênção. A Venerável Semkye mais tarde, brincando, chama os perus de "meus discípulos".

SEM NINHO DE COBRA

A mulher que tornou tudo isso possível é a nativa de Los Angeles, Cherry Greene, agora mais conhecida por seu nome de ordenação tibetana, Venerável Thubten Chodron, que se traduz aproximadamente como "Lâmpada dos Ensinamentos, Doutrina do Habilidoso (o Buddha)". Assim que ela entra na iluminada sala de café da manhã com janelas do chão ao teto, todos se levantam em uníssono para prestar homenagem à abadessa. Os olhos castanhos escuros de Thubten Chodron brilham com curiosidade e intensidade penetrantes. Com a cabeça raspada e sua figura de ossatura fina escondida sob as vestes cor de vinho, ela exibe a aparência andrógina de uma verdadeira mendicante — embora fale de forma tão eloquente, rápida e bem-humorada quanto a garota californiana que é. Às vezes, as pessoas confundem suas vestes carmesim com uma moda sendo ditada e a param na rua para cumprimentá-la pelo penteado e pela roupa. Outros perguntam compassivamente quando a quimioterapia terminará.

"Vamos ouvir BBC", diz uma monja. Demoro um minuto para descobrir que a BBC não se refere à British Broadcasting Corporation, mas ao "Bodhisattva's Breakfast Corner" (Recanto do Desjejum do Bodhisattva), 10 minutos diários em que Thubten Chodron fala sobre um ponto urgente da perspectiva do Dharma. Hoje ela está lendo uma passagem de um de seus muitos livros de sucesso que fala sobre o ciúme, *How To Free Your Mind* (Como libertar sua mente). "O ciúme, por ignorância, nos faz pensar que seremos felizes se destruirmos a felicidade dos outros", ela ensina. "Assim como uma cobra cruel cujo veneno mata uma pessoa saudável, o ciúme envenena tanto a nossa felicidade e a nossa bondade quanto as dos outros."[2]

Assim que a monja líder de bochechas coradas toca o gongo após o café da manhã, podemos conversar. Nove rostos amigáveis, a maioria na casa dos cinquenta anos, se voltam para mim e repetem seus nomes. As nove monjas estão cientes de que todas ficam parecidas em suas vestes cor de vinho, com seus rostos quentes e radiantes emoldurados pela cabeça raspada acinzentada. Para o olho destreinado, elas não são fáceis de distinguir. Mas os nomes pouco ajudam — todos começam com Thubten, porque Thubten Chodron é sua mestra de ordenação. "O Buddha criou uma comunidade", diz Thubten Chodron. "Muitas pessoas sonham em se afastar e ficar sozinhas, pensando que assim se iluminarão. Mas pode ser que elas não mudem seus hábitos egocêntricos e nem mesmo percebam sua tendência habitual de ver o mundo da perspectiva de 'eu, mim, meu e minha'. Quando você vive em uma comunidade, esbarra nos outros e precisa realmente trabalhar consigo mesmo". E aqui está uma comunidade que parece provar que é possível conviver sem se tornar um ninho de cobras.

PLANEJANDO OS PRÓXIMOS TRÊS ÉONS

Thubten Chodron aponta para o mapa que mostra os duzentos e quarenta acres. No momento, a Abadia de Sravasti abriga apenas uma minúscula cabana de retiro sem água corrente, a sala de meditação, o estúdio da Venerável Chodron (também sem água corrente), o Ananda Hall (o prédio principal com escritórios, cozinha, sala de jantar, biblioteca e quartos para homens), a residência das monjas recém-construída e um grande celeiro antigo. Thubten Chodron desenha no mapa com o dedo um grande templo, uma nova cozinha, sala de jantar, casa de hóspedes e uma residência de monges — em suma, um monastério completo. Quando questionada se ela está planejando com antecedência os próximos trezentos anos, ela cai na gargalhada escancarada que reverbera profundamente. "Não, os próximos três éons!"

Nenhuma das monjas possui muita coisa, incluindo Thubten Chodron. A abadia, a terra, o velho Subaru, os computadores — tudo é propriedade da comunidade. Até o gato preto, chamado Manjushri (o Buddha da Sabedoria), que mancava sobre três pernas, se revezava para aninhar-se no colo de cada uma das Thubtens como que para mostrar que não tem favoritas. "Nada disso é só para nós", diz Thubten Chodron. "Isto é para o futuro da comunidade monástica no Ocidente." Para que o budismo realmente crie raízes no Ocidente, "monásticos e monastérios são cruciais", diz ela. "O Buddha era um monástico. Se nos esquecermos disso, perderemos o exemplo de vida do próprio Buddha de como viver e praticar."

Sravasti era o nome de uma antiga cidade no norte da Índia, onde o Buddha histórico Shakyamuni passou a maior parte de sua vida monástica. Sua Santidade, o Dalai Lama escolheu pessoalmente o nome da abadia, e sua carta de endosso está emoldurada ao lado da entrada. "A situação para os monásticos ocidentais é especialmente difícil porque foram estabelecidos poucos monastérios no Ocidente", diz a mensagem do Dalai Lama. "A melhor solução é que os monásticos ocidentais desenvolvam seus próprios programas de treinamento, e nós, asiáticos, podemos ajudar do nosso lado. É particularmente agradável saber que a abadia estará traçando um novo curso como um lugar onde os ensinamentos tradicionais do budismo tibetano e formas culturais inovadoras estarão presentes."

Todas as monjas deixaram para trás seus empregos, suas famílias, seus bens, seus nomes. "A ordenação monástica gira em torno de quatro preceitos básicos", explica Thubten Chodron, "evitar matar, roubar, manter relações sexuais e mentir sobre a realização espiritual".[3] Outros preceitos visam manter relações harmoniosas e proteger os monásticos das distrações que destroem a consciência plena: não cantar, não dançar, não se divertir com entretenimentos. As monjas não assistem TV e navegam na web apenas o suficiente para se manterem atualizadas sobre os assuntos importantes do mundo.

Mas não se engane: apesar do cenário idílico, os monastérios são tudo menos um paraíso sonolento para os preguiçosos. Não há empregados aqui. As nove monjas e as duas residentes leigas fazem tudo acontecer: transcrevem dezenas de horas de ensinamentos todas as semanas, comunicam-se com centenas de alunos, mantêm três sites bem ativos, organizam retiros, orientam grupos de meditação, dão palestras do Dharma, filmam, gravam, editam, limpam, cozinham, cortam lenha, consertam goteiras no telhado, o que você imaginar. Sempre há mais o que fazer. Depois do café da manhã, a Venerável Thubten Tarpa, uma ex-treinadora atlética e fisioterapeuta de Seattle em boa forma física, reboca a parede do banheiro. "Não chamamos isso de trabalho", diz ela enquanto passa o dedo na parte superior do chuveiro, "chamamos de oferenda de serviço. As pessoas veem o trabalho como uma chatice, mas oferecer algum serviço é uma chance de contribuir para algo maior do que nós. Quando as pessoas veem o que fazemos, se sentem inspiradas."

Thubten Tarpa comenta que ela tinha "um problema com religiões organizadas" e não conseguia se imaginar ingressando em uma. Aos poucos, a ética, a determinação e a visão de Chodron se mostraram tão contagiosas que, seis anos atrás, Tarpa se mudou para a Abadia de Sravasti. "Preciso ouvir os ensinamentos de uma ocidental", percebeu depois de experienciar barreiras culturais e de idioma com professores tibetanos. Na Abadia de Sravasti, as monjas recitam quase todas as práticas em inglês. "A Venerável Chodron tem uma visão fantástica e mais ideias do que um exército consegue dar conta. Ela é uma das pessoas mais inteligentes que já conheci. Ela nunca deixa de ensinar. O que atrai é, em parte, a disciplina ética — quando se tem essa disciplina em certo nível, ela brilha. Assim, ela atrai as pessoas." Todas as monjas elogiam a erudição e a habilidade de sua abadessa. "Ela não tem um título oficial de rinpoche, geshe ou professora", outra monja, Thubten Chönyi, uma ex-professora de Reiki, me disse em um intervalo, "mas os professores tibetanos nos disseram que devemos considerá-la como tal. Ela é sempre muito humilde, mas sempre que você faz uma pergunta, seja sobre um termo tibetano ou sobre os ensinamentos, ela sabe a resposta."

"AI, QUE ESTRANHO!"

Durante os primeiros vinte anos de sua vida, Cherry Greene foi uma "boa garota judia", sendo criada em Covina, que na época era mais parecida com um enorme pomar de laranjas do que com o subúrbio de concreto de Los Angeles que é agora. Aluna que só tirava 10, ela pensava em cursar a faculdade de medicina. Seu pai era dentista e sua mãe, dona de casa e contadora. "Personificação de uma mãe judia protetora", diz Chodron, "minha mãe ficaria ao telefone com a polícia chorando histericamente dizendo que sua filha havia sido sequestrada se voltasse para casa um minuto além do toque de recolher". Ela costumava chamar Cherry de "Sarah Bernhardt" em homenagem à famosa atriz francesa melodramática, lembra Chodron. "Acho que era porque eu era muito teatral com minhas emoções."

Tendo crescido durante a Guerra do Vietnã, ela tinha muitas perguntas sem respostas: "Por que as pessoas se matam em nome da criação de um mundo pacífico e seguro? Por que eles se julgam com base na cor da pele ou nos órgãos sexuais que possuem? O que significa amar alguém? Por que as pessoas se amam em um ano e não se falam mais no outro?" Ela testou sua religião natural, o judaísmo, e seus pais mais tarde culparam o rabino de trato árido por sua filha se afastar da fé familiar. Cherry explorou o cristianismo quando teve um namorado católico, "mas nenhuma das respostas me satisfez. Eu não conseguia entender por que um Deus compassivo puniria as pessoas, e se ele era todo-poderoso, por que não acabava com o sofrimento? E se ele criou o mundo inteiro, por que criou o sofrimento?" Ela faz questão de acrescentar que essas são "obviamente religiões que beneficiam milhões de pessoas" e que ela está falando apenas por si mesma: "Elas não satisfizeram o meu anseio espiritual".[4]

Ela abandonou a religião na faculdade e ri quando confessa que fez "o que todo mundo fazia na época, se é que me entende". Após a formatura, se juntou a duas amigas que iam viajar pelo país em uma grande van amarela de entregar pão; acamparam em parques nacionais e "fizeram todo tipo de coisa", diz ela com uma piscadela. Aos vinte e um, Cherry começou a trabalhar como professora em uma escola inovadora e se casou com Bob, um advogado. Justamente quando seus pais pensaram que sua alegre filha estava se acomodando, um forte desejo de "aprender o que a vida é, experimentando-a, e não lendo sobre ela" levou o casal a vender a maioria de seus presentes de casamento. Eles puseram as mochilas nas costas, voaram para a Europa e passaram os dezoito meses seguintes viajando pela Europa, Norte da África, Israel e depois, por terra, da Turquia à Índia e ao Nepal.

Caminhando pelo Nepal, visitou alguns templos budistas. Embora adorasse os murais coloridos, os ensinamentos budistas não a atraíam. Olhando para trás, percebe que de fato visitou o local de nascimento do homem que se tornaria um de seus principais professores, Thubten Zopa Rinpoche[*], mas na época o lugar era apenas uma pitoresca aldeia sherpa para ela. No Himalaia, ela conheceu Trulshik Rinpoche (1923–2011), um dos reverenciados professores graduados do Dalai Lama. Para ilustrar sua ignorância na época, Thubten Chodron relembra com uma voz irônica: "Por

---

[*] Thubten Zopa Rinpoche nasceu em 1946 no vilarejo de Thami, na região de Solo Khumbu, no Nepal, perto do Monte Everest.

alguma razão, eles me levaram para a sala dele. Eu o ignorei completamente e olhei para todas as fascinantes 'obras de arte' na sala. Quando um monge entrou e lhe fez uma reverência, quase caí de costas porque nunca tinha visto ninguém se prostrando diante de outro ser humano antes." Zombando de seu eu mais jovem, ela diz com cara de nojo: "Eu fiquei tipo, ai, que estranho!".

Ela adorou a arte, comprou algumas gravuras baratas de papel de arroz e decorou as paredes de seu apartamento em Los Angeles com desenhos budistas para lembrá-la da viagem. "Eu não tinha fé, mas sabia que meus amigos olhariam para os desenhos e diriam: 'Uau, você já esteve na Índia e no Nepal? Isso é muito longe', e eu sorriria presunçosamente. Ela voltou a lecionar, mas ainda "buscava muito o sentido da vida. A vida tinha que ser mais do que se divertir, ganhar dinheiro, ter uma família, envelhecer e morrer."[5]

TORNANDO-SE O QUÊ?

Um panfleto anunciando um curso de três semanas que seria ministrado por Lama Yeshe* e Zopa Rinpoche na Livraria Bodhitree, em Los Angeles, chamou sua atenção. Ela acabara de ser aceita em um grupo semiprofissional de dança folclórica e usava o cabelo castanho ondulado até a cintura. "Minhas saias de camponesa ou iam até o chão ou terminavam logo abaixo do meu traseiro", lembra ela. Na livraria, tudo parecia estranho — "um homem de saia" (um monge com suas vestes), "uma mulher com a cabeça raspada" (uma monja), mas "os ensinamentos realmente entraram em meu coração. Eles faziam sentido. Não nos disseram que aquelas eram as verdades com V maiúsculo, nos disseram para verificá-las por nós mesmas." Os lamas ensinavam meditação analítica, um processo completo de investigação do mundo e de si mesmo. "Eu tenho aquele tipo de mente que precisa investigar e entender alguma coisa. Não posso simplesmente aceitar só porque alguém está dizendo. Portanto, todas aquelas meditações

---

* Lama Thubten Yeshe (1935–1984) nasceu no Tibete e escapou para o Butão em 1959. Em 1969, Lama Yeshe e Zopa Rinpoche fundaram o Monastério Kopan acima de Katmandu. Seus cursos de estudo atraíram rapidamente um número cada vez maior de ocidentais.

realmente me ajudaram a entender os ensinamentos budistas. Foi uma experiência muito profunda." Ela ficou surpresa com o fato de a crença budista no renascimento e o princípio de causa e efeito (karma) fornecerem uma explicação eficaz para as questões que a perseguiam. Pareceu verdadeiro para ela quando os lamas disseram que a ignorância, o apego e a raiva eram a causa de todo o sofrimento, e, quando ela aplicou os ensinamentos à sua própria mente, sentiu que se acalmava. A possibilidade de remover a ignorância e seguir um caminho espiritual eram o propósito de vida que ela procurava.

Havia apenas uma conclusão possível: ela precisava aprender mais. Embora o próximo período escolar estivesse prestes a começar, ela decidiu voltar para o Nepal. Bob concordou — com hesitação —, e então fizeram de novo as malas, para desgosto dos pais dela. Quando chegaram ao Kopan, o monastério do Lama Yeshe no Nepal, ela soube que queria ser ordenada. Espere aí, por que tão rápido? Se alguém tivesse dito um ano atrás que ela seria uma monja celibatária, ela teria dito que a pessoa estava louca. "Uma monja celibatária? Certamente não!" No entanto, como ela diz: "Havia uma conexão muito forte, e às vezes sua vida acaba sendo muito diferente do que você pensava". O Dharma fazia sentido para ela. Na verdade, de repente, aquele era "o único modo de vida que fazia sentido. Antes eu tinha um apartamento, um emprego, um marido, tudo certo, mas ainda não era feliz." Ela se lembra de ter pensado: "Tudo bem, vou envelhecer e morrer, e o que terei feito de bom?". Ela sentia que sua falta de autodisciplina era muito grande e seu apego muito forte para viver uma vida dármica sem a estrutura clara e a disciplina ética da ordenação monástica.

"QUE ELES NÃO CAIAM!"

O tutor do Dalai Lama, Kyabjé Ling Rinpoche (1903–1993), ordenou-a como noviça em 1977, em uma cerimônia tibetana tradicional. Ela confessa com seu humor característico que ficou intrigada com as orações tibetanas: "Eu ficava tipo, uau, o que está acontecendo aqui? Minha principal preocupação era continuar vestida, porque fica tudo preso por um cinto." Ela ri e olha para o céu como se quisesse invocar a ajuda celestial. "Você tem que mover seus mantos quando se curva, e eu rezava intensamente, 'Que eles não caiam!'."

Ela diz que nunca lutou com sua decisão. "Era a única coisa lógica a fazer. Levar uma vida normal não tinha propósito, nenhum sentido, nenhum significado. Mas aquilo tinha propósito, sentido e significado." Não havia nada que fosse difícil de deixar para trás? "Meu cabelo!", Chodron responde sem hesitar. "Passei *anos* deixando meu cabelo crescer, *anos*!" Seus longos cachos eram tão espetaculares que a ideia de cortá-los era angustiante. Ela curou seu horror meditando sobre sua própria mortalidade imanente, "imaginando como seria minha aparência quando morresse, deitada em meu caixão com meus lindos cabelos longos. Pensei: de que adianta ter um cabelo bonito quando você está morta?"

Fiquei surpresa por ela falar do cabelo antes do marido. "Ele ficou magoado", admite Chodron, e rapidamente acrescenta, "mas ele entendeu por que eu fiz aquilo e me apoiou. Ele foi muito gentil e não tentou limitar minha espiritualidade." Bob até lhe deu algum dinheiro nos primeiros anos. Claro que foi difícil, Chodron confidencia. "Mas também percebi que muito do meu relacionamento com ele se baseava no meu autocentramento. Eu me sentia bem com ele. Há uma grande diferença entre amor e apego." Eles continuaram sendo bons amigos. Quando Chodron visita Los Angeles, ela fica com Bob, sua esposa Sheryl e seus três filhos.

DESISTINDO DO SONHO AMERICANO

Nem todo mundo aceitou sua decisão tão bem. Quando Cherry contou aos pais sobre seu desejo de se tornar monja, eles lhe pediram que saísse de casa. "Minha família não falou comigo por anos. Eles não conseguiram lidar com isso", diz ela. "Quando você nasce judeu, você permanece judeu. Eles sentiram que eu estava desistindo da minha cultura. Eles não entendiam meu interesse espiritual porque não são religiosos. Minha mãe mais tarde me disse que se eu tivesse me tornado uma judia religiosa, também teria sido difícil para eles." Eles não lutavam apenas contra o meu salto mortal religioso, mas também com o horror de ver a filha abandonar a carreira e a vida familiar. Os avós de Chodron escaparam dos massacres de judeus na Europa Oriental, seus pais eram imigrantes de primeira geração. "Como pai, você quer que seus filhos tenham tudo o que você não teve. Meus pais trabalharam muito para realizar o sonho americano, e daí sua primeira filha não está interessada em dar continuidade a ele? Entender isso era difícil para eles."

Como boa filha, ela escrevia para eles todos os meses, mas nunca teve resposta. Depois de alguns anos, o casamento de seu irmão foi a primeira oportunidade de sentir como as coisas estavam. A mãe ligou para convidá-la para o casamento, mas acrescentou secamente: "Pareça normal! E seja normal!". Lama Yeshe concordou, dizendo-lhe para "ser uma garota da Califórnia" quando estivesse com seus pais, o que era uma das últimas coisas que ela queria ser. Lembrando-se da situação, Chodron se dobra de rir. Ela deixou o cabelo crescer alguns centímetros, entrou no avião rumo aos os Estados Unidos com suas vestes e colocou um vestido florido no banheiro pouco antes de pousar. Seus pais estavam esperando no portão. "Que bom que eu me troquei. Se eu tivesse saído com a cabeça raspada e usando minhas vestes, minha mãe teria ficado histérica no meio do aeroporto internacional."

Observando o desconforto dos pais, ela ficou triste, mas também compreendeu: "Não havia nada que eu pudesse fazer a respeito — a não ser me casar, ter filhos e ganhar dinheiro, o que eu não queria. Se eu vivesse a vida que eles desejavam, eles seriam semifelizes — porque não se pode fazer ninguém completamente feliz. Mas, na próxima vida, todos nós nasceríamos nos reinos inferiores" — citando a crença budista no renascimento e em vários reinos da existência —, "e então nenhum de nós poderia ajudar mais ninguém. Portanto, embora fosse difícil vê-los infelizes, fiz o que achei melhor a longo prazo, sabendo que eles não entenderiam, já que tínhamos visões de mundo diferentes." Para ela, a ordenação não significava rejeitar sua família. "Em vez disso, eu queria ampliar minha família desenvolvendo amor e compaixão por todos os seres."

Por que ela achava que ajudar as pessoas como médica ou advogada não seria suficiente? "A felicidade vem daqui", diz Chodron, apontando para o seu coração. "Antes de conhecer o budismo, eu estava completamente convencida de que tudo vinha de fora. O ensinamento sobre o sofrimento vindo da ignorância, do apego e da raiva realmente me pegou. Os ensinamentos sobre a bodhichitta, identificar o pensamento autocentrado como o causador dos problemas e saber que ajudar os outros é a coisa certa a se fazer — tudo isso fazia muito sentido. Não era como, 'Aleluia, eu creio!'." Mas, quando ela aplicou seu raciocínio tipicamente afiado, entendeu: "Eu tenho que fazer a única coisa que faz sentido".

Seus pais precisaram de muitas noites de choro, ao longo dos anos, para chegar a um acordo com as escolhas de sua filha. Eles nunca perguntaram o que ela encontrou nesse caminho, nunca perguntaram sobre suas novas crenças. "Parte disso era: 'Meu Deus, o que nossos amigos vão pensar? Você se saiu tão bem na faculdade, agora mora em um país do terceiro mundo onde eles não têm nem mesmo banheiros com descarga. Enquanto isso, a filha de fulano é advogada... e nossa filha é o quê?'."

Com o passar do tempo, Thubten Chodron começou a receber convites para ensinar meditação em muitos países no mundo todo. Seu crescente sucesso acalmou um pouco a decepção de seus pais. Por meio de boatos familiares, Chodron ouviu rumores de que sua mãe estava se gabando do fato de sua filha ser cortejada e hospedada por todo o mundo, de Delhi a Cingapura, de Jerusalém a Seattle. "Meus pais não sabiam que o budismo é uma das maiores religiões do mundo. Foi difícil explicar isso para eles. Às vezes, quando se está muito perto de alguém, você não é a pessoa de quem esse alguém conseguirá receber informações novas."

Isso é ainda mais surpreendente porque uma das maiores qualidades de Thubten Chodron, a meu ver, é sua capacidade de explicar os ensinamentos budistas em termos simples e realistas, com uma grande dose de humor e leveza. Seu livro *Buddhism for Beginners* (Budismo para iniciantes) faz exatamente o que ela não conseguiria fazer por seus pais: responder a perguntas cotidianas que curiosos não budistas e iniciantes têm sobre sua fé. O pequeno volume se tornou um best-seller e inspira pessoas de todas as áreas, incluindo muitos que não são nem mesmo budistas.

UMA BOLA DE PINGUE-PONGUE INTERNACIONAL

Em 1977, Thubten Chodron fazia parte da primeira geração de ocidentais a se tornarem monjas noviças na tradição tibetana; em 1986, recebeu a ordenação completa na linhagem chinesa Dharmaguptaka*. Ela admite prontamente que a vida ordenada "não é fácil". Emoções perturbadoras "não desaparecem simplesmente porque você raspa a cabeça". Mesmo assim, sente que os preceitos, que incluem o celibato, reduzem as distrações e permitem que concentre toda a sua energia no despertar, trabalhando com seu "lixo interno", como ela chama. Mas, falando de maneira prática, as condições de vida como monja ocidental se mostraram difíceis. No cristianismo, monges e monjas geralmente entram em uma ordem específica e recebem hospedagem e alimentação em um monastério. Para os monges e monjas budistas ocidentais não existia tal coisa.

"Quando fomos ordenadas, os tibetanos realmente não sabiam o que fazer conosco", ela admite. "Eles eram refugiados, lutando para restabelecer e sustentar suas próprias comunidades no exílio." Por cerca de quinze anos, seus professores a enviaram a vários lugares do mundo, "como uma bola de pingue-pongue internacional", para trabalhar em centros de Dharma na Ásia e na Europa. Passando alguns anos em um monastério feminino recém-criado na França, ela observou que as monjas recebiam os estábulos para se hospedar, enquanto os monges residiam no comparativamente luxuoso Monastério de Nalanda, a poucos quilômetros de distância. As monjas tinham que pagar pela comida e pelo aquecimento e, como ela não tinha dinheiro, fazia muitas prostrações no inverno para se aquecer. "Consertamos os estábulos e foi realmente um momento maravilhoso", ela afirma, ao mesmo tempo em que ressalta que eram todas bem novas, sem nenhuma monja experiente para orientá-las. "Estávamos sozinhas e tínhamos que sobreviver financeiramente. É muito difícil manter seus preceitos quando você precisa trabalhar para viver. Quando fui ordenada, jurei não trabalhar. Às vezes eu ficava completamente sem dinheiro, mas alguém sempre oferecia ajuda antes que as coisas ficassem desesperadoras." Por um tempo,

---

* Dharmaguptaka (sâns.) é uma escola budista antiga, que foi importante na Ásia Central.

ela costurou mantos em troca de doações. Essa experiência a motivou a fundar a Abadia de Sravasti, "para que as gerações futuras não tenham que passar pela insegurança que passamos".

O tempo que passou no monastério feminino francês ensinou "muito", diz ela, listando "a necessidade de estrutura, disciplina e seleção dos potenciais membros". Os professores tibetanos consideram uma bênção para qualquer um fazer os votos e raramente rejeitam uma aspirante, "mas eles já têm uma estrutura funcionando. Enquanto, para nós, realmente surgem desafios quando você não tem voz sobre quem se junta à sua comunidade. Você precisa receber todos, sejam eles mental e emocionalmente estáveis ou não. Isso não funciona." Essa observação moldou muito a forma como ela projetou a vida na abadia.

POUQUÍSSIMA ESPERANÇA

Por muitos anos, ela ansiou por encontrar um lugar onde os monásticos ocidentais pudessem praticar sem precisar ter empregos comuns. Algumas das primeiras tentativas com outros monásticos não deram certo, mas ela não desistiu e continuou procurando por terras mais adequadas. Pela primeira vez, seus pais ficaram entusiasmados. "Ah, agora nossa filha está fazendo algo útil!", diz ela, imitando a alegria de seus pais. "Eu nunca tive nada, nenhum carro, nenhum apartamento, nada. E eles ficaram ensutiasmados por eu estar fazendo algo normal — procurando por uma terra."

Com um preço indicado de quase meio milhão de dólares quando a encontrou pela primeira vez no site de uma imobiliária, a propriedade fantástica no nordeste do Estado americano de Washington estava muito além de suas possibilidades. Claramente ciente de que só poderia pagar metade dessa quantia, ela decidiu dar uma olhada "só por curiosidade". Mas, é claro, se apaixonou pela vista de 360 graus da paisagem montanhosa. De forma muito auspiciosa, o vendedor ofereceu uma hipoteca. "Eu fiz aquilo com pouquíssima esperança, de onde viria o dinheiro? Não tinha nenhuma grande organização por trás de mim." Ela havia economizado as oferendas que recebera nas viagens em que dava ensinamentos e um pouco de dinheiro de algumas campanhas anteriores de arrecadação de fundos, isso era tudo. "Não tinha grandes patronos. Mas muitas pessoas acreditaram no que queríamos fazer e deram o que podiam." Até hoje, muitas pessoas doam pequenas quantias, formando um maravilhoso mosaico de apoio.

A forma como ela conseguiu reunir milhares de pessoas que a seguiram é realmente incrível. Quando se mudou, sozinha com seus dois gatos, os vizinhos não sabiam o que pensar sobre ela. Nos anos oitenta, o popular e controverso guru indiano Bhagwan Rajneesh (mais tarde chamado de Osho) havia estabelecido uma comunidade livre no Estado do Oregon, um lugar não muito distante. As manchetes sobre suas festas de sexo livre, estilo de vida luxuoso, frota luxuosa de Rolls Royces e feias batalhas com os moradores ainda estavam na mente das pessoas. Afinal, aquela era uma zona rural dos Estados Unidos, uma área esparsamente povoada por fazendas e profundamente conservadora. "Nossa filosofia era ser amigável e gentil, pagar nossas contas em dia e nos inserir na comunidade local aos poucos. Fomos ao departamento de planejamento e zoneamento do condado e pedimos ajuda. Eles ficaram encantados em ajudar porque muitas vezes as pessoas tentavam contornar as regras, enquanto nós queríamos respeitá-las." Ela também deu uma série de aulas na comunidade local sobre "Meditação para o estresse" e assim começou a conhecer as pessoas.

Aos poucos, alguns praticantes budistas se sentiram inspirados a permanecer na abadia. Agora, os retiros de meditação e cursos de Dharma atraem cerca de mil visitantes a cada ano. Até uma monja carmelita que mora a alguns quilômetros de distância ocasionalmente participa do retiro. Essa monja simplesmente reescreve as práticas budistas de acordo com sua fé: em vez do Buddha da Medicina, ela visualiza Jesus, o Curador. O mantra que Thubten Chodron aprendeu a repetir junto com seu professor é universal e transcende a religião: "Você serve aos outros".

VIVENDO DE ESMOLAS

Assim como a comunidade do Buddha há 2500 anos, a Abadia de Sravasti se dispõe a oferecer ensinamentos, orientação e aconselhamento a qualquer pessoa que precise de ajuda. No ano passado, quando três moradores locais não budistas foram diagnosticados com câncer, eles se voltaram para as monjas em busca de apoio espiritual e emocional. Todos são bem-vindos: a Abadia de Sravasti não cobra hospedagem e nem alimentação, mas enfatiza a prática da generosidade. Cada visitante dá o que pode.

Os monastérios na Ásia tradicionalmente não compram sua própria comida. As comunidades locais apoiam alegremente os monges, oferecendo-lhes refeições e atendendo outras necessidades. Se você alguma vez viajar pela Tailândia, Sri Lanka ou Camboja, poderá ver fileiras de monges, cada um com sua tigela de esmolas na mão, indo de casa em casa logo após o nascer do sol. Esta é, de fato, a maneira como o Buddha viveu e ensinou seus discípulos. Mendigar é tanto uma prática de renunciar aos 'gostos e não-gostos' quanto uma oportunidade bem-vinda para os leigos apoiarem e, portanto, participarem do mérito de uma comunidade monástica que se dedica à meditação e à compaixão. O fato desse princípio funcionar muitos séculos depois, no estado predominantemente cristão de Washington, é nada menos que um milagre muito impressionante. "Quando me mudei para cá, achava que as pessoas eram realmente conservadoras", admite Thubten Tarpa, ainda cimentando o banheiro. "Mas olha, minha postura estava errada!"

Embora as monjas da abadia não façam rondas de mendicância — pelo menos não ainda —, elas não compram comida e comem apenas o que lhes é oferecido. "Quando estabeleci a abadia dessa maneira", lembra Chodron, "as pessoas me disseram que morreríamos de fome. Mas veja, ainda estamos aqui e saudáveis!" Regularmente, pessoas das cidades vizinhas de Spokane, Coeur d'Alene e Sandpoint as visitam e oferecem pão, grãos, frutas e vegetais. Muitas delas conheceram as monjas devido às aulas de meditação que oferecem nessas cidades. Depois desses encontros, as pessoas ficam tão intrigadas com as monjas radiantes que querem aprender mais sobre os ensinamentos do Buddha na abadia. Pessoas que moram longe demais para levar alimentos doam dinheiro para o fundo de alimentação. "Eu me preocupava com isso antes de me mudar para cá", diz Tarpa, e faz uma imitação de pânico: "Será que vou morrer de fome?". Mas nos seis anos em que já viveu por lá, "talvez apenas durante a metade de um dia não houvesse muita comida".

A Abadessa Thubten Chodron (sentada) com suas monjas no templo na Abadia de Sravasti. A foto é cortesia da Abadia de Sravasti.

Em cada refeição, as monjas comem em silêncio, atentamente, apreciando cada refeição vegetariana que o trabalho árduo dos outros lhes proporcionou. Elas fazem orações pelo bem-estar dos doadores. "Isso faz com que você valorize ainda mais cada pequena migalha", admite Thubten Jigme, uma ex-enfermeira psiquiátrica, de rosto redondo, de Seattle. "Agradecemos muito pelo que os outros nos dão."

Um dos princípios dos ensinamentos do Buddha é a interdependência, e as monjas aplicam isso ao seu relacionamento com o meio ambiente. Elas são muito cuidadosas no reaproveitamento de materiais, redução do consumo e reciclagem. Elas falam sobre veados, alces, esquilos e outros seres como as pessoas falam e cuidam de seus vizinhos. Ao contrário do estilo de vida americano típico, elas não entram no carro e dirigem para a cidade sempre que precisam ou desejam algo. "Os lembretes se acumulam e então uma ou duas pessoas vão e fazem tudo que é necessário", explica a Venerável Samten. "Nós até marcamos nossas consultas com o médico e o dentista no mesmo dia para reduzir o consumo de gasolina." O dentista, aliás, passou a respeitar tanto as monjas que as trata de graça.

VOANDO ABAIXO DO RADAR

Thubten Chodron conquistou o afeto e o apoio dos habitantes locais lentamente, fazendo tudo de forma discreta. "É melhor não fazer muito barulho", aprendeu. Por muitos anos, ela preparou o terreno em silêncio. Chodron queria que seu monastério fosse independente. "Se você faz parte de uma grande organização, quem não mora aqui estabelece políticas que você deve seguir", ela observou ao dar ensinamentos em vários centros. "Isso pode criar dificuldades." Algumas de suas ideias sobre como estabelecer as coisas eram diferentes de como os mestres tibetanos costumam fazer, e ela queria experimentá-las. "Geralmente, as organizações tibetanas no Ocidente giram em torno de um grande professor", ela aponta para o teto, "e todo mundo está aqui embaixo. As pessoas tendem a ouvir apenas o professor, a quem consideram com um imenso respeito, mas não aprendem a trabalhar juntas."

Ela imaginou o monastério como uma comunidade "real", com uma estrutura democrática. "As monjas experientes tomam as decisões principais sobre a direção que a abadia tomará, mas em questões práticas, buscamos o consenso." A abadessa tem de negociar uma linha tênue entre tradição e inovação. "Como ocidental, fui condicionada a acreditar na democracia e na igualdade", escreveu ela no ensaio *You Are Becoming What?* (Você está se tornando o quê?). No entanto, no Ocidente, "algumas pessoas me associam a uma instituição que consideram hierárquica e, portanto, negativa. Há dois desafios aqui: um é como me relaciono com a hierarquia; o outro é como sou afetada pelos ocidentais que me veem como parte de uma instituição hierárquica."[6] Na visão última, o verdadeiro caminho espiritual leva além de quaisquer divisões de cultura, gênero ou geografia, mas, ao mesmo tempo, asiáticos e ocidentais têm seus próprios conjuntos de preconceitos e crenças profundamente arraigados sobre hierarquia e justiça. "Os ocidentais às vezes criam sua própria hierarquia no budismo", observou Chodron. "Alguns ocidentais presumem que os asiáticos são sagrados, enquanto veem os ocidentais como comuns porque cresceram vendo o Mickey Mouse, assim como você e eu. O fascínio pelo estrangeiro ou exótico obscurece a nossa compreensão do caminho. A prática espiritual consiste em nos transformar em pessoas bondosas e sábias, e não em idolatrar um professor ou adotar outra cultura."[7]

MATANDO UMA PARTE VITAL DE SI MESMA

"Por muitos anos, tentei agir como as monjas tibetanas: tímidas, modestas, doces — mas não funcionou", reflete Chodron[8]. "Sou uma pessoa do Ocidente com formação universitária e que tinha uma carreira. Tenho que me aceitar como tal e usar meus talentos em vez de fingir ser outra coisa." Ela prontamente confessa que começou no caminho budista como uma pessoa orgulhosa e obstinada. Embora parte do rebaixamento tenha sido útil para neutralizar o ego, o preconceito de gênero na sociedade tibetana corroeu sua autoconfiança de uma forma que ela não percebeu até voltar aos Estados Unidos, anos depois. Embora os tibetanos nem sempre dissessem abertamente que achavam as mulheres inferiores, essa certamente foi a mensagem implícita que Chodron internalizou. Ela cresceu em uma família que acreditava na igualdade entre homens e mulheres e, depois de vários anos tentando reprimir sua personalidade enérgica, percebeu que estava matando uma parte vital de si mesma. Agora ela tenta integrar a "comunicação direta e a iniciativa valorizadas no Ocidente com a humildade e a gentileza valorizadas no Oriente para ter o melhor dos dois mundos"[9]. Por exemplo, as monjas tradicionalmente sentam-se atrás dos monges, sem importar idade ou qualificação. Até a monja mais velha tem que esperar até que o menino monge mais jovem tenha sua vez. Na Abadia de Sravasti, no entanto, as pessoas ficam sentadas na fila de acordo com a idade, não de acordo com o gênero. Um pequeno detalhe, mas importante. Chodron brinca: "Masculino e feminino são apenas rótulos construídos com base no local do nosso corpo em que temos protuberâncias."

Ela se depara com a ironia de ser vista como uma rebelde feminista nos círculos tibetanos tradicionais, enquanto alguns ocidentais a marginalizam automaticamente como parte da instituição monástica "sexista e hierárquica" por causa de suas vestes. "Curiosamente, embora as questões das mulheres estejam na vanguarda da discussão no budismo ocidental, uma vez que uma mulher se torna monástica, ela é vista como 'conservadora e tradicional', qualidades desprezadas por alguns ocidentais que praticam o budismo."[10] Chodron comenta sem se abalar: "Você apenas aprende a conviver com o que quer que as pessoas pensem de você e continua vivendo sua vida e praticando o Dharma".

Como distinguir entre o Dharma genuíno e a cultura tibetana? Thubten Chodron passou muito tempo refletindo sobre essa questão. "E onde será que eu estou — parada no meio disso?" Depois de tentar copiar as monjas tibetanas, em 1986 ela foi a Taiwan para receber a ordenação completa. Isso lhe proporcionou uma visão panorâmica das diferenças culturais. Em Taiwan, por exemplo, em vez de se sentar durante as práticas de canto, os monásticos se levantam. Em vez das vestes tibetanas sem mangas, os monásticos taiwaneses usam muitas camadas. O canto também é diferente. "Existem algumas semelhanças, mas ao mesmo tempo tudo é muito diferente. Essa experiência me ajudou a ver com muito mais clareza o que é o verdadeiro Dharma. A estrutura organizacional do monastério ou a língua em que você faz as práticas — nada disso é o Dharma, mas a cultura convencional. Praticar para libertar nossa mente da ignorância, raiva e apego e para cultivar amor, compaixão e sabedoria — isso é o Dharma." Ela instrui as pessoas a praticarem em sua língua nativa. "Quando eu estava em Cingapura, ensinava chineses a cantar em tibetano, uma língua que nenhum de nós entendia. Eu pensei: 'Há alguma coisa errada aqui. O Buddha não falava tibetano, mas atingiu a iluminação.'" Mais tarde, ela soube que o Dalai Lama aconselha as pessoas a praticarem em uma língua que compreendam.

O DESAFIO DE UMA COMUNIDADE INTIMAMENTE UNIDA

Existem outros desafios no Ocidente. Por exemplo, a cultura ocidental celebra o individualismo. "Muitos ocidentais preferem fazer suas próprias escolhas e não querem prestar contas a ninguém",

Thubten Chodron aprendeu, "mas, ao mesmo tempo, se sentem solitários. Pessoalmente, eu queria viver em uma comunidade com pessoas que tivessem a mesma intenção espiritual e que realmente quisessem viver como uma comunidade, não simplesmente como um grupo de indivíduos que compartilham a mesma residência."

O ambiente da Abadia de Sravasti parece idílico à primeira vista, mas a vida na comunidade intimamente unida na abadia é bastante exigente com aqueles que vêm para ficar. "Frequentemente recebemos cartas de pessoas que escrevem: 'Estou tão inspirada, quero me juntar à sua comunidade e ser ordenada imediatamente'. Bem, não é bem assim que funciona", avisa Chodron, que viu o entusiasmo intenso desaparecer rapidamente muitas vezes. "Convidamos as pessoas a virem para cá, participar da comunidade por um mês ou mais, depois sair e digerir sua experiência. Então, podem voltar e, gradualmente, quando estiverem prontas, podem receber os oito preceitos leigos, que envolvem evitar matar, roubar e mentir. Depois de mantê-los por um ano, elas podem receber a ordenação de noviças. Depois de dois anos, podem solicitar a ordenação completa."

Além do treinamento da mente tradicional em amor e compaixão, Chodron introduziu a Comunicação Não-Violenta conforme ensinada por Marshall Rosenberg*. O método busca equilibrar a autoexpressão honesta com a empatia. "Agora temos uma maneira de dar feedback umas às outras sem causar mágoas", diz a ex-enfermeira Thubten Jigme. Embora ela admita que é um desafio viver em tempo integral dentro dos limites de um pequeno grupo, foi exatamente isso que a inspirou a entrar para a comunidade. Quando velhos amigos vêm visitá-las, eles ficam surpresos com o quanto suas companheiras se transformaram, tornaram-se mais gentis, mais compassivas.

"Na comunidade, somos tão próximas e transparentes que não há como esconder nada", ressalta Jigme. "É um trabalho contínuo para suavizar a mente egoica completamente. A comunicação não-

---

* Rosenberg (nascido em 1934) é um psicólogo americano que desenvolveu um treinamento que ensina habilidades de comunicação para resolver conflitos de maneira harmoniosa.

-violenta é muito útil porque a usamos como uma ferramenta para dar feedback sem sermos ofensivas. Em vez de nos contermos e não expressarmos nossos sentimentos e necessidades, aprendemos a oferecer empatia a nós mesmas e aos outros. Todas nós nos acolhemos de maneira muito respeitosa, amorosa e gentil, é lindo. Nunca experienciei isso em nenhum outro lugar."

Thubten Chodron também fala abertamente sobre sexualidade, apontando assim para outra diferença entre o Oriente e o Ocidente. "Você tem que lidar com a sua sexualidade em algum momento, nem sempre é possível evitá-la", afirma. Nos monastérios tibetanos, os gêneros são mantidos inteiramente separados. "Uma técnica para lidar com a atração sexual é ver o lado ruim de quem te atrai, então diz-se aos monges que os corpos das mulheres são feitos de substâncias sujas — o que é verdade, mas os deles também são! Eles aprendem que as mulheres são lascivas e atraentes e que, portanto, devem evitá-las. Isso pode ser adequado para eles, mas acredito que temos que estar confortáveis com a nossa sexualidade e encontrar maneiras de lidar com ela, sem transformar a pessoa por quem nos sentimos sexualmente atraídos em objeto de difamação."

UM ASSASSINO NÃO É DIFERENTE DE NÓS

Thubten Chodron é uma rebelde disfarçada de monja de fala mansa. Sua voz soa doce, quase infantil. Ela está sempre pronta para contar uma piada, mas o desfecho pode deixá-lo tonto. Uma noite eu a observei fazer um discurso para universitários em Coeur d'Alene; no dia seguinte, ela conduziu um ritual na Igreja Unitarista em Spokane. Em ambas as ocasiões, ela lançou algumas bombas políticas. Sabendo muito bem que setenta por cento dos habitantes locais votam nos republicanos, ela se manifestou contra o corte do orçamento para educação em favor das despesas militares e relatou suas percepções sobre o sistema carcerário desumano. Nas duas vezes, podia se ouvir as pessoas prendendo a respiração. Os moradores locais claramente não esperavam declarações políticas de uma simples monja. "Ah, estou apenas deixando claro como se pode aplicar a bondade e a compaixão no mundo ao nosso redor", disse ela mais tarde, com um olhar maroto. "Não estou dizendo às pessoas como votar."

Suas opiniões políticas são influenciadas pelo que ela vê nas prisões. Várias centenas de presidiários seguem seus ensinamentos à distância, por meio de seus livros, CDs e boletins informativos. "Nunca tive a intenção de fazer trabalho nas prisões", confessa Chodron, "simplesmente aconteceu. Um dia recebi esta carta de um presidiário de Ohio e respondi. Foi assim que começou." Parte da prática budista é cultivar o amor e a compaixão sem preconceitos. "Normalmente dividimos as pessoas entre as que amamos, as de quem não gostamos e as com quem não nos importamos", diz Chodron, "mas o objetivo de um praticante budista é ser igualmente aberto para com todos, desejar-lhes felicidade e liberação do sofrimento". Há muito sofrimento nas prisões americanas, e os presidiários que escrevem para ela, em geral, causaram grandes agonias de sua parte também. "A visão atual em nossa sociedade é de que os presos são maus e irredimíveis, então devemos prendê-los para manter a sociedade segura." No entanto, depois de visitar muitas prisões nos Estados Unidos, no México e na Ásia, os encontros mudaram sua visão. "Os presos não são diferentes de nós. Todos nós cometemos erros. Alguns dos presos podem ter cometido erros maiores ou mais prejudiciais do que nós, e muitos de nós pensamos que nunca faríamos o que eles fizeram." No entanto, Chodron pergunta: "Como podemos saber?". Ela cita o fiasco de Rodney King, quando a polícia de Los Angeles foi filmada espancando King após uma perseguição em alta velocidade. "Se eu tivesse sido criada no ambiente em que King foi criado, poderia facilmente ter agido como ele." Reconhecendo que as sementes de ignorância, raiva e apego existem em todos, inclusive nela mesma, "não há como continuar sendo presunçosa, complacente e pensar que estou acima dos outros". Alguns de seus alunos fizeram as coisas que nós mais tememos — assassinato, estupro, brutalidade sem limites —, "mas depois de aprender sobre suas vidas e especialmente o que viveram quando crianças, não posso colocá-los em uma caixa rotulada 'maus'. Não podemos definir o significado da vida de alguém por uma ação que a pessoa cometeu."

Thubten Chodron relembra algumas das transformações mais marcantes que viu em seus alunos presos — ela menciona dois jovens que mataram outras pessoas tomados pela fúria quando tinham dezesseis e dezessete anos, respectivamente. "É muito gratificante vê-los reconhecer que são responsáveis por seus atos. Os presos adoram ouvir sobre compaixão e bodhichitta. Eles ficam felizes em saber que podem tornar suas vidas significativas para os outros, que sua compaixão pelos outros é importante." Muitos de seus alunos presidiários olham profundamente para suas mentes. A falta de outras rotas de escape nas prisões de alta segurança aumenta a urgência de aprenderem a treinar e dominar a mente. Quando um preso escreve dizendo que foi ameaçado ou humilhado por outro prisioneiro ou por um guarda, mas conseguiu manter a calma sem retaliar, Chodron comemora.

A ajuda tem duas vias. Quando um membro da família de um apoiador da abadia recentemente se envolveu em problemas com drogas, Chodron pediu a um traficante de drogas condenado de Los Angeles que lhe desse conselhos. Sua carta brutalmente honesta ao jovem fez com que ele despertasse. A relação de Chodron com os homens não é mais baseada no preconceito e no medo. "Eles são mais do que o incidente pelo qual foram condenados. Eles são seres vivos que eu respeito."

Afinal, é nisso que Thubten Chodron está mais interessada: ensinar o perdão, incluindo perdoar a si mesmo e desenvolver compaixão e bondade amorosas imparciais. No budismo tibetano, cada ser vivo tem a "natureza de buddha", o potencial de despertar, independentemente de quanta confusão e raiva possa ter vivido em algum momento de sua vida. Ela leva uma mensagem de esperança para as prisões e geralmente é o único rosto amigável que eles veem em anos. "Alguns foram abandonados por suas famílias e dizem que escreveram para dezenas de grupos espirituais, mas nunca receberam uma resposta."

COMO VOCÊ PERDOA OS NAZISTAS?

No espírito de incluir tudo no caminho, a vida como monja budista a levou a muitos lugares inesperados — países asiáticos, prisões, o nordeste do Estado de Washington — e, por fim, reconciliar-se com suas raízes. Foi importante para ela fazer as pazes com sua religião de origem, valorizando o que aprendeu. Quando ela nasceu, em

1950, a sombra do Holocausto ainda pairava sobre sua família, que havia perdido contato com parentes na Europa que, provavelmente, foram mortos. "Crescendo como judia, aprendi a defender os oprimidos. Aprendi que é bom ser diferente, pois dificilmente havia outras crianças judias na escola. Você precisa defender o que é certo. Você precisa questionar profundamente e viver de acordo com seus valores." Os aspectos sociais do judaísmo, a compaixão e o cuidado com a sociedade também a lembram de alguns de seus valores budistas. "Esses eram os valores da comunidade judaica na qual cresci. Sou muito grata por isso. Ao mesmo tempo, o judaísmo não me satisfez espiritualmente. Além disso, eu me recuso a viver com uma mentalidade de vítima."

Junto com sua amiga Jetsunma Tenzin Palmo, ela visitou o antigo campo de concentração em Auschwitz, na Polônia, e se viu olhando para as malas deixadas para trás por aqueles que foram para as câmaras de gás. Elas estavam identificadas com nomes judeus que soavam estranhamente familiares. Ela foi uma das primeiras budistas tibetanas a ensinar o Dharma em Israel. Quando deu uma palestra sobre o perdão, uma israelense fez a esta monja budista nascida judia uma pergunta assustadora: "Como você perdoa os nazistas?". Ela conduziu uma meditação de Chenresig, o Buddha da Compaixão, visualizando a luz de cura permeando os guetos e as câmaras de gás. Em outra ocasião, visitou Gaza e conduziu uma meditação sobre o amor. Estas foram algumas das experiências mais poderosas para ela — praticar a compaixão em Israel e em Gaza, incluindo vítimas e perpetradores de todos os lados da cerca.

E, por fim, depois de todos esses anos, a prática do perdão fez sua mágica e atingiu seus pais também. Seu pai visitou a abadia pela primeira vez no ano passado. Assim como qualquer outro visitante, ele não pôde evitar de se apaixonar pelas monjas alegres a ponto de tentar juntar-se a suas orações e cantar junto com elas. Mais tarde, ele foi pego se gabando para seus vizinhos em Los Angeles: "Minha filha", Thubten Chodron o imita alegremente, enfatizando cada palavra com o orgulho fanfarrão de um pai, "é - a - CEO - da - abadia!".

Roshi Joan Halifax abençoando um casamento.
Foto de Chris Richards. ©Joan Halifax

10: Roshi Joan Halifax

DESTEMIDA, FEROZ E FRÁGIL

Uma verdadeira heroína do budismo engajado reflete sobre como viver, morrer e sobre o trabalho de seu coração[1]

As montanhas do Tibete se estendem em direção a um céu tão imenso que pode ser intimidador ou até mesmo perturbador. "A paisagem tibetana exemplifica uma qualidade da mente que é caracterizada pela vastidão", diz Roshi[*] Joan Halifax. "É um azul escuro que segue para sempre. Você quase consegue ver estrelas durante o dia. As nuvens estão ao nosso alcance." A Roshi acaba de voltar de sua sétima peregrinação ao Monte Kailash, a montanha mais sagrada do Tibete. "A paisagem é apenas a mente, e a mente é essa paisagem", diz ela. "Ou você fica completamente paranoico — e algumas pessoas ficam muito amedrontadas e autocentradas — ou algo se quebra e a vastidão do horizonte o liberta."

Para Roshi Joan, cruzar o planalto tibetano é uma experiência como nenhuma outra. Poucas coisas crescem nos trechos por onde a tundra se

---

[*] Roshi é um título honorífico japonês para um professor.

estende — apenas modestos pés de vegetação que servem de alimento para os iaques. Os viajantes precisam lidar com mudanças dramáticas de temperatura e altitudes com baixos níveis de oxigênio; luz do sol ardente, vento e poeira; exaustão e pés com bolhas. Roshi acredita que essa experiência crua e sem filtro dos elementos pode causar uma transformação espiritual profunda.

TODO DIA É UM EVEREST

Embora seja sacerdotisa de uma linhagem zen japonesa, Roshi Joan tem laços fortes com o Tibete e com os professores tibetanos, com quem estudou desde o início dos anos 1970. Sua recente expedição foi uma das dez viagens que fez ao Tibete. Fiel à missão de combinar meditação com ajudar as pessoas onde quer que seja possível, ela convidou médicos e profissionais de saúde para participar da viagem. Mais de trinta anos atrás, a Roshi fundou as Clínicas Nomad para ajudar a aliviar o que ela chama de "necessidade sem fim" de cuidados de saúde nessas áreas isoladas e áridas.

"Poderíamos ter chegado e não ter ajudado ninguém", diz ela. "Poderíamos ter apenas passado por todas essas dificuldades aqui e no Monte Kailash, mas, se tivermos alguma oportunidade de reduzir o sofrimento, então vamos fazê-lo!"[2] Cada um dos trinta e um peregrinos trouxe vinte e um quilos de suprimentos médicos para distribuir nas montanhas de Humla, no Nepal. Eles trataram quase mil pacientes, muitos dos quais haviam viajado grandes distâncias a pé na esperança de receber cuidados. Um homem havia caminhado por três dias com o braço quebrado. Outro homem, quase cego, havia caminhado por dois dias para comprar óculos.

De Humla, o grupo caminhou em direção à fronteira tibetana, parando para montar clínicas médicas temporárias em aldeias ao longo do caminho e realizando "atendimentos médicos improvisados". Quando um viajante de outro grupo caiu e fraturou a perna, um médico do grupo da Roshi fez o atendimento bem ali na trilha. Já dentro do Tibete, os viajantes acamparam na margem sul do Lago Manasarovar, o lago de água doce mais alto do mundo, antes de avançar para a sombra do glaciar Monte Kailash, uma montanha tão sagrada que os habitantes locais proíbem subir ao topo. O grupo da Roshi completou a peregrinação em torno de sua base ao longo de seis dias, cruzando uma passagem a 5.600 metros de altitude.

O fato de a Roshi, agora com mais de setenta anos, conseguir fazer esta viagem é notável, dados os desafios físicos que ela enfrentou nos últimos quatro anos. Durante uma viagem a Toronto, em junho de 2008, Roshi Joan escorregou e caiu no chão duro de um banheiro, fraturando o trocânter maior. Ela passou trinta horas amarrada a uma maca em uma sala de emergência, e mais dois dias esperando pela cirurgia. Dois meses após o acidente, ela caminhava com muletas, cautelosamente.

Não estava claro se ela voltaria a caminhar, muito menos se embarcaria em outra peregrinação à montanha sagrada. Ela disse então, apontando para as colinas do lado de fora da janela do Prajna Mountain Center, no Novo México: "Desta distância, as montanhas são um lindo artefato. Tenho quase certeza de que vou conseguir andar de novo, mas não sei se vou conseguir andar como antes. Agora, todo dia é um Everest."

O CAMINHO TRAIÇOEIRO PARA A CAVERNA DA MESTRA

A estrada para o Prajna Mountain Center, em uma das partes mais selvagens do Novo México, pode ficar intransitável após uma tempestade. Buracos enormes se abrem ao lado de sulcos escorregadios, fazendo o veículo sacudir sem controle. Parecia estranho que Roshi Joan pedisse para ser entrevistada no "refúgio", como é conhecido, em vez de no seu centro zen, a apenas cinco minutos do centro de Santa Fé. Seria uma espécie de prova, um koan sobre um caminho traiçoeiro até a caverna da mestra na montanha?

No entanto, fazia sentido uma mulher que havia dirigido sozinha uma van pelo Saara pedir que um visitante fizesse essa jornada. Uma mulher que, aos sessenta e cinco anos, passou quatro horas andando durante uma nevasca no escuro para chegar ao refúgio. Uma mulher que, em março de 2008, havia caminhado pela China e pelo Japão, seguindo os passos de Dogen Zenji*, com um pé que ela não percebeu que estava quebrado.

"Ela é a pessoa mais destemida que já conheci", disse Peg Murray, sua assistente, que gentilmente ofereceu uma carona estrada acima no Toyota 4Runner da Roshi. Navegando pelos sulcos profundos com facilidade, Murray falou sobre a primeira vez que dirigiu naquele percurso. Roshi Joan era sua passageira, e as cheias da primavera dissolveram a estrada em uma lama de argila escorregadia. Sem tração, as rodas rugosas deslizaram pela superfície como se fosse gelo. Cada vez que a Roshi saía para avaliar a situação, ela afundava na lama até a metade da canela. "Eu queria voltar", dizia Murray. "Mas a Roshi não me deixou. Ela simplesmente dizia: 'Você consegue!'. Ela até se ofereceu para assumir o volante."

Conhecida por abraçar situações desafiadoras e até mesmo arriscadas, a Roshi explicou: "Dentro de mim há uma otimista incrível". A colega e aluna de longa data da Roshi, Maia Duerr, no entanto, tem uma opinião um pouco diferente. "Acho que a chave para entender a Roshi Joan é ver sua fragilidade, e também seu destemor. Ela está literalmente frágil agora, seus ossos estão se partindo. Sua mente é brilhante e seu coração é enorme, mas seu corpo está à beira do colapso. Ela se esforçou até a exaustão."

Destemida, feroz e frágil: os aspectos centrais de uma mulher complexa que também é acadêmica e ativista, uma filha rebelde dos anos 1960 e uma sacerdotisa celibatária. Roshi Joan é espirituosa, irreverente, ousada, inconstante, às vezes difícil, movida pela aspiração e domada pela disciplina. Você a verá sem seu BlackBerry, iPad e MacBook Pro — ferramentas para construir instituições — apenas em trilhas nas montanhas e na sala de meditação. Mas ela é mais conhecida por sentar-se ao lado do leito de pacientes terminais e por ser pioneira em uma forma de cuidado contemplativo. Seu livro de 2008, *Being with Dying: Cultivating Compassion and Fearlessness in the Presence of Death* (Presente no morrer: cultivando compaixão e destemor na presença da morte), sintetiza lições de suas quatro décadas como uma líder nesse campo. Após o acidente, essa cuidadora de longa data

---

* Dogen Zenji (1200–1253) fundou a escola Soto Zen no Japão.

teve que aprender a ser, como ela disse, "uma melhor receptora de cuidados".

No refúgio, ficou claro porque a Roshi havia insistido naquele local. Entre o emaranhado de flores silvestres do Prajna e os bosques de álamos gigantes, ela tinha mais espaço, ficava mais à vontade. A Roshi estava reclinada ao lado de uma janela de vidro, as costas apoiadas em almofadas de meditação e o laptop no colo. Sua cabeça recém-raspada acentuava suas maçãs do rosto salientes, seus olhos azuis brilhavam com intensidade e graça. Ela falou sobre o trabalho de sua vida e sobre onde estava e quem era naquele momento crucial em que seu corpo a forçava a fazer uma pausa.

"Sou uma espécie de budista 'arroz branco'", disse Roshi Joan. Ela descreveu o budismo "arroz branco" como a meditação da vida cotidiana. "Na hora de meditar, você medita, e na hora de fazer a cama, você faz a cama. Não muito empolgante, mas, na verdade, empolgante. O tipo feroz de empolgação. Empolgação sem empolgação. Tem a ver com estar vivo."

A CURADORA FERIDA

Após a queda que destruiu seu trocânter, enquanto estava na parte de trás da ambulância em alta velocidade a caminho do hospital de Toronto, um paramédico abriu seu coração para ela sobre sua esposa moribunda. "Percebi que não era sobre mim", disse ela. "Isso sempre teve a ver com os outros."

Enquanto esperava pela cirurgia por três dias, ela praticava tonglen para os "inúmeros seres" que eram levados às pressas pela sala de emergência e tinham prioridade com seus ferimentos mais graves. Roshi Joan aprendeu a sagrada prática da compaixão com Kyabjé Dilgo Khyentse Rinpoche no Butão. Tonglen é traduzido do tibetano como "enviar e receber". O praticante respira o sofrimento dos outros a cada inspiração e, em seguida, envia cura, alegria e compaixão a cada expiração — o tempo todo reconhecendo que tanto o sofrimento quanto a alegria são insubstanciais, fugazes, imaginários.

A Roshi lembrou que seu lema, no hospital, era "vitória sobre o medo". Ela demonstrou o mudra segurando dois dedos em um "V" como um sinal de paz dos anos sessenta. Ela não estava com medo, e, por causa da dor intensa, deu as boas-vindas à cirurgia. Mas, durante a operação para inserir uma placa de metal com pinos e parafusos em sua perna, perdeu tanto sangue que precisou de uma transfusão. "Eu podia literalmente sentir meu coração enfraquecendo."

A Roshi é uma doadora universal, um tipo de sangue raro que pode ser doado a todos, mas só pode receber seu próprio tipo sanguíneo — uma metáfora apropriada para um cuidador. "Eu estava em um estado extremamente frágil. Uma espécie de estado intermediário. Havia muita tranquilidade. Eu sentia bondade e gratidão."

Ela cancelou alguns de seus compromissos de ensinamentos e reduziu a velocidade por um tempo — apenas para acelerar novamente assim que seu corpo permitisse. Uma coisa é certa, disse ela. "Não posso cair de novo. Quero manter esse medo ativo. Porque é aí que eu acho que o medo pode ser extremamente útil. Isso deve ser mantido em primeiro plano: estar atenta." Ela reconhece que tem um "impulso fenomenal e muita energia psicofísica. Então, fui capaz de me empurrar montanha acima no Himalaia e em outros tipos de cordilheiras, sejam elas metafóricas ou literais. Tenho que mudar para uma perspectiva mais equilibrada." Aquela viagem cobrou um preço físico. "Não ofereci compaixão de forma adequada à minha própria vida", disse ela. "Não cuidei muito bem do meu corpo."

PRIMEIRAS LIÇÕES DE VIDA E MORTE

Quando criança, crescendo em Hanover, New Hampshire e na Flórida, Joan Halifax aprendeu as primeiras lições sobre a vida, a doença e a morte. Ela nasceu "em uma família cristã, em um hospital da Marinha, durante a Segunda Guerra Mundial"[3]. Ela descreve seu pai empresário como um homem introvertido, gentil, compassivo e criativo. Sua mãe, dona de casa, voltou para a faculdade aos 44 anos e se sentia muito satisfeita com o trabalho voluntário. "Ela passou o último dia de sua vida levando livros e comida para as pessoas em um hospital", lembra ela. Como observou em uma palestra na Harvard Divinity School[4], "a história cria o caráter de uma geração; e as qualidades de altruísmo, compaixão e preocupação com os direitos humanos podem ser encontradas na vida de muitos de nós que éramos bebês durante a guerra".

Quando ela tinha quatro anos, um vírus atacou seus músculos oculares, deixando-a funcionalmente cega pelos dois anos seguintes. "As crianças tendem a se socializar e a fazer amizades entre os quatro e os seis anos"[5], observa. "Mas, por causa da doença, fiquei acamada durante grande parte desse tempo, e a falta de amizades convencionais durante minha infância foi bastante significativa."[6] Ela costumava ficar deitada na cama dos pais, ouvindo a irmã e as amigas brincando do lado de fora da janela. Em vez de brincar com as outras crianças, ela inventou "um mundo dentro de mim para compensar a solidão e a deficiência"[7].

Embora fosse cuidada por seus pais, ela se sentia vulnerável e encontrou uma companhia querida em sua babá afro-americana, Lilla, que contava histórias ao lado de sua cama. A mãe de Lilla tinha sido uma pessoa escravizada, e Lilla não recebeu nenhuma educação formal, mas era uma amiga sábia e calorosa para a criança. "Comecei pensando nela como uma serviçal, mas acabei descobrindo que ela era uma professora", diz, acrescentando que aquela amizade despertou sua busca para compreender as raízes da injustiça social e da discriminação durante toda a sua vida. "Esses sentimentos, tenho certeza, surgiram do sofrimento da minha infância, da forte presença da ética na vida de meu pai, do espírito altruísta na vida de minha mãe e de meu relacionamento com Lilla."[8]

RITOS DE PASSAGEM

Por causa dessa relação, Joan Halifax abraçou ardentemente o Movimento dos Direitos Civis e, quando chegou a Nova York, em 1963, também foi atraída pelos protestos contra a Guerra do Vietnã. Ela leu D. T. Suzuki e Alan Watts, tornou-se uma "budista de livros" e aprendeu sozinha a meditar. Após obter seu doutorado em antropologia médica, ela estava ansiosa para "entender algo mais profundo sobre a cultura" e percebeu que "não era mais apropriado", para ela, "sentar-se em um laboratório ou colocar crisântemos em baionetas no Pentágono"[9]. Ela partiu para atravessar o Saara de carro para viver com o povo Dogon, da África, um povo que estava "no meio de um rito de passagem que marcou a morte e o renascimento de sua sociedade. Se eu soubesse no que estava me metendo, nunca teria me aventurado", observou ela mais tarde[10]. Dirigir pelo deserto por quase quatro semanas se tornou seu próprio rito de passagem, despertando uma paixão para a vida toda por viagens de aventura e pela solidão de paisagens insondáveis. Joan voltou da África muito doente e começou a explorar novas maneiras de combinar métodos alternativos de cura com tratamentos convencionais. Observando que "o treinamento médico convencional não parecia estar fundamentado na compaixão"[11], ela começou a explorar a questão: "O que significa curar em nossa cultura?"[12]

A avó de Joan, Bessie, era um modelo de cuidadora, que muitas vezes se sentava com amigos moribundos em seu bairro, na Geórgia. "Ela normalizou a morte para mim", lembra Joan. Mas a própria morte de sua avó em uma casa de repouso foi um processo longo, difícil e solitário. "Eu não posso nunca esquecer de ouvi-la implorar ao meu pai para deixá-la morrer, para ajudá-la a morrer. Ela precisava que estivéssemos presentes com ela, e nós recuamos diante de seu sofrimento." Ao ver o caixão aberto no funeral e ver o rosto de sua avó finalmente em paz, Joan Roshi escreveu em *Presente no morrer*: "Percebi o quanto do seu sofrimento estava enraizado no medo da morte presente em sua família, incluindo o meu próprio medo. Naquele momento, assumi o compromisso de praticar o estar presente com os outros quando eles morressem."

AVENTURAS NA CONSCIÊNCIA

Joan Halifax começou a trabalhar com pessoas moribundas na Escola de Medicina da Universidade de Miami. Em 1972, ela se casou com Stanislav Grof, um psiquiatra da Tchecoslováquia. Ele era o diretor médico de um projeto do Instituto Nacional de Saúde Mental que usava LSD como um complemento da psicoterapia para pessoas moribundas.

O casal se separou após alguns anos de casamento e colaboração, e Joan foi para Nova York trabalhar para seu amigo, o renomado mitologista Joseph Campbell. A antropóloga que havia dentro dela foi chamada para estudar culturas indígenas nas Américas e no Tibete e explorar os sistemas de cura nessas áreas montanhosas remotas. Vivendo com os índios Huichol do México, ela testemunhou xamãs passando por experiências metafóricas de morte e renascimento, emergindo como "curadores feridos" mais sábios e poderosos após terem suportado o sofrimento. Por vários anos, ela estudou xamanismo e budismo em paralelo. Em seu popular livro de 1993, *The Fruitful Darkness* (A escuridão fértil), ela narra sua primeira viagem ao Tibete, seu trabalho nas Américas e elucida as conexões entre esses mundos.

Por fim, Joan escolheu o Zen budismo como caminho. "A essência dessa prática é sentar-se em quietude e silêncio e encontrar o pivô de ferro em sua coluna que nem mesmo se move em meio a um grande sofrimento. Eu experienciei aquela quietude e sabia que era um remédio."[13] Joan estudou com o mestre zen coreano Seung Sahn* por uma década, a partir de meados dos anos 1970, e depois recebeu a transmissão do Dharma do monge budista vietnamita Thich Nhat Hanh**, em 1990.

Conhecer Thich Nhat Hanh e explorar suas convicções sobre a paz como ação social marcou sua transformação de uma ativista confrontadora e provocadora em um tipo mais gentil de ativista radical. "Ali estava um homem que podia ver e sentir o sofrimento de ambos os lados e não ficar de lado nenhum"[14], diz Roshi Joan. "Percebi que o que ele estava ensinando sobre meditação em ação significava que tudo pode ser uma experiência de prática. Nossa vida cotidiana é o veículo para o despertar, para nos libertarmos e para libertar os outros do sofrimento"[15]. Ela identificou o ingrediente que faltava em sua vida — a relação entre o servir e a prática contemplativa.[16]

COSTAS FORTES, FRENTE SUAVE

Ela fundou a Fundação Ojai, um centro budista de retiros na Califórnia, em 1979. Por onze anos viveu "na terra", em uma casa de lona sem eletricidade, sem água corrente e nem encanamento. Joan

---

* Seung Sahn (1927–2004) foi um dos primeiros mestres zen coreanos que ensinou na América. Ele fundou a Escola Internacional Zen Kwan Um.

** Thích Nhat Hanh (nascido em 1926) é um monge vietnamita e mestre zen cuja extensa obra influenciou muito a compreensão do budismo no Ocidente. Ele fundou o Monastério de Plum Village, na França, e a Ordem do Interser.

descreve a vida prática da comunidade como uma "vida de porosidade", com uma membrana fina e transparente e praticamente sem privacidade. A Fundação foi apelidada de "Acampamento dos Magos" devido ao extraordinário corpo docente que Joan convidou, desde professores indígenas a acadêmicos ocidentais. Ojai sediou alguns dos primeiros retiros de meditação de Thich Nhat Hanh nos Estados Unidos, bem como workshops sobre teoria do caos, etnobotânica, neurociência e pesquisa sobre os sonhos. Paralelamente ao Zen, Joan também estudava o budismo tibetano, mais intensamente com Chagdud Rinpoche, um mestre Nyingma* que Roshi descreve como "um ser humano exemplar e um professor poderoso. Eu me sentia muito próxima dele e o amava por sua transparência."

Aos quarenta e dois anos, ela teve que remover cirurgicamente tumores em ambos os olhos. Em seguida, um acidente médico com radiação queimou gravemente seus olhos, e ela teve que usar bandagens oculares por vários meses. Isso a levou para dentro outra vez.[17] O isolamento forçado, junto com a morte de sua mãe, a levou a questionar seu envolvimento constante na comunidade e a desejar a solidão, querendo "ser ninguém, não fazer nada."[18] E ainda assim, após dois anos de viagem não ficando mais de cinco noites em cada lugar, sua vocação emergiu claramente, mais uma vez: estar com as pessoas à beira da morte.

TESTEMUNHAR

Nos anos seguintes, Joan Halifax sentou-se com pessoas à beira da morte, em silêncio e conversando, uma prática que sustenta até hoje. Tentou ajudar os pacientes a enfrentarem seus desafios com consciência; ela e o paciente "testemunham" quaisquer emoções e experiências que surgem. Como uma iniciativa de apoio também aos cuidadores, ela fundou o "Projeto Presente no Morrer", um programa de capacitação de profissionais para os cuidados em fim de vida, que já completou dezessete anos. Uma das mensagens centrais em seu livro *Presente no morrer* é "costas fortes, frente suave", que, ela explica, "é sobre a relação entre

---

* Ver capítulo 7.

equanimidade e compaixão. 'Costas fortes' é equanimidade e sua capacidade de realmente se sustentar. 'Frente suave' é abrir-se para as coisas como elas são." Reconhecendo que a maior parte do sofrimento está enraizada no medo, parte do trabalho de sua vida é tentar ser "uma espécie de modelo de como é ser livre do medo. A única maneira de realizar a compaixão é por meio do destemor", diz ela, "porque, para realmente se permitir sentir o sofrimento de outra pessoa — e então permitir que o coração desperto resolva servir e transformar o campo do sofrimento —, é preciso muita coragem." A Roshi fala da prática budista profundamente enraizada de se abrir para o sofrimento de outra pessoa. "Sejam quais forem as doenças e sofrimentos que elas estejam enfrentando, nós também estaremos experienciando, embora isso possa não estar afligindo diretamente o nosso corpo[19]. Estamos juntos nessa jornada."

Seu destemor inclui a coragem de reconhecer sua vulnerabilidade: "Às vezes me sinto um tanto frágil", admite a Roshi. "Não há surpresa nisso — minha vida tem sido desafiadora de muitas maneiras. Na maioria das vezes, as dificuldades fortaleceram minhas costas e me enterneceram. E, no entanto, a maioria de nós sofre de crises de 'frente forte, costas suaves'. E eu me incluo nisso, quando estou cansada ou quando sinto que não fui bem correta em minhas palavras ou ações." Como sua amiga de longa data, a escritora Natalie Goldberg afirma: "Ela é destemida, sim, mas também conheço seus pontos doloridos. Ela é vulnerável e sensível e também amedrontada como todo mundo. É isso que a torna destemida. Ela não é destemida como um tijolo, seu destemor é do tipo que surge da ternura pelo mundo."

VÁ PARA A RUA E SE SUJE

Em 1992, o filantropo Laurance Rockefeller e Richard Baker Roshi[*] deram a Joan uma casa no Novo México, entre o rio Santa Fé e a montanha Cerro Gordo. Ela começou a construir um novo

---

[*] Zentatsu Richard Baker (nascido em 1936), um roshi Soto Zen americano, serviu como abade no San Francisco Zen Center por treze anos. Ele é o fundador do Dharma Sangha.

centro de retiros do zero, tornando novamente verde a terra compactada deserta. Ela deu ao centro o nome de Upaya, "meios hábeis", em sânscrito. O Instituto Upaya e o Zen Center são agora um amplo complexo de construções de adobe com uma espaçosa sala de meditação e jardins exuberantes. Sua sala de estar no Upaya exemplifica seus laços com muitas culturas: as grossas paredes de adobe são adornadas com elaboradas pinturas tibetanas em tecido; acima da lareira kiva nativa americana está um bodhisattva chinês esculpido em uma raiz de bambu, e ao lado da lareira está uma estátua antiga do Camboja. Na sala de meditação do Upaya, uma grande pintura da artista japonesa Mayumi Oda retrata Roshi Joan como uma Tara verde selvagem de ação compassiva, com cabelos loiros esvoaçantes e olhos azuis vívidos, cercada pela paisagem de Prajna, com sua amada cachorra Dominga ao seu lado.

Joan continuou a praticar com Thich Nhat Hanh e sua comunidade enquanto a comunidade do Upaya crescia. Mas, em 1995, ela pediu a Bernie Glassman* Roshi que fosse o seu professor principal — uma mudança radical em muitos aspectos. Nova-iorquino judeu, Glassman é conhecido por liderar "retiros de rua" no Bronx, nos quais os participantes vivem entre moradores de rua por semanas a fio. Joan explica sua mudança: "Thay [Thich Nhat Hanh] é certamente uma força extraordinária para o bem e para o budismo no mundo. Fui profundamente enriquecida por seu Dharma. Mas Thay é gentil. Não sou uma budista "boazinha". Estou muito mais interessada em uma espécie de budismo do tipo 'vá para a rua e se suje'."

Ela cacheava seus cabelos longos e grossos, e Glassman a ordenou como uma roshi na ordem dos Zen Peacemakers (pacificadores Zen). Essa linhagem não requer celibato dos sacerdotes. No entanto, Joan Roshi diz: "Em meados dos anos 1990, quando me preparava para a ordenação como sacerdotisa Zen, escolhi ser celibatária porque queria servir apenas ao Dharma. Como abadessa de um centro Zen e alguém que dá ensinamentos por todo o mundo, estar em um relacionamento importante não serviria a esse indivíduo, meu

---

* Tetsugen Bernard Glassman (1939-2018) foi um autor zen budista americano e cofundador do Zen Peacemakers.

parceiro." A formalização de seu voto de celibato possibilitou que ela se movimentasse de uma forma mais livre, ela sente. "Um homem que se aproxima de mim sabe que sou celibatária porque isso é de conhecimento público. Fica mais simples. Você está entregando sua vida ao mundo. Você serve a todos os seres."

Como abadessa do Upaya, Joan mescla o Dharma do cuidado compassivo com os elementos culturais e políticos de seu trabalho. Ela convida professores bem diversos — líderes tribais, ex-prisioneiros, ativistas ambientais, padres católicos, Jane Fonda. Reconhecida como "viciada" em notícias da Internet e usuária ativa das redes sociais, a Roshi costuma incluir atualidades em suas conversas sobre o Dharma e falar abertamente contra as ocupações americanas no Iraque e no Afeganistão. Ela convidou vários professores budistas tibetanos para dar palestras no Upaya; os monges do Monastério Drepung Loseling de Atlanta enchem a sala de meditação com seus OMs primordiais a cada temporada de férias. "Acho que é muito útil para nós, dentro no budismo, ter um telhado bem grande", diz Roshi, "e entender que existem 84.000 portas do Dharma". Ela acrescenta que entrar um pouco em uma outra escola budista "nos ajuda a ver a nossa própria escola com outros olhos".

"Ao trazer todos os elementos de sua rica formação para o Zen, ela torna a prática muito atual e viva", confirma Natalie Goldberg. Bernie Roshi afirmou que o que torna Joan excepcional é "sua capacidade de criar novas formas de prática que são necessárias para este tempo e lugar".

Quando a Roshi ensina profissionais de saúde sobre os bardos — transições entre estados de consciência —, ela usa uma linguagem acessível a não budistas. "Você pode experimentar um estado intermediário apenas adormecendo", diz ela. "Cada respiração que tomamos, de certa forma, é um bardo." No entanto, ela acrescenta: "Não acho que possamos verificar os bardos do momento da morte e do pós-morte. Não sei se são verídicos. Mas eles são comparáveis aos processos que experienciamos ao desmaiar, durante uma anestesia, adormecer e assim por diante."

Ela não recomenda que os cuidadores cristãos ou judeus usem o manual tibetano tradicional para o morrer, *O livro tibetano dos mortos*, de forma literal. Ela duvida que as visões ali descritas que

Roshi Joan Halifax em sua Clínica Nomad em Humla, Nepal, com um homem nepalês e seu bebê. A foto é cortesia de Joan Halifax.

ocorrem no período de transição após a morte, como deidades segurando crânios cheios de sangue, surgiriam para um ocidental porque cada cultura está condicionada às suas próprias imagens culturais. Em sua opinião, as visões naquele livro "na verdade não se referem tanto ao surgimento de deidades específicas, mas a estados mentais".

DESCONSTRUINDO O MITO DA "BOA MORTE"

A Roshi reconhece que, ao longo dos anos, ficou um pouco mais fácil lidar com a perda de amigos e pacientes. "Eu vejo a morte como parte da vida. Por pessoas que são muito próximas ou especiais para mim, eu lamento. Não rejeito o luto de forma alguma. Eu não ficaria sem nenhum minuto da tristeza que exista no meu caminho." Ela gosta de desconstruir o mito da "boa morte", apontando que algumas pessoas partem em negação, resistência e angústia. "Acho que a expressão 'boa morte' é um grande problema. Cada morte tem a sua própria narrativa, e sinto que é preciso respeitar a jornada única que cada indivíduo faz até esse destino que chamamos de morte."

Em seu trabalho com pessoas à beira da morte, Roshi compartilha práticas Theravada, Zen e tibetanas. Ela enfatiza a prática da bodhichitta (a prática tibetana da mente desperta e compassiva), observando que o budismo tibetano articula a bodhichitta de uma forma mais detalhada que o Zen. Os profissionais de saúde podem usar a sabedoria da mente compassiva para cultivar um sentido mais profundo em termos de significado em seu trabalho e aumentar sua própria resiliência, da mesma maneira que ajudou a Roshi a permanecer engajada ao trabalhar em ambientes desafiadores, como Tibete, Birmânia, Nanjing e os sistemas hospitalar e prisional. "A bodhichitta me deu forças para continuar neste mundo", diz ela. "E a trabalhar com diligência, com muito amor e com muita alegria em levar o Dharma adiante em situações difíceis."

HUMOR DO ALÉM-TÚMULO

Na Fundação Ojai, Chagdud Rinpoche conduziu workshops sobre a prática de phowa, que ele considerava uma prática profunda e eficaz para profissionais de saúde. Eles aprendiam a prática "por meio de uma transmissão", diz ela, por causa da própria proficiência do Rinpoche. Nessa prática, a consciência da pessoa que está morrendo é transferida ao longo do canal central do corpo para fora, pelo topo da cabeça. A Roshi diz que quase todos os alunos de phowa de Rinpoche, incluindo ela, mostraram sinais de realização na prática, como "um inchaço sensível na fontanela, uma leve umidade ou ponto de orvalho no topo da cabeça e às vezes até sangue na coroa da cabeça". Ela diz que sua fé nessas técnicas cresceu ao longo dos anos "porque as apliquei em situações da vida real. Isso não é teórico".

Quando as pessoas lhe perguntam por que, como professora budista, ela tem um sofá de couro em sua sala de estar, ela conta a história de Patrick, um jovem que estava morrendo de AIDS em Santa Fé. Ela havia passado muitas horas em vigília ao lado da cama dele, praticando juntos. "Ele passou por muitas fases diferentes, algumas caracterizadas por muita agonia, outras caracterizadas por muita alegria e até bem-aventurança", lembra ela. Uma noite, depois de quase vinte e quatro horas de vigília na casa de Patrick, ela saiu às três horas para dormir um pouco. "Adormeci e tive um sonho profundo", diz ela. "No sonho, eu entrava no quarto de Patrick e lá estava ele. Ele era como um menino de quatro ou cinco anos, e tinha uma espécie de preservativo saindo do alto da cabeça. Do preservativo emanava um pó branco e luminoso que subia para a atmosfera. No meu sonho, fiquei lúcida e percebi que ele havia morrido naquele momento." Ela acordou e o telefone começou a tocar. Era a enfermeira do hospice de Patrick, dizendo-lhe que Patrick acabara de morrer. A Roshi voltou para a casa dele. "Fiz phowa com ele novamente. Eu digo 'novamente' porque senti que já tinha feito no sonho. Ou ele mesmo tinha feito."

Sobre o símbolo do preservativo, ela diz: "Ele era um jovem muito ativo sexualmente. No estado de sonho, você associa coisas."

Patrick deixou o sofá de couro marrom e confortável para o Upaya em seu testamento. "Foi um presente de Patrick", diz ela. "Talvez tenha sido uma piada."

"EU NÃO VOU TOLERAR ISSO!"

As pessoas, às vezes, perguntam a ela se é difícil estar perto da morte e do morrer, testemunhar corpos doentes e corações em luto. Ela prontamente admite que sentia um pouco de medo quando começou este trabalho. "Eu sentia que teria a doença que eles tinham. Câncer de mama, câncer de cólon, câncer uterino, AIDS. Um dia, percebi que já tinha o que eles tinham. Eu não era separada daquele que tinha câncer, daquele que tinha AIDS. Como poderia ter medo de ter algo que eu já tinha?"[20]

A Roshi está convencida de que sua experiência com a doença que teve na infância a ensinou a ver a vida como transitória quando ainda era muito jovem. "Só não quero perder tempo." Há alguns anos, durante uma palestra em um teatro de Santa Fé, a Roshi citou a escritora Annie Dillard em tons ressonantes. "Há sempre uma enorme tentação durante a vida toda de ficar fazendo amiguinhos, refeições e viagens por anos a fio... e, então, ficar se ressentindo em silêncio pelo resto de seus dias no limite da fúria." Sua voz aumentou, feroz. "Eu... não vou... TOLERAR ISSO!" As últimas palavras ecoaram na sala de concertos enquanto o público soltava um suspiro coletivo de arrepios. Ela fez o público repetir as palavras para ela em uníssono, bem alto: "Eu não vou tolerar isso!".

Seu grito foi inspirador e assustador, uma recusa em permanecer adormecida por mais tempo, uma promessa de fazer algo em relação a um mundo em crise. Alguns membros da plateia pareceram surpresos ao ver uma mulher mais velha — e uma monástica com a cabeça raspada e vestes de sacerdotisa — falar com uma emoção tão rebelde. Talvez eles esperassem uma monja recatada, alguém mais terna e tranquila. Ela prosseguiu, com a voz cheia de ardor: "O mundo é mais selvagem do que isso em todas as direções, mais perigoso e mais amargo, mais extravagante e mais brilhante".

UMA TREMENDA QUANTIDADE DE FOGO

O estilo direto da Roshi pode colocá-la em apuros. Sua assistente, Peg Murray, achou que ela era "realmente assustadora" no início. "Há uma quantidade enorme de fogo nela", diz Murray. "As pessoas não esperam isso. Por ser mulher, as pessoas esperam que ela dê um sermão sobre a bondade amorosa e seja sempre suave. Ela tem esse lado, mas pode ser pouco diplomática, e alguns veem isso como uma falha. Ela não doura a pílula. Ela já disse coisas fortes para as pessoas e as assustou. Mas, para mim, esse é o ponto. Eu quero uma professora que possa chutar a minha bunda e me mostrar o meu limite."

Ao longo dos anos, várias pessoas deixaram o Upaya por causa de conflitos. "Joan Roshi confia em seu próprio julgamento", observa Marty Peale, uma das primeiras residentes de Upaya. "Mas você não precisa concordar com ela e não precisa ficar." Depois de uma briga com a Roshi, em 1999, Peale deixou a comunidade. No entanto, seis anos depois, a morte de um amigo em comum as uniu outra vez. Recentemente, Peale tem sido cuidadora do "refúgio" por vários anos e mentora do Programa de Capelania. Mesmo com o relacionamento tenso, Peale sabia que o amor da Roshi por ela ainda era forte. Ela reconhece esses desafios como algo muito humano. "Precisamos saber que causamos sofrimento — ela causa sofrimento — e não desanimar com isso", diz Peale. "Esses altos e baixos podem nos ser úteis, eles fazem parte do caminho."

Quando questionada sobre o lado difícil da Roshi, Natalie Goldberg admite: "Uma ou duas vezes, ela me confrontou de uma forma não muito hábil. Mas conversamos sobre isso e foi bom." Ela acrescenta: "Não tenho medo do poder dela. Me orgulho dela como mulher. Torço por ela. Ela se ergue e acredita em si mesma. As mulheres não sabem como apoiar mulheres quando fazem sucesso, e isso é difícil para ela."

A Roshi concorda que sua abordagem é bastante direta, "o que nem sempre é confortável para as pessoas". Ela ri. "Além disso, nem sempre tenho razão. Você pode ser direto e, com dois graus de desvio, pode realmente bagunçar bastante as coisas. Ou você pode ser direto e realmente preciso, mas o momento pode ser muito errado. Ou a pessoa não consegue sustentar o que você está refletindo. É difícil. As pessoas não gostam disso em uma mulher."

Joan pensa que, se ela tivesse nascido no corpo de um homem, "eu seria considerada uma pessoa gentil. Mas vim parar no corpo de uma mulher. Sinto-me feliz por ter nascido no corpo de uma mulher, e às vezes as pessoas acham muito difícil digerir a forma como eu sou. Tem sido bom conviver com isso porque fez com que eu examinasse muitas vezes meus próprios comportamentos."

ÍDOLOS E DEMÔNIOS

Observando que os alunos muitas vezes projetam suas próprias questões nos professores, a Roshi diferencia três estágios da relação aluno-professor: "Idealização, demonização e, se você tiver sorte, normalização. Se alguém está me idealizando, envio essa energia de volta para ele. Uma maneira de fazer isso é reconhecer sua própria bondade básica, realmente senti-la dentro de você. Outra é mostrar a essas pessoas a idiota que você é. Eu não ando pelo meu centro Zen como o Cardeal Richelieu", ela brinca. "Estou constantemente tirando sarro de mim mesma, mostrando meu pior lado a todos e falando sobre meus fracassos."

Ela descreve uma cena em seu quarto de hospital em Toronto, onde três alunos se sentaram ao lado de sua cama. "A parte de trás da minha camisola do hospital era aberta, então quando tive que sair da cama, minha bunda ficou aparecendo. Eu pensava: 'Vou ter que sentar na frente desses alunos daqui a um mês com as vestes completas de sacerdotisa.' Eles realmente tiveram que ver minhas fraquezas, por assim dizer. É por isso que sinto tanta aversão pelo termo 'morte com dignidade'. É propaganda exagerada. Quem deve ser digno? A doença é um processo muito indigno."

UMA FORTE POSIÇÃO CONTRA A MÁ CONDUTA SEXUAL

Talvez todo professor tenha fraquezas, mas a má conduta sexual é outra questão aos olhos da Roshi. Em 2010, estourou um escândalo sobre os casos sexuais do professor Zen Eido Shimano* com alunas ao longo de mais de 45 anos, conforme documentado em um arquivo mantido por Robert Aitken Roshi.** (Shimano negou publicamente as acusações, mas renunciou à sua abadia da Zen Studies Society, em Nova York). Roshi Joan postou uma carta aberta no site do Upaya expressando suas preocupações sobre o que ela chama de "violações de limites e da fé".[21]

Sobre a má conduta sexual do clero masculino em geral, ela escreveu:

> Se você quiser aprofundar a sombra de qualquer religião, transforme a sabedoria e a compaixão em hipocrisia, e aguarde, avesso ao conflito, enquanto o clero masculino desrespeita as mulheres, faz sexo com congregantes mulheres, domina as mulheres, abusa das mulheres, degrada-as ou as estupra... Há anos espero por uma resposta coordenada a essas violações contra as mulheres em nosso mundo budista. Muitas de nós, mulheres, trouxemos essas questões à atenção da comunidade em geral e fomos humilhadas e rejeitadas.

---

* Eido Tai Shimano (nascido em 1932), um professor Rinzai Zen budista nascido no Japão, estabeleceu a primeira linhagem Rinzai nos Estados Unidos. Ele fundou um centro Zen em Manhattan e um monastério em Catskills.

** Robert Aitken Roshi (1917–2010) foi um professor Zen na linhagem Harada-Yasutani que escolheu viver como leigo. Como ativista social, foi um dos fundadores da Buddhist Peace Fellowship.

No entanto, agora ela escreve:

> Os budistas estão finalmente entendendo. Você tem que tomar uma posição, uma posição forte e em voz alta, contra o comportamento predatório de suas figuras religiosas. Você tem que falar a verdade ao poder, e falar bem alto. E você precisa agir.

Em resposta, Roshi recebeu uma enxurrada de e-mails e cartas. A maioria apoiou sua posição, enquanto alguns poucos julgaram o feminismo como algo ultrapassado ou acusaram a Roshi de estar agindo em benefício próprio. Algumas das mensagens foram escritas por mulheres (ou parceiros de mulheres) que haviam se envolvido com Chögyam Trungpa Rinpoche, outro professor conhecido por ter tido casos com alunas. Embora algumas mulheres que escreveram para ela tenham afirmado que seu envolvimento com Trungpa foi benéfico, ela diz estimar que, "a maioria das pessoas que me escreveu experienciou um profundo sofrimento com respeito a esses encontros."

BEBENDO VENENO

A Roshi teve muito contato com Trungpa nas décadas de setenta e oitenta. Ela ensinou em Naropa, universidade que ele fundou, convidou-o para o corpo docente de um programa que ela criou e viajou para o Japão com ele. Ela reconhece abertamente que ele agiu de forma inadequada com ela em várias ocasiões. "Trungpa era uma pessoa de imensa imaginação, magnetismo e visão", lembra a Roshi. "Ele foi um pensador pioneiro, um artista que atingiu o cenário americano na hora certa. Muitos de nós nos sentimos muito atraídos por sua comunidade, seus textos, seus ensinamentos. Ficamos fascinados por ele."

No entanto, ela decidiu não ser sua aluna. "Senti que seus ensinamentos ficavam comprometidos por seu comportamento, o que algumas pessoas diziam ser um ensinamento. Mas não era o tipo de ensinamento que eu queria ou precisava." Como ativista dos direitos civis, ativista antiguerra e feminista, ela considerava o comportamento dele altamente problemático. "Eu também vivi uma vida bastante maluca", prossegue Roshi. "Mas eu não queria beber do mesmo veneno. Eu não sentia que poderia endireitar minha vida com alguém que era viciado em álcool e, aparentemente, em sexo."

Um dos fatores nessa dinâmica foi "essa idolatria e idealização dos professores espirituais, o que é irreal", diz ela. "No fim das contas, não acho que isso fez bem a ele. Porque ele corporificou a sombra de uma forma que realmente prejudicou várias pessoas." Vários de seus alunos não concordaram com ela nesse ponto e lhe disseram isso. "Mas, na minha idade, posso olhar para trás com certo pesar por ele não ter tido pares, colegas e professores que o ajudassem a ver as coisas de uma maneira mais global. Como pessoa, como mulher, cometi minha parcela de erros", admite a Roshi. "Mas, como feminista, tenho certeza de que a religião não é desculpa para a violação da fronteira professor-aluno." Quando esse limite, baseado na confiança, é violado "isso constitui um ataque direto às três joias, o Buddha, o Dharma e a Sangha".

Em vez de idealizar seus professores espirituais, Roshi recomenda que os alunos "tomem de volta suas projeções, vejam sua própria natureza iluminada e sua própria natureza deludida e vejam a natureza deludida e iluminada de cada ser humano". Nosso anseio por um pai perfeito faz com que estejamos dispostos a justificar o comportamento disfuncional em ambientes espirituais ou educacionais, ela suspeita. "No budismo tibetano, práticas como fazer votos vitalícios com um professor — votos de samaya —, que servem para tornar você cada vez mais fiel sob as asas de seu professor, podem diminuir o tipo de discernimento que valorizamos em nossa cultura."

Ela discute honestamente o "preconceito cultural" que sentiu com professores orientais. "O padrão oriental é mais voltado para a busca da harmonia, o padrão ocidental é buscar transparência." Ela sente que o que levou ao caminho como ocidental e como mulher "nem sempre era apreciado. Há um preconceito de gênero, no budismo, que percebe as mulheres como algo inferior." Embora ela reconheça que Thich Nhat Hanh desde então deu poder a muitas mulheres, ela ansiava por ter "uma comunicação direta de ocidental para ocidental" — um desejo que influenciou sua decisão de tomar o americano Bernie Glassman Roshi como seu principal professor. "Muitos professores orientais pensam que estão sempre certos, enquanto o primeiro princípio de Bernie era 'sempre não saber'."

Ela acredita que os professores têm a responsabilidade de corporificar a integridade, seguindo o exemplo de Sua Santidade, o Dalai Lama. A Roshi considera o Dalai Lama uma "influência muito significativa" em sua vida, principalmente por causa de seus ensinamentos sobre ética e responsabilidade universal. "Ele quer ver uma ética secular que realmente supere as diferenças religiosas." Ela se reúne com o Dalai Lama para reuniões do *Mind and Life Institute* (Instituto Mente e Vida), uma organização sem fins lucrativos que, desde 1987, promove diálogos entre acadêmicos, cientistas e representantes das tradições contemplativas do mundo todo. Como fundadora do *Mind and Life*, Roshi Joan atua como membro do conselho e também como moderadora e palestrante nas reuniões, que são, em geral, realizadas em Dharamsala.

"Tem sido inspirador sentar na sala de estar de Sua Santidade todos os anos, às vezes duas vezes por ano, nesta situação bastante íntima." Ela valoriza "a oportunidade de aprender com neurocientistas e filósofos. Vimos todo o campo da neurociência contemplativa emergir desses diálogos." Os membros do corpo docente, com frequência, apresentam novas evidências científicas da eficácia da meditação, descobertas que influenciam profundamente o próprio trabalho da Roshi em ambientes médicos. Do *Mind and Life* surgiu o *Zen Brain**, o animado encontro anual de neurocientistas, psicólogos e filósofos no Upaya.

Embora as primeiras reuniões do *Mind and Life* tenham sido fortemente dominadas por homens, a Roshi conversou em particular com o Dalai Lama e a diretoria para defender a igualdade de gênero nas reuniões. Sua Santidade tem sido receptivo a esses pedidos, e a proporção entre os gêneros está mudando rapidamente à medida que a organização convida mais mulheres para participar, incluindo monjas. Advogar pelos outros — mulheres, pacientes, prisioneiros — é um fio condutor que permeia o trabalho da Roshi.

Marty Peale observa que hoje o Upaya é um forte centro para mulheres, com várias mulheres em cargos de liderança. Mas, ela diz: "Todos estamos percebendo que algum dia, e talvez daqui a

---

* O encontro "Zen Brain" se chama atualmente Simpósio Internacional Varela e é organizado todos os anos pelo Upaya Zen Center.

Sua Santidade, o Dalai Lama, com Roshi Joan Halifax.
A foto é cortesia de Joan Halifax.

vinte anos, teremos que continuar sem a Roshi. Estamos pensando em como manter seu legado vivo. Nenhum de nós é capaz de fazer o que ela fez. Precisaremos de uma equipe."

ÁRDUO, CANSATIVO, INSPIRADOR E DIVERTIDO

Após seu acidente, a Roshi avaliou com cuidado suas prioridades. Ela decidiu que, quando recuperasse a saúde, trabalharia em uma dimensão mais global. Agora ela viaja e ensina quase constantemente pelo mundo todo, voltando ao Upaya apenas para conduzir retiros ocasionais. Ela está prestes a partir para o Fórum Econômico Mundial na Suíça, onde participará como palestrante em várias discussões, como "Neuroética: um casamento entre moral e matéria" e "A ciência de dominar as emoções". Ela, agora, também ensina na Tailândia, na Birmânia, no Japão, na Índia e na Malásia, um processo interessante para ela, como uma mulher budista ocidental, levar o Dharma de volta às suas origens geográficas.

Roshi deixou o cabelo crescer em ondas curtas e prateadas. Enérgica e de bom humor, ela fala sobre seu processo de reabilitação após o acidente, que chama de "árduo, cansativo, inspirador e divertido". Ela usou sua recente viagem ao Tibete como um incentivo para recuperar sua força física. "Era uma luz espiritual no fim de um túnel muito longo."

Desde o acidente, ela passou por variados graus de dor. "Eu tento ter a seguinte abordagem: 'Estou com dor, mas não estou sofrendo.' Estou caminhando como uma pessoa mais velha — muito mais devagar e com cuidado." Durante boa parte da caminhada no Nepal e no Tibete, ela andou a cavalo, o que descreve como "às vezes, bastante aterrorizante", considerando as estreitas trilhas nas montanhas muito altas. "É muito mais assustador do que caminhar. Mas o cavalo não queria morrer e eu tive que simplesmente soltar."

A Roshi diz que o ego faz coisas estranhas em uma paisagem sem limites como o platô tibetano — ele tenta se reificar agarrando-se ao objeto visível mais próximo, como um monte de pedras com bandeiras de oração ou um monastério à distância. "Algumas pessoas querem se retirar para suas barracas e revirar suas mochilas", observa Roshi. "É espaço demais. Você perde toda a noção de ponto de referência." Ela prossegue: "O que é maravilhoso é dar um passeio, uma longa caminhada no platô, sem se dirigir a lugar algum, e observar a mente relaxar bem devagar. E então erguer os olhos para o céu. E apenas abrir-se para aquela vastidão."

Lama Tsultrim Allione na Mandala de Tara, no Colorado.
Foto de Laurie Pearce Bauer. ©Laurie Pearce Bauer.

11: Tsultrim Allione
(JOAN ROUSMANIÈRE EWING)

A FEMINISTA ILUMINADA

Mãe de três filhos e autora de best-sellers segue os passos de uma santa tibetana do século XI.[1]

O elevado trono tibetano foi primorosamente esculpido por artistas tradicionais, mas a mestra que ocupa o assento em vestes completamente feitas de brocado é tudo menos tradicional. Alta e de olhos azuis, ela usa o chapéu vermelho pontudo da dakini sobre o cabelo liso louro-acinzentado, fazendo soar com confiança o sino e o tambor duplo. Lama Tsultrim Allione está prestes a dar a iniciação de Machig Labdron de *chöd*, ou "cortar". Enquanto Tsultrim realiza o ritual característico de Machig, ela nos lembra quem era essa extraordinária mística tibetana do século XI: uma das ioguines mais reverenciadas do Tibete.

A avó de três netos nascida no Maine em 1947 e Machig Labdron, a ioguine nascida no Tibete Central em 1055, não poderiam estar mais distantes no tempo e no espaço, mas são irmãs em espírito: alguns anos atrás, Tsultrim Allione foi reconhecida como uma emanação* de Machig.

Com um som lamentoso e sinistro, Tsultrim sopra habilmente o *kangling*, a flauta feita com um fêmur, e então confere as bênçãos da prática de Machig. Em uma reversão da sabedoria comum, o ritual chöd de Machig Labdron muda a lógica de como lidar com o que tememos. Machig nos instrui a nos abrirmos aos nossos inimigos internos, "a alimentar nossos demônios", em vez de fugir deles. Na definição de Machig, os demônios não são monstros sedentos de sangue, mas residem dentro de nós: "Os demônios são as nossas obsessões e medos, doenças crônicas ou problemas comuns como depressão, ansiedade e vício"[2], explica Tsultrim. "Eles são as forças contra as quais lutamos dentro de nós."[3] Paradoxalmente, abraçar os demônios enfraquece seu poder, e eles afrouxam suas garras. No templo, Tsultrim reitera a promessa de Machig: "Essa iniciação transforma todos os obstáculos no caminho da boa fortuna. O doente atinge a bem-aventurança por meio da doença. Condições adversas tornam-se companheiras de caminho. Um único 'devore-me, leve-me' é melhor do que mil 'proteja-me'."

O antigo ritual de iniciação termina com um bis contemporâneo deslumbrante, como que para provar que o Dharma finalmente chegou ao Ocidente com todo vigor. Uma bela e jovem aluna presta homenagem a outra heroína: Lady Gaga. Em instantes, duzentos alunos cantam em alta voz e batem palmas ao ritmo de *Born This Way* (Nascida assim), renovando habilmente as letras do ícone pop para se adequarem à ocasião:

> Nós vamos praticar
> Até que estejamos despertas!
> Não seja maldosa,
> Seja uma dakini!

---

* Uma emanação não é exatamente o mesmo que uma reencarnação, mas estudiosos e lamas dão respostas amplamente variadas sobre essa diferença. De maneira muito simples, a reencarnação se refere a um mestre realizado escolhendo renascer em um corpo humano, enquanto o termo emanação é usado em um sentido mais geral para indicar que a bênção de uma deidade ou de um mestre realizado penetrou a mente de outro ser.

UMA CELEBRAÇÃO DO FEMININO ILUMINADO

Tsultrim concede a iniciação em seu templo, Mandala de Tara, que ela chama de "um modelo da mente desperta, uma celebração do feminino iluminado". Uma mandala é uma representação simbólica de um mundo sagrado, na definição de Tsultrim "uma ferramenta de centramento primordial que mapeia a jornada de transformação da psique. A mandala faz a interface entre o mundo ainda a ser aperfeiçoado, ou as emoções difíceis, e a dimensão de luminosidade do mundo ideal sagrado."[4] Vinte e uma estátuas douradas de Tara estão assentadas em pedestais ao redor do octógono amarelo brilhante de 18 metros. Dakinis dançam sobre cada porta de entrada. Dragões finamente esculpidos se retorcem em torno de delicadas colunas vermelhas. Ainda assim, falta um objeto básico de qualquer templo budista: um Buddha masculino. Ela ri quando aponto a ausência de qualquer coisa masculina. "Eu sei! Se o Dalai Lama entrasse aqui, a primeira coisa que perguntaria seria: 'Onde está o Buddha?'." Por essa razão, ela encomendou mais uma estátua e o Buddha Shakyamuni está a caminho, vindo do Nepal.

Não consigo pensar em outra professora que tenha levado a ideia do "feminino iluminado" tão longe. "Essa tradição ainda é tão massivamente patriarcal que precisamos de uma mudança substancial", afirma com franqueza, em sua voz profunda e rouca. Antes de construir a Mandala de Tara, ela perguntou a muitas pessoas como deveria ser um templo dedicado ao feminino. "Todos sugeriram uma forma redonda. Não se constrói um templo quadrado para o feminino." Por razões pragmáticas de construção, o arquiteto lhe deu uma forma octogonal.

Na manhã seguinte à iniciação, às sete horas, ela sai comigo a pé para um passeio pelas terras. Sob um nascer do sol imaculado, Tsultrim Allione, seu filho Costanzo e vinte alunos desfilam na passagem abaixo de um pico na forma de seio. Por causa de sua forma, ela apelidou a montanha de "Ekajati", em homenagem à protetora irada dos ensinamentos da Grande Perfeição, com um seio e três olhos. "Dê cada passo com atenção!", ela instrui quando começa a subida íngreme. "Dedique cada passo a alguém que está doente ou precisa de ajuda!" Setecentos acres se desdobram em ondas verdes suaves e montanhosas ao nosso redor enquanto caminhamos. Não há uma trilha, e ela força a passagem morro acima, em meio ao mato e arbustos. Talvez esta seja uma imagem que combina com uma mulher que está abrindo um novo caminho para o Dharma no Ocidente.

Tsultrim Allione criou um oásis tibetano mágico, mas moderno, no meio do Colorado, no extremo sul das montanhas de San Juan, perto de Pagosa Springs. Com recursos escassos no início, ela conseguiu levantar seis milhões de dólares para construir um templo de mil e cem metros quadrados. Esculturas em madeira vindas do Butão, pinturas nepalesas, geomancia tibetana e ecotecnologia ocidental se misturam perfeitamente, criando uma celebração única de feminismo espiritual em três andares.

Como tantas coisas em sua vida, a terra "veio" a ela em uma visão, com o templo "descendo do céu de outono como um azul; e então, 'do azul', veio o resto do projeto". Tsultrim diz que reconheceu instantaneamente a terra de seus sonhos quando um corretor de imóveis a levou até lá. O templo vermelho se projeta no vale suave, enquanto ao norte um vasto prado verde em forma de tigela se curva como um útero. Este trecho específico da bacia do Colorado é considerado sagrado para os povos originários norte-americanos. Do pico mais alto da Mandala de Tara, avistamos um dos lugares mais sagrados para os indígenas, a Chimney Rock, uma rocha natural que se destaca verticalmente no céu. Desde o início, Tsultrim Allione convidava os nativos para suas cerimônias. "Sempre achei que, para estabelecer o Dharma nos Estados Unidos, precisávamos pedir permissão aos indígenas, porque são eles de fato os cuidadores da terra e conhecem as energias aqui."

De costas para o sol nascente, ela instrui o grupo a se sentar e ler em voz alta a poderosa oração de aspiração do Buddha primordial, Samantabhadra:

> Eu purificarei os oceanos de reinos;
> Liberarei os oceanos de seres sencientes;
> Compreenderei os oceanos do Dharma;
> Realizarei os oceanos de sabedoria.

UMA DAKINI COMO CHEFE

Depois de voltar da montanha, conversamos em seu minúsculo quarto amarelo brilhante no primeiro andar do templo, para onde ela se retira a maior parte do tempo, agora. Como ela explicaria o que significa ser reconhecida como uma emanação no século XXI? Lama Tsultrim reflete por um segundo, depois cai na gargalhada: "Ainda estou tentando descobrir isso. A meu ver, estou trabalhando para ela." Tsultrim define uma emanação como "um ser que vem ao mundo para promover essa linhagem de alguma forma, então Machig Labdron é minha chefe".

Durante um retiro em 2006, "Machig apareceu para mim em uma visão montando um leão branco", lembra Tsultrim. "Ela me transmitiu ensinamentos, e então falou, 'você tem que reunir minha linhagem e estabelecê-la aqui, na Mandala de Tara. É urgente', disse ela, com tanta intensidade, que quase saí do retiro." O encontro do sonho levou Tsultrim a visitar a caverna e o monastério em Zangri Kangmar no Tibete Central, em 2007, onde Machig Labdron viveu dos 37 anos até morrer na casa dos 90 anos[5]. Depois que Tsultrim e seu grupo se sentaram para praticar chöd no templo principal, o professor residente, Karma Nyiton Kunkhyab Chökyi Dorje Rinpoche, fez um anúncio inesperado. "Quero deixar claro para todos vocês, e não deve haver dúvida, que Tsultrim é uma emanação de Machig Labdron." O lama deu a Tsultrim alguns dos objetos de Machig, entre eles uma *purba** de cristal e a única *tsa tsa*** de suas cinzas que restava. Ele disse que sua missão era a mesma de Tsultrim — estabelecer a linhagem de Machig. "Machig, na verdade, tinha uma linhagem direta própria que se dispersou nas outras linhagens", explica Tsultrim. "Então, nós dois tentamos recuperar sua linhagem real e trazê-la de volta. Isso é o que eu já estava fazendo."

Enquanto Tsultrim ainda estava no Tibete, um mestre em Katmandu, que se concentrou nas práticas de Machig Labdron durante a maior parte de sua vida, teve uma visão. Machig Labdron apare-

---

* Uma adaga utilizada em rituais.

** As formas moldadas, em tibetano chamadas tsa tsas, são geralmente buddhas em miniatura feitos de argila. Frequentemente, as cinzas e ossos pulverizados de mestres falecidos e grandes praticantes são misturados com o barro.

ceu para o Lama Tsering Wangdu e profetizou que ela chegaria em três dias. Três dias depois, voltando do Tibete, Tsultrim chegou sem avisar. Este lama também escreveu uma carta de reconhecimento. A Lama Tsultrim pensa que o propósito dos reconhecimentos era "para que eu desenvolvesse confiança, porque tenho muita dificuldade em aceitar isso. Eu sabia das coisas, mas duvidava, e então me permiti saber o que já sabia, se é que isso faz sentido."

Para Tsultrim, o reconhecimento explicava a conexão com os ensinamentos de Machig que a acompanharam por toda a vida. Muito antes de ser reconhecida, em 1983, ela já havia traduzido a biografia de Machig da língua tibetana, abraçado e ensinado suas práticas, especialmente o chöd, e coletado todos os textos sobre Machig Labdron que pôde encontrar. A cerimônia de reconhecimento validou seus esforços. "Isso me permitiu confiar mais em minhas visões." Sendo uma emanação de Machig, de repente muitas mudanças inexplicáveis em sua vida fizeram sentido.

No século XI, apenas os ensinamentos vindos da terra natal do Buddha, a Índia, eram considerados autênticos. Ainda assim, em sua autobiografia, Machig afirmou que seus ensinamentos vinham do Tibete, não da Índia, provocando assim um intenso escrutínio. "Os estudiosos indianos ficaram muito desconfiados, e então três caminhantes velozes* da Índia vieram testar Machig", explica Tsultrim. "Eles não conseguiram derrotar Machig no debate e ficaram impressionados com seu insight pessoal dos ensinamentos budistas e da história deles. Então, Machig os levou até o cadáver de sua vida anterior na Índia, que permanecera intacto em uma caverna. Ela previu que relíquias específicas emergiriam quando o cadáver fosse queimado, como cinco buddhas no crânio e um relevo da Grande Mãe, Prajnaparamita, na clavícula e assim por diante. Depois que os estudiosos voltaram para a Índia, tudo ocorreu como ela havia previsto e todas as dúvidas foram resolvidas."

A história de vida de Machig já começa com um milagre. Ela começou no corpo de um homem que transferiu sua consciência

---

* Diz-se que os iogues realizados dominaram a arte de caminhar em uma velocidade extremamente alta. Assim, há relatos de que eles realizavam a viagem da Índia ao Tibete, que normalmente levava meses, em poucos dias.

Tsultrim Allione durante uma alegre celebração com seus alunos na Mandala de Tara, no Colorado. A foto é cortesia da Mandala de Tara.

para a figura feminina de Machig. "Para entender esse tipo de história, devemos abrir mão do nosso referencial ocidental que limita as nossas ideias do que é possível e do que é impossível", escreve Tsultrim Allione no prólogo de sua tradução da biografia de Machig. "Em níveis mais elevados de desenvolvimento espiritual, o mundo material pode ser manipulado pela consciência e muitas coisas se tornam possíveis."[6]

Mil anos depois, Tsultrim Allione também nos pede que acreditemos em desenvolvimentos fora do comum. Tsultrim também foi criticada por escrever suas próprias práticas e passá-las para seus alunos, estabelecendo assim novos aspectos para esta velha linhagem em um novo país — um esforço quase inédito para uma mulher ocidental. Como Machig, ela era monja, mas devolveu os votos aos vinte anos. Como Machig, ela tem três filhos. Como Machig, ela sentiu a necessidade de voltar à prática intensiva quando seus filhos deixaram as fraldas. Como Machig, ela adaptou os ensinamentos ao país onde nasceu.

UMA FAMÍLIA DE AVENTUREIROS

Tsultrim Allione sempre foi uma visionária e se deixou guiar por sonhos e intuição — uma característica que ela acredita ter trazido junto com sua história familiar. "Meus ancestrais eram videntes e visionários. Eles viviam na montanha de Tara, na Irlanda, que era sagrada para a religião pagã pré-cristã, antes de se mudarem para a Escócia e continuarem a ser videntes e advogados por lá."

Seu avô tinha estado no Tibete décadas antes, viajando para o Himalaia vindo de Darjeeling. "Temos uma história familiar de aventura. Minha mãe atravessou o sul da Rússia a pé aos dezenove anos, com apenas um amigo, e tirou sua licença de pilota alguns anos depois." Quando não estava explorando o mundo fisicamente, seus avós a testavam intelectualmente. Ambos obtiveram doutorado em filosofia. Seu avô ensinou em Harvard e sua avó, em Smith e Mount Holyoke (ambos faculdades ou *colleges* nos EUA) depois de obter seu PhD em Harvard, em uma época em que isso era extremamente incomum para uma mulher. A mesma avó dera a Joan Rousmanière Ewing, como era conhecida Tsultrim na época, seu primeiro livro budista sobre poesia zen, quando ela tinha quinze anos.

Seus pais eram unitaristas liberais. Seu pai publicava pequenos jornais independentes no Maine e depois em New Hampshire. Tsultrim o descreve como "um pai muito bom, muito presente, muito protetor. Ele não era muito próximo emocionalmente, mas estava sempre presente." Considerando esse histórico, "não era tão estranho para minha família eu ter ido para a Índia", diz Tsultrim, "mas me tornar budista era diferente".

Aos dezenove anos, Joan Rousmanière Ewing viajou para Calcutá com sua melhor amiga, Victress Hitchcock. Os pais de Victress eram do corpo diplomático, seu pai era o cônsul geral de Calcutá e havia providenciado para que as adolescentes fossem voluntárias no orfanato de Madre Teresa, na esperança "de que isso tirasse as fantasias do 'Oriente místico' de nossas cabeças", diz Tsultrim. Mas aconteceu o oposto quando os pais enviaram as meninas para ajudar refugiados tibetanos em Katmandu. "Assim que conheci os tibetanos, em 1967, senti como se realmente estivesse voltando para casa. Foi um sentimento muito intenso, um anseio real que eu não sabia que tinha até conhecê-los."

Certa manhã, uma família nepalesa que ela visitou a levou ao telhado da casa. À distância, ela viu um globo branco e brilhante em uma colina pontuda, como uma ilha: Swayambhunath, um dos locais de culto mais antigos do Nepal. Ela ficou instantaneamente hipnotizada. Quando subiu pela primeira vez os 365 degraus íngremes do templo, ela sentiu que sua vida "havia mudado completamente".

Ela se mudou para uma pequena cabana na colina vizinha para se juntar ao ritmo dos peregrinos tibetanos, desde suas rondas matinais até seus cânticos ao pôr do sol. Com mais porcos e vacas na rua do que carros, a disponibilidade esporádica de eletricidade e um fluxo interminável de peregrinos, ela se sentia como se tivesse viajado em uma máquina do tempo. "Parte de mim, que até então permanecia vazia, estava sendo preenchida", diz ela, descrevendo a experiência em *Women of Wisdom* (Mulheres sábias). "Uma sensação alegre de estar nas bênçãos, que eram quase tangivelmente presentes, começou a tomar conta de mim."[7] Ela ficou por alguns meses, pegou carona pela Índia e conheceu o Dalai Lama, antes que seus pais acenassem com uma passagem de avião para voltar a New Hampshire. Ela obedeceu, mas se sentia infeliz quando tentou voltar para a escola. Embora sua família tivesse a mente aberta, eles eram muito céticos sobre seu novo caminho. Refletindo sobre sua irmã mais velha e um irmão mais novo, Tsultrim diz: "Não somos muito próximos. Minha jornada era muito estranha para eles."

TORNANDO-SE TSULTRIM

Em busca de maneiras de manter sua recém-descoberta conexão com os tibetanos, ela continuou a recitar os mantras que aprendera no Nepal e viajou para o centro de Chögyam Trungpa na Escócia, o Samye Ling. Ele estava se recuperando de um acidente de carro e quase não dava ensinamentos, então ela aproveitou a chance de pegar um ônibus de Londres para Katmandu. "Naquela época, era possível viajar por terra, através da Turquia, Iraque, Irã, Afeganistão, Paquistão, para a Índia e, depois, para o Nepal —

imagine isso hoje!", ela sorri. Antes de partir, Trungpa lhe deu uma cópia de uma prática que ele havia escrito, a "Sadhana de todos os siddhis", e, durante a viagem de ônibus empoeirada de seis semanas, ela leu a sadhana continuamente.

Auspiciosamente, sua chegada ao templo Swayambhunath, em Katmandu, coincidiu com a visita de um dos professores mais reverenciados do Tibete, o Décimo Sexto Karmapa. "Comecei a ficar muito agitada", diz Tsultrim. "Eu não conseguia dormir e nem comer muito. Sentia que havia algo que eu deveria fazer, mas não sabia o que era." De repente, uma linha da sadhana de Trungpa falou fortemente com ela:

A única oferenda que posso fazer é seguir seu exemplo.

Visto que a prática prestava homenagem ao Karmapa, que morava ao lado em Swayambhunath, e ele era um monge, Joan Ewing interpretou isso como um sinal claro de que ela também deveria se tornar monja. Sem perder tempo, foi diretamente ao monastério, ofereceu flores ao Karmapa e disse-lhe que queria ser monja. Ele riu e, de acordo com Tsultrim, mais tarde admitiu que a tinha visto na multidão antes e já havia dito a seu assistente que aquela mulher ocidental se tornaria monja. "Eu era impetuosa", diz ela. "Sempre fiz as coisas sem pensar muito. Eu nem sabia o que era um budista, e nem tinha tomado refúgio quando me tornei monja."

Algumas poucas semanas depois, em janeiro de 1970, o Karmapa ordenou Joan Rousmanière Ewing em Bodhgaya, na Índia, e lhe deu o nome de Karma Tsultrim Chödron, a "Lâmpada da Disciplina dos Ensinamentos". Embora sua família mal pudesse entender a rápida transformação da filha, Tsultrim estava no piloto automático espiritual. O Karmapa disse que ela havia sido sua discípula em uma vida anterior. Tsultrim mudou-se para um quarto tão pequeno que conseguia tocar as quatro paredes sentada em sua cama. Já que o quarto ficava bem ao lado do templo Swayambhunath, era a plataforma de lançamento perfeita para ela embarcar em um caminho de estudo sério e em um retiro. Ela vê o tempo que passou como monja como uma "experiência inestimável. É importante que as mulheres tenham a experiência de viver uma existência 'virgem': uma donzela só, completa em si mesma, sem pertencer a nenhum homem."[8]

Ela já sonhava em estabelecer um centro de retiros nos Estados Unidos. Enquanto fazia suas prostrações e recitava os mantras tradicionais, sua mente estava reconhecidamente "obcecada" em projetar um centro de Dharma no Ocidente, onde os ocidentais pudessem encontrar a mesma solidão do Himalaia. Mas quando ela finalmente voltou para a América, depois de alguns anos, para ver sua família em New Hampshire, a cultura dos anos setenta não recebia bem uma garota de cabeça raspada e usando um manto estrangeiro. "Quando voltei, minha família ficou muito nervosa, porque eles moravam em uma cidade pequena." Ela talvez fosse a única monja budista tibetana nos Estados Unidos, na época. Atraindo curiosidade e comentários, os mantos tornaram-se "mais um obstáculo do que uma bênção. Para mim, o objetivo dos mantos era simplificar a aparência externa de uma pessoa para que pudesse se concentrar no desenvolvimento interno, mas, ainda assim, a novidade dos mantos tibetanos em seu país parecia ter o efeito oposto."[9] Ela quase morreu de hepatite no Nepal logo após sua ordenação e estava relutante em voltar para uma cabana sem aquecimento e sem água corrente. Mas não conseguia se imaginar mantendo os votos em meio ao "cenário maluco em torno de Trungpa Rinpoche" em Vermont e Boulder, onde ela acabou ficando. Além disso, era jovem e bonita, mesmo com a cabeça raspada. "Eu tinha apenas vinte e dois anos na época da minha ordenação", diz ela. "Não era madura o suficiente para resistir a ser arrastada quando me apaixonei."[10]

"COZINHANDO NO CALDEIRÃO DA MATERNIDADE"

Depois de um ano que Tsultrim devolveu seus votos, deixou de ser monja e passou a ser mãe casada, passou do silêncio das orações matinais à amamentação de sua filha, de uma rotina de meditação bastante rígida a não ter tempo para si. Nove meses após o nascimento de sua primeira filha, Sherab, ela deu à luz seu segundo filho, Aloka. A mudança radical de vida levou Tsultrim a questionar: como exatamente a maternidade se encaixa no budismo? Quando olhou para as histórias de vida dos grandes santos de sua linhagem, quase todos eram homens, e as poucas mulheres haviam abandonado seus filhos ou eram monjas celibatárias. "Não havia modelos para as mulheres em minha posição, nem histórias a serem seguidas", diz ela. "Parecia que, por causa da minha escolha de devolver meus mantos, eu havia perdido o meu caminho."

Em vez disso, tentou fazer da maternidade o seu caminho, tomando a maternidade como um treinamento para o altruísmo, com seus filhos revelando seu apego por si mesma quando ansiava pelo conforto do silêncio. "Enquanto cozinhava no caldeirão da maternidade, o amor incrível que sentia por meus filhos abriu meu coração e me trouxe uma compreensão muito maior do amor universal. Isso me fez entender o sofrimento do mundo de uma forma muito mais profunda. Esse tem sido um importante fio condutor para mim, tanto como praticante quanto como ser humano."[11]

Na mesma época, Trungpa Rinpoche a autorizou a dar ensinamentos, e ela começou a ensinar na Universidade Naropa e na comunidade budista em Boulder, no Colorado. Uma foto em preto e branco dela sorrindo ao lado de Allen Ginsberg em uma mesa da cozinha está afixada do lado de fora de seu quarto no templo Mandala de Tara, trazendo as lembranças dos anos em que era a instrutora de meditação do poeta beat. A vida comunitária em Boulder provou ser inspiradora e desafiadora. "Embora eu gostasse de viver em uma comunidade budista, passados vários anos me senti infeliz com a organização patriarcal, hierárquica e estruturada de lá."[12]

UMA ESPIRAL DESCENDENTE DE DEPRESSÃO

Allen Ginsberg a apresentou a um cineasta italiano, Costanzo Allione, que estava no Colorado para fazer um filme sobre o poeta. Em um ano, Tsultrim entrou em seu segundo casamento, mudou-se para Roma e engravidou dos gêmeos Costanzo e Chiara. Incapaz de falar a língua local, sentindo-se desligada de suas raízes espirituais em sua remota fazenda na Itália, ela e seu marido logo tiveram que lidar com problemas matrimoniais que, às vezes, explodiam em violência doméstica. Depois de uma gravidez difícil e uma experiência traumática no hospital com os bebês prematuros, a morte súbita de

Chiara aos dois meses e meio a empurrou para uma espiral descendente de depressão e tristeza. "Não é como se alguém tivesse todas essas belas revelações, e tudo é fácil", ela admite agora, três décadas depois. "Passei por provações muito difíceis."

Chiara significa "clareza" em italiano, e clareza era do que Tsultrim Allione mais sentia falta. Após a morte de sua filha, a partir "daquele momento de extrema queda, confusão, perda e tristeza, comecei a me sentir retomando a relação com o sagrado feminino"[13]. Ela diz: "Não sinto que minha busca pelo meu caminho como mulher entra em conflito com práticas que eu fiz antes, mas, pelo contrário, traz outros tipos de consciência. Percebo agora que, para mim, a espiritualidade está ligada a uma parte delicada, lúdica e espaçosa de mim mesma, que se fecha em situações excessivamente disciplinadas."[14]

Mais do que nunca, Tsultrim estava desesperada por orientação. "Eu precisava recorrer a professores, histórias, *qualquer coisa* que me guiasse. Eu era mãe em tempo integral de manhã até a meia-noite. Eu não conseguia ver nada à minha frente a não ser uma vida cheia de bebês, fadiga e solidão. Como uma praticante séria, eu não sabia para onde ir."[15] Quando não encontrou conforto nos textos ou ensinamentos tradicionais, ela tomou uma decisão: "Muito bem, eu tenho que criar isso para mim e para todas as mulheres em uma situação semelhante."[16]

PROCURANDO POR UMA MÃE ESPIRITUAL

Buscando histórias de vida de mulheres budistas do passado, ela ansiava por descobrir "algum fio que me ajudasse na vida que eu tinha — que era, é claro, muito diferente das vidas das antigas ioguines e, mesmo assim, senti que suas histórias começariam a me alimentar".[17] Ela estava procurando "uma mãe espiritual, um modelo", para beneficiar sua vida e desenvolver um plano para outras pessoas.

Machig significa literalmente "uma mãe" e Tsultrim a "conheceu" no ano seguinte. Durante um retiro na Califórnia, seu professor, Namkhai Norbu Rinpoche, ensinou chöd. Ele invocou a presença de Machig Labdron como descrita no texto: uma dakini branca de dezesseis anos dançando. Certa noite, Namkhai Norbu

Rinpoche repetiu a invocação por horas, bem além da meia-noite. "Naquela noite, de repente, tive a experiência de outra forma feminina emergindo da escuridão, de um cemitério." Tsultrim não a via como uma adolescente jovem, mas como uma velha: "Ela tinha seios longos que balançavam e que tinham alimentado bebês. Seu cabelo grisalho era longo, e ela olhava para mim de uma maneira incrivelmente intensa, com imensa compaixão em seus olhos. Foi como um convite e, ao mesmo tempo, um desafio. Fiquei chocada, pois não era aquilo que eu deveria estar vendo, mas lá estava ela, e chegou muito perto de mim."

Depois de ir para a cama, ela sonhou em voltar para a "sua" montanha, Swayambhunath, no Nepal. Os sonhos se repetiram nas noites seguintes e carregavam um imenso sentimento de urgência. Tsultrim finalmente percebeu que aquilo provavelmente era "não apenas uma metáfora sobre retornar ao meu centro de alguma forma, mas que eu realmente tinha que voltar para lá".

Voltar para Swayambhunath não foi fácil, uma guerra civil assolava o Nepal, e ela estava cuidando de seus três filhos pequenos. Acabou indo sozinha, deixando os filhos com o marido. Subindo as escadas íngremes para Swayambhunath outra vez, ela encontrou seu velho amigo monge que esperava por ela. Quando lhe contou sobre sua busca por histórias de mulheres, ele voltou alegremente com um enorme volume de folhas tibetanas soltas, embrulhadas em um pano laranja — a biografia de Machig Labdron. Traduzindo a obra junto com o monge, ela lançou as bases para seu best-seller *Women of Wisdom* (Mulheres sábias), biografias de seis mulheres místicas tibetanas. A pesquisa a conectou com os modelos de comportamento pelos quais ansiava, mas também com um quadro mais amplo: "Quando encontrei as dakinis, encontrei um ponto de acesso para o feminino iluminado e empoderado."[18]

Ela descreve as dakinis como tendo "uma qualidade lúdica, que expressa a vacuidade. Essa qualidade feminina de sedução e brincadeira deixa a pessoa insegura e ainda assim aberta, e lhe puxa o tapete sob os pés. Essas dakinis corporificam e estimulam a poderosa energia transformadora ativa do feminino." Como era apropriado, elas apareceram quando Tsultrim estava em sua pior fase. "As dakinis tendem a nos forçar a atravessar os bloqueios", diz.

"Elas tendem a aparecer durante os momentos de transição, quando não sabemos o que fazer a seguir. As dakinis removerão o bloqueio. Às vezes, essa energia precisa ser forte, então, surge a dakini irada. As dakinis também aparecem tradicionalmente quando você está entre os mundos, entre a vida e a morte, entre o sono e a vigília. No crepúsculo. Na verdade, a linguagem das dakinis é chamada de linguagem do crepúsculo."[19]

Tsultrim é guiada por Machig de uma forma muito íntima, recebendo práticas diretamente de visões. Tsultrim logo se apoiou em Machig como sua guia principal. Ela refletiu profundamente sobre como tornar os ensinamentos de Machig relevantes para o público ocidental moderno. A prática do cortar a ajudou a abrir mão quando seu casamento fracassado com Allione se transformou em uma violenta batalha pela custódia do bebê Costanzo. Ela também aprendeu a receita de Machig para lidar com a dor: abraçá-la. "Eu decidi, não vou tentar ser corajosa e não sentir a dor, ou não chorar. Intuitivamente, sentia que suprimir meus sentimentos seria ruim para minha saúde. As emoções seriam internalizadas, e algo iria rachar dentro do meu corpo."[20]

Tsultrim Allione combina psicologia ocidental com rituais tibetanos tradicionais. Ela acha que o trabalho psicológico é útil para evitar que questões emocionais que podem não ser tratadas com mantras e visualização de deidades sejam suprimidas ou ignoradas. Em *Feeding Your Demons* (Alimentando seus deuses e demônios), sua reinterpretação do chöd, ela incorpora seu conhecimento da psicanálise junguiana. Com um processo simples de cinco etapas para lidar com inimigos como vício, abuso ou depressão, ela tenta tornar a prática antiga acessível até mesmo para os não budistas modernos.

Os textos de prática de Tsultrim são despojados das elaborações encontradas em muitos originais tibetanos. "Eles são quase esqueléticos", diz ela, "porque a natureza da mente é a chave para os praticantes ocidentais". Ela chama seus textos de prática de "um tipo de revelação, mas eu não gostaria de exagerar muito sobre isso. Eles vieram de minha vasta experiência com a prática, intuindo como transmitir isso no Ocidente. Machig também escreveu suas práticas a partir de sua experiência de meditação."

"SEXO SAGRADO AUTÊNTICO"

Mais ou menos na mesma época em que abraçou o "feminino iluminado", Tsultrim se posicionou contra o abuso sexual cometido por alguns lamas. "Aquilo foi muito difícil. Não era popular, nem mesmo entre as chamadas feministas budistas", lembra ela, "por isso fui muito criticada também. Mas, eticamente, eu não poderia apenas me sentar e assistir."

Tsultrim Allione faz uma distinção entre "sexo sagrado autêntico", onde a realização da sabedoria é compartilhada com um parceiro igualmente poderoso, e "aquela coisa obscura que não é realmente benéfica ou onde talvez haja uma enorme diferença de poder, quando alguém é apenas usado e depois jogado fora." Tsultrim adverte que "não é automaticamente ruim quando um professor faz sexo com um aluno, realmente depende". Como a energia sexual "é uma coisa linda, um encontro poderoso", ela deseja que os ensinamentos sobre relacionamentos sexuais tântricos autênticos na tradição tibetana sejam menos secretos. "Acho que poderia ser um desenvolvimento interessante, porque todo mundo faz sexo, e é uma experiência poderosa para trazer o caminho para isso." Ela gostaria de ver "mais energia iluminada em torno do tema. Vamos trazê-lo abertamente, deixar as pessoas serem treinadas e elevar a experiência para uma prática de não dualidade e liberação por meio dos sentidos."

CURANDO O CÂNCER

No sofá-cama de seu quarto, ela senta sob um pergaminho tibetano que representa o Buddha da Medicina azul. Nos últimos anos, desenvolveu uma reputação de curandeira. Quando estava em um retiro de um ano, há vários anos, contraiu uma infecção pulmonar que não curava. Enquanto caminhava pela floresta, ela "viu" as ervas que a ajudariam e passou a "se comunicar" com as plantas. Fez chás e tinturas para si mesma e, de forma certeira, beber a mistura curou sua doença. Quando saiu desse mesmo retiro, um vizinho foi diagnosticado com câncer terminal. Determinado a enfrentar a morte com calma, ele se recusou a seguir o conselho de seu médico para cirurgia e quimioterapia. Mais uma vez, Tsultrim "viu" as ervas que o ajudariam. Depois de três meses, ele parou no caminho de volta da clínica para agradecê-la: seus médicos não conseguiram mais encontrar vestígios do câncer. Desde então, a Mandala de Tara desenvolveu um programa completo de remédios à base de ervas. Na mitologia tradicional, a terra de Tara tem propriedades curativas. Ann Hackney, uma fitoterapeuta em tempo integral, passa a maior parte de seus dias explorando a vasta terra em busca de ervas medicinais, como raízes de bálsamo, bardana, verbasco, trevo vermelho, bérberis ou dente-de-leão, e depois as destila na longa fileira de frascos de vidro que revestem a entrada de seu escritório. A fórmula contra o câncer, Contra-Can, desde então se tornou o produto à base de plantas de maior sucesso da Mandala de Tara.

ENCONTRANDO O DEMÔNIO DA MORTE

Embora os últimos anos tenham sido um tempo de fruição — o templo terminado, a pintura pronta, uma forte comunidade estabelecida —, a mulher que era mais famosa por alimentar seus demônios agora teve que encontrar seu maior demônio. Embora ainda irradiasse aquela presença magnética que atrai milhares de alunos, ela parecia visivelmente frágil por baixo de tudo aquilo. Seus olhos lacrimejam quando ela revisita os eventos que ficaram para trás há tão pouco tempo. Inesperadamente, ela teve outro encontro com um dos demônios mais intransigentes de todos: a morte. Em uma bela manhã de verão, em julho de 2010, encontrou seu marido, com quem era casada há vinte e dois anos, imóvel em sua cama. Na noite anterior, ele estava dançando; agora estava morto, depois de um ataque cardíaco que cortou sua força vital durante o sono.

"Ainda estou sofrendo com aquele choque", admite. Ela deve ter dado ensinamentos sobre a impermanência inúmeras vezes, mas trinta e um anos após a morte de seu bebê, a morte inesperada de outra pessoa muito amada testou suas forças mais uma vez. "Todos nós já ouvimos milhares de vezes que realmente não sabemos quando a morte vai chegar, mas ainda assim é chocante."

Aos cinquenta e cinco anos, David Petit estava no auge de sua vida, "um homem que parecia um leão" com uma juba cinza esvoaçante na altura dos ombros. Ele combinava a graciosidade de um dançarino profissional com a criatividade de um pintor abstrato, a coragem de um cavaleiro audacioso com a suavidade de um praticante Dzogchen realizado. Tsultrim o descreve como "selvagem, graças à porção do nativo americano que havia nele. Ele adorava dançar, festejar, rir, beber um bom vinho e era um iogue Dzogchen avançado, muito mais avançado do que a maioria das pessoas sabia até sua morte. Ele podia fazer *qualquer coisa*." Quase todos os funcionários da Mandala de Tara têm suas próprias histórias de como quase morreram quando foram cavalgar com David, saltando de penhascos e galopando por aquela terra praticamente intocada. "Protetor" é a palavra que Tsultrim acha que o descreve melhor. Ele cuidava dela, de sua visão, da terra. "Ele tinha o poder de se comunicar com os animais selvagens, mantinha os ursos à distância", diz a nora de Allione, Cady Allione. "Era um mistério. Ele também era o único que conseguia enfrentar a Lama Tsultrim e provocá-la."

Tsultrim Allione havia encontrado seu par em 1989, quando o amor compartilhado dela e de David pelos rituais dos índios americanos os uniu na tenda da sauna sagrada de um amigo em comum. Como o mantenedor do fogo, David levou as pedras quentes. "Assim que nos encontramos, aconteceu", diz Tsultrim. "Estivemos juntos desde aquele momento." Na verdade, David ouvira o nome de Tsultrim pela primeira vez na escola onde ensinava teatro e dança para suas filhas. "Quando ele ouviu o meu nome, os pelos de seu corpo se arrepiaram, e ele nunca havia passado por aquela experiência antes. Quando finalmente me conheceu, estava muito nervoso, às vezes até fugia. Ele sabia que seu destino estava chegando." Tsultrim ri enquanto conta a história. Eles se tratavam como velhos companheiros de alma se reconectando nesta vida e, embora fosse cristão quando se conheceram, ele logo reconheceu Tsultrim como sua professora, estudou com muitos mestres tibetanos e aos poucos realizou práticas avançadas do Dzogchen.

Quando David e Tsultrim se mudaram para as colinas desertas no sudoeste do Estado do Colorado, em 1993, com alguns alunos, havia apenas a terra: não havia prédios, nem água corrente, nem eletricidade. "Havia competições para ver quem passava mais tempo sem tomar banho", brinca a diretora-geral Cady Allione.

Morando em tendas no início, Tsultrim diz, "pudemos conhecer a terra. Convidamos os anciões nativos para nos ensinar sobre a geografia sagrada da região. Eu não poderia ter feito isso sem o David. Ele foi a chave em cada etapa do caminho."

David Petit ajudou a realizar o sonho de Tsultrim de uma "manifestação física da iluminação feminina" em adobe e pedra, cor mineral e esculturas em madeira. "Lama Tsultrim tinha a sabedoria e a visão", diz seu filho, Costanzo, "mas, sem David, aquilo nunca teria se manifestado, sem qualquer dúvida. Por mais que haja o feminino iluminado, tem que haver o masculino iluminado. Um não pode existir sem o outro. Ambos são necessários."

Costanzo, 31 anos de idade, é o único dos três filhos de Tsultrim que abraçou o budismo como caminho de tempo integral. Poucas horas depois da morte de David, Costanzo deixou abruptamente seu retiro em um eremitério no Tibete, do outro lado do mundo. Ele ligou para a mãe do Himalaia, garantindo-lhe: "Mãe, serei o homem da casa. David estava me preparando para isso há anos. Eu posso fazer isso." Viajando a uma velocidade vertiginosa sobre estradas traiçoeiras e escorregadias pela chuva, Costanzo chegou logo após a cremação. Ele agora apoia sua mãe no gerenciamento da Mandala de Tara, cuidando da manutenção e dando aulas de meditação.

UMA PASSAGEM DE LUTO PELO TIBETE

Após a morte de David, Lama Tsultrim não suportou ficar no refúgio que haviam construído juntos. David estava em toda parte, mas em lugar nenhum. Esperando que sua dor intensa desaparecesse no vasto espaço do planalto tibetano, ela fez as malas e partiu para o Himalaia por seis meses. Dessa vez, foi sozinha, buscando consolo em uma peregrinação a lugares remotos familiares, uma passagem externa para ajudá-la com a passagem interna do luto. Ela carregava uma pequena tsa tsa das cinzas de David junto ao coração. No inverno, poucos turistas viajam pelo planalto tibetano porque o frio cortante é desumano, mas essa é a alta temporada para os resistentes peregrinos locais. "Aquilo foi muito poderoso. Conheci Dodasel Wangmo, que é a última detentora da família na linhagem Dzinpa Rangdrol que estamos estabelecendo aqui." Aos 83 anos, ela ainda

Tsultrim Allione visitando o templo de Machig Labdron em Zangri Kangmar no Tibete Central, em 2007, onde foi reconhecida como uma emanação. Foto cedida pela Mandala de Tara.

trabalha como médica. Tsultrim passou seis semanas com ela e seus discípulos, aprendendo as melodias antigas para sua prática de chöd favorita, recebendo transmissões e entrevistando as pessoas ao seu redor. Antes de partir, a mestra anciã da linhagem concedeu a Tsultrim a responsabilidade sobre toda a linhagem — uma ocasião muito rara. "O Lama que nos levou até lá disse que estava com ela há trinta anos e que nunca a viu fazer isso. Ele próprio nunca recebeu essa designação", comenta Tsultrim. "Nós nem estávamos entendendo o que estava acontecendo. Ela simplesmente puxou este livro da prateleira de cima e me entregou, e o Lama disse depois, 'você não vai acreditar no que acabou de acontecer.'"

SURFANDO NAS ONDAS DO SOFRIMENTO

Desde seu retorno do Tibete e da Índia, ela está aos poucos assumindo novamente suas responsabilidades como professora. Quando Chagdud Khadro, uma de suas melhores amigas, a visitou, sugeriu que Tsultrim começasse a ensinar outra vez, compartilhando como ela lidava com a dor. No primeiro ensinamento de Lama Tsultrim desde a morte de David, Chagdud Khadro ofereceu-lhe o tradicional lenço branco de seda e depois se sentou na frente, dentro do templo, próxima do trono de Lama Tsultrim, enquanto Tsultrim buscava as palavras certas. "O luto realmente me lembra muito o nascimento, o trabalho de parto. Quando você está em trabalho de parto, está sujeita a algo além do seu controle e tem que se submeter a isso." Tsultrim Allione pega um copo de água para acalmar sua voz rouca, antes de falar sobre seu "oceano" de dor. "Estou surfando", diz ela. "Não estou tentando parar as ondas, porque sei que não posso pará-las. Eu as sinto chegando, então, muito bem, será que eu vou conseguir subir na minha prancha e surfá-las? Ou vou cair? Ambas as coisas acontecem, porque cada onda é diferente."

A mulher que ganhou muitos seguidores ensinando a prática tibetana do chöd agora tem que superar sua própria dor, que, como ela admite, a está consumindo. "É realmente um princípio da prática do chöd abrir-se para aquilo que o devora. Aquilo que te devora torna-se aquilo que é capaz de curar."

O que mais a ajudou logo após a morte de David foram as letras de uma canção tradicional, e ela canta baixinho, com a melodia antiga:

Se sinto tristeza, estou feliz
Porque eu recebo a tristeza de todos.
Que o oceano samsárico do sofrimento
Seja completamente esvaziado.

O verso fala a Tsultrim "tão completamente, porque eu estava sentindo tristeza e aquela canção me dizia o que fazer com aquilo. Eu convidei a tristeza para dentro de mim." Como havia ensinado centenas de vezes, ela removeu toda a tristeza de todas as mulheres que haviam perdido seus amados, expandiu a abertura para todos os homens que haviam perdido suas amadas e gradualmente se voltou para todas as tristezas do mundo.

"O luto é muito autocentrado, de certa forma", ela admite. "Você fica meio perdida, colapsada por dentro. Quando toma o sofrimento dos outros, precisa abrir seu coração para todas as outras pessoas que estão sentindo o mesmo que você." Sua voz falha ao dizer essas palavras no templo, e ela não enxuga as lágrimas que rolam por sua bochecha. "É paradoxal", admite ela. "Você acha que se tomar o sofrimento deles e juntar ao meu vai ficar insuportável, porque já está insuportável, como vou aguentar mais do que já sinto? O paradoxo é que isso leva embora a dor. Na verdade, é impossível suportar a tristeza de todos se houver um eu. Para isso, você precisa deixar de lado o apego a si mesmo e perceber que sua verdadeira natureza é incrivelmente vasta, completamente perfeita, lúcida e compassiva. Pode acomodar tudo."

Ao fim do ensinamento, ela se lembra de como Machig uma vez ficou nua durante uma iniciação. "Se você conhece as mulheres tibetanas, sabe que isso é uma questão muito maior do que seria na Califórnia", brinca Tsultrim, e, em seguida, relata a lição sobre aprender com esse comportamento não convencional: "Não há nada real ao que se agarrar. Apenas solte, quem se importa? Quem estamos protegendo, afinal?"

Ela agora é capaz de reconhecer todas as coisas boas de sua vida, os vinte e dois anos com um marido amoroso, seus três filhos e três netos, a realização de muitas aspirações. "David nunca deixou este lugar, ele morreu aqui e foi cremado aqui", diz Tsultrim, apontando para as colinas circundantes pela janela de sua minúscula cabine no templo. "Nesse sentido, foi perfeito. O trabalho dele aqui foi concluído." O trabalho dela deve continuar.

Quarenta e dois anos depois de ter conhecido e sido ordenada pelo Décimo Sexto Karmapa, seu sucessor atendeu a um pedido histórico de Tsultrim Allione: pela primeira vez, o Décimo Sétimo Karmapa, Ogyen Trinley Dorje, concedeu a iniciação da prática do coração de Tsultrim, o chöd. "Os Karmapas mantêm uma conexão estreita com esta prática", disse o jovem Karmapa naquela ocasião, em outubro de 2012, em um templo lotado perto de Dharamsala, na Índia. "Eu mesmo sinto um vínculo profundo com esses ensinamentos vindos de Machig Labdrön. Ela é a personificação perfeita de sabedoria e compaixão e inspirou praticantes budistas por muitos séculos." Com Tsultrim Allione, Jetsunma Tenzin Palmo e muitas alunas em fila, uma a uma se aproximavam, com lenços auspiciosos e tigelas cheias de oferendas, e o Karmapa continuou a elogiar a dedicação de Tsultrim diante de um público em sua maior parte feminino de mais de mil alunos. "Ela tem feito um trabalho maravilhoso para preservar e manter a continuidade dos ensinamentos e da prática do chöd", ele reconheceu, "e ela tem uma motivação muito pura de coração para fazer isso, pelo que me regozijo profundamente". O Karmapa enfatizou especificamente o quão satisfeito ele estava em "oferecer esse encorajamento e apoio às mulheres praticantes de toda a região do Himalaia e do mundo".

E, assim, outro elemento da história de vida de Machig se repetiu no século XXI: Lama Tsultrim ganhou o apoio do líder de sua linhagem.

Khandro Tsering Chödron na França.
Foto de Graham Price. ©Graham Price.

12: Khandro Tsering Chödron

A RAINHA DAS DAKINIS

Uma homenagem a uma mestra oculta que ensinou por meio de sua pura presença, beleza e exemplo e que viveu alguns dos períodos mais dramáticos da história tibetana.

Quando Dzongsar Khyentse Rinpoche acendeu a tocha para dar início ao elaborado puja do fogo, ele marcou o fim não apenas da vida de uma mulher, mas de uma era. Milhares de pessoas se reuniram do lado de fora do Lerab Ling, o magnífico templo de três andares no sul da França, que foi o último lar de Khandro Tsering Chödron. Devotos de lugares distantes como o Butão e o Sikkim, seguindo os ritos funerários por transmissão ao vivo nas telas, disseram adeus a uma das últimas dakinis que viveu no Tibete pré-comunista. Em sua homenagem, centenas de milhares de lamparinas de manteiga foram acesas em locais sagrados como Bodhgaya e em sua terra natal, o Tibete. Centenas de monges em todas as regiões do Himalaia praticaram intensamente nos três meses seguintes à sua morte, em maio de 2011, não porque Khandro Tsering Chödron precisasse das orações, mas porque a morte de uma praticante altamente realizada marca uma passagem para seus seguidores também.

O nome Khandro Tsering Chödron significa literalmente "Lâmpada da Dakini dos Ensinamentos e da Longa Vida". Esposa de Jamyang Khyentse Chökyi Lodrö, um dos mestres mais eminentes do século XX, ela era universalmente considerada uma das praticantes budistas supremamente realizadas de nosso tempo. Os tibetanos a chamavam de "mestra oculta" porque durante toda a vida ela se recusou a ensinar com palavras, mas ensinava por meio de sua simples presença, beleza e exemplo. Em sua cerimônia fúnebre, seu sobrinho, Sogyal Rinpoche[*], procura palavras para expressar sua admiração por ela: "Não havia ninguém como ela neste mundo. Ela foi a maior mestra, respeitada por todos os lamas. Viveu uma vida exemplar, uma vida de pura devoção que era lendária entre os mestres e seus alunos. Quem teve a sorte de conhecê-la foi abençoado."[2] Ele acrescenta, lutando contra as lágrimas: "Para mim, ela era minha mãe espiritual, a pessoa mais preciosa do mundo, aquela que eu mais amava. Isso porque, no Budismo Vajrayana, consideramos que o lama e sua consorte são indivisíveis."[3]

O centro de retiros de Sogyal Rinpoche, um dos maiores templos budistas tibetanos a oeste da Ásia, está situado em um vale escondido no topo de um planalto de montanha em Languedoc, no sul da França, a menos de uma hora de distância das agitadas praias do Mediterrâneo. Em anos anteriores, observei essa senhora, muito pequena e ligeiramente curvada, circum-ambular o templo várias vezes ao dia em seu vestido tradicional envolvente. De forma meticulosa, ela colocava um pé na frente do outro, seus olhos escondidos atrás de óculos escuros Chanel enormes, seu braço buscando o apoio de um dos monges. Khandrola, como era carinhosamente chamada, parecia ter saído de uma pintura medieval. Seu vestido tibetano tradicional que ia até o chão era de um fino algodão azul que os tibetanos aristocráticos usam há séculos; um xale de seda azul oceano envolvia seus ombros; seus longos cabelos grisalhos eram presos em um coque e coroados com um boné verde flexível, que a princesa do Sikkim havia tricotado para ela; Khandro raramente era vista sem ele.

---

[*] Nascido no Tibete Oriental em 1947, Sogyal Rinpoche deu ensinamentos no Ocidente por mais de trinta anos. Ele foi diretor espiritual da rede internacional de centros budistas Rigpa. Morreu em 2019.

A LUMINOSIDADE DO ESPAÇO ABSOLUTO

Dilgo Khyentse Rinpoche a chamava de "a rainha das dakinis"[4] e, embora uma de suas qualidades mais notáveis fosse sua total humildade, após a morte dele, ela recebeu uma cerimônia em sua memória digna de uma rainha. Muitos lamas eminentes ocuparam seus lugares em tronos sob tendas improvisadas, cercando a estupa branca em forma de sino nas quatro direções cardeais sob o céu azul de setembro. Ao leste, Sua Santidade Sakya Trizin, o chefe da escola Sakya, junto com sua esposa e filho mais novo, Gyana Vajra Rinpoche, sentaram-se na sombra do lado de fora do grande templo de três andares para realizar a prática de Vajraioguini em sua homenagem. Ele conheceu Khandro Tsering Chödron em Lhasa, no Tibete, em 1955, quando ele tinha onze anos. Ao sul, Dzongsar Khyentse Rinpoche, que é a encarnação do falecido marido de Khandro Tsering Chödron, permanecia imerso em intensa oração. "Ela era como uma mãe para mim", diz ele, "e foi a primeira que me ensinou a ler". A oeste, Sogyal Rinpoche realizava uma prática de purificação, acompanhado por Orgyen Tobgyal Rinpoche[*] e Alak Zenkar Rinpoche[**] junto com a irmã de Khandro, Mayumla Tsering Wangmo. Ao norte, o filho mais velho de Sakya Trizin, Ratna Vajra Rinpoche, e seus lamas empunhavam vajras e tocavam sinos. Em uma procissão ao redor do templo, uma centena de amigos, alunos e cuidadores de Khandro, todos com oferendas nas mãos: incensos, violões e flautas, flores exuberantes, tigelas cheias de frutas suculentas. O telhado de cobre brilhante da estrutura quadrática dourada de três andares brilha ao sol da manhã. Por fim, oito ajudantes carregam seus restos mortais em um palanquim dourado. Enquanto a longa procissão se aproxima e para à frente da estupa branca, Dzongsar Khyentse Rinpoche levanta ternamente seus restos mortais. Envolto em brocado, embalsamado

---

[*] Orgyen Tobgyal Rinpoche, nascido em 1951 em Kham, no Tibete Oriental, fugiu do Tibete em 1959 com seu pai, o falecido Terceiro Neten Chokling Rinpoche. Ele é membro do Parlamento Tibetano no Exílio há muitos anos e supervisiona principalmente seu monastério em Bir, no norte da Índia, mas também leciona internacionalmente.

[**] Alak Zenkar Rinpoche, nascido em 1943 no Tibete Oriental, atualmente mora em Nova York. Um eminente estudioso, ele foi fundamental para revitalizar o budismo e preservar os textos tibetanos no Tibete Oriental.

com as soluções tradicionais, seu corpo encolheu ao tamanho de uma criança de oito anos.

A partida de um mestre realizado não é como uma morte comum. Quando soube do falecimento de Khandro, o décimo sétimo Gyalwa Karmapa disse espontaneamente: "Ela não morreu. Ela voou."[5] Os budistas acreditam que deixar esta vida é uma oportunidade para os meditantes fundirem sua consciência com a luminosidade do espaço absoluto. "Uma grande praticante como ela funde a clara luz do caminho que reconheceu durante sua prática na vida com a clara luz da base que desponta no momento da morte", explica Orgyen Tobgyal[6]. "É como quebrar um vaso."

No auge da cerimônia, a voz melódica de Khandro Tsering Chödron ressoa pelas montanhas nos alto-falantes, vívida como sempre. Sua entoação do mantra de Padmasambhava leva muitos dos alunos a lágrimas silenciosas. Os lamas e alunos meditam para fundir suas mentes com a dela, relembrando seu belo espírito e seu exemplo de profunda realização espiritual. Enquanto o fogo arde, os monges evocam sons assustadores dos longos chifres e tocam os címbalos. Fotografias de sua vida são projetadas em grandes telas, uma última homenagem a uma mulher que testemunhou algumas das vicissitudes mais dramáticas da história tibetana. As primeiras fotos mostram uma terna adolescente sorrindo para a câmera com um olhar ligeiramente tímido. Em uma imagem em preto e branco, ela segura um ramo de flores, sozinha, na vasta paisagem do Tibete. Nesse momento, venta um pouco mais forte e uma rajada suave sopra sobre as pessoas ali reunidas, um precursor de uma tempestade de verão iminente, como se para dispersar a tristeza por sua morte.

UMA FAMÍLIA DE BOA SORTE INCOMPARÁVEL

Khandro Tsering Chödron nasceu em uma pequena vila no Tibete Oriental por volta de 1929. Ninguém sabe a data e a hora exatas, pois quem poderia ter mantido tal registro? Khandro fazia parte de uma antiga família conhecida em todo o Tibete tanto por sua imensa riqueza quanto por sua generosidade. Diz a lenda que seus ancestrais descendem de uma emanação mágica de Nyenchen Tanglha, deidade protetora do Tibete. Os moradores também contam como a família recebeu o nome de "Lakar" do fundador da tradição Gelugpa do budismo tibetano, Jé Tsongkhapa (1357–1419). Quando Tsongkhapa passou pela primeira vez do extremo nordeste para o Tibete Central, viajou pela região de Trehor e foi recebido por um homem que lhe ofereceu um xale de lã (*la* em tibetano) branco (*kar* em tibetano) para protegê-lo do frio e da chuva. Tsongkhapa viu aquele xale imaculado como um sinal auspicioso. Cheio de alegria, ele previu: "De agora em diante, nas gerações que virão, sua família terá prosperidade e boa fortuna incomparáveis. Você deve tomar 'Lakar' como seu nome de família." Até hoje, quase todo tibetano conhece o nome dos Lakars porque patrocinaram muitos dos grandes festivais de oração.[7]

A mãe de Khandro, Dechen Tso, era filha do Rei de Ling. Ela se casou com os dois irmãos Lakar, Tutob Namgyal e Sonam Tobgyal. Naquela época, não era incomum uma mulher se casar com vários irmãos. Na verdade, o antigo costume de dar uma filha em casamento não apenas a um homem, mas a vários ou todos os seus irmãos ainda é praticado em algumas regiões isoladas do Himalaia.

Khandro tinha um irmão e uma irmã mais velhos, mas o irmão dela não viveu muito. Antes do nascimento de Khandro, o Quinto Dzogchen Rinpoche, Thubten Chökyi Dorje (1872–1935), profetizou que "uma joia" nasceria naquela família. Khandro foi imediatamente reconhecida como uma criança especial, considerada até mesmo uma reencarnação de Yeshe Tsogyal, a principal mestra do budismo tibetano no século VIII, e também uma emanação de Tara, a buddha mais venerada.

Aqueles que conheceram Khandro durante seus primeiros anos dizem que ela era tímida e reservada, mas dotada de um espírito selvagem, brincalhão e independente. Apesar da riqueza da família e de ter muitos criados, Khandro aprendeu as tarefas domésticas, incluindo cozinhar, ordenhar as ovelhas e tecer fios, como era o costume naquela área remota onde não havia eletricidade e nem água corrente. Para indicar seu status como filha de uma família rica e como uma garota solteira, uma garota Khampa geralmente usava âmbar, coral e turquesa em seu cabelo, mas Khandro sempre preferiu vestidos simples e quase não usava joias. Até hoje sua irmã mais velha, Tsering Wangmo, nunca sai de casa sem uma espessa camada de maquiagem cor de porcelana, uma moda muito antiga nos círculos das mulheres da alta aristocracia tibetana. Khandro, entretanto, nunca usou maquiagem, nem joias extravagantes ou roupas elaboradas. Sua beleza estava muito em sua naturalidade e simplicidade. As maçãs do rosto salientes e, acima de tudo, seus olhos profundamente penetrantes e calorosos faziam dela uma visão impressionante mesmo na casa dos oitenta anos.

Sua vila natal fica em uma área conhecida como Quatro Rios e Seis Picos, situada no sopé de cadeias de montanhas glaciais. Um rio próximo acrescenta beleza e majestade ao vale escassamente povoado. A casa da família Lakar foi possivelmente uma das maiores do Tibete Oriental. A irmã de Khandro, Tsering Wangmo, diz brincando: "A casa era tão grande que, quando uma pessoa disparava um tiro em uma extremidade da casa, você mal conseguia ouvir na outra." Cavalos e ovelhas viviam no andar térreo para evitar que o frio cortante subisse do solo e, assim, os dois andares superiores se mantinham aquecidos. Os Lakars constantemente recebiam iogues e mestres que realizavam rituais elaborados nas nove salas do santuário. Tsering Wangmo se lembra da casa onde continuamente se ouvia o som de sinos e tambores, orações e mantras, mas ela foi destruída após a invasão comunista na década de 1950. Hoje, resta apenas uma grande pilha de entulho, e os aldeões ainda circum-ambulam a argila cor de areia em reverência ao solo sagrado.

"A CONEXÃO FOI FEITA"

Jamyang Khyentse Chökyi Lodrö (1893–1959) algumas vezes ficava na mansão Lakar. Sendo uma autoridade em todas as tradições, ele era o coração do movimento não sectário no Tibete. Sogyal Rinpoche viveu com ele, como filho, até os nove anos de idade e lembra-se dele como um homem bonito e tão alto que "sempre parecia estar uma cabeça acima das outras na multidão"[8]. Um monge ordenado em seus mantos, seu cabelo prateado bem curto, seu rosto alongado brilhava com um olhar bondoso e profundamente sábio. "O que mais se notava nele era sua presença", lembra Sogyal Rinpoche. "Podia-se ver pelo olhar e pela atitude que era um homem sábio e sagrado. Ele tinha uma voz potente, profunda e encantadora... E apesar de todo o respeito e até mesmo o temor que ele despertava, havia humildade em tudo o que fazia."⁹ Ele passou muitos anos em retiro solitário e era considerado uma enciclopédia do conhecimento e, nas palavras de Sogyal Rinpoche, "uma prova viva de como era uma pessoa que havia realizado os ensinamentos e completado sua prática".¹⁰ Muitos mestres da geração mais jovem, que mais tarde levariam o budismo tibetano ao Ocidente, o reverenciavam como mestre.

Certa vez, havia um grande revelador de tesouros* vivendo na mansão Lakar e Chökyi Lodrö foi receber os ensinamentos. Nesse dia, Chökyi Lodrö trombou com Khandro Tsering Chödron, com sete anos na época, ao passarem por uma porta estreita. O pouco ortodoxo revelador de tesouros gritou: "Ah, a conexão auspiciosa agora foi feita!".¹¹ De acordo com Dilgo Khyentse Rinpoche, Chökyi Lodrö parecia envergonhado e evitou o revelador de tesouros por vários dias.¹²

Quando tinha dezesseis anos, Khandro viu seu futuro marido novamente enquanto visitava um templo. Os alunos de Chökyi Lodrö estavam oferecendo-lhe uma estátua de Tara para sua longa vida. No momento em que procuravam sinais auspiciosos, Khandro Tsering Chödron se perdeu e inadvertidamente entrou na cerimônia. As pessoas presentes suspeitaram que aquele incidente era um sinal de que ela estava destinada a se tornar sua companheira.

SALVANDO A VIDA DO MESTRE

Jamyang Khyentse Chökyi Lodrö adoeceu gravemente em 1943, quando tinha 49 anos. Seus assistentes chamaram os melhores médicos, mas nenhuma cura ajudava. Tentando acumular méritos de cura, os monges recitaram as "Palavras do Buddha" (tib. *Kangyur*) cem vezes, mas nada melhorava sua condição. Vários mestres renomados o aconselharam a se casar para remover os obstáculos à sua longevidade. No Tibete, as dakinis são consideradas

---

* Tib. terton. Especialmente na tradição Nyingma, acredita-se que os ensinamentos tenham sido ocultados por Padmasambhava e outros mestres iluminados até que chegasse o momento oportuno. Mestres particularmente dotados ou realizados são capazes de revelar esses ensinamentos séculos depois.

uma fonte de inspiração que dão vida e apoio, especialmente para os reveladores de tesouros. Chökyi Lodrö, no entanto, insistiu em manter os votos de monge. Isso durou cinco anos.

Khandro se lembrava de como, em um dia de verão de 1948, mensageiros chegaram sem fôlego. Ela foi chamada no campo. Os mensageiros pediram que ela fosse imediatamente, a cavalo, ainda em suas roupas de trabalho, até o monastério de Chökyi Lodrö em Dzongsar, que ficava a dois dias de cavalgada. Seu estado tinha ficado crítico e ele precisava da ajuda dela. As questões de vida e morte eram determinadas pela astrologia naquela época, e os planetas não toleravam qualquer hesitação. Recusar ajuda a um mestre tão excepcional estava fora de questão. Ela juntou apressadamente algumas roupas e saiu a cavalo com a irmã. "Pelo menos", disse Khandro mais tarde, com um humor provocador, "eles poderiam ter me dado tempo para me limpar e me vestir!". A amiga de Khandro, Dagmola Sakya, também casada com um grande lama, Sakya Dagchen Rinpoche, lembra: "Havia muitos arco-íris e outros sinais auspiciosos quando Khandro chegou a Dzongsar. Os habitantes locais disseram, 'As dakinis estão pousando. Ela definitivamente é a emanação de alguém que está beneficiando seres sencientes e a longa vida de um lama.'" Chökyi Lodrö casou-se com Khandro mais tarde, naquele ano, e sua saúde começou a melhorar.

"Muitas pessoas ficaram surpresas", lembrou o discípulo de Chökyi Lodrö, Dilgo Khyentse Rinpoche, mas "não houve crítica de nenhum dos monges do monastério ou do colégio monástico"[13]. Até mesmo hoje em dia, os tibetanos não veem aquela união como um casamento comum, nem consideram Khandro uma mulher comum. Khandro Tsering Chödron era conhecida como Khyentse Sangyum, que significa "consorte sagrada de Khyentse". "Isso tem propósitos religiosos, não é um casamento comum", explica Dagmola Sakya. "É também por isso que foi apenas um pequeno casamento, não uma grande celebração."

CONTOS DE MARAVILHAS

Durante os onze anos seguintes, Chökyi Lodrö transmitiu incontáveis ensinamentos e transmissões à sua devotada companheira. Ele também compôs uma prece de quatro linhas na qual a louvava como a emanação da "Dakini da Grande Bem-Aventurança, que não é outra senão Yeshe Tsogyal" e, como a encarnação de Shelkar Dorje Tso, uma mestra de grande realização do século VIII que, segundo se contava, era capaz de cruzar rios como se fossem prados[14]. Para os tibetanos, os contos sobre assuntos místicos e maravilhas são alimento de inspiração diário e, embora possa ser mais difícil de acreditar para os ocidentais, certamente todos conseguiam ter um vislumbre das expressões sinceras de devoção de Khandro.

"Jamyang Khyentse Chökyi Lodrö foi a inspiração de toda a vida de Khandro", lembra Dzongsar Khyentse Rinpoche. "Sua imensa devoção a ele nunca mudou. Nunca a ouvi referindo-se a ele como seu marido. Ela se considerava uma aluna. Quando jovem, eu me perguntava por que todas as vezes que chegávamos a passagens das preces que continham algum louvor a Jamyang Khyentse Chökyi Lodrö, as lágrimas simplesmente escorriam pelo seu rosto."

Sempre que um mestre tinha um pedido difícil, ele tentava fazer com que Khandro o levasse a Chökyi Lodrö, pois ele dificilmente recusava qualquer desejo dela. Ela costumava colocar suas perguntas "na forma de canções e ele, em resposta, compunha canções para ela, de modo brincalhão e quase provocador"[15]. Ela tinha um tom de voz incrivelmente puro e sua interpretação do famoso mantra de Padmasambhava inspira até o cético mais obstinado. Não importava o quão ocupado Chöyki Lodrö estivesse, quantos meses ele passasse em retiro solitário, ou quanto tempo as filas intermináveis de aldeões e oficiais de alto escalão que pediam seus conselhos e bênçãos durassem, ele sempre encontrava tempo para estar com Khandro e fazer suas refeições com ela, só os dois. "Ele era muito, muito amoroso com ela", relembra Dagmola Sakya, amiga de Khandro. "Era uma relação muito próxima e especial."

Dagmola Sakya é quatro anos mais jovem que Khandro e também nascida no Tibete Oriental. Quando Dagmola tinha 20 anos, o Dalai Lama pediu a seu marido que o acompanhasse em uma viagem para se encontrar com Mao Zedong em Pequim. Enquanto seu marido estava fora, Dagmola e seu primeiro filho se instalaram no quarto de Khandro no Monastério de Dzongsar por um ano. "Ela era tímida, mas depois que nos tornamos amigas tornou-se extremamente engraçada, sempre brincando", lembra Dagmola. "Eu admirava sua natureza doce e brincalhona e seu senso de humor, e ela também desenhava lindamente. Ríamos muito juntas!"

A EXTRAORDINÁRIA ATMOSFERA EM TORNO DE CHÖKYI LODRÖ

Dagmola se lembra da atmosfera em torno de Chökyi Lodrö como "tão calorosa e extraordinária que sempre queria ficar um pouco mais. Sempre que comíamos juntos, sentíamos como se tivéssemos recebido uma bênção. Havia tanta energia ali que nos sentíamos completamente diferentes."

O Monastério de Dzongsar ficava em uma área relativamente amena, onde se plantavam trigo, cevada e vegetais. As montanhas acima eram selvagens e intocadas. Leões da montanha e leopardos perseguiam veados na floresta. Centenas de monges viviam nos oitenta quartos do complexo do monastério, que acomodava um fluxo interminável de visitantes. Mesmo quando Chökyi Lodrö estava em lugares mais remotos, as pessoas continuavam a procurá-lo, e ele nunca fechava a porta para elas. "Nunca o vi zangado ou repreendendo ninguém", diz Dagmola. "Não importava, se fosse um mestre de qualquer escola ou um visitante comum, ele sempre conseguia dar todas as respostas na hora. Desde o primeiro momento em que o conheci, eu o vi como especial. Eu tinha até um pouco de medo, pois não queria desagradá-lo de maneira alguma."

Chökyi Lodrö nomeou um dos melhores calígrafos e escritores, o secretário do rei de Dergé, para ensinar as duas jovens a escrever, soletrar e desenhar. O abade do monastério Lhagyal ensinou-lhes a gramática tibetana. "Hoje gostaria de ter estudado um pouco melhor", diz Dagmola, relembrando aquela oportunidade incomum. "Brincávamos mais do que realmente estudávamos." Tanto Khandro quanto Dagmola desfrutavam da liberdade de serem comuns, mais do que os prazeres da riqueza e do status. Por serem esposas de mestres muito elevados, muitas vezes eram obrigadas a se vestir e agir de acordo com o protocolo, mas, privadamente, demonstravam um flagrante desrespeito às regras. Enquanto Dagmola precisava usar a tradicional coroa e os mantos de brocado

Khandro Tsering Chödron em Lhasa, 1956. A foto é cortesia do patrimônio de Gyalyum Kunzang Dechen Tsomo Namgyal.

Sakya, Khandro podia usar apenas um vestido longo de seda simples. Pelas outras pessoas, elas eram consideradas tão nobres que atividades comuns como costurar estavam fora de questão. Secretamente, compraram uma máquina de costura chinesa no mercado e passaram a costurar aventais para seus criados, além de chapéus e cintos. Um dia, um grande mestre, Tulku Kunzang, entrou sem bater, com uma bela tigela chinesa decorada com sinais auspiciosos e cheia de frutas nas mãos. Ele respeitosamente fez três prostrações para Khandro e Dagmola antes de franzir a testa com raiva para a máquina de costura. "A esposa de um mestre deve estudar, ler e rezar", repreendeu. "Vocês estão perdendo tempo! Parem de costurar e recitem preces!" Enquanto estavam sendo repreendidas, Khandro cutucou Dagmola. "Embora eu fosse mais jovem, ela se escondia atrás de mim e me fazia falar", diz Dagmola, que aparentemente cedeu. É claro que isso não fez com que parassem. Elas colocaram um de seus atendentes na porta como sentinela e, sempre que alguém se aproximava, elas apenas cobriam a máquina[16].

As memórias de Khandro e Dagmola nos permitem vislumbrar os passatempos longínquos de um Tibete ainda não dominado pelos chineses. Muitas vezes a família, os visitantes e os monges faziam um piquenique nas margens de um rio próximo, participavam de jogos tradicionais tibetanos, correndo ou galopando. Chökyi Lodrö tinha um jogo favorito em particular que Khandro gostava de assistir: colocavam-se doces em uma tigela grande de iogurte e depois essa tigela era colocada na frente da sela de um iaque sobre uma pedra. Os cavaleiros tinham que galopar pendurados de cabeça para baixo e tentar tirar o doce da tigela com os dentes. Muitas vezes os cavaleiros escorregavam da sela, de cara na tigela de iogurte.

MAGIA E MILAGRES

Pewar Rinpoche (nascido em 1933), outro contemporâneo que testemunhou seu vínculo incomum, diz: "Por tomar Khandro Tsering Chödron como companheira, ele foi capaz de viver muito mais tempo, e foi realmente por isso que eu e muitos de seus discípulos fomos capazes de receber uma quantidade incrível de ensinamentos, transmissões e iniciações. Isso não teria acontecido se Jamyang Khyentse Chökyi Lodrö não tivesse se casado com Khandro." Pewar Rinpoche, que ainda vive no Tibete, usa o cabelo preto trançado emoldurando seu rosto. Ele se apressou em ir para o sul da França para participar das cerimônias em memória de Khandro, onde falou sobre uma consequência ainda mais profunda do casamento de Chökyi Lodrö: "Foi depois da vinda de Khandro Tsering Chödron que ele começou a realizar milagres". De acordo com Pewar Rinpoche, Chökyi Lodrö certa vez abençoou uma grande pintura em tecido à distância, com grãos de arroz que caíram do céu. As pessoas viram uma onda de grãos vindo do norte e atingindo a pintura, mas os grãos não caíram no chão. Os que estavam presentes perceberam que o arroz abençoado vinha da direção da casa de Jamyang Khyentse, e, quando olharam naquela direção, uma segunda e uma terceira onda de bênçãos voaram pelo céu na forma de nuvens de grãos. Pewar Rinpoche atesta: "Eles novamente ficaram presos na pintura e nem um único grão caiu no chão".

Como seu nome revela, o falecido Dzongsar Ngari Tulku (1945–2008) foi treinado no Monastério de Dzongsar quando criança. Enquanto vivia como um iogue de cabelos brancos no Sikkim, ele se lembrou de uma ocasião, em 1952, quando Jamyang Khyentse Chökyi Lodrö visitou um lugar sagrado acima do Monastério de Dzongsar. Ngari Tulku lembrou que Chökyi Lodrö, junto com a grande mestra Gyalrong Khandro, Khandro Tsering Chödron e Sogyal Rinpoche, todos deixaram marcas de suas mãos na rocha sólida — um sinal de que haviam conquistado poder sobre a matéria. No budismo tibetano, o mundo não é tão sólido quanto parece aos olhos comuns; uma vez que a verdadeira natureza aberta de tudo tenha sido realizada, diz-se que os sábios são capazes de ir além das limitações da mente e da matéria.

UMA FUGA APERTADA

Os dias felizes de Khandro e Chökyi Lodrö no Tibete não durariam. Um ano após o casamento, as tropas chinesas começaram a se reunir nas fronteiras. Mao Zedong convocou Chökyi Lodrö junto com outros grandes mestres para irem a Pequim, em 1955. Chökyi Lodrö deve ter tido premonições de que vários desses mestres não voltariam com vida, pois ele silenciosamente decidiu viajar na direção oposta. Khandro, sua irmã Tsering Wangmo, Sogyal Rinpoche, de sete anos, e um pequeno grupo de familiares e atendentes partiram juntos a cavalo para a traiçoeira jornada de três meses até Lhasa, capital do Tibete. Vestido com o disfarce de um simples monge, Chökyi Lodrö escapou das garras chinesas. Deixando quase todos os seus pertences para trás, como se estivessem apenas partindo em peregrinação, o grupo foi extremamente cuidadoso em não dar qualquer indício de que iriam além de Lhasa.

Mesmo sem ditadores comunistas, viajar no remoto Tibete era assustador. Ladrões e assaltantes, leões da montanha e avalanches podiam facilmente destruir um grupo de viajantes. Como Sogyal Rinpoche lembra, eles se levantavam cedo todas as manhãs antes do amanhecer e desmontavam as tendas. Aos primeiros raios de sol, os iaques que carregavam a bagagem e a comida partiam do acampamento. Um batedor seguia na frente e escolhia um bom acampamento para a noite seguinte. Durante o dia, Khandro cavalgava ao lado do marido. Chökyi Lodrö dava ensinamentos, contava histórias e praticava, e todos tentavam cavalgar próximos o suficiente para não perderem nenhuma palavra do que ele dizia.

Chökyi Lodrö não gostava da ideia de deixar o Tibete imediatamente. Por volta da época das celebrações do Ano Novo de 1956, após uma adivinhação, o Décimo Sexto Karmapa, Rangjung Rigpa'i Dorje, insistiu fortemente que ele buscasse refúgio no Sikkim. Durante sua estada em Lhasa, sua fama espalhou-se por toda a cidade sagrada, e muitos membros da aristocracia começaram a pedir bênçãos e ensinamentos[18]. Aquela reunião de personalidades influentes chamou a atenção das autoridades chinesas. Depois de passar um mês no Monastério Sakya, Chökyi Lodrö não viu outra maneira a não ser se dirigir para o sul em direção ao Sikkim[19].

Mesmo viajando em circunstâncias terríveis, atravessando o terreno acidentado do Himalaia que os levava para longe do alto e árido planalto do Tibete por trilhas de montanha, geleiras e passagens cobertas de neve, Chökyi Lodrö e Khandro conseguiram tirar vantagem viajando em peregrinação aos lugares sagrados do budismo na Índia e no Nepal antes de chegarem às florestas tropicais do Sikkim. Chökyi Lodrö tinha uma conexão especial com Sikkim. Assim como o rei do Sikkim, Chögyal Tashi Namgyal, ele também era considerado uma encarnação de Lhatsün Namkha Jigme, um siddha amplamente reverenciado que havia estabelecido os ensinamentos da Grande Perfeição no Sikkim no século XVII. A convite do rei, Chökyi Lodrö e Khandro mudaram-se para o palácio real de Gangtok. Aquele belo cubo branco de dois andares, com janelas e portas elaboradamente pintadas, tornou-se mais uma vez um grande centro espiritual, atraindo centenas de tibetanos e peregrinos para acamparem nas proximidades. Chökyi Lodrö dava ensinamentos e iniciações a um número crescente de discípulos que cruzavam a fronteira. Muitos tibetanos tomaram a decisão de partir como um presságio de que o futuro do Tibete era terrível e seguiram seu exemplo fugindo antes que Mao Zedong transformasse o Tibete em uma câmara de tortura.

A PERDA DO TIBETE E DO PROFESSOR

Teria sido pura coincidência o fato de Chökyi Lodrö adoecer ao mesmo tempo em que chegou do Tibete a notícia de que os chineses haviam tomado o país completamente? Com Khandro sempre ao seu lado, mestres graduados, chefes de linhagem e peregrinos faziam fila para visitá-lo, implorando-lhe que permanecesse vivo. Como Sogyal Rinpoche lembra, sua morte acabou ocorrendo logo depois que eles souberam que os três grandes monastérios do Tibete — Sera, Drepung e Ganden — haviam sido ocupados pelos chineses[20]. Por volta do início de junho de 1959 Jamyang Khyentse Chökyi Lodrö entrou em sua meditação final no templo do palácio, e seus restos mortais foram consagrados em uma pequena estupa dourada no palácio real.

 A irmã e a família imploraram a Khandro para que ela se mudasse para a residência Lakar, a apenas meia hora do palácio, mas ela insistia que não podia se afastar das relíquias de seu professor. Khandro tinha apenas trinta anos na época. "Ela ainda era muito jovem quando Dzongsar Khyentse Chökyi Lodrö faleceu", diz sua amiga Dagmola, "mas permaneceu no templo do palácio e não queria se mudar. Claro que muitas outras consortes teriam se casado novamente, e tenho certeza de que muitos lamas tentaram, mas ela nunca o fez e isso mostra o quanto ela era forte, um ser humano realmente extraordinário." Khandro sempre disse que não havia separação entre ela e Chökyi Lodrö.

A GRANDEZA NA SIMPLICIDADE

Por quase cinco décadas, Khandro viveu sozinha no santuário de Chökyi Lodrö no Sikkim, passando a maior parte do tempo em oração. Todas as manhãs ela se levantava cedo, por volta das três e meia ou quatro horas, e começava a meditar. Depois de um café da manhã leve, às vezes apenas chá e pão tibetano, limpava a sala do santuário e arranjava as oferendas. Ela adorava flores e o peitoril da janela era coberto de begônias vermelhas. Também cuidava de animais e sempre teve vários cães e gatos. Tinha até um carneiro com chifres encaracolados no jardim do palácio onde, quer que fosse, ele a seguia como um animal de estimação. Às vezes, gostava de desenhar, mas na maior parte do tempo se contentava em apenas ficar sentada ali, no colchão baixo, que também era sua cama, e praticar. "Era possível sentir a simplicidade da mente dela, que também era muito aguçada", diz Mauro de March, um estudante italiano que a conheceu por 23 anos. "Os que acessaram a natureza da mente percebiam que ela era a personificação da lucidez. É necessário ter alguma compreensão sobre meditação para ver quem ela é. Poder apenas se sentar na presença dela já era por si só um ensinamento muito intenso." Ocasionalmente ela encontrava visitantes, mas era quase impossível fazer com que desse um ensinamento ou uma bênção.

Seu quarto simples estava cheio dos muitos presentes que os visitantes lhe deixavam. A princesa do Sikkim, Tenzin Tashi, lembra-se que Khandro adorava "pequenos piscos vermelhos, delicados cervos de vidro, cisnes, outros pássaros, muitas pequenas imagens, bonecas... e uma infinidade de outras pequenas maravilhas, todas brigando por um espaço em seu quarto."[21] Quando criança, Tenzin Tashi esperava ansiosamente os momentos em que Khandro abria um patinho gordo de porcelana e tirava os "ovos" do pato, geralmente chocolate ou outras guloseimas.

Jamyang Khyentse Chökyi Lodrö e Khandro no Tibete. A foto é cortesia da propriedade de Gyalyum Kunzang Dechen Tsomo Namgyal.

Khandro Rinpoche também se lembra de ter visitado Khandro Tsering Chödron quando criança. "Ela era muito amorosa, muito gentil, e lembro que ela encheu as mãos de balas e colocou nas minhas mãos. Sua sabedoria, graça e compaixão excepcionais inspiraram muitas de nós e, oferecendo nosso respeito e nossas orações, aspiramos seguir seu exemplo. As esposas desses grandes lamas não são apenas chamadas de sangyums (consorte sagrada), mas incorporam tudo o que se vê nos próprios professores; são iguais em sua prática, sua realização, capacidade e amor. São mulheres extraordinárias, muito humildes, discretas, prestativas, nunca se sobressaindo. Khandro pode ter sido muito tímida, mas em sua timidez era muito corajosa."

Sua cuidadora, a monja australiana Kunga Gyalmo, disse: "Khandro-la demonstrava devoção de uma maneira perfeita. Ao mesmo tempo, ela era completamente normal, não fabricada, natural. Nela, eu via um exemplo gracioso do meu potencial máximo." Khandro realmente não se importava se as pessoas pensavam que ela tinha ou não tinha realizações. "Na presença dela, todos os conceitos do que é a realização desapareciam", continua Kunga Gyalmo. "O fato de ela ser tão humilde e modesta parecia demonstrar a profunda confiança que tinha em uma simplicidade comum. Dessa forma, tocou muitas pessoas. Nós esperamos de um grande mestre que se sente em um trono elevado e exponha palavras sábias, mas ela contradizia esses conceitos. Ela ensinava simplesmente por meio de quem ela era." Khandro acreditava firmemente no poder da oração sincera. Então, era isso o que fazia. Ela rezava e ensinava sendo um exemplo. Chagdud Khadro a chama de "transcendente. Ela era uma dakini que se manifestou em uma forma humana efêmera. O restante de nós somos humanos."

FECHANDO O CÍRCULO

Depois que a mãe de Sogyal Rinpoche foi morar com ele na França, sua irmã, Khandro, juntou-se a ela em 2006. A encarnação de Chökyi Lodrö, Dzongsar Khyentse Rinpoche, levou as relíquias de seu predecessor para Bir, no norte da Índia, e Khandro se mudou para a França, onde a conheci, em 2006.

Lá, o Mediterrâneo se desfaz na distância, conforme avançamos em um caminho com uma subida íngreme até um platô árido e incrivelmente alto, construído em penhascos íngremes e terra vermelha escura. Se não fosse por algumas oliveiras solitárias e algumas papoulas vermelhas brilhantes, a vasta paisagem, com suas florestas de zimbro, poderia ser confundida com o Tibete. No topo do planalto, o céu se abre e os penhascos dão lugar a uma vista de 360 graus de cair o queixo. Os Pireneus se erguem ao longe a oeste, formações incomuns de penhascos em forma de criaturas ao leste, as ruínas do antigo castelo de Caylar ao norte, e ao longe, ao sul, brilha o azul profundo e sedoso do Mediterrâneo. Alguns abutres, soprados por um vento inesperadamente forte, caçam no céu como se para fortalecer a reminiscência do Tibete.

Enquanto os ônibus desembarcam grupos escolares e os turistas descem pela trilha, com seus ouvidos pressionados contra o guia turístico eletrônico multilíngue, a voz gravada explica a singularidade daquele autêntico templo tibetano que foi construído com base nos templos centenários do Himalaia. O lugar vibra com o som de tambores e sinos e as vozes de ocidentais cantando o mantra do Buddha da Compaixão.

Às vezes, os turistas, afastando-se com suas câmeras para obter a melhor visão da magnífica construção, esbarravam em Khandro, murmuravam um "desculpe" ou "excusez-moi" e avançavam para capturar o próximo detalhe exótico dos pássaros mágicos pintados à mão e dragões contorcidos nas paredes carmesins. Se ao menos os turistas soubessem que o que realmente valia a pena ver não era o espetacular Buddha dourado de vinte e dois pés de altura, nem os mil buddhas cintilantes no salão principal, nem os afrescos meticulosamente pintados... Se ao menos tivessem tido tempo de parar por um momento, poderiam ter visto a verdadeira beleza bem diante deles em forma humana — Khandro Tsering Chödron.

Observei mestres renomados saltando rapidamente de seus tronos altos ao perceberem que Khandro chegava. É um costume asiático denotar a posição de uma pessoa pela ordem dos assentos e pela altura do trono. Nenhum dos professores, independentemente da importância de seu título ou quão elevada fosse sua posição, desejava ter um assento mais elevado do que o de Khandro. Ainda assim,

Khandro nunca falava sobre sua realização. Apesar de os alunos e outros professores solicitarem fervorosamente que ela desse ensinamentos, ninguém jamais a ouviu gabar-se de sua sabedoria. Ela sempre parecia se divertir um pouco quando alguém se curvava para ela com as mãos em prece ou a tratava com grande respeito e veneração. "Ah, acho que finalmente descobri por que todo mundo se levanta e se curva para mim quando eu entro", disse ela com naturalidade, quando saiu para o pátio e dezenas de alunos simultaneamente saltaram de seu almoço unindo as mãos e se curvando. Parecia uma dança coreografada de devoção a ela, mas Khandro atribui a veneração a Mayumla Tsering Wangmo, mãe de Sogyal Rinpoche: "Esses pobres seres devem me confundir com minha irmã".

Apesar do fluxo constante de amor e admiração que fluía em sua direção, era óbvio que ela honestamente não se considerava especial. "A humildade é provavelmente o atributo mais importante de um aluno do Dharma", diz Dzongsar Khyentse Rinpoche. "Seria um eufemismo dizer que há pouca humildade aos alunos do Dharma de hoje — ela nem mesmo existe. A humildade dela é seu ensinamento."

A prática budista, entendida em toda a sua profundidade, não diz respeito a ser especial, mas a ser verdadeiramente natural. A ausência de qualquer noção de ego é, de fato, a maior e mais fundamental realização. Essa impessoalidade concede a liberdade de simplesmente ser, sem inibições. Confere confiança interna sem necessidade de provar nada. Acrescentava graça e dignidade a tudo o que Khandro fazia e nada tinha a ver com a autodepreciação que gostamos de praticar no Ocidente. Apesar de sua humildade e silêncio, as pessoas não conseguiam deixar de se comover com sua presença. "Khandro era um enigma", diz Kunga Gyalmo, hesitante, em busca de palavras para descrevê-la melhor. Como sua cuidadora na Índia e na França, Gyalmo costumava levar Khandro para pequenos passeios ou para realizar exames médicos e observava como ela atraía as pessoas, como um ímã. "Todos eram afetados por sua presença, mesmo as pessoas que não tinham formação no budismo. Por exemplo, costumávamos ir a uma pequena reunião hindu em um parque comum ou apenas apreciar jardins locais. Sem querer, as pessoas sentiam necessidade de demonstrar veneração a essa velha senhora asiática em uma cadeira de rodas ou sentada em um banco do parque, sem saber nada sobre ela. As pessoas se aproximavam de nós e perguntavam: 'Quem é essa mulher? No momento em que a vi, senti algo especial.' Até mesmo em um hospital francês ela causou uma grande impressão nos médicos, e eles passaram a amá-la."

Ocasionalmente, um fragmento da sabedoria aguçada de Khandro surgia em uma conversa casual, ou seus olhos de repente lançavam um olhar astuto. Perto do fim de sua vida, Khandro tornou-se como uma criança, no melhor sentido da palavra: inteiramente aberta, sempre completamente presente no momento, exalando pureza, inocência e amor. Não havia postura ou posicionamento, e essa total falta de vaidade fazia com que as pessoas se sentissem imediatamente à vontade e calmas em sua presença. Ao contrário de muitos outros mestres, nunca me senti intimidada — apenas em reverência, como se tivesse encontrado uma força da natureza poderosa, embora terna. Ao longo de sua vida, ela se recusou a tomar o assento de uma lama e dar bênçãos. Quando Dilgo Khyentse Rinpoche quis receber uma bênção dela, ele teve que gentilmente pegar sua mão e colocá-la no topo de sua cabeça[22]. Mas, nos últimos anos de vida, ela se tornou mais aberta e muitas vezes acariciava suavemente a bochecha de um visitante como uma bênção.

UM FILHOTINHO DE PÁSSARO NAS SUAS MÃOS

A última vez que a vi, eu tinha encontrado um pequeno passarinho, batendo suas pequeninas asas desesperadamente na escada íngreme que levava para fora do templo. Não havia nenhum ninho e nem mamãe pássaro à vista. Eu o apanhei, embora soubesse que as chances de que sobrevivesse eram mínimas. "Leve-o para Khandro", disse Yonten, o monge residente. "Levamos todos os animais feridos para ela." Sério, ele queria que eu incomodasse a senhora mais respeitada da nossa época porque um filhote de passarinho havia caído de seu ninho? Ele acenou com a cabeça afirmando que sim. E sim, embora Khandro normalmente não recebesse visitantes, ela estava sempre disponível para questões de vida ou morte. E lá foi ele. Subindo as escadas, no primeiro andar do que havia sido uma casa de fazenda francesa abandonada, Khandro e sua irmã estavam sentadas no sofá cor de creme da antiga sala de estar de Sogyal Rinpoche, com seus rosários nas mãos, murmurando mantras como sempre faziam quase o dia inteiro. Aquela sala quadrada com os belos e antigos pisos de madeira e os preciosos tapetes tibetanos tinha vista para o Vale Hérault. Sogyal Rinpoche o redecorou para sua mãe e sua tia Khandro com móveis dourados requintados e pinturas tibetanas em tecido que lembravam seu antigo lar tibetano. Khandro sorriu para o pequeno pássaro, depois estendeu a mão para tocar suavemente sua cabeça e gesticulou para que seu monge assistente trouxesse um néctar medicinal. Ela murmurou algumas orações com sua voz suave e aguda, e então fez um gesto para que sua irmã tocasse o pássaro com algumas gotas da substância abençoada. Poucas horas depois, o filhotinho morreu, mas ao menos, ou assim acreditava Yonten, ele partiu com as bênçãos da maior das mestras, garantindo que a conexão havia sido feita e que continuaria em sua próxima vida.

Apesar de estar na casa dos oitenta anos, ela frequentemente passava um dia inteiro sentada realizando rituais e cânticos no grande templo com centenas de alunos de Sogyal Rinpoche. Khandro tinha uma cadeira confortável aos pés do Buddha dourado, e sua irmã, Tsering Wangmo, passava dias inteiros praticando sentada no chão de pernas cruzadas. Movendo as contas de seus rosários uma a uma, fazendo uma oração a cada uma das contas, as duas irmãs eram modelos vibrantes de graça, dedicação e compaixão. As duas cuidavam uma da outra e eram muito próximas, mas também muito diferentes em estilo e características pessoais. Enquanto Tsering Wangmo gostava de ter tudo em perfeita ordem, Khandro era completamente relaxada e não dava a mínima importância para sua aparência ou para a arrumação do seu quarto.

Pelo menos uma vez por ano, a reencarnação do ex-marido de Khandro, Dzongsar Khyentse Rinpoche, a visitava na França. Quando ele afetuosamente pegava sua mão para guiá-la até a cadeira, ela olhava para ele com os olhos cheios de amor, e a intimidade e o calor entre ela e a jovem encarnação revelavam sua antiga conexão.

DOMÍNIO SOBRE A MENTE

Assim, Khandro fechara o círculo. De viver como a esposa de um reverenciado mestre nas montanhas nevadas do Tibete, a ser uma refugiada na Índia e no Sikkim, ela finalmente encontrou seu lar em uma das comunidades budistas mais influentes do Ocidente. "Khandro não ensina de modo formal e, de fato, ela não fala muito, mas o que diz pode ser de clareza tão penetrante que chega a se tornar profético", lembra Sogyal Rinpoche. "Escutá-la no seu canto fervoroso e abençoado ou praticar com ela é receber inspiração para o mais profundo do nosso ser. Até mesmo caminhar com ela, fazer compras em sua companhia ou simplesmente sentar-se ao seu lado é aninhar-se na quieta e poderosa felicidade de sua presença"[23]. Ela gostava de ter crianças por perto, gostava de dançar com elas ou ouvi-las cantar. Seu humor era hilário, direto e "politicamente incorreto", como disse uma de suas enfermeiras. Uma das primeiras expressões em inglês que aprendeu foi "menina travessa" (*naughty girl*), e ela gostava de usá-la sempre que tinha sua própria opinião sobre algo. Seus assistentes admiravam sua natureza lúdica e nenhum deles jamais a ouviu reclamar por ter perdido todos os amigos e toda a sua fortuna no Tibete. Quando outros tibetanos lamentavam a terrível perda que havia se abatido sobre eles, ela simplesmente se levantava e saía.

Naquela época, ficou cada vez mais claro que, para ela, como uma grande ioguine Dzogchen, as percepções comuns haviam se dissolvido e ela havia transcendido os apegos e as preocupações deste mundo. "Embora falasse cada vez menos no fim de sua vida, parecia-me que, com seu humor incrível, ela sempre nos dava um ensinamento importante sobre as ironias da vida", diz Sogyal Rinpoche. "Talvez não precisemos levar tudo tão a sério, parecia dizer. Até mesmo todo esse ciclo de existência, nascimento e morte que os budistas chamam de "samsara" parece bem ridículo quando visto de uma perspectiva iluminada."[24]

A saúde de Khandro começou a piorar na primavera de 2011. Após uma queda, ela machucou o quadril e precisou ser hospitalizada. Ela insistiu que queria voltar para casa, para o Lerab Ling. Dzongsar Khyentse Rinpoche interrompeu seu programa de ensinamentos na Austrália e foi rapidamente para a França. Lendo um texto Dzogchen importante para ela, "Treasury of Dharmadhatu" (Fonte de tesouros do Dharmadhatu), de Longchenpa, ele notou sua dificuldade para respirar. "Mas, quando eu olhava para ela, pude ver a lucidez absoluta em seus olhos, lucidez total", diz ele. "Mesmo antes disso, ela já não desejava fazer nenhum tratamento e nem ficar no hospital. Seres comuns como nós farão qualquer coisa para viver mais um minuto, mas para ela a realidade era muito clara. Mesmo uma pessoa comum não deixaria de perceber esse tipo de qualidade que ela teve em seus últimos dias."

Cinquenta e dois anos depois que seu marido deixou o corpo, Khandro também demonstrou domínio sobre sua mente no momento da morte. Orgyen Tobgyal Rinpoche e Sogyal Rinpoche testemunharam os momentos finais de Khandro. "Quando as pessoas comuns chegam perto da morte, elas perdem a consciência, ou não conseguem reconhecer quem está falando com elas, ou não conseguem ouvir o que está sendo dito. Com ela, não foi assim", observou Orgyen Tobgyal Rinpoche[25]. "Sua mente tinha uma clareza diferente, e seu olhar era exatamente como descrito nos textos Dzogchen: seus olhos, que estavam sempre muito alertas, estavam mais aguçados do que nunca." Quando Sogyal Rinpoche perguntava-lhe se estava com dor, ela apenas balançava a cabeça. Se ele lhe perguntasse se estava se sentindo bem, ela assentia. "Isso me fez pensar que ela havia chegado ao ponto em que, para ela, todas as aparências delusórias, todas as percepções comuns de vida e morte haviam se dissolvido, e por isso não sentia dor", diz Orgyen Tobgyal[26].

No dia em que ela morreu, Sogyal Rinpoche foi ao seu quarto por volta das cinco e meia da tarde. Ele viu que os olhos dela estavam diferentes. "Ela estava apenas fitando o céu. Eu a chamei: 'Minha tia, estou aqui.' Ela não respondeu. Senti que estava meditando"[27]. Cerca de uma hora depois, com Sogyal Rinpoche e Orgyen Tobgyal Rinpoche presentes, sua respiração parou. Mas seu coração ainda estava quente e permaneceu aquecido por três dias e meio. Seu corpo não mostrou sinais de deterioração. Quando um praticante permanece em meditação por vários dias depois que o corpo para de funcionar, isso é chamado de *tukdam,* em tibetano. Orgyen Tobgyal Rinpoche enfatiza a forma como continuou a sentir a presença de Khandro. "De acordo com o Dzogchen, após a morte de um grande praticante ele, de fato, permanece em meditação por três dias, por isso é extremamente importante manter o sigilo e não perturbar a meditação tocando o corpo. Sua mente se fundiu naturalmente com a grande expansão, como água se misturando com água."[28] Ele observou que as mãos e os pés de Khandro permaneceram quentes por vários dias. "Diz-se que um praticante Dzogchen que é capaz de fundir as luminosidades no tukdam está realizando éons de prática em um único instante e prossegue para atingir a iluminação."[29]

Sogyal Rinpoche descreve a morte de um grande mestre em *O livro tibetano do viver e morrer*, que agora também parece uma referência à morte de Khandro:

> Além de seu perfeito equilíbrio, ocorrem outros sinais que mostram que está repousando no estado de Luminosidade Base: há ainda um certo colorido e brilho no seu rosto, o nariz não afunda, a pele permanece macia e flexível, o corpo não enrijece, diz-se que os olhos conservam um brilho suave e compassivo e ainda há um calor no coração. Toma-se grande cuidado em não tocar o corpo do mestre e faz-se silêncio ao seu redor até que ele saia desse estado de meditação[30].

Esta foi a última lição silenciosa que ela ensinou a seus alunos: "Para seres que têm uma conexão com a pessoa em tukdam, isso é extremamente poderoso", explica Orgyen Tobgyal Rinpoche. "É por isso que é tão importante fundir com intensidade a própria mente com a mente de um ser iluminado em oração. É como o fogo — a mente de sabedoria é tão poderosa naquele momento que qualquer pessoa que se aproxima do fogo não sente frio"[31]. Alunos de todo o mundo vieram se sentar ao lado de seu corpo na pequena sala do santuário pessoal de Sogyal Rinpoche, fazendo orações de aspiração e unindo suas mentes com a de Khandro. A Lâmpada dos Ensinamentos pode ter deixado este mundo, mas sua luz continua a brilhar.

EPÍLOGO

Nesta obra, concentrei-me deliberadamente em algumas das pioneiras mais bem-sucedidas do Ocidente, mas é claro que há muitas outras mulheres incríveis no budismo tibetano que merecem ser homenageadas e elogiadas. Pense em todas as praticantes não celebradas no Tibete, como as monjas Nangchen no Tibete Oriental, que continuam sua prática constante sob uma pressão inimaginável. Pretendo um dia visitar essas grandes praticantes que ainda realizam os retiros tradicionais de três anos nos locais mais remotos, sentadas em suas habituais caixas de meditação de um metro quadrado. Embora sejam raras, algumas mulheres detentoras de linhagens tiveram a oportunidade de ser líderes de linhagens dedicadas a empoderar mulheres praticantes no Tibete, como a atual Samding Dorje Phagmo, abadessa do Monastério de Samding, no Tibete, ou Jetsun Shugseb Lochen Rinpoche, cujas seguidoras agora estão revitalizando sua tradição tanto no Tibete quanto no exílio. Entre as mulheres que atualmente têm responsabilidades no Tibete, me vem à mente a sobrinha do Khenpo Jigme Puntsok, Jetsunma Mumso; ela dá continuidade à visão de seu falecido tio ao dirigir o Larung Gar no Tibete Oriental, o renomado centro de estudos que atraiu milhares de monges e monjas antes da repressão do governo chinês, em 2001.

Além disso, há dezenas de milhares de tibetanas que continuam a trabalhar por suas compatriotas no exílio. Para citar apenas algumas, a irmã do Dalai Lama, Jetsun Pema, dedicou sua vida a criar um refúgio seguro para crianças tibetanas que foram enviadas por seus pais pelos caminhos cobertos de gelo para a Índia, na esperança de que encontrassem um futuro melhor no exílio. A Associação de Mulheres Tibetanas tem trabalhado desde sua fundação, em 1959, para apoiar as mulheres tibetanas e aumentar a conscientização com respeito à educação das monjas. Ani Chöying Drolma usa sua carreira de cantora de sucesso para patrocinar mais de uma dúzia de instituições de caridade no Nepal e estabelecer a Escola Arya Tara, a primeira escola no Nepal a levar educação ocidental e tibetana para monjas. Outras mulheres tibetanas, como Ngawang Sangdrol, sobreviveram a décadas de tortura nas prisões chinesas e agora usam suas vozes, sem medo, para contar a todos a verdade sobre o inferno sob o "reino dos céus" chinês.

Cada vez mais mulheres ocidentais são inspiradas a seguir o caminho traçado pelas pioneiras asiáticas. O primeiro monastério feminino budista tibetano na América, o Vajra Dakini Nunnery, está começando suas atividades em Vermont sob o comando da abadessa americana Venerável Khenmo Nyima Drolma. As mulheres continuam a se destacar nos estudos como, por exemplo, a Venerável Kelsang Wangmo, a primeira geshe feminina; e uma miríade de mulheres, ordenadas e leigas, estão vendo suas possibilidades aumentarem como resultado direto dos esforços de algumas corajosas pioneiras.

Inúmeras mulheres e homens em todo o mundo organizam retiros de meditação, ensinam, estudam, cozinham, limpam, dirigem e mantêm os centros florescendo. E o Dharma não seria nada sem os muitos praticantes maravilhosos que não se sentam em tronos e não escrevem livros, mas apenas iluminam o mundo silenciosamente.

O site www.dakinipower.com é dedicado a celebrar as conquistas e as histórias de vida das mulheres apresentadas neste livro e muitas mais. Visite o site e compartilhe sua história de como as mulheres budistas lhe trouxeram inspiração.

DEDICAÇÃO

*Que você possa ter uma longa vida e realizar
seu potencial mais elevado.
Que seu espírito possa voar alto,
e que você sempre
tenha coragem de seguir a verdade.
Que as suas aspirações sejam realizadas
e a bondade prevaleça.
Que todos os seres do planeta encontrem
paz e felicidade, abrigo e refúgio.
Não deixe que ninguém lhe diga que isso
não pode ser feito.*

AGRADECIMENTOS

Agradeço de coração a todos os professores entrevistados no livro que, generosamente, abriram seus corações e lares para mim. Dzigar Kongtrul Rinpoche, Dzongsar Khyentse Rinpoche, Gyatrul Rinpoche e Sogyal Rinpoche ofereceram seu valioso tempo para contribuir com suas ideias. Assim como David Khon, Jetsunla Dechen Paldron, Lama Chönam, Dungse Jampal Norbu, B. Alan Wallace, Carol Moss, Rita M. Gross, Basia Turzanski, Jann Jackson, Tenzin Lhamo, Costanzo Allione, Geshema Kelsang Wangmo, Naomi e Marvin Mattis, Bel Pedrosa e Helen Berliner.

Agradeço a Gayle Landes, Barbara Wadkins, Tami Carter, Ann Hart e Patty Waltcher pelo conselho editorial e pela revisão. Matteo Pistono gentilmente me orientou em todos os estágios do processo de escrita e fez considerações de valor inestimável. Os editores Susan Kyser e Sudé Walters poliram o manuscrito com grande sutileza. O capítulo sobre Khandro Tsering Chödron certamente estaria incompleto sem a enorme pesquisa de Volker Denck que ele abnegadamente me passou, bem como os esforços generosos de Patrick Gaffney, Mauro de March, Lotsawa Adam Pearcey, Ani Kunga Gyalmo, Kimberly Poppe, Lena Raab, Daniela van Wart, Barbara Lepani, Ingrid Strauss e a equipe de transcrição do Rigpa.

Agradeço sinceramente à escritora Vicki Mackenzie, que gentilmente me permitiu usar sua pesquisa para o best-seller "Caverna na Neve" no capítulo sobre Tenzin Palmo. Jurgen Gude e Sasha Meyerowitz foram ótimos companheiros na filmagem de nosso documentário sobre Elizabeth Mattis-Namgyel para a *Dutch Buddhist Broadcast Foundation*, que também proporcionou a oportunidade perfeita para conduzir algumas das entrevistas com ela para este livro. Kristin Barendsen contribuiu com sua proficiência em redação no capítulo sobre Joan Halifax. Agradeço a Greg Seton por sua amizade e conselhos acadêmicos ao longo dos anos.

Muitos voluntários e funcionários trabalharam incansavelmente nos bastidores nos centros de Dharma para facilitar as entrevistas: Ani Jigme Chödron, gerente do escritório da Abadia de Sravasti Zopa, Venerável Thubten Tarpa e todas as outras veneráveis monjas, John Owens, Heather Conte no monastério feminino Dongyu Gatsal Ling, Scott Globus em Yeshe Nyingpo, a assistente de Pema Chödrön, Glenna Zirkel, Cady Allione, Mary Klinghammer, Ann Hackney e Robin Ösel Drimé na Mandala de Tara.

A fotógrafa muito gentil e talentosa Amy Gaskin não só tirou fotos maravilhosas de Dagmola Sakya, mas foi muito além, oferecendo suas habilidades artísticas únicas para melhorar a seleção de fotos para todo o livro. Os artistas Karin Krüger e Noa P. Kaplan e os fotógrafos Gayle Landes, Jurek Schreiner, Graham Price, Liza Matthews, Ronai Rocha, David Gordon, Diana Blok, Laurie Pearce Bauer, Sasha Meyerowitz, Buddy Frank, Volker Dencks e muitos outros contribuíram com seus talentos maravilhosos para tornar o livro esteticamente bonito.

Tendo recebido tanto, quero retribuir um pouco às mulheres que mais precisam. Uma porcentagem dos meus lucros do livro será doada a organizações de base dedicadas à educação de meninas e mulheres na Ásia, como a Fundação Jamyang (www.jamyang.org) e a Lotus Outreach (www.lotusoutreach.org).

NOTAS

Prefácio

[1] Todos os nomes próprios são escritos de acordo com as preferências das professoras e, portanto, se desviam em alguns casos da grafia padrão dos termos tibetanos utilizados neste livro. Por exemplo, Chagdud Khadro prefere que a segunda parte de seu nome seja escrita sem o "n".

Introdução

[1] Para uma tradução alternativa, ver Gyalwa Changchub e Namkhai Nyingpo, *Consorte do Nascido do Lótus: a vida e a iluminação de Yeshe Tsogyal* (Teresópolis, RJ: Lúcida Letra, 2020).

[2] *Reflexos em um lago na montanha: ensinamentos práticos de budismo* (Teresópolis, RJ: Lúcida Letra, 2018), pág. 92.

[3] Tenzin Palmo, conforme citada por Vicki Mackenzie, *A caverna na neve: a jornada de Tenzin Palmo rumo à iluminação* (Teresópolis, RJ: Lúcida Letra, 2016).

[4] Judith Simmer-Brown, *Dakini's Warm Breath* (A respiração cálida da dakini) (Boston: Shambhala Publications, 2001), pág 9. Esta é uma exploração acadêmica cuidadosamente pesquisada sobre o princípio da dakini.

[5] Alguns dos ensinamentos que Tsultrim Allione deu sobre o assunto foram gravados e distribuídos como *The Mandala of the Enlightened Feminine* (A mandala do feminino iluminado) (Louisville, CO: Sounds True, 2003). Cito a gravação aqui.

[6] Jamyang Sakya e Julie Emory, *Princess in the Land of Snows: The Life of Jamyang Sakya in Tibet* (Princesa no País das Neves: a vida de Jamyang Sakya no Tibete) (Boston: Shambhala Publications, 2001), pág. 13.

[7] Ibid., pág. 54.

[8] *The Mandala of the Enlightened Feminine* (A mandala do feminino iluminado).

[9] *Reflexos em um lago na montanha: ensinamentos práticos de budismo* (Teresópolis, RJ: Lúcida Letra, 2018), pág. 91.

[10] *Reflexos em um lago na montanha: ensinamentos práticos de budismo* (Teresópolis, RJ: Lúcida Letra, 2018), págs. 91-92.

[11] Para uma explicação mais detalhada sobre essas questões históricas complexas, veja Karma Lekshe Tsomo, ed., *Buddhist Women Across Cultures* (Mulheres budistas nas diversas culturas) (Albany, NY: SUNY Press, 1999), págs. 167–189.

[12] Veja Hildegard Diemberger, *When a Woman Becomes a Religious Dynasty: The Samding Dorje Phagmo of Tibet* (Quando uma mulher se torna uma dinastia religiosa: A Samding Dorje Phagmo do Tibete) (Nova York: Columbia University Press, 2007), pág. 133.

[13] *The Progressive*, edição de janeiro de 2006. Para a entrevista completa, acesse www.progressive.org/mag_intv010.

14 Jerome Edou, *Machig Labdrön and the Foundations of Chöd* (Machig Labdrön e os fundamentos do chöd) (Ithaca, NY: Snow Lion Publications, 1995), pág. 5.
15 *Reflexos em um lago na montanha: ensinamentos práticos de budismo* (Teresópolis, RJ: Lúcida Letra, 2018), pág. 92.
16 *The Mandala of the Enlightened Feminine* (A mandala do feminino iluminado).
17 *Reflexos*, pág. 47.
18 Ibid.
19 *Reflexos*, pág. 48.
20 http://www.ted.com/talks/joan_halifax.html.
21 Rita M. Gross, *Buddhism After Patriarchy: A Feminist History, Analysis, and Reconstruction of Buddhism* (O budismo após o patriarcado: uma história, análise e reconstrução feminista do budismo) (Albany, NY: SUNY Press, 1993), pág. 25.

Capítulo 1 – Jetsun Khandro Rinpoche

1 As fontes primárias para este capítulo são duas extensas entrevistas com Khandro Rinpoche, conduzidas no Verizon Center em Washington, DC, em julho de 2011, durante a visita do Dalai Lama. Com a aprovação dela, as entrevistas foram complementadas com declarações que fez em outros lugares durante seus ensinamentos e outras entrevistas, mais especialmente uma no rádio feita por Walter Fordham (www.chroniclesradio.com/sound/dispatches_2006_09_28.mp3). Informações adicionais foram fornecidas em entrevistas com sua irmã Jetsun Dechen Paldron e suas alunas Tenzin Lhamo, Rita Gross, Jann Jackson, Helen Berliner e outras.
2 www.chroniclesradio.com/sound/dispatches_2006_09_28.mp3
3 A transcrição dessa palestra está disponível em http://lotusgardens.org/teachingsonline/documents/JKR-LovingKindnessIsRealistic-110713.pdf
4 A última sentença é uma citação extraída da entrevista em www.chroniclesradio.com/sound/dispatches_2006_09_28.mp3
5 Khandro Rinpoche contou essa história em uma entrevista no E-Vam Institute em Chatham, NY, em 2010, e o relato descrito aqui vem da transcrição de sua fala conforme publicado em E-Vam Institute Newsletter, no outono de 2010.
6 Tulku Urgyen, *Blazing Splendor: The Memoirs of Tulku Urgyen Rinpoche* (Esplendor fulgurante: as memórias de Tulku Urgyen Rinpoche) (Berkeley, CA: North Atlantic Books, 2005), pág. 56.
7 http://www.chroniclesradio.com/sound/dispatches_2006_09_28.mp3
8 Citação da tradução de Ken McLeod dos versos tibetanos de Tokmé Zangpo (1297–1371). Ver http://www.unfetteredmind.org/37-practices-of-a-bodhisattva
9 Contribuição de Khandro Rinpoche à conferência "A vida de uma monja budista ocidental".

Capítulo 2 – Dagmola Kusho Sakya

1 As fontes primárias para este capítulo são várias longas entrevistas que conduzi com Dagmola em Malibu entre 2008 e 2012, bem como entrevistas com seu filho David

Khon e seus alunos Carol Moss, B. Alan Wallace e outros. Consultei também as transcrições das duas entrevistas não publicadas de Volker Dencks com Dagmola sobre sua vida, que ele realizou em Seattle em 2007. Especialmente para a descrição de seus anos no Tibete, com a aprovação de Dagmola, me baseei principalmente em suas duas biografias que narram a vida que teve em muito mais detalhes. Em particular, recomendo fortemente sua autobiografia em inglês, "Princess in the Land of Snows" (Princesa no País das Neves), de Jamyang Sakya e Julie Emery (Boston: Shambhala Publications, 1990). O material de *Princess in the Land of Snows* © 1990, protegido por direitos autorais por Jamyang Sakya e Julie Emery, foi reproduzido aqui por acordo com Shambhala Publications, Inc., Boston, MA; www.shambhala.com.

2   Jetsun Kusho recebeu a ordenação de noviça aos sete anos de idade e completou seu primeiro retiro aos dez. De forma excepcional, em 1955, quando tinha apenas dezessete anos de idade, deu a transmissão completa dos importantes ensinamentos "Caminho e Fruição" (tib. *lamdré*) aos monges tibetanos, durante um período de três meses, quando seu irmão não estava disponível. Em 1959, Jetsun Kusho fugiu do Tibete para a Índia, antes de se estabelecer em Vancouver, no Canadá, com sua família em 1971. Para sustentar seus cinco filhos, trabalhou na área rural, foi designer de roupas de tricô e teve outros empregos, enquanto tentava manter suas práticas espirituais. Atendendo aos repetidos pedidos de seu irmão e de outros mestres eminentes, Jetsun Kusho começou a dar ensinamentos no Ocidente no início dos anos 1980. Uma biografia mais detalhada pode ser encontrada em www.sakya-retreat.net/sakya_he.html.

3   A vida e as realizações de Dezhung Rinpoche são narradas neste livro muito informativo *A Saint in Seattle* (Um santo em Seattle), de David P. Jackson (Boston: Wisdom Publications, 2003).

4   Até o momento, esse livro foi publicado apenas em tibetano. Ver Jamyang Dagmo Sakya e Tulku Yeshi Gyatso, *bDag mo 'jam dbyangs dpal mo'i mi tse'i lo rgyus* [A Biografia de Jamyang Dagmo Sakya] (Taipé: Kathog Rigzin Chenpo, 2009).

5   *Princess in the Land of Snows* (Princesa no País das Neves), pág. 12.

6   Ibid., pág. 70.

7   Ibid., pág. 74.

8   Ibid., pág. 75.

9   Ibid.

10 Ibid., pág. 77.

11 Ibid., págs. 79–80.

12 Ver Mikel Dunham, *Buddha's Warriors* (Guerreiros do Buddha) (Nova York: Penguin, 2004), pág. 60. Para um relato aprofundado do Tibete na época da invasão chinesa e da resistência tibetana, o livro de Dunham é um recurso inestimável. Sua pesquisa forneceu informações fundamentais para este capítulo.

13 *Princess*, pág. 97.

14 Ibid., págs. 112–113.

15 Ibid., págs. 112–113.

16 Ibid.

17 Ibid., pág. 170.

18 Ibid., pág. 179.
19 Ibid., pág. 188.
20 Ibid., pág. 308.
21 *A Saint in Seattle*, pág. 273.
22 Gene Smith fala sobre os anos em que viveu com a família Sakya no documentário *Digital Dharma*, de Dafna Yachin. Mais informações sobre ele estão disponíveis em www.tbrc.org e em www.digitaldharma.com.
23 *A Saint in Seattle*, pág. 292.
24 *Princess*, pág. 15.
25 "Tibet Was Never Like This" (O Tibete nunca foi assim) *Seattle Magazine* (fevereiro 1967) pág 14. Citado em *A Saint in Seattle*, pág. 309.

Capítulo 3 – Jetsunma Tenzin Palmo

1 As fontes primárias para este capítulo são minhas entrevistas com Tenzin Palmo em 1999, 2001 e 2009 na Índia. Também uso trechos do primeiro capítulo do livro "Reflexos em um lago da montanha", de Tenzin Palmo, no qual ela faz um relato pessoal de sua criação e de seu retiro em Ladakh. Os detalhes da vida extraordinária de Tenzin Palmo e sua busca para atingir a iluminação em um corpo feminino são contados na íntegra no best-seller *Caverna na neve*, de Vicki Mackenzie, que recomendo de coração. Com a gentil permissão de Vicki, utilizo sua pesquisa aqui, particularmente nas passagens sobre os primeiros anos de Tenzin Palmo e sobre seu tempo em Ladakh. Baseado em *Caverna na neve*, a diretora Liz Thompson fez um documentário fabuloso, com o mesmo título, que serviu de fonte adicional para este capítulo.
2 *Reflexos*, pág. 21.
3 Ver também *Reflexos*, pág. 19, e *Caverna na neve*, pág. 4.
4 *Reflexos*, pág. 19.
5 Ver também citações semelhantes em *Caverna na neve*, pág. 4 e pág. 121.
6 *Reflexos*, pág. 20.
7 Do documentário *Caverna na neve*.
8 *Reflexos*, pág. 11.
9 Baseado em *Caverna na neve*, pág. 31.
10 *Reflexos*, pág. 13.
11 *Caverna na neve*, pág. 42.
12 Ver também citações semelhantes em *Reflexos*, pág. 14, e *Caverna na neve*, pág. 43.
13 Baseado em *Caverna na neve*, pág. 43.
14 De uma entrevista que ela deu a Lucy Powell para o *The Guardian*, em 14 de maio de 2009.
15 *Caverna na Neve*, pág. 45.
16 Ver também citações semelhantes em *Reflexos*, pág. 14 e *Caverna na neve*, pág. 46.
17 *Caverna na Neve*, pág. 63.

[18] *Reflexos*, p. 28.
[19] Um relato detalhado sobre a peregrinação e fotos podem ser encontrados em www.tenzinpalmo.com.
[20] Ver também *Reflexos*, pág. 58 e pág. 163.
[21] Esse encontro com Sua Santidade é mostrado no documentário *Caverna na neve*.
[22] A cerimônia de entronização pode ser assistida em https://youtu.be/kTReY-lAick e https://youtu.be/pl3vNCNOUwI.

Capítulo 4 – Sangye Khandro

[1] Lama Chönam e Sangye Khandro, trad., *The Lives and Liberation of Princess Mandarava, the Indian Consort of Padmasambhava* (As vidas e a liberação da Princesa Mandarava, a consorte indiana de Padmasambhava) (Boston: Wisdom Publications, 1998).

[2] As entrevistas ocorreram ao longo de vários dias em Alameda, durante os intervalos de um elaborado ritual de iniciação budista que durou muitos meses. Sangye Khandro estava empenhada em traduzir e treinar tradutores em Orgyen Dorje Den, o templo de Gyatrul Rinpoche na Bay Area. Durante essa visita, também falei com Gyatrul Rinpoche, Lama Chönam, Sangye Tendar e vários amigos e alunos antigos de Sangye Khandro, que gentilmente forneceram histórias e insights adicionais.

[3] O guia clássico do sagrado Shantideva do século VIII. Seus dez capítulos se destinam a desenvolver a mente compassiva da iluminação, a bodhichitta. Uma das muitas traduções de *The Way of Bodhisattva* (O caminho do bodhisattva) foi publicada pela Padmakara (Boston: Shambhala Publications, 2003). Pema Chödrön escreveu um comentário recente sobre ele, chamado *No Time to Lose* (Sem tempo a perder) (Boston: Shambhala Publications, 2007).

Capítulo 5 – Pema Chödrön

[1] Meus encontros com Pema Chödrön aconteceram durante um período de dez anos. Quando a conheci foi como aluna e companheira de retiro, e não no papel de autora de um livro e, portanto, não documentei nossas conversas como uma repórter faria. Sendo assim, achei que seria mais preciso, em alguns casos, citar declarações muito semelhantes de entrevistas que ela havia dado em outros lugares, em vez de citá-las de memória. Informações adicionais foram fornecidas em entrevistas com seus alunos e amigos. Pema Chödron leu e aprovou o uso de suas citações para este capítulo. Agradeço a permissão para reimprimir o material protegido por direitos autorais da Tricycle: The Buddhist Review, Vol. III, No.1, Outono de 1993, págs. 16-24. © 1993 por Helen Tworkov. Reproduzido com permissão da Tricycle.

[2] O título se refere aos ensinamentos de Chögyam Trungpa Rinpoche conforme publicado em *Smile at Fear* (Sorria para o medo) (Boston: Shambhala Publications, 2009).

[3] Neste parágrafo, me baseio em suas declarações apresentadas em *Crucial Point Fall / Winter 2004*: http://www.mangalashribhuti.org/pdf/cp_fall_winter04.pdf

[4] A entrevista de Helen Tworkov com Pema Chödrön foi publicada pela primeira vez na Tricycle: The Buddhist Review 3, no. 1 (outono de 1993): 16–24. A entrevista completa está disponível em www.tricycle.com/feature/no-rightno-wrong. Esta cita-

ção está na entrevista editada em *Buddhist Women on the Edge* (Mulheres budistas em dificuldades), pág. 296.

5 Leonore Friedman, *Meetings with Remarkable Women: Buddhist Teachers in America* (Encontros com mulheres notáveis: professoras budistas nos Estados Unidos) (Boston: Shambhala Publications, 2000), pág. 106.

6 Extraído de uma entrevista com Bill Moyers para *Bill Moyers on Faith and Reason*, (Bill Moyers sobre a fé e a razão) PBS, 4 de agosto de 2006; disponível em http://video.pbs.org/video/1383845135.

7 Este parágrafo foi citado e parafraseado de *When Things Fall Apart: Heart Advice for Difficult Times* (Quando tudo de desfaz: conselhos do coração para tempos difíceis) (Boston: Shambhala Publications, 2002), pág. 10, com aprovação do autor.

8 Entrevista com Moyers, *Faith and Reason*.

9 Ibid.

10 Ibid.

11 Ibid.

12 Ibid.

13 *Quando tudo se desfaz.*

14 *Meetings With Remarkable Women*, pág. 115.

15 Tricycle: The Buddhist Review 3, no. 1 (outono de 1993): 16–24. Citado com permissão.

16 Ibid.

17 Entrevista com Moyers, *Faith and Reason*.

18 Ibid.

19 Ibid.

20 Veja a Introdução e os capítulos 3 e 8 para detalhes sobre as dificuldades a respeito da ordenação completa na tradição tibetana.

21 *Meetings With Remarkable Women*, pág. 108.

22 Ibid., pág. 109.

23 Ibid.

24 Ibid., págs. 109-110.

25 *Quando tudo se desfaz.*

26 www.pemachodronfoundation.org.

27 Fabrice Midal, ed., *Recalling Chögyam Trungpa* (Relembrando Chögyam Trungpa) (Boston: Shambhala Publications, 2005), pág. 245.

28 Ibid.

29 Ibid., pág. 246.

30 Ibid., págs. 251-252.

31 A descrição de Pema sobre a vida na Abadia pode ser encontrada em seu site www.pemachodronfoundation.org/video/

32 *Quando tudo se desfaz*, pág. 6–7.
33 Ibid.
34 Tricycle: The Buddhist Review 3, no. 1 (outono de 1993): 16–24.
35 *Os lugares que nos assustam*, pág. 33.
36 Entrevista na Tricycle. Citado em Buddhist *Women on the Edge*, pág. 295.
37 *Buddhist Women on the Edge*, pág. 294.
38 Ibid.
39 Ibid., pág. 298.
40 Tricycle: The Buddhist Review 3, no. 1 (outono de 1993): 16–24.
41 Ibid.
42 Ibid.
43 Ibid.
44 Ibid.
45 Ibid.
46 Ibid.
47 *Quando tudo se desfaz*, pág. 12.
48 *Cultivating Openness When Things Fall Apart* (Cultivando a abertura quando tudo se desfaz), entrevista com Pema Chödrön por bell hooks, Shambhala Sun, março de 1997.
49 Ibid.
50 Entrevista com Moyers, *Faith and Reason*.
51 Ibid.
52 *Let's Be Honest* (Vamos ser honestos), entrevista com Dzigar Kongtrul Rinpoche e Pema Chödrön por Elizabeth Namgyel, Shambhala Sun, janeiro de 2006.
53 Entrevista com Moyers, *Faith and Reason*.
54 Crucial Point, outono/inverno 2004, pág. 14.
55 O relato a seguir é citado e parafraseado dos relatos de Pema em *Let's Be Honest* e em *Crucial Point*.
56 *Let's Be Honest*.
57 Ibid.
58 Ibid.
59 Ibid.
60 *Crucial Point*, pág. 14.

Capítulo 6 – Elizabeth Mattis-Namgyel

1 As principais fontes para este capítulo são minhas entrevistas com Elizabeth, sua família e alunos. Além de uma entrevista detalhada que conduzi com ela para a *View Magazine* no Lerab Ling, em 2009, a maioria das entrevistas aconteceu em Crestone

e Boulder, durante um período de uma semana, por ocasião das filmagens do documentário de trinta minutos *The Power of an Open Question* (O poder de uma pergunta aberta) para a Fundação Buddhist Broadcasting.

2. Patrul Rinpoche, *As palavras do meu professor perfeito* (Três Coroas, RS: Makara, 2008), págs. 144-145.

3. Elizabeth costuma usar esses exemplos em seus ensinamentos e também em seu livro *O poder de uma pergunta aberta*, pág. 105.

4. Ibidem, pág. 97.

5. Ibidem, pág. 101.

6. Ibidem, pág. 104.

7. Diana Mukpo, Dragon Thunder: *My Life with Chögyam Trungpa* (Trovão do dragão: minha vida com Chögyam Trungpa) (Boston: Shambhala Publications, 2006).

8. Ibidem, p. 85.

9. Ela usa uma descrição semelhante na introdução de *O poder de uma pergunta aberta*, págs. 1–2.

Capítulo 7 – Chagdud Khadro

1. A entrevista principal com Chagdud Khadro ocorreu em Los Angeles, em 2011, em uma viagem de ensinamentos e arrecadação de fundos.

2. Chagdud Tulku, *O Senhor da Dança* (Três Coroas, RS: Makara, 2013).

3. *Comentários sobre Tara Vermelha* (Três Coroas, RS: Rigdzin, 2002).

4. *Comentários sobre o Ngöndro* (Três Coroas, RS: Chagdud Gonpa, 2003).

5. *Comentários sobre P'howa* (Três Coroas, RS: Rigdzin, 2000).

6. *O Senhor da Dança*.

Capítulo 8 – Karma Lekshe Tsomo

1. Este capítulo é resultado da colaboração de Karma Lekshe Tsomo e Michaela Haas. Lekshe Tsomo contribuiu com histórias de suas viagens e reflexões sobre a situação das monjas do Himalaia a partir da descrição de sua jornada. Com a aprovação de Lekshe Tsomo, suas aventuras no Himalaia foram editadas e atualizadas para compor este capítulo. O relato completo de sua primeira viagem a Zangskar pode ser lido em www.jamyang.org. Além da extensa entrevista com Lekshe Tsomo em San Diego em 2010, que forma a base deste capítulo, suas muitas publicações sobre a situação das monjas e artigos de várias conferências Sakyadhita forneceram informações adicionais inestimáveis.

2. Karma Lekshe Tsomo, ed., *Buddhist Women Across Cultures* (Mulheres budistas nas diversas culturas) (Albany, NY: SUNY Press, 1999), pág. 175.

Capítulo 9 – Thubten Chodron

1. A principal fonte deste capítulo foi uma visita de três dias à Abadia de Sravasti, durante a qual Thubten Chodron me concedeu uma extensa entrevista e assisti a vários de seus ensinamentos públicos, observei a vida na abadia e falei com as residentes. Com

a aprovação de Thubten Chodron, ocasionalmente o material foi suplementado com seus próprios textos, particularmente seu ensaio *You are becoming what? Living as a Western Buddhist Nun* (O que você está se tornando? A vida como uma monja budista ocidental), em Marianne Dresser, ed., *Buddhist Women on the Edge: Contemporary Perspectives from the Western Frontier* (Mulheres budistas em dificuldades: perspectivas contemporâneas da fronteira ocidental) (Berkeley, CA: North Atlantic Books, 1996), págs. 223–233, que trouxe para a nossa entrevista para discutirmos e esclarecermos. Além disso, consultei muitos de seus próprios livros; um pequeno artigo autobiográfico de sua contribuição para uma conferência internacional publicada em Peter N. Gregory e Susanne Mrozik, eds., *Women Practicing Buddhism: American Experiences* (Mulheres praticando o budismo: experiências americanas) (Somerville, MA: Wisdom Publications, 2007, págs. 191–196); muitos dos ensaios que ela publicou em seu site, www.thubtenchodron.org; e um rascunho não publicado de um prefácio que ela escreveu para seu próximo livro sobre seu trabalho na prisão.

2   *How to Free Your Mind* (Como libertar a sua mente) (Ithaca, NY: Snow Lion Publications, 2005), pág. 47.

3   Thubten Chodron. "*You are becoming what? Living as a Western Buddhist Nun*" (O que você está se tornando? A vida como uma monja budista ocidental), em Marianne Dresser, ed., *Buddhist Women on the Edge: Contemporary Perspectives from the Western Frontier* (Mulheres Budistas em Dificuldades: perspectivas contemporâneas da fronteira ocidental) (Berkeley, CA: North Atlantic Books, 1996), pág. 226.

4   Ver também ibid., págs. 223–233.

5   Ver também ibid., pág. 223.

6   Ibid., pág. 228.

7   Paráfrase de ibid., pág. 229, e minha entrevista com ela, com a permissão de Thubten Chodron.

8   Do ensaio de Chodron "Finding Our Own Way" (Encontrando nosso próprio caminho), em Thubten Chodron, ed., Blossoms of the Dharma: Living as a Buddhist Nun (Flores do Dharma: vivendo como uma monja budista) (Berkeley, CA: North Atlantic Books, 1999).

9   Ver também Dresser, ed., *Buddhist Women on the Edge*, pág. 230.

10 Ver também ibid., pág. 231.

Capítulo 10 – Roshi Joan Halifax

1   Este capítulo recebeu contribuições de Kristin Barendsen e foi organizado por Michaela Haas. Com a gentil permissão dos editores do Shambhala Sun, o artigo de Kristen-*Joan Halifax: Fearless and Fragile* (Joan Halifax: destemida e frágil) (Shambhala Sun, maio de 2009, págs. 57–63, ©2009 por Kristin Barendsen; reimpresso com permissão de Shambhala Sun) foi adaptado aqui e significativamente ampliado. Kristin conduziu duas entrevistas adicionais com Joan Roshi para este capítulo; Michaela conduziu uma entrevista adicional com Joan Roshi; e, com a permissão de Joan Roshi, Michaela acrescentou mais informações sobre seus primeiros anos a partir das palestras autobiográficas que ela proferiu na Harvard Divinity School, publicadas como *A Buddhist Life in America: Simplicity in the Complex* (Vivendo como budista nos Estados Unidos: simplicidade na complexidade) (Nova York: Paulist Press, 1998).

² Lucky Dark, um filme de Fabrizio Chiesa, documenta a peregrinação de Joan Roshi ao Tibete.

³ *A Buddhist Life in America*, pág 7.

⁴ Ibid.

⁵ Ibid., pág. 8.

⁶ Ibid.

⁷ Ibid., pág. 9.

⁸ Ibid., pág. 10.

⁹ Todas as citações na frase anterior de *A Buddhist Life in America*, págs. 10-11.

¹⁰ Ibid., pág. 11.

¹¹ Ibid., pág. 13.

¹² Ibid.

¹³ Ibid., pág. 17.

¹⁴ Ibid., pág. 20.

¹⁵ Editado, com a permissão de Joan Roshi, de *A Buddhist Life in America*, pág. 20.

¹⁶ Ibid., pág. 21.

¹⁷ Ibid., pág. 22.

¹⁸ Ibid., pág. 23.

¹⁹ Ibid., págs. 35-36.

²⁰ Ibid., pág. 35.

²¹ https://www.upaya.org/2011/01/why-buddhism-violations-of-trust-in-the-sexual-sphere-roshi-joan-halifax-founding-abbot-upaya-zen-center/

Capítulo 11 – Tsultrim Allione

¹ A principal fonte deste capítulo foi uma visita de três dias à Mandala de Tara, onde conduzi extensas entrevistas com Tsultrim Allione, sua família e vários de seus alunos antigos. Além disso, Tsultrim Allione me indicou uma gravação de vídeo não publicada de ensinamentos sobre o luto que ela havia dado anteriormente, e uma gravação de áudio, *The Mandala of the Enlightened Feminine* (A mandala do feminino iluminado) (Louisville, CO: Sounds True, 2003). Ela também deu permissão para citar sua extensa introdução biográfica do livro *Women of Wisdom* (Mulheres sábias) (Ithaca, NY: Snow Lion Publications, 2000).

² *Feeding Your Demons: Ancient Wisdom for Resolving Inner Conflict* (Alimentando os seus demônios: a antiga sabedoria para resolver conflitos internos) (Nova York: *Little, Brown and Company*, 2008), pág. 3.

³ Ibid.

⁴ *Women of Wisdom* (Mulheres sábias), pág. 50. Ordem da citação alterada com a aprovação de Tsultrim Allione.

⁵ As fontes tibetanas informaram datas amplamente variadas para ela, mas há evidências de que Machig Labdron viveu pelo menos até os noventa anos, possivelmente

mais. Para uma discussão sobre as várias datas, consulte Dan Martin, *The Woman Illusion? Research into the lives of spiritually accomplished women leaders of the 11th and 12th centuries* (A ilusão da mulher? pesquisa sobre as vidas de mulheres líderes realizadas dos séculos XI e XII), págs. 52–53 em *Women in Tibet* (Mulheres no Tibete), editado por Janet Gyatso e Hanna Havnevik (Nova York: Columbia University Press, 2005).

[6] *Women of Wisdom* (Mulheres sábias), págs. 165-167.

[7] Ibid., pág. 15. Em seu livro, Tsultrim Allione narra essa fase de sua vida com muito mais detalhes.

[8] Ibid., pág. 23.

[9] Ibid., pág. 22.

[10] Ibid., pág. 23.

[11] Ibid., pág. 41.

[12] Ibid., pág. 24.

[13] Citado da gravação *The Mandala of the Enlightened Feminine* (A mandala do feminino iluminado).

[14] *Women of Wisdom* (Mulheres sábias), pág. 28.

[15] Citado da gravação *The Mandala of the Enlightened Feminine* (A mandala do feminino iluminado).

[16] Ibid.

[17] Ibid.

[18] Ibid.

[19] Ibid.

[20] Dos ensinamentos de Tsultrim Allione sobre luto, na Mandala de Tara, 2011.

Capítulo 12 – Khandro Tsering Chödron

[1] Além de meus próprios encontros com Khandro Tsering Chödron no Lerab Ling, na França, e do streaming online do puja do fogo, a fonte primária para este capítulo biográfico são entrevistas com sua família, alunos e amigos, e ensinamentos orais dados por Sogyal Rinpoche, Orgyen Tobgyal Rinpoche e Dzongsar Khyentse Rinpoche. Dzongsar Khyentse Rinpoche e Dagmola Sakya gentilmente me concederam entrevistas para esclarecer vários aspectos da biografia de Khandro, em Los Angeles, em 2011. Os alunos de Khandro, Mauro de March, Kunga Gyalmo e Lena Raab, entre outros, contribuíram com suas memórias. Como parte de um esforço maior para reunir a biografia de Jamyang Khyentse Chökyi Lodrö e a história da família Lakar, uma equipe de alunos do Rigpa, sob a orientação de Adam Pearcey e Volker Dencks, entrevistou dezenas de mestres eminentes por um período de vários anos e me deu acesso generoso às transcrições das entrevistas, mais notadamente uma entrevista profunda com Mayumla Tsering Wangmo, de 13 de agosto de 1996, traduzida por Ringu Tulku, e entrevistas com o falecido Dzongsar Ngari Tulku e com Pewar Rinpoche. Algumas de suas pesquisas foram editadas e publicadas online em https://www.rigpa.org/remembering-the-masters, www.lotsawahouse.org e www.rigpawiki.org. Também consultei *View, The Rigpa Journal*, julho de 2011, que é um número comemorativo dedicado à

vida e ao falecimento de Khandro; *O livro tibetano do viver e do morrer*, de Sogyal Rinpoche; A autobiografia de Dilgo Khyentse Rinpoche, *Brilliant Moon* (Lua brilhante); *Masters of Meditation and Miracles* (Mestres de meditação e milagres), de Tulku Thondup; e *Blazing Splendor* (Esplendor fulgurante), de Tulku Urgyen.

[2] De seu discurso no memorial, aqui citado como editado em *View, The Rigpa Journal*, julho de 2011.

[3] Ibid.

[4] Ibid.

[5] Da mensagem de condolências do Karmapa, conforme publicado em https://khandrotseringchodron.org/2011/06/08/his-holiness-the-17th-karmapa/

[6] *View, The Rigpa Journal*, julho de 2011.

[7] A história da família Lakar neste e nos parágrafos seguintes é contada quase que totalmente de acordo com os relatos de Mayumla Tsering Wangmo e Orgyen Tobgyal, que também foram publicados em https://www.lotsawahouse.org/tibetan-masters/mayum-tsering-wangmo/lakar-history

[8] *O livro tibetano do viver e do morrer*, (São Paulo, SP: Palas Athena, 2000), pág. 13.

[9] Ibid.

[10] Ibid., pág. 16.

[11] De um ensinamento de Sogyal Rinpoche no Lerab Ling, 21 de abril de 2008. Outra versão da história é dada em *Brilliant Moon* (Lua brilhante), pág. 128.

[12] *Brilliant Moon* (Lua brilhante), pág. 128. Orgyen Tobgyal Rinpoche dá um relato ligeiramente diferente: "Neste ponto [Ati Terton] tocou as cabeças das duas meninas, Tsering Chödrön e Tsering Wangmo, que naquela época eram muito jovens, e disse: 'Mais tarde, quando Jamyang Khyentse se tornar um grande vajradhara, estas duas farão parte de sua assembleia de dakinis e, nessa época, até eu posso ter a sorte de ser de alguma utilidade. Tudo foi muito auspicioso.' Jamyang Khyentse ficou completamente surpreso com isso. 'O que esta pessoa está dizendo?' perguntou ele. 'Nunca ouvi nada parecido!' Mas, anos depois, ao se lembrar disso, ele disse: 'Aquele terton deve ter realmente percebido alguma coisa.'" Retirado de: https://www.lotsawahouse.org/tibetan-masters/orgyen-tobgyal-rinpoche/biography-khyentse-lodro

[13] *Brilliant Moon* (Lua brilhante), pág. 128.

[14] Ver *Masters of Meditation and Miracles* (Mestres de meditação e milagres), pág. 92.

[15] https://www.huffpost.com/entry/khandro-tsering-chodron-in-memory-of-an-extraordinary-buddhist-master_b_968647 e *O livro tibetano do viver e do morrer*, pág. 186.

[16] Relatos conforme entrevistas com Dagmola. Ver também *Princess in the Land of Snows* (Princesa no País das Neves), págs. 172-173.

[17] Ver também *Princess in the Land of Snows* (Princesa no País das Neves), págs. 173-174.

[18] *Blazing Splendor* (Esplendor fulgurante), págs. 297–303.

[19] https://www.rigpa.org/remembering-the-masters

[20] Para o relato detalhado de Sogyal Rinpoche sobre a morte de seu mestre, ver *O livro tibetano do viver e do morrer*, págs. 339-345.

[21] De seu artigo "*Missing Sangyum Kusho*" (Saudades de Sangyum Kusho) na revista *Talk Sikkim*, abril de 2009.

[22] De um ensinamento de Sogyal Rinpoche em Berlim, 3 de junho de 2011. Veja também https://www.huffpost.com/entry/khandro-tsering-chodron-in-memory-of-an-extraordinary-buddhist-master_b_968647 e *O livro tibetano do viver e do morrer*, pág. 186.

[23] A referência original é de *O livro tibetano do viver e do morrer*, pág. 187.

[24] Ibid.

[25] Dos ensinamentos orais dados por Orgyen Tobgyal Rinpoche no Lerab Ling, 30 de maio de 2011, e *View, The Rigpa Journal*, julho de 2011.

[26] Ibid.

[27] Dos ensinamentos orais dados por Sogyal Rinpoche em Berlim, 3 de junho de 2011.

[28] Dos ensinamentos orais dados por Orgyen Tobgyal Rinpoche no Lerab Ling, 30 de maio de 2011.

[29] Dos ensinamentos orais dados por Orgyen Tobgyal Rinpoche no Lerab Ling, 30 de maio de 2011 e *View, The Rigpa Journal*, julho de 2011.

[30] *O livro tibetano do viver e do morrer*, pág. 270.

[31] Dos ensinamentos orais dados por Orgyen Tobgyal Rinpoche no Lerab Ling, 30 de maio de 2011.

GLOSSÁRIO

Para facilitar ao máximo para o leitor do inglês/português, os termos em sânscrito (sâns.), tibetano (tib.), japonês (jap.) e páli foram simplesmente transliterados foneticamente. Apenas os termos mais comumente usados nesta obra são brevemente explicados aqui como uma referência.

abhisheka (sâns.), *wang* (tib.) Empoderamento ou iniciação; transferência de bênçãos e um pré-requisito necessário para realizar práticas específicas no Vajrayana.

Avalokiteshwara (sâns.), Chenresig (tib.) Buddha da Compaixão.

bardo (tib.) Estado intermediário.

bhikshu (sâns.), *gelong* (tib.) Monge budista completamente ordenado.

bhikshuni (sâns.), *gelongma* (tib.) Monja budista completamente ordenada.

bodhichitta (sâns.), *changchub sem* (tib.) "Coração desperto"; a aspiração altruísta de atingir a iluminação para o benefício de todos os seres sencientes.

bodhisattva (sâns.), *changchub sempa* (tib.) Alguém que desenvolveu a intenção altruísta da bodhichitta.

Bon (tib.) No passado, foi a religião pré-budista dominante no Tibete; na sua forma atual é reconhecida como uma das cinco tradições de prática do budismo tibetano.

Buddha (sâns.), *sangye* (tib.) O Desperto.

chöd (tib.) "Cortar"; prática de cortar o apego ao ego.

dakini (sâns.), *khandro* (tib.) Corporificação feminina da iluminação.

delog (tib.) Pessoa que sobreviveu para contar suas experiências do pós-morte.

Dharma (sâns.), *chö* (tib.) Os ensinamentos do Buddha; a palavra possui uma vasta gama de significados, incluindo verdade, caminho e fenômenos.

Dzogchen (tib.) "Grande Perfeição" ou "Grande Completitude"; uma tradição de prática especialmente associada à escola Nyingma.

Gelug (tib.) "O caminho dos virtuosos"; uma das cinco principais linhagens de prática do budismo tibetano.

geshe (tib.) Título acadêmico tradicionalmente concedido pelos três grandes monastérios Gelug; aproximadamente equivalente a um PhD.

Golok (tib.) Uma região do Tibete Oriental.

guru (sâns.), lama (tib.) Termo comum para um professor reverenciado nas tradições hinduístas e budistas.

Hinayana (sâns.) "Veículo Fundamental"; uma classificação posterior da forma mais antiga do budismo esotérico.

jetsun(ma) (tib.) "Venerável"; termo tibetano altamente honorífico.

jomo (tib.) Termo honorífico para uma monja ou mulher nobre.

Kagyü (tib.) "Linhagem oral"; uma das cinco linhagens de prática principais do budismo tibetano.

karma (sâns.) O princípio de causa e efeito.

Kham (tib.) Região do Tibete Oriental; uma das três regiões tradicionalmente consideradas constituintes do Tibete.

khenpo (tib.) Título acadêmico para alguém graduado nos estudos tradicionais de filosofia budista.

kyabjé (tib.) "Senhor do Refúgio"; termo de enorme reverência para um professor altamente realizado, frequentemente traduzido como "Sua Santidade".

Mahayana (sâns.) "Grande veículo"; o caminho dos bodhisattvas.

mandala (sâns.), *kyilkhor* (tib.) Círculo e circunferência; mais comumente usado para uma representação física ou diagrama de uma deidade com seu séquito e ambiente circundante.

Manjushri (sâns.), Jampal Yang (tib.) Buddha da Sabedoria.

mantra (sâns.) Sílabas sagradas.

Mantrayana (sâns.) "Veículo do Mantra"; outro termo para Vajrayana ou budismo esotérico.

mudra (sâns.) Gestos simbólicos com as mãos.

nangpa (tib.) "Alguém de dentro"; budista.

nirvana (sâns.) Liberação do sofrimento; iluminação.

Nyingma (tib.) "Escola Antiga"; uma das cinco linhagens de prática principais do budismo tibetano.

Padmasambhava (sâns.) "Nascido do Lótus"; pioneiro do budismo tibetano no séc. VIII.

phowa (tib.) Transferência de consciência no momento da morte.

prajna (sâns.), *sherab* (tib.) Sabedoria, inteligência ou conhecimento.

Prajnaparamita (sâns.) "Perfeição da Sabedoria"; (1) classe de escrituras; (2) corporificação feminina da perfeição da sabedoria; (3) nível supremo de realização espiritual e prática.

purba (tib.) Adaga cerimonial.

Rimé (tib.) Não-sectário.

rinpoche (tib.) "Precioso"; título honorífico para um professor tibetano.

roshi (jap.) Título honorífico para um sacerdote Zen.

sadhana (sâns.) "Meio de realização"; texto de práticas tântricas.

Sakya (tib.) "Terra cinza"; uma das cinco linhagens principais de prática do budismo tibetano.

samaya (sâns.) Compromisso tântrico.

samsara (sâns.) "Migração"; o ciclo contínuo de nascimento, vida, morte e renascimento.

sangha (sâns.), *gedün* (tib.) Comunidade budista.

sangyum (tib.) "Consorte sagrada"; termo honorífico para a consorte de um mestre reverenciado.

Shakyamuni (sâns.) Nome do Buddha histórico que viveu no século V AEC.

shamatha (sâns.), *shyiné* (tib.) Meditação de "permanência serena".

shunyata (sâns.) Vacuidade; ausência de existência verdadeira, inerente, de todos os fenômenos.

siddha (sâns.) Mestre realizado.

stupa (sâns.), *chörten* (tib.) Relicário ou monumento à iluminação.

Sutra (sâns.) Discursos do Buddha; uma das três categorias de ensinamentos budistas.

Sutrayana (sâns.) "Veículo do Sutra"; budismo esotérico.

Tantra (sâns.), *gyü* (tib.) "Tear; fio"; classe de textos e práticas esotéricos que se originaram na Índia nos primeiros séculos da era comum.

Tantrayana (sâns.) "Veículo do Tantra"; outro termo para Vajrayana ou budismo esotérico.

Tara (sâns.), Drolma (tib.) "Liberadora"; uma buddha.

terma (tib.) Tesouro oculto.

terton (tib.) Revelador de tesouros.

thangka (tib.) Pintura tibetana em tecido.

Theravada (páli) "Ensinamentos antigos"; mais antiga das escolas budistas remanescentes, predominante no sudeste asiático.

togden (tib.) "Detentor de realização"; um iogue realizado; mais especificamente se refere a um monge-iogue na tradição Drukpa Kagyü.

tonglen (tib.) "Enviar e receber"; prática compassiva.

tsa lung (tib.) "Canais e ventos"; exercíciosióguicos avançados que incluem respirações, meditação, visualização e movimentos específicos.

tsa tsa (tib.) Pequena estátua de barro de uma estupa, buddha ou deidade.

tukdam (tib.) Termo honorífico para uma prática de meditação, frequentemente usado para se referir ao período posterior à morte física de um mestre realizado.

tulku (tib.), *nirmanakaya* (sâns.) "Corpo de emanação"; reencarnação de um mestre que intencionalmente escolhe retornar.

upaya (sâns.) Meios hábeis.

vajra (sâns.), *dorje* (tib.) Um cetro ritual ou relâmpago, simbolizando a indestrutibilidade.

Vajrayana (sâns.), *dorje tekpa* (tib.) "Veículo do Diamante"; o ramo tântrico do budismo Mahayana amplamente praticado no Tibete, também chamado de Tantrayana ou Mantrayana.

Vajrayogini (sâns.), Dorje Naljorma (tib.) Importante deidade meditativa feminina.

Vinaya (sâns.) Código monástico.

vipashyana (sâns.), *lhaktong* (tib.) "Visão clara"; forma avançada de meditação que inclui um reconhecimento direto da natureza da realidade.

yidam (tib.) Deidade meditativa.

ioga (sâns.), *naljor* (tib.) "União"; guru yoga é a prática de fundir a própria mente com a mente do professor.

iogue, yogi (sâns.), *naljorpa* (tib.) Praticante de ioga.

ioguine, yogini (sâns.), *naljorma* (tib.) Praticante mulher dedicada.

Zen (jap.) Escola do budismo Mahayana.

BIBLIOGRAFIA SELECIONADA

Allione, Tsultrim. *Feeding Your Demons: Ancient Wisdom for Resolving Inner Conflict* (Alimentando seus demônios: a antiga sabedoria para resolver conflitos internos). Nova York: Little, Brown and Company, 2008.

———. *The Mandala of the Enlightened Feminine* (A mandala do feminino iluminado) [gravação em áudio], 5 CDs. Louisville, CO: Sounds True, 2003.

———. *Women of Wisdom* (Mulheres sábias). Ithaca, NY: Snow Lion Publications, 2000.

Chagdud Tulku. *Lord of the Dance*. Junction City, CA: Padma Publishing, 1992. O Senhor da Dança.

Changchub, Gyalwa, e Namkhai Nyingpo. *Lady of the Lotus-Born: The Life and Enlightenment of Yeshe Tsogyal* (Consorte do Nascido do Lótus: a vida e a iluminação de Yeshe Tsogyal). Boston: Shambhala Publications, 2002.

Chödrön, Pema. *No Time to Lose* (Sem tempo a perder). Boston: Shambhala Publications, 2007.

———. *The Places That Scare You: A Guide to Fearlessness in Difficult Times* (Lugares que nos assustam: um guia para o destemor em tempos difíceis). Boston: Shambhala Publications, 2007.

———. *Start Where You Are: A Guide to Compassionate Living* (Comece onde você está: um guia para a vida compassiva). Boston: Shambhala Publications, 2004.

———. *When Things Fall Apart: Heart Advice for Difficult Times* (Quando tudo se desfaz: conselhos do coração para tempos difíceis). Boston: Shambhala Publications, 2002.

———.*The Wisdom of No Escape* (A sabedoria de não escapar). Boston: Shambhala Publications, 2001.

Chodron, Thubten. *Buddhism for Beginners* (Budismo para iniciantes). Ithaca, NY: Snow Lion Publications, 2001.

———. *Don't Believe Everything You Think* (Não acredite em tudo que você pensa). Boston & Londres: Snow Lion/Shambhala Publications, 2012.

———. *How to Free Your Mind: Tara the Liberator* (Como libertar sua mente: Tara, a Liberadora). Ithaca, NY: Snow Lion Publications, 2005.

———. *Open Heart, Clear Mind* (Coração aberto, mente clara). Ithaca, NY: Snow Lion Publications, 1990.

———. *Taming the Mind* (Domando a mente). Ithaca, NY: Snow Lion Publications, 2004.

———. *Working with Anger* (Lidando com a raiva). Ithaca, NY: Snow Lion Publications, 2001.

Chönam, Lama, e Sangye Khandro, trad. *Key to the Precious Treasury: A Concise Commentary on the General Meaning of the "Glorious Secret Essence Tantra."* (A chave para a fonte de tesouros preciosos: um comentário conciso sobre o significado geral do Tantra Glorioso da Essência Secreta), por Dodrupchen Jigme Tenpa'i Nyima. Ithaca, NY: Snow Lion Publications, 2010.

———. *The Lives and Liberation of Princess Mandarava, the Indian Consort of Padmasambhava.* (As vidas e a liberação da princesa Mandarava, a consorte indiana de Padmasambhava) Boston: Wisdom Publications, 1998.

———. *Yeshe Lama.* Por Vidyadhara Jigme Lingpa. Ithaca, NY: Snow Lion Publications, 2009.

David-Neel, Alexandra. *Magic and Mystery in Tibet* (Magia e mistério no Tibete). Nova Delhi: Rupa Publications, 1989.

———. *My Journey to Lhasa* (Minha jornada para Lhasa). Nova York: Harper Perennial, 2005.

Diemberger, Hildegard. *When a Woman Becomes a Religious Dynasty: The Samding Dorje Phagmo of Tibet.* (Quando uma mulher se torna uma dinastia religiosa: a Samding Dorje Phagmo do Tibete) Nova York: Columbia University Press, 2007.

Dresser, Marianne, ed. *Buddhist Women on the Edge* (Mulheres budistas em dificuldades). Berkeley, CA: North Atlantic Books, 1996.

Dowman, Keith. *Sky Dancer: The Secret Life and Songs of the Lady Yeshe Tsogyal* (Dançarina celestial: a vida secreta e as canções da Senhora Yeshe Tsogyal). Londres: Routledge and Kegan Paul, 1984.

Dunham, Mikel. *Buddha's Warriors* (Guerreiros do Buddha). Nova York: Penguin, 2004.

Edou, Jerome. *Machig Labdrön and the Foundations of Chöd* (Machig Labdrön e os fundamentos do Chöd). Ithaca, NY: Snow Lion Publications, 1995.

Findly, Ellison Banks, ed. *Women's Buddhism, Buddhism's Women: Tradition, Revision, Renewal* (O budismo das mulheres, as mulheres do budismo: tradição, revisão, renovação). Boston: Wisdom Publications, 2000.

Friedman, Leonore. *Meetings with Remarkable Women: Buddhist Teachers in America* (Encontros com mulheres notáveis: professoras budistas na América). Boston: Shambhala Publications, 2000.

Gregory, Peter N., e Susanne Mrozik, eds. *Women Practicing Buddhism: American Experiences* (Mulheres praticando o budismo: experiências americanas). Boston: Wisdom Publications, 2008.

Gross, Rita M. *Soaring and Settling. Buddhist Perspectives on Contemporary Social and Religious Issues* (Voando alto e aterrisando. Perspectivas budistas sobre temas sociais e religiosos contemporâneos). Londres: Continuum, 1998.

———. *Buddhism After Patriarchy: A Feminist History, Analysis, and Reconstruction of Buddhism* (O budismo pós-patriarcal: uma história feminista, análise e reconstrução do budismo). Albany, NY: SUNY Press, 1993.

Gyatrul Rinpoche. *Meditation, Transformation, and Dream Yoga* (Meditação, transformação e ioga dos sonhos). Traduzido por B. Alan Wallace e Sangye Khandro. Ithaca, NY: Snow Lion Publications, 2002.

Gyatso, Janet, e Hanna Havnevik, eds. *Women in Tibet* (As Mulheres no Tibete). Nova York: Columbia University Press, 2005.

Halifax, Joan. *Being with Dying: Cultivating Compassion and Fearlessness in the Presence of Death* (Presente no morrer: cultivando compaixão e destemor na presença da morte). Boston: Shambhala Publications, 2008.

———. *A Buddhist Life in America: Simplicity in the Complex* (Uma vida budista na América: simplicidade em meio ao complexo). Nova York: Paulist Press, 1998.

———. *The Fruitful Darkness: A Journey through Buddhist Practice and Tribal Wisdom* (A escuridão fértil: uma jornada através da prática budista e sabedoria tribal). Nova York: Grove Press, 2004.

———. *Shamanic Voices* (Vozes Xamânicas). Londres: Penguin, 1991.

Harding, Sarah, ed. e trad. *Machik's Complete Explanation: Clarifying the Meaning of Chöd* (A explicação completa de Machik: esclarecendo o significado do Chöd). Por Machig Labdrön. Ithaca, NY: Snow Lion Publications, 2003.

Jackson, David P. *A Saint in Seattle: The Life of the Tibetan Mystic Dezhung Rinpoche* (Um santo em Seattle: a vida do místico tibetano Dezhung Rinpoche). Boston: Wisdom Publications, 2003.

Khadro, Chagdud. *Ngondro Commentary* (Comentário sobre o Ngondro). Junction City, CA: Padma Publishing, 1995.

———. *P'howa*. Junction City, CA: Padma Publishing, 1998.

———. *Red Tara Commentary* (Comentário sobre Tara Vermelha). Junction City, CA: Padma Publishing, 1986.

Khandro Rinpoche. *This Precious Life: Tibetan Buddhist Teachings on the Path to Enlightenment* (Esta vida preciosa: ensinamentos budistas tibetanos sobre o caminho para a iluminação). Boston: Shambhala Publications, 2005.

Khyentse, Dilgo. *Brilliant Moon: The Autobiography of Dilgo Khyentse* (Lua brilhante: a autobiografia de Dilgo Khyentse). Boston: Shambhala Publications, 2009.

Kornman, Robin, Lama Chönam, e Sangye Khandro, trad. *The Epic of Gesar of Ling: Gesar's Magical Birth, Early Years, and Coronation as King* (O épico de Gesar de Ling: seu nascimento mágico, primeiros anos e coroação como rei). Boston: Shambhala Publications, 2011.

Mackenzie, Vicki. Caverna na neve: a busca de Tenzin Palmo pela iluminação). Teresópolis: Lúcida Letra, 2016.

Mattis-Namgyel, Elizabeth. O poder de uma pergunta aberta. Teresópolis, Lúcida Letra, 2018.

Midal, Fabrice, ed. *Recalling Chögyam Trungpa* (Relembrando Chögyam Trungpa). Boston: Shambhala Publications, 2005.

Moyers, Bill. Interview with Pema Chödrön (Entrevista com Pema Chödrön). "Bill Moyers on Faith and Reason (Bill Moyers em Fé e Razão)," PBS, 04/08/2006. http://video.pbs.org/video/1383845135.

Mukpo, Diana. *Dragon Thunder: My Life With Chögyam Trungpa* (Trovão do Dragão: minha vida com Chögyam Trungpa). Boston: Shambhala Publications, 2006.

Palmo, Tenzin. No coração da vida. *Teresópolis: Lúcida Letra, 2014.*

———. Reflexos em um lago na montanha: ensinamentos práticos de budismo. *Teresópolis: Lúcida Letra, 2018.*

Patrul Rinpoche. *The Words of My Perfect Teacher* (As palavras do meu professor perfeito). Boston: Shambhala Publications, 1998.

Pema, Jetsun. *Tibet: My Story* (Tibete: minha história). Boston: Wisdom Publications, 1998.

Pistono, Matteo. *In the Shadow of the Buddha* (Na sombra do Buddha). Nova York: Dutton Penguin, 2011.

Sakya, Jamyang, e Julie Emory. *Princess in the Land of Snows: The Life of Jamyang Sakya in Tibet* (Princesa no País das Neves: a vida de Jamyang Sakya no Tibete). Boston: Shambhala Publications, 2001.

Sakya, Jamyang Dagmo, e Tulku Yeshi Gyatso. bDag mo 'jam dbyangs dpal mo'i mi tse'i lo rgyus [The biography of Dagmo Jamyang Sakya – A biografia de Dagmo Jamyang Sakya]. Taipé: Kathog Rigzin Chenpo, 2009.

Scales, Sandra. *Sacred Voices of the Nyingma Masters* (Vozes sagradas dos mestres Nyingma). Junction City, CA: Padma Publishing, 2004.

Shakya, Tsering. *The Dragon in the Land of Snows* (O Dragão no País das Neves). Nova York: Penguin Compass, 1999.

Shaw, Miranda. *Passionate Enlightenment* (Iluminação apaixonada). Princeton, NJ: Princeton University Press, 1994.

Sidor, Ellen S., ed. *A Gathering of Spirit: Women Teaching in American Buddhism* (Um encontro animador: mulheres ensinando no budismo americano). Cumberland, RI: Primary Point Press, 1987.

Simmer-Brown, Judith. *Dakini's Warm Breath: The Feminine Principle in Tibetan Buddhism* (A respiração cálida da dakini: o princípio feminino no budismo tibetano). Boston: Shambhala Publications, 2002.

Sogyal Rinpoche. *The Tibetan Book of Living and Dying* (O livro tibetano do viver e do morrer). Nova York: Harper Collins, 1994.

Thondup, Tulku. *Masters of Meditation and Miracles: Lives of the Great Buddhist Masters of India and Tibet* (Mestres de meditação e milagres: biografias de grandes mestres budistas da Índia e do Tibete). Boston: Shambhala Publications,1999.

Trungpa, Chögyam. *Born in Tibet* (Nascido no Tibete). Boston: Shambhala Publications, 1995.

———. *Além do materialism espiritual.* Teresópolis: Editora Lúcida Letra, 2016.

———. *Smile at Fear* (Sorria para o medo). Boston: Shambhala Publications, 2009.

Tsomo, Karma Lekshe, ed. *Buddhism Through American Women's Eyes* (O budismo através dos olhos das mulheres americanas). Ithaca, NY: Snow Lion Publications, 1995

———, ed. *Buddhist Women Across Cultures* (Mulheres budistas através das culturas). Albany, NY: SUNY Press, 1999.

———, ed. *Buddhist Women and Social Justice: Ideas, Challenges, and Achievements* (Mulheres budistas e justiça social: ideias, desafios e resultados). Albany, NY: SUNY Press, 2004.

———, ed. *Sakyadhita: Daughters of the Buddha* (Sakyadhita: filhas do Buddha). Ithaca, NY: Snow Lion Publications, 1988.

———. *Sisters in Solitude: Two Traditions of Buddhist Monastic Ethics for Women* (Irmãs na solitude: duas tradições de ética monástica budista para mulheres). Albany, NY: SUNY Press, 1996.

Urgyen Tulku. *Blazing Splendor: The Memoirs of Tulku Urgyen Rinpoche* (Esplendor fulgurante: as memórias de Tulku Urgyen Rinpoche). Berkeley, CA: North Atlantic Books, 2005.

eureciclo
.com.br

O selo eureciclo faz a compensação ambiental das embalagens usadas pela Editora Lúcida Letra.

Que muitos seres sejam beneficiados.

Para mais informações sobre lançamentos da Lúcida Letra, cadastre-se em www.lucidaletra.com.br

Este livro foi impresso em agosto de 2022 na gráfica da Editora Vozes, em papel Avena 80g, utilizando as fontes Sabon e Arboria.